창계집

한국고전번역원 한국문집번역총서

# 창계집 2

滄溪集

임영 林泳 지음

이승현 옮김

## 일러두기

1. 이 책의 번역 대본은 한국고전번역원에서 간행한 한국문집총간 159집 소재 《창계집(滄溪集)》으로 하였다. 번역 대본의 원문 텍스트와 원문 이미지는 한국고전종합DB(http://db.itkc.or.kr)에서 확인할 수 있다. 단, 한국문집총간본에 없는 〈습유〉와 〈부록보〉는 성균관대학교 대동문화연구원에서 영인한 《창계집》 해당 부분을, 〈퇴계선생어록〉은 《퇴계학보》 제119집에 수록된 영인본을 대본으로 번역하였다.
2. 내용이 간단한 역주는 간주(間註)로, 긴 역주는 각주(脚註)로 처리하였다.
3. 한자는 필요한 경우 이해를 돕기 위하여 넣었으며, 운문(韻文)은 원문을 병기하였다.
4. 맞춤법과 띄어쓰기는 한글 맞춤법과 표준어 규정을 따랐다.
5. 이 책에서 사용한 부호는 다음과 같다.

   (  ) : 번역문과 음이 같은 한자를 묶는다.

   〔  〕 : 번역문과 뜻은 같으나 음이 다른 한자를 묶는다.

   "  " : 대화 등의 인용문을 묶는다.

   '  ' : "  " 안의 재인용 또는 강조 부분을 묶는다.

   「  」 : '  ' 안의 재인용을 묶는다.

   『  』 : 「  」 안의 재인용을 묶는다.

   《  》 : 책명 및 각주의 전거(典據)를 묶는다.

   〈  〉 : 책의 편명 및 운문·산문의 제목을 묶는다.

**차례**



## 창계집 제3권

### 소차 疏箚

## 창계집 제4권

### 소차 疏箚

## 창계집 제5권

### 소차 疏箚

## 창계집 제6권

### 서 書

# 창계집

## 제3권

## 소차 疏箚

## 정언을 사양하는 소

辭正言疏

삼가 아룁니다. 신이 지난달 28일에 삼가 성상의 유지(有旨)를 받아보니, 신을 사간원 정언으로 삼고 신에게 속히 역마를 타고 올라오라는 내용이었습니다. 신은 명을 듣고 황송하여 어찌할 바를 몰랐습니다. 신은 본디 과거(科擧)로 출사한 사람이라 산야(山野)에서 자중자애하는 선비와는 이미 처지가 다른 데다 분에 넘치게도 다행히 밝고 성대한 시절을 만나 성주(聖主)께서 거두어 불러 주시는 은혜를 입었으니, 명을 받으면 응당 즉시 행해야지 어찌 쉽사리 사양하고 피하는 기색을 드러낼 수 있겠습니까. 다만 신이 생각하기에 감히 나아갈 수 없는 점이 있습니다. 첫째는 재주가 부족한 것이요, 둘째는 학문이 완성되지 못한 것이요, 셋째는 명성이 실제보다 과장된 것이요, 넷째는 직책을 제대로 수행하기 어려운 것입니다. 그 밖에 사사로운 질병이나 상황에 대해서는 생략하겠습니다.

신은 부여받은 천성이 우활하여 세간의 일들에 대해 전혀 깨우치지 못하였습니다. 단지 소싯적에 문장으로 헛된 명성이 조금 있었는데, 그마저도 중간에 병으로 폐하고 다시 힘을 기울이지 않았습니다. 그러므로 지금 현재는 내세울 만한 것이 없으니, 내면을 둘러보면 조그마한 장점도 지니고 있지 않으며 능력과 분수를 헤아려 보면 어떠한 일도 감당해 낼 수 없는 상황입니다. 이른바 신의 재주라는 것도 이처럼 보잘것없고 허술합니다.

그리고 소싯적에 정(程)·주(朱)의 글을 보고 감발되는 단서가 없지 않아, 망녕되이 스스로를 헤아려 보지도 않고 학문에 종사하려 마음먹었습니다. 그런데 독실하게 뜻을 세우지 못하고 이런저런 일들에 휘둘리는 바람에 세유(世儒)들이 항시 읽는 책들조차 열에 한둘도 익히지 못하였거늘, 하물며 참으로 알고 실제로 행하여 잘 쓰이기를 감히 바랄 수 있겠습니까. 스스로를 잘 다스리지 못하여 허물과 후회만 날로 쌓이니, 매번 초심(初心)을 돌이켜 볼 때마다 한갓 개탄하는 마음만 절절합니다. 이런 상태로 조정에 선들 다시 무슨 일을 할 수 있겠습니까. 이른바 신의 학문이라는 것도 심히 얕습니다.

재주가 허술하고 학문이 얕은 것이 이미 이와 같은지라, 오직 우졸(愚拙)함을 지키며 물러나 있은 지가 오래되었습니다. 그리하여 신을 잘 알지 못하는 사람이 신에게 나아진 점이 있을 것이라 혹 생각하여, 마침내 실사(實事)가 닦이지도 못했는데 헛된 명성이 그 사이에 퍼지게 되었습니다. 그리하여 일찍이 선조(先朝 현종(顯宗)) 말년에 다른 사람에게 천거되어 거의 승품(陞品)될 뻔했는데, 마침 조정에 일이 많아 이내 논의가 그쳐 처리되지 않았습니다. 신은 잘못된 은명(恩命)을 받는 일을 면하게 되어 다행이라 여겼지만, 실제보다 과장된 명성이 조정에까지 알려진 것을 이미 스스로 부끄러워하여 항시 마음이 편안하지 못했습니다. 그러다가 지난해 겨울 다시 천서(薦書)에 이름이 잘못 올라 마침내 곧바로 육품(六品)에 제수되는 은명을 입게 되었으니, 이후로 전적(典籍)이며 낭관(郎官)을 제수하는 명이 자주 내려질 것이 더욱 두려웠습니다. 이는 직무의 긴요도는 논할 것도 없이 실로 승품으로 인해 받는 벼슬이라 애초에 오랫동안 한 자리에 묶여 승진하지 못하다가 자리를 옮기는 것에 비할 바는 아니나, 끝내 헛된 명성으로 벼슬자리를 도둑질한다는 두려움이 있을 것입니다. 신이 명성이 실제보다 과장되었다고 말한 것이 이것입니다.

지금 새로 내리신 명은 더욱 감당하지 못할 점이 있습니다. 간관의 직책은 그 책임이 막중하니 비록 평온하여 일이 없는 시기라 하더라도 그 선발을 신중히 하는 법입니다. 더군다나 지금은 조야(朝野)가 눈을 씻고 지극한 교화가 이루어지기를 바라고 있으니, 이는 모두 비상한 거조와 태평의 대업이 성세에 펼쳐지기를 기대하는 것입니다. 이러한 때에 언관의 중책은 본디 재주가 광보(匡輔)의 임무를 감당할 만하고 식견이 시무에 통달한 사람이 아니면 맡을 수 없는데, 어찌 용렬하고 어리석은 신이 감히 하루라도 차지하고 있을 수 있겠습니까. 신이 직책에 걸맞기 어렵다고 말한 것은 이 때문입니다.

신이 과거에 급제한 처음에 즉시 스스로 물러나 은둔한 것은 진실로 재주가 부족함을 알아서였고, 당시에 나이가 어려 완성하지 못한 학문을 완성하려고 마음먹었기 때문입니다. 그리고 근자에 연이어 외람되이 직명을 받고도 감히 번번이 나아가지 못한 것은 재주와 학문이 전처럼 보잘것없음을 내심 부끄러워하면서 겉으로는 헛된 명성을 훔치는 것이 더욱 두려웠기 때문입니다. 지금 이미 앞서의 세 가지 부끄럽고 두려운 점이 있는 데다 다시 직책에 걸맞기 어려운 근심까지 있으니, 신이 어찌 감히 스스로 잘못된 은명을 면하기 바라는 마음을 피력하지 않고서 한갓 명을 좇는 것을 공손한 것이라 생각할 수 있겠습니까.

이어 삼가 생각해 보건대, 가령 신이 처음 과거에 급제했을 때 즉시 스스로를 헤아려 보지 않고 뭇사람을 따라 출사했다면 오히려 괜찮았겠지만, 이미 헛된 명성으로 외람되이 승품된 뒤에는 더욱이 함부로 나아가서는 안 되는 것입니다. 이미 외람되이 승품되었으니 맡은 직무가 긴요한 자리가 아니라면 한번 나가서 융성한 성은에 사은하는 것도 오히려 괜찮을 것이나, 지금 상황에서는 더욱 감히 나아가지 못할 점이 있습니다. 또 신이 현재 나아가기 어려워하는 것은 비단 사사로운 의리 때문만이 아닙니다. 명기(名器)를 가볍게 주는 것은 끝내 관직을 버리는 것이니, 이는 또한 신 하나로 인하여 위로 맑은 조정의 종핵(綜核)하는 정사에 누를 끼치는 것이 아니겠습니까. 이는 더욱이 작은 일이 아닙니다. 신이 비록 지극히 어리석으나 스스로에 대해서는 잘 알고 있으니, 처음으로 군부(君父)에게 고하는 말에 감히 한마디의 허식(虛飾)도 있을 수 없습니다.

삼가 바라건대 밝은 성상께서 특별히 헤아리셔서 신이 아뢴 말을 살펴 으레 피혐하는 것과 똑같이 여기지 마시고 특별히 소청을 윤허하시어 속히 신의 직임을 체직하소서. 그리하신다면 이는 비단, 신이 성상의 은총을 감사하며 받드는 것이 관직을 받는 영광보다 백배나 나을 뿐만이 아니라 조정에서 인재를 쓰고 버리는 데에도 매우 마땅할 것이 분명합니다. 그리고 신의 나이가 이미 서른을 넘었으되 재주와 학식이 이처럼 보잘것없으니 앞으로의 일 또한 알 만합니다. 그러나 오히려 당장에 자포자기하지 않으려는 뜻은 있으니, 전하의 은총에 힘입어 다시 세상에서 유유자적하며 노년을 잘 수습할 수 있게 되어 조금이나마 실제로 감당해 낼 수 있는 직책이 있다면, 미천한 신하의 충성을 바치고자 하는 뜻을 혹 펼 날이 있을 것입니다. 그러니 자애로운 성상께서 곡진하게 만물을 이루어 주시는 도리상 더욱 긍휼히 여겨 주셔야 할 것입니다. 삼가 바라건대 밝은 성상께서 다시 깊이 살펴 주소서. 신은 우러러 두려워하면서 엎드려 간절히 바라는 지극한 마음을 가눌 길이 없습니다.

## 부수찬을 사양하는 소
辭副修撰疏

삼가 아룁니다. 신은 앞서 간관의 직임을 제수받고 곧장 현(縣)과 도(道)를 통해 외람되이 사양하는 소를 올렸습니다. 그러고서 삼가 성상의 비답을 받들어 보니 "그대의 문장과 학식에 대해서는 내가 이미 알고 있으니 지나치게 사양하지 말고 속히 올라와 직무를 살피라."라고 하교하는 내용이었습니다. 그리고 얼마 안 있어 다시 삼가 성지(聖旨)를 받들어 보니, 신을 홍문관 부수찬으로 삼고 속히 올라오라고 재촉하는 내용이었습니다. 신은 하루 사이에 두 번이나 성상의 하유를 받고서 몹시 놀라고 황공하여 마음을 진정시킬 수 없었습니다.

신이 앞서 올린 소의 사의(辭意)가 지루하고 졸렬했던 것은, 신의 허술한 실제를 다 드러내지 못한 점은 있을지언정 애초에 한 터럭만큼도 감히 지나치게 겸양해서가 아니었습니다. 그런데 밝은 성상께서 헤아리지 않으시어 직책을 거두어 주지 않았을 뿐만 아니라 다시 분수에 넘치게 표창하는 하교를 하시고, 분수에 넘치는 하교를 하셨을 뿐만 아니라 도리어 발탁하여 재촉해 부르는 은명까지 있었습니다. 신은 평범한 말단 관리로 궁벽진 곳에 칩거하고 있으면서 하늘의 해 같은 성상의 밝은 광채를 가까이한 적이 없습니다. 그런데 은혜를 지나치게 성대히 받은 것이 한결같이 이 같은 지경에 이르고 보니, 그 감격스러움을 진실로 다 아뢰기 어렵습니다. 그러니 신이 자처하는 도리상 의당 더욱 감히 받들 수 없습니다.

다만 생각건대 이미 헛된 명성이 성상의 귀에 들어갔으니, 만약 서둘러 스스로를 드러내어 명성과 실제가 부합하지 않는 신의 실상을 성상께서 통촉하시도록 하지 않는다면, 비록 다시 재삼 사양한다 한들 끝내 벗어날 희망이 없을 것입니다. 실제보다 지나친 소문이 오랫동안 성총(聖聰)을 그르쳤으니 천한 신은 더욱 감히 하루라도 편안히 있을 수 없었습니다. 그리하여 곧장 평소 지키던 지조는 돌아보지도 않고 공경히 성상의 위명(威命)에 달려 나갔는데, 질병으로 피로하고 장마에 지체되어 집을 떠난 지 8일 만에 비로소 도성 밖에 도착하게 되었습니다. 신이 이미 성상의 부름을 받들어 여기까지 왔으니 어찌 감히 대번에 물러나기를 바랄 수 있겠습니까. 신의 뜻은 진실로 한번 궁궐에 나아가 성상께서 신의 허술한 실제를 살피시게 하려는 것입니다.

그러나 신이 지금 명을 받고서 내심 몹시 근심스러워하는 것이 있습니다. 관직이 점차 현달할수록 그 직책에 걸맞게 직무를 수행하기란 더욱 어려운 법입니다. 그러므로 비록 오래 벼슬하여 점차적으로 직위에 도달한 사람이라 할지라도 으레 번번이 움츠리고 물러나 해면(解免)되기를 구하니, 이는 진실로 인정상 의당 그렇게 하는 것이요 또한 사대부들 사이에서 염치를 기르기 위해 항상 하는 일인 것입니다. 그런데 지금 신의 진퇴는 이 경우와는 또 다릅니다. 처음에는 분수를 헤아려 10년 동안 스스로 은거하였고, 이어 초승(超陞)된 것을 부끄러이 여겨 세 번의 하명에도 나아가지 않다가 갑작스레 오늘 염치를 무릅쓰고 부수찬의 직명을 받는다면 신의 행적에 어찌 부귀를 탐하고 나아가기를 좋아한다는 혐의가 없겠습니까. 옛날 대유(大儒)가 교수(敎授)의 직임은 사양하고 설서(說書)의 직임은 받았으니, 이는 바로 도를 행하는 중대함을 자임한 것이요 그 사이에 또한 큰 곡절이 있었습니다. 그런데도 오히려 낮은 자리는 사양하고 존귀한 자리에 거하려 한다는 의혹이 당시에 있었습니다.[1] 더군다나 신은 말세의 용렬한 사람으로 나아가서 행할 만한 도가 없는데, 오랫동안 조정의 명을 어기다가 갑자기 청현직(淸顯職)을 받는다면 어찌 심히 염치를 손상하는 짓이 아니겠습니까. 신이 온 것은 단지 성상의 비상하신 하유에 감격하고 오랫동안 헛된 명성을 훔쳐 온 것이 두려워, 감히 한결같이 물러나 은거한 채로 초야의 고고한 사람처럼 행동할 수 없었기 때문입니다.

새로 내리신 명(命)은 결단코 받들기 어렵다는 것을 신은 잘 알고 있습니다. 진실로 성상의, 아랫사람을 살피시는 밝은 지혜와 아랫사람을 이해해 주시는 인자함으로 신의 말을 조금만 긍휼히 살펴 주신다면, 신의 뜻이 예를 차리느라 가식적으로 사양하는 것이 아님을 기필코 아실 것입니다. 삼가 바라건대 자애로운 성상께서 특별히 밝게 살피시어 신이 사양하고 받는 절도상 부득불 이렇게 할 수밖에 없음을 헤아리시고 서둘러 체직을 허락하여 보잘것없는 염치를 조금이나마 온전케 해 주신다면 신은 이보다 더 큰 다행이 없겠습니다.

신이 비록 성상의 은혜로 체직된다 하더라도 감히 곧바로 고향으로 돌아갈 수는 없을 것입니다. 혹여 뭇 관료의 뒤를 따라 윤대(輪對) 자리에 한번 나아가게 된다면, 용렬하고 어리석은 신의 본질이 성상께서 살펴보시는 자리에서 분명 감춰질 수 없을 것이고, 성명하신 전하의

**1** 옛날……있었습니다 : 송(宋)나라 철종(哲宗) 원우(元祐) 1년(1086)에 이천(伊川) 정이(程頤)가 왕명을 받들어 경사(京師)에 도착하여 서경 교수(西京教授)의 직임을 제수받고 이를 사양하였는데, 얼마 후 다시 숭정전 설서(崇政殿說書)의 직임을 제수하자 다시 사양하다가 결국 명을 받들었다. 이를 두고 유지(劉摯) 등이, 낮은 자리는 사양하고 존귀한 자리에 거하려 한다고 비방한 일이 있다. 《二程全書 卷29 伊川先生年譜》

조정에서 인재를 쓰고 버리는 것과 미천한 신의 진퇴가 또한 쉽게 결정될 것입니다. 신이 비천한 정성을 가지고 여러 번 성상을 번거롭게 해 드리니, 지극히 두렵고 떨리는 마음을 가눌 길이 없습니다.

## 시사의 기일을 물리지 말 것을 청하는 옥당의 차자
玉堂請勿退視事之期箚

신들이 삼가 생각해 보건대 나라의 온갖 정사가 수도 없이 많지만 그 가운데 가장 중요하고 급한 것으로 군주의 학문을 진전시키는 것만 한 것이 없습니다. 옛날 성왕(聖王)들은 덕이 이미 완성되고 다스림이 이미 안정되었음에도 오히려 반드시 촌음을 아껴 날마다 새로워지는 데 힘썼으니, 어찌 추위나 더위가 한창이라 하여 문득 공부에 간단(間斷)을 두었겠습니까. 그런데 후세에는 추위와 더위 때문에 강연(講筵)을 정지하니, 어려운 일을 임금에게 요구하여 군주를 높이는 뜻[2]을 이미 잃어버린 것인지라, 선유(先儒)들이 이것을 참으로 깊이 근심하였습니다.

더군다나 지금 성상의 춘추가 한창이신데 학문은 오히려 얕으니, 덕은 이미 완성되었다 할 수 없고 다스림은 이미 안정되었다 할 수 없는 상황입니다. 그러므로 진덕수업(進德修業)의 공부가 하루가 급한데 구례(舊例)를 답습하여 한 달 동안이나 강연을 정지하시니, 옛날의 도로 헤아려 보건대 이미 지극히 엉성하고 느슨합니다. 만일 구례를 답습하는 것 외에 다시 시일을 지연하는 선례를 만드신다면 어찌 더욱

**2** 어려운……뜻 : 맹자(孟子)가 이르기를 "어려운 일을 임금에게 책임 지우는 것을 공이라 이르고, 선한 것을 말하여 사심을 막는 것을 경이라 이르며, 우리 임금은 훌륭한 일을 할 수 없다고 하는 것을 적이라 한다.〔責難於君謂之恭, 陳善閉邪謂之敬, 吾君不能謂之賊.〕" 하였다. 《孟子 離婁上》

근심스럽지 않겠습니까. 지금 더위가 비록 완전히 물러가지는 않았으나 아침 해는 진실로 청량한 기운이 많고 점심나절의 해도 타들어 갈 정도에까지 이르지 않는 때가 간간이 있으니, 편의에 따라 강연을 여는데 무슨 지장이 있겠습니까. 만약 다시 시일을 끌면서 날이 서늘해지기를 기다린다면, 공부는 간단(間斷)이 생기기 쉽고 세월은 유수 같은지라, 신들은 삼가 성상을 위해 이때를 아까워합니다.

무릇 사람이 학문을 함에 있어 젊을 때부터 늙을 때까지 공부에 힘쓸 수 있는 날 아닌 때가 없지만, 공부의 효과를 속히 얻을 수 있는 것은 오로지 젊고 건장할 때뿐입니다. 대개 사람이 젊고 건장할 때는 지각과 사고가 분산되지 않기에 선(善)을 듣고서 받아들이기가 쉽고 총명함이 한창 열려 있어 배우는 대로 날마다 진보하니, 비유하자면 백곡(百穀)이 생장함에 봄여름이 되어 밭 갈고 김매는 수고를 빠뜨리지 않으면 쉬이 성장하여 자연스럽게 익고, 조금 시기를 놓치면 비록 부지런히 수고하더라도 효과를 보기 어려운 것과 같습니다. 이러한 사실을 가지고 말해 보건대 지금이 어찌 성상께서 마땅히 심히 아까워해야 할 때가 아니겠습니까. 비록 강연을 정지해야 하는 날일지라도 성상께서 진실로 배우기를 좋아하는 뜻이 있다면 한가한 가운데에서도 반드시 시간을 헛되이 보내지는 않으실 것이니, 신하들과의 강론을 통해 받는 도움이나 신하들이 여러 가지 방법으로 성상을 수양시켜 드리는 이로움도 끝내는 강연을 여는 것만큼 효과가 있지는 못할 것입니다.

삼가 바라건대 성상께서 이 뜻을 깊이 살피시어 시사(視事)의 기일을 물리지 마시고 자주 경연(經筵)에 나오셔서 제때에 학문을 진전시킨다면 이보다 더 큰 다행은 없을 것입니다. 신들은 학식이 보잘것없고 소루하여 장구(章句)를 강독하는 사이에도 막혀 버리는 부끄러움이 많았습니다. 그러므로 다시 경연 자리에서 자주 성상을 모시더라도 도움이 되지 못할까 실로 두렵습니다. 그러나 성상께서 학문에 힘쓰시는 도리에 있어서는 진실로 하루라도 늦출 수가 없겠기에 감히 어리석은 생각을 아뢰는 것입니다. 옛사람이 말하기를 "덕으로 사람을 사랑할 것이요 고식적으로 하지 말라."[3] 하였으니, 무릇 사람을 사랑하는 도리도 그러하거늘 하물며 군부(君父)에 있어서이겠습니까. 구구한 신의 충애(忠愛)의 정성을 밝은 성상께서 살펴 주소서. 재결해 주소서.

**3** 덕으로……말라 : 《예기(禮記)》 〈단궁 상(檀弓上)〉에 나오는 말을 축약한 것으로, 원문에는 "군자는 덕으로 사람을 사랑하고, 소인은 고식적으로 사람을 사랑한다.〔君子之愛人也以德, 細人之愛人也以姑息.〕"라고 하였다.

## 병을 이유로 물러나기를 청하고 이어 성상의 학문에 대해 논한 소

引疾乞退仍論聖學疏

삼가 아뢰옵니다. 신이 이달 초에 기친상(朞親喪)[4]을 당했다가 복제(服制)가 끝났으니, 규례상 마땅히 출사해야 합니다. 그런데 앓고 있던 담화(痰火)가 요즘 들어 더욱 악화되어 몸져누워 신음하면서 일어나 움직일 희망이 없으며, 혼자 몸으로 타관에 우거하는 중이라 조리하기가 더욱 어렵습니다. 삼가 바라건대 자애로운 성상께서 신의 직임을 체직하시어 집으로 돌아가 병을 돌봐서 살길을 찾게 해 주신다면 신은 이보다 더 큰 다행이 없겠습니다. 신이 이미 병 때문에 관직 생활을 할 수 없게 되었으니 형세상 물러가야 할 형편이나, 구구한 신의 소회를 밝은 성상 앞에 감히 한번 진달하지 않을 수 없습니다. 삼가 바라건대 전하께서는 유념하여 헤아려 채택하소서.

신이 비록 불초하나 강관(講官)의 직임을 맡고 있으니 체직되기 전에는 실로 성상의 학문을 보좌하여 인도할 책무가 있습니다. 청컨대 성상의 학문부터 말해 보겠습니다. 신이 처음 입시하여 삼가 전하께서 강독하실 때의 옥음(玉音)을 들어 보니 문의(文義)에는 전혀 막힘이 없으셨고, 또 일찍이 옥음을 친히 받들어 보니 사서(史書)의 미처 진강

4 기친상(朞親喪) : 《창계집(滄溪集)》 권7 〈현강께 올림〔上玄江〕〉 4번째 편지에 따르면, 1680년(숙종6) 저자의 중부(仲父)인 임상유(林相儒)가 세상을 떠났는데, 이 일을 가리키는 것으로 보인다.

하지 못한 부분들은 궁중에 있을 때에 보았다고 하셨습니다.[5] 학문을 아끼고 좋아하시는 성상의 마음을 또한 알 수 있으니, 신은 진실로 기뻐하며 감히 잊을 수가 없습니다.

그러나 이른바 학문이 문의를 보고 읽는 일에서 참으로 벗어날 수 없지만, 또한 이것을 곧장 학문이라 할 수는 없습니다. 학문이라는 말은 알지 못하는 것을 알려 하고 잘하지 못하는 것을 잘하려 한다는 뜻이니, 반드시 날마다 알지 못하는 것을 알고 잘하지 못하는 것을 잘하기를, 옛사람이 이른 바 "오늘 한 가지 이치를 알고 내일 한 가지 이치를 알며, 오늘 한 가지 어려운 일을 행하고 내일 한 가지 어려운 일을 행한다."[6]라고 한 것과 같이 한 뒤에야 학문이라 할 수 있을 것입니다. 만약 겉으로는 학문을 한다고 하면서 아는 것과 행하는 것이 학문한 것을 말미암아 점점 진보하는 일이 별로 없다면 어찌 학문을 잘했다 하겠습니까.

전하께서는 한번 스스로 성찰해 보소서. 정말로 이같이 날마다 새로워지는 효과가 있었습니까? 만일 이러한 효과가 있었다면 자신을 수양하고 나라를 다스리고 간언을 듣고 일에 임하실 때에 또한 반드시 날마다 볼만한 효과가 있었을 텐데, 지금 그러한 효과가 없으니 이는 자못

**5** 미처……하셨습니다 : 《창계집》 권18 〈경연록(經筵錄)〉 8월 기록에, 창계가 숙종(肅宗)에게 "《자치통감강목(資治通鑑綱目)》의 분량이 방대하여 몇 차례 되지 않는 소대 때에 몇 장씩밖에 볼 수 없으니, 이렇게 해서는 고금의 성패에 대해 궁구할 시간이 모자랍니다."라고 하자, 숙종이 "진강하지 못한 부분은 궁중에 있을 때 보았다."라고 답변한 내용이 있다.

**6** 오늘……행한다 : 송(宋)나라 때의 학자 여본중(呂本中, 1084~1145)이 지은 《동몽훈(童蒙訓)》에 나오는 말이다.

전하의 학문이 아직 그 방도를 얻지 못한 것입니다. 학문의 방도는 반드시 먼저 좇고 향할 바를 정한 뒤에야 자신에게 부족한 점을 알 수 있고, 부족한 점을 안 뒤에야 분려(奮勵)하고 감발하여 바야흐로 날마다 진보할 수 있는 것입니다.

그렇다면 이른바 학문이 어떤 것을 좇고 어떤 곳으로 향해야 하겠습니까? '도(道)'에 지나지 않을 따름입니다. 도는 자기 한 몸으로부터 한 집안, 한 나라, 광대한 천지, 번만한 사물에 이르기까지 없는 곳이 없어서 지극히 바르고 지극히 마땅하고 지극히 공변되고 지극히 성실한 것입니다. 이것을 알면 최상의 지혜가 되고 이것을 체득하면 지극한 덕이 되며 이것을 행하면 지극한 다스림이 되니, 천지간의 높고 크며 존귀한 사물로 이보다 훌륭한 것은 없습니다. 그러나 그 실제는 애초에 은미하고 비밀스러워 알 수 없거나 허망하고 고원하여 행할 수 없는 것이 아닙니다. 도(道)는 곳곳마다 어디에든 있기에 반걸음 내딛는 사이에도 떠날 수 없고, 어느 때건 그러하지 않음이 없기에 숨 쉬는 사이에도 빠뜨릴 수 없는 것입니다. 사람이 학문을 하면서 이 도에 뜻을 두지 않는 자는 모두 자포자기하는 것이요 학문을 한다고 할 수 없습니다.

지금 전하께서는 천품이 영명하시어 절로 은연중에 도에 합치되는 점이 있으니 다시 성심으로 도를 구하신다면 결코 얻지 못할 리가 없건마는, 다만 이 도를 반드시 좇고 반드시 향해야 할 부분으로 확고히 생각하신 적이 없는 듯합니다. 신은 원컨대 전하께서 학문은 반드시 도를 구하는 데 뜻을 두시고 지금 이미 알고 잘하는 것을 가지고 이미 충분하다고 여기지 말며, 반드시 오늘 알지 못한 것을 알려 하시고 반드시 오늘 잘하지 못한 것을 잘하려 하신다면, 학문의 진보에 분명

일취월장하는 실익이 있을 것입니다.

좇고 향할 바가 이미 정해져서 잘하지 못하면 그만두지 않겠다는 마음[7]이 생기면, 책을 볼 때에는 반드시 의심의 단서가 많을 것이고 자신을 성찰할 때에는 응당 부끄러워하는 뜻이 있을 것입니다. 의심과 부끄러움이 생겨나는 것이 바로 이른바 '호소식(好消息)'입니다. 성현의 글은 도(道)가 모여 있는 곳이니, 단지 글자만 해석하려 한다면 진실로 심히 의심할 만한 것이 없을 것입니다. 반드시 말을 통해 뜻을 통달하여, 모여 있는 도를 하나하나 마음과 눈 사이에 명료하게 만든다면, 성상의 자질이 비록 매우 총명하시나 분명 의심할 만한 단서가 있을 것입니다. 그리고 의심을 한 뒤에야 생각을 지극히 하고 물어서 분변할 수 있게 되어 점차 분명하게 알 것입니다.

도는 극진하지 않음이 없고 또한 있지 아니한 곳이 없으니 반드시 이 뜻을 깊이 깨달아 자신을 꼼꼼히 살핀다면, 행하는 바가 비록 선하다 해도 선에 미진한 점이 있음이 부끄러운 것이요, 혹 큰 마당의 수많은 사람이 있는 곳에서는 능히 삼간다 해도 은미하고 홀로 있는 곳에서는 능히 삼가지 못함이 부끄러운 것입니다. 이것을 가지고 스스로를

**7** 잘하지……마음 : 《중용장구(中庸章句)》 제20장에 "배우지 않을지언정 배울진댄 잘하지 못하거든 놓지 말며, 묻지 않을지언정 물을진댄 알지 못하거든 놓지 말며, 생각하지 않을지언정 생각할진댄 알지 못하거든 놓지 말며, 분변하지 않을지언정 분변할진댄 분명하지 못하거든 놓지 말며, 행하지 않을지언정 행할진댄 독실하지 못하거든 놓지 말아서, 남이 한 번에 잘하거든 나는 백 번을 하며, 남이 열 번에 잘하거든 나는 천 번을 하여야 한다.〔有弗學, 學之, 弗能弗措也; 有弗問, 問之, 弗知弗措也; 有弗思, 思之, 弗得弗措也; 有弗辨, 辨之, 弗明弗措也; 有弗行, 行之, 弗篤弗措也, 人一能之, 己百之; 人十能之, 己千之.〕"라고 하였다.

성찰한다면 성상께서 비록 청명(淸明)하시다고 하나 또한 반드시 스스로 부끄러워하는 뜻이 생길 것입니다. 그리고 부끄러움이 있은 뒤에야 사욕을 극복하여 마음을 다스리며 덕을 진전시키고 업을 닦을 수 있게 되어 행실이 더욱 독실해질 것입니다. 이러한 것들의 요체는 단지 좇고 향할 바를 일찍 정하는 데 달려 있을 따름입니다.

신이 처음 입시한 날, 바로 '입지(立志)'와 '지행(知行)'에 관한 설을 성상께 아뢰어 문득 성상의 가납을 받았습니다. 당시 이야기할 때는 번다한 줄 몰랐는데, 신이 물러나 생각해 보니 신도 다 기억해 내지 못하는 부분이 있었습니다. 삼가 생각건대 수많은 정무로 바쁜 와중에 어찌 다시 살피실 수 있겠습니까. 이 때문에 신이 감히 다시 이러한 뜻을 진달하는 것이니, 표현은 비록 다르나 그 뜻은 한가지입니다. 이른바 좇고 향할 바를 정한다는 것은 바로 '입지'를 달리 말한 것입니다. 또한 신이 전날 아뢸 때는 '입지', '역행(力行)', '궁리(窮理)' 세 가지를 반복해서 논하여 아뢰고, 지금은 좇고 향할 바를 정하는 것을 위주로 한 것은 급선무가 특히 여기에 있기 때문입니다. 만약 이러한 점에 대해 깊이 생각하고 재빨리 깨달아서 구태를 일변하시어 방도를 적실하게 찾는다면 '궁리'와 '역행'이 이를 통해 정진(精進)될 것입니다. 말은 비록 고단한 듯해도 우러러 바라는 뜻은 이에 더욱 간절합니다.

고금의 귀하고 천한 사람들 가운데 학문에 뜻을 둔 사람이 또한 적지 않았습니다. 그러나 좇고 향하는 바가 애초에 적확하지 않아서 결국에는 탁월한 성취가 드문 것이 항상 근심이었으니, 이는 모두 이 도에 뜻을 두지 못한 잘못입니다. 신의 소망은, 전하께서 도에 뜻을 두어 학문을 진전시키고 근본을 바르게 하여 다스림을 안정시키기를 한결같이 옛 선왕들처럼 하심으로써 학문하신 공효가 이 세상에 크고 밝게 드러나게 하는 것입니다. 그러므로 자신이 불초하다는 것과 말이 우활하다는 것도 문득 잊고서 거듭 아뢰어 그칠 줄 모르는 것입니다.

이 일은 자취가 없어서, 목전의 한 가지 일에 대한 타당성과 시행 여부를 말 한마디로 결판 지어, 윤허가 내린 뒤 즉시 거조(擧條)에 드러내는 경우와는 다릅니다. 그 요점은 성상의 마음에 체인(體認)하여 진실하게 담당하는 것에 달려 있을 따름입니다. 정말로 이와 같이 하실 수 있다면 성상의 학문의 진보와 치도(治道)의 안정에 이제부터 이른바 날마다 볼만한 점이 응당 있을 것이니, 비록 자취는 없는 듯해도 효험이 이보다 겉으로 더 잘 드러나는 것이 없을 것입니다. 전하께서 신의 이 말을 살피시되, 우활하고 진부해서 신경 쓸 만한 것이 못된다고 여기신다면 분명한 말로 즉시 물리쳐 주소서. 그러나 혹 취할 만한 뜻이 있거든 자신에게 돌이켜 실제로 징험하시어 반드시 이 도를 구하기로 기약하심으로써 알기를 구하는 정성과 힘써 행하는 뜻이 전날과는 판이하게 하소서. 이것이 바로 신의 말을 참으로 가납하시는 것입니다. 혹 의심나는 부분이 있거든 다시 밝게 하문하심이 더욱 절실하니, 이는 구구한 신의 지극한 바람입니다.

## 언로를 넓힐 것을 청하는 옥당의 차자

王堂請廣言路箚

신들은 모두 변변치 못한 사람들로 성상을 가까운 자리에서 모시면서도, 직책을 돌이켜 생각해 볼 때 성상의 은혜에 보답할 줄은 몰랐습니다. 그러다 문득 어리석은 생각이 떠올라 감히 성상의 귀를 어지럽혀 드리니, 삼가 바라건대 밝은 성상께서 특별히 깊이 살펴 주소서.

신들이 삼가 살펴보니 옛날의 성제(聖帝)와 명왕(明王)들이 치도(治道)를 마련하고 나라를 보존하여[8] 명성을 후세에까지 드리운 방도는, 그 근본이 진실로 먼저 한 마음을 바르게 하는 데 달려 있었고 또한 여러 사람의 말을 모으고 여론을 통하게 하여 임금의 총명을 돕도록 하지 않은 경우가 없었습니다. 당(唐)・우(虞) 시절에는 성군(聖君)과 현신(賢臣)이 바야흐로 윗자리에서 도유우불(都兪吁咈)[9]하였으니, 또한 무슨 이치인들 살피지 못했겠으며 무슨 정사인들 닦지 못했겠습니까마는, 그럼에도 반드시 감간고(敢諫鼓)를 두고 사방의 문을 활

**8** 치도(治道)를……보존하여 : 《서경》 〈주관(周官)〉에 "옛날 대도(大道)가 행해지던 세상에서는 혼란해지기 전에 치도를 마련하고 위태로워지기 전에 나라를 보존하였다.〔若昔大猷, 制治于未亂, 保邦于未危.〕"라고 하였다.

**9** 도유우불(都兪吁咈) : 군주와 신하가 서로 자유롭게 정사를 의논하고 의견을 교환한다는 뜻으로, 도와 유는 찬성의 의미, 우와 불은 반대의 의미를 나타내는 감탄사이다. 《서경》 〈익직(益稷)〉에 "우가 말하기를 '아, 훌륭합니다. 황제시여. 지위에 있음을 삼가소서.' 하니, 순(舜) 임금이 '아, 너의 말이 옳다.' 하였다.〔禹曰: 都! 愼乃在位. 帝曰: 兪.〕"라고 한 예가 있고, 〈요전(堯典)〉에 사악(四岳)이 곤(鯀)을 추천하자 "요(堯) 임금이 말하기를 '아, 너희의 말이 옳지 않다.' 하였다.〔帝曰: 吁! 咈哉.〕"라고 한 예가 있다.

짝 열어 놓았습니다.[10] 시대가 내려와 삼대(三代)의 성대한 시절에 이르러서도 그렇지 않음이 없었으니, 하(夏)나라 때는 주인(遒人)이 도로를 순행하는 제도[11]가 있었고 은(殷)나라 때는 신하가 말하지 않는 데 대한 경계[12]가 있었으며 주(周)나라 왕실이 융성할 때 사(士)는 임금의 과실(過失)을 대부(大夫)에게 전하며 서민들은 길에서 정사를 의논케 하여[13]

**10** 감간고(敢諫鼓)를……놓았습니다 : 감간고는 요(堯) 임금 때 사람들이 할 말이 있으면 누구든지 칠 수 있도록 달아 둔 북이다.《淮南子 主術訓》사방으로 문을 열어 놓았다는 것은,《서경》〈순전(舜典)〉에 순 임금이 즉위하고 나서 "사악에게 물어 사방의 문을 열어 놓고 사방의 눈을 밝히고 사방의 귀를 통하게 하셨다.〔詢于四岳, 闢四門, 明四目, 達四聰.〕"라고 한 것을 가리킨다.

**11** 주인(遒人)이……제도 : 주인은 정령(政令)을 선포하는 관원으로,《서경》〈윤정(胤征)〉에 "매년 맹춘에 주인이 목탁을 가지고 도로를 순행하며 말하기를 '관사가 서로 바로잡고, 백공(百工)들이 기예(技藝)의 일을 맡아서 간하라. 혹시라도 공손히 하지 않으면 나라에 떳떳한 법이 있느니라.' 하였다.〔每歲孟春, 遒人以木鐸徇于路, 官師相規, 工執藝事以諫. 其或不恭, 邦有常刑.〕"라고 하였다.

**12** 신하가……경계 :《서경》〈이훈(伊訓)〉에서 이윤(伊尹)이 태갑(太甲)을 훈계하기를 "관부(官府)의 형벌을 만들어 지위에 있는 자들을 경계하기를 '……삼풍과 열 가지 잘못 중에 경사가 몸에 한 가지를 지니게 되면 집이 반드시 망하고, 나라의 군주가 몸에 한 가지를 지니게 되면 나라가 반드시 망하니, 신하가 이것을 바로잡지 않으면 그 형벌이 묵형(墨刑)이다.'라고 하여 선비들이 어릴 적에 자세히 가르치셔야 할 것입니다.〔制官刑, 儆于有位, 曰…… 惟茲三風十愆, 卿士有一于身, 家必喪; 邦君有一于身, 國必亡, 臣下不匡, 其刑墨, 具訓于蒙士.〕"라고 하였다.

**13** 사(士)는……하여 :《춘추좌씨전(春秋左氏傳)》양공(襄公) 14년에 "사관(史官)은 임금의 거동을 기록하고 악사(樂師)는 시로써 풍간(諷諫)하고 악공(樂工)은 잠간을 외우며 대부는 규간(規諫)하여 임금을 가르치고 사는 임금의 잘못을 대부에게 전하며 서민들은 모여서 비방하고 상인(商人)들은 시장에서 득실을 비평하며 백공은 기예를 바친다.〔史爲書, 瞽爲詩, 工誦箴諫, 大夫規誨, 士傳言, 庶人謗, 商旅于市, 百工獻藝.〕"라고 하였다.

위정자가 그것을 채택하였습니다. 이는 모두 말을 하도록 인도하여 군주의 과실을 듣고자 했던 것이니, 당시의 치안(治安)을 후세 사람들이 칭송하는 것은 진실로 이러한 이유 때문입니다. 한(漢)나라 이하로 흥망(興亡)과 치란(治亂)의 자취를 지금 모두 상고해 볼 수 있으니, 대체로 언로가 열려 아랫사람들이 숨기는 사실이 없으면 다스려져서 흥하고, 언로가 막혀 충성스러운 계책이 들리지 않으면 혼란해져서 망하는 것이 필연적인 이치입니다. 이 이치는 고금이 한가지이고 사책에 환히 드러나 있으니 알기 어렵지 않습니다.

삼가 생각건대 근자에 성상의 덕화가 일신되어[14] 지극한 다스림이 흥하는 것을 사방에서 발돋움하고 살펴보고 있으니, 무언가를 해 보기에 쉬운 시세(時勢)라 할 수 있습니다. 진실로 마땅히 성덕(聖德)을 펼치시어 한 시대의 지혜를 합하여 한 시대의 일을 이룰 것이요, 대충 생각하다가 앉아서 기회를 놓쳐서는 안 됩니다. 국조고사(國朝故事)에 무릇 재이(災異)가 발생하여 경동(驚動)하게 되는 때를 만나면 반드시 구언(求言)하는 일이 있었으니, 구언을 해 놓고 정밀하게 골라서 결단하여 실행하지 않는다면 이는 참으로 형식적인 것입니다. 형식적으로 하지 않고자 할진댄 정밀하게 고르고, 결단하여 실행할 따름이니 어찌 끝내 구언의 길을 폐할 수 있겠습니까. 그리고 근래의 일이 어찌 단지 소소한 재이로 인해 평범하게 경동하고 말 뿐인 것이겠습니까. 장차 구태를 버리고 새로움을 도모하는 계책을 크게 펼치려 할진댄, 여러 사람에게 묻고 아랫사람을 마음을 다해 대하는 방도보다 급한 것은 없습니다. 그렇기에 구언하는 일이 제일 급선무인데도 지금껏 그런

**14** 근자에……일신되어 : 1680년(숙종6)에 있었던 경신환국(庚申換局)을 가리킨다.

조치가 없으니 신들은 삼가 의혹스러워하고 있습니다.

무릇 재신(宰臣)들을 자주 불러 치도(治道)를 연마하고 대각(臺閣)의 말을 넉넉하게 받아들여 곧은 기운을 장려하며 경연에 자주 나와 권계(勸戒)를 즐겨 듣는 것이 바로 언로를 여는 근본이 되니, 진실로 마땅히 성상께서 먼저 염두에 두셔야 할 것입니다. 그러나 천하의 의리는 무궁한지라, 어진 자는 그 큰 것을 알고 어질지 못한 자도 오히려 그 작은 것을 아니,[15] 주광(紸纊)을 통과하지 못한 말에 다시 쓸 만한 논의가 없으리라는 것을 어찌 알겠습니까.[16] 비록 구언의 명령이 있더라도 성심(誠心)이 미덥지 못하면 사람들이 혹 응하지 않는 법인데, 더군다나 지금은 구언의 명령마저 아울러 빠뜨렸으니 어찌 그윽하고 은미한 실정이 위로 도달할 길이 없을 뿐이겠습니까. 비록 조정에 있는 사람일지라도 우물쭈물하며 자기 할 말을 다하지 못하는 폐단이 자못 있을 것이니, 이는 정말 성세(聖世)의 복이라 할 수 없습니다.

지난번 조정에서 주(州)·현(縣)에 공문을 보내 백성들의 고충에 대해 각기 조목별로 아뢰게 하였으니, 이는 진실로 구언의 한 단서입니다. 그럼에도 미진한 점이 있었던 것은 애초에 간절히 구하는 하교가

**15** 어진……아니 : 《논어》 〈자장(子張)〉에 "문왕과 무왕의 도가 아직 땅에 떨어지지 않고 사람들에게 남아 있어 어진 자는 그 큰 것을 알고 있고 어질지 못한 자는 그 작은 것을 알고 있다.〔文武之道未墜於地, 在人, 賢者識其大者, 不賢者識其小者.〕"라고 하였다.

**16** 주광(紸纊)을……알겠습니까 : 임금에게 도달하지 못한 아랫사람들의 논의 중에도 쓸 만한 논의가 있을 수 있다는 뜻이다. '주광'은 솜을 둥글게 말아 임금의 면류관 양쪽에 붙여 드리워서 임금의 귀를 막는 물건으로, 임금이 함부로 아무 말이나 듣지 말 것을 경계하는 뜻을 지니고 있다.

없었고 뒤에는 가려 쓰는 실제가 없었으며, 또 단지 주·현에만 구하고 당세 사람들에게 널리 구하지 않았기 때문이니, 끝내 커다란 유익이 없는 것이 당연합니다. 신들의 생각은 다음과 같습니다. 마땅히 서둘러 구언하는 성지(聖旨)를 내리시어 마음을 비우고 기다리는 정성을 깊이 보이시고 대소 신료와 중외(中外)의 사민(士民)들에게 포고하시되 직언으로 극론하는 것도 아울러 허락하시어 사람마다 모두 그 견해를 아뢰고 그 뜻을 다하게 한다면 천리나 되는 나라의 만백성 가운데 어찌 특출하고 원대한 논의로써 성상께서 지극한 다스림의 흥성을 도모하려는 대업을 우러러 도울 수 있는 자가 한둘쯤 없겠습니까. 비록 여기에는 미치지 못하더라도 폐단을 아뢰고 계책을 건의하는 것마다 모두 받아들여 세밀히 가려서 순서대로 시행한다면, 작은 선이 합하여 큰 선이 될 것이고 뭇 마음이 합하여 한마음이 될 것이니, 이와 같이 하고서 일을 완성하지 못하는 경우는 없습니다.

재야에 있어 진언하기 어려운 처지에 있는 사람들의 경우에는 비록 성지를 듣더라도 분명 대번에 진언하려 하지는 않을 것이니, 또한 마땅히 유지(諭旨)를 별도로 내려 지성으로 도움을 구하십시오. 그렇게 한다면 성상의 성실함에 감동하고 나서 그들이 어찌 묵묵히 있을 수 있겠습니까. 먼 지방의 한미한 선비 같은 경우는 비록 소회가 있어도 상경하여 스스로 진달하기 어려울 것이니 응당 현(縣)과 도(道)에서 조정에 보고하게 하고, 가난하여 종이를 갖추지 못한 자에게는 관에서 종이를 구해 주어, 반드시 한 세상의 가언(嘉言)이 다 이르게 할 것을 기약하십시오. 이렇게 해서 중외의 장소(章疏)들이 모인 뒤에는 조신(朝臣) 중에 학업에 통달하고 치체(治體)에 대해 깨우친 사람 약간을 별도로 선발하여, 내서(內署)에서 직숙하면서 기한을 정해 고찰하여 시비를 분석해 구별해서 아뢰게 하십시오. 그리하여 그 말이 성상께 절실한 것은 금중(禁中)에 두어 성상께서 살펴보실 자료로 갖추게 하고, 치도(治道)의 대체(大體)에 관계된 것은 진헌하여 성상께서 열람하신 뒤에 묘당에 내려 속히 체행(體行)하게 하며, 한 가지 일이나 한 가지 정사에 대해 논한 것은 곧장 해당 관사에 내려 품의(稟議)하여 변통하게 하십시오. 그리고 그 요점들을 뽑아서 책 한 권에 나열해 적은 다음 때때로 살펴보고 항시 스스로 점검하시어, 그러한 경계에 도달했는지 못했는지를 징험해서 면려를 더하고 그것들이 폐해졌는지 행해졌는지를 고찰하여 신칙한다면, 성세(聖世)에 다스림을 강구하는 도리에 보탬 되는 것이 어찌 적겠습니까.

신들이 삼가 우러러보니 성상께서는 천품이 고명하시어 보통 사람의 경지를 훨씬 뛰어넘으셨습니다. 이미 지나간 일에 혹 선(善)하지 못한 점이 있으면 비단 허물을 고치고 바꾸기를 두려워하지 않으실 뿐 아니라 다시 스스로 그 잘못을 반드시 말씀하시니, 이는 성현들이 자신의 불선(不善)한 점을 버리고 남의 선한 점을 따르며 허물을 고치기에 인색하지 않은 일입니다. 이는 실로 평범한 자질의 제왕이 미칠 수 있는 경지가 아닙니다. 진실로 이 마음을 미루어 나가면 장차 천하의 선이 모두 자신에게로 돌아올 것이니, 성덕(聖德)의 완성과 지극한 다스림의 흥성이 무에 어렵겠습니까. 다만 걱정스러운 점은 한 세상의 좋은 계책과 충성스러운 생각들이 구중궁궐에 계신 성상의 귀에까지 다 도달하지 못하여 지극한 교화를 도와 이룰 수 없는 것입니다. 그렇다면 구언하는 한 가지 일이 더욱이 오늘의 급선무가 아니겠습니까. 삼가 바라건대 밝은 성상께서 깊이 이러한 점에 마음을 두시어 속히 구언하는 하교를 내리고 올라온 말을 채택하여 시행하신다면 신들은 이보다 더 큰 다행이 없겠습니다.

그리고 신들에게 다시 어리석은 소견이 있으니 감히 죽음을 무릅쓰고 말해 보겠습니다. 구언하는 방도는 반드시 구언하는 사람이 먼저 자신의 마음을 비운 뒤에야 말하는 자도 즐거이 고하는 것입니다. 비록 구언하는 이가 대등한 관계 이하의 사람일지라도, 만약 구언하는 이가 다른 사람의 말을 듣기를 한창 구하면서 아무 일에 대해서는 절대 말하지 말라고 먼저 스스로 금지해 버린다면, 말하려는 사람이 비단 금지한 일 뿐만 아니라 다른 일도 기꺼이 말하려 하지는 않을 것입니다. 이는 두려워할 만한 위세가 없어도 인정상 상대방을 거스르려 하지 않는 것이 참으로 일반적인 행태이기 때문인데, 더군다나 군주가 우레와 같은 위엄과 생사여탈권을 쥐고서 먼저 금지하는 단서를 둔다면 사람들이 두려워 피하는 것이 또한 응당 어떠하겠습니까. 위에서 척촌(尺寸)만큼의 금령을 두면 아래에서는 천 리만큼 피해 버리는 일이 있는 것이 참으로 그 형세입니다.

지난날 예론(禮論)[17]을 금지한 것은 실로 구언하는 방도에 지장이 있을 듯합니다. 예경(禮經)의 깊은 뜻은 이미 사람마다 능히 알 수 있는 것이 아니고, 선조(先朝)에서 정한 제도는 다시 오늘날 함부로 의논할 수 있는 것이 아니니, 비록 논의를 금지하지 않는다고 해도 그 누가 감히 말하겠습니까. 다만 예론을 금지한 것으로 인해 아랫사람들이 그 위세를 보고는 모두 멀리 피하려고 하여, 무릇 예론에 관계된

**17** 예론(禮論) : 현종(顯宗)과 숙종(肅宗) 대에 걸쳐 복제(服制) 문제를 두고 펼쳐진 서인과 남인 간의 예송논쟁(禮訟論爭)을 가리킨다. 예송논쟁은 1680년(숙종6) 경신환국으로 일단락되었다.

사람에 대해서는 비록 그 사람에게 좋은 점이 있어도 감히 말하지 못하고 나쁜 점이 있어도 감히 논하지 못하게 되었습니다. 당초 예론을 금지했던 성의(聖意)는 예론만 금하려던 것이지, 어찌 예론을 한 사람마저 금하려던 것이겠습니까. 신들이 위에서 척촌만큼의 금령을 두면 아래에서는 천 리만큼 피해 버리는 일이 있다고 말한 것이 이것입니다.

사세가 여기에 이르렀으니, 비록 전하에게 있어 심복(心腹)이나 이목(耳目) 같은 신하조차도 지나치게 조심하는 폐단이 생겨, 자못 숨기는 것이 없는 기풍을 어그러뜨릴 텐데, 더군다나 먼 지방의 백성들에게 어찌 의혹된 마음이 없겠습니까. 분명 지나치게 두려워하면서 피하여 응당 말할 것도 말하지 못할 터이니, 어찌 마음을 비우고 받아들이는 성상의 성대하신 아름다움에 해가 되지 않겠습니까. 마땅히 구언하는 하교를 내리는 날에 금령을 거두는 명령도 아울러 내리시면, 언로(言路)에도 매우 다행이요 세도(世道)에도 매우 다행일 것입니다. 금령을 거두더라도 실성한 사람이 아닌 이상에야 결코 망녕되이 논하는 일이 없을 것입니다. 이 일로 하늘처럼 크신 성상의 도량을 충분히 밝게 보일 것이고 상하가 간극 없이 소통할 것이니, 어찌 아름답지 않겠습니까. 신들이 외람되이 유악(帷幄)에서 성상을 모시면서 은혜로운 지우(知遇)를 과분하게 입었으되, 스스로를 돌이켜 보면 보잘것없고 허술하여 성상에게 도움 되는 점이 없었습니다. 그러므로 감히 구언에 대한 설을 진달하여 달총(達聰)[18]에 조그만 도움이 되기를 바라고, 또 예론

**18** 달총(達聰) : 임금이 사방의 소리를 잘 듣는다는 뜻이다. 《서경》 〈순전〉에 순 임금이 즉위하고 나서 "사악에게 물어 사방의 문을 열어 놓고 사방의 눈을 밝히고 사방의 귀를 통하게 하셨다.〔詢于四岳, 闢四門, 明四目, 達四聰.〕"라고 한 데서 온 말이다.

을 금지하는 것이 구언의 방도에 지장이 됨을 염려하였으니, 예론에 관한 일은 자못 세상에서 언급하기를 꺼리는 일이라 신들이 말하지 않으면 다시 전하를 위해 한 말씀 드릴 자가 없을 듯하였습니다. 그러므로 감히 아울러 언급하였으니 신들의 구구한 충정을 밝은 성상께서 살펴 주시기 바랍니다. 신들은 큰 바람을 금할 길이 없습니다. 재결해 주소서.

## 국옥 때문에 강연을 정지하지 말 것을 청하는 옥당의 차자
王堂請勿以鞫獄停講箚

신들이 삼가 듣건대 국옥(鞫獄)을 파하기 전에는 앞으로 강연(講筵)을 열 수 없겠다 하셨습니다. 신들의 어리석은 생각으로는 강연을 여는 한 가지 일은 오늘날 가장 근본이자 급선무라 다른 여러 정사에 비할 바가 아닙니다. 그런데 크고 작은 여러 정사들은 모두 폐하지 않으면서 유독 강연만은 열지 못하니, 신들은 삼가 의혹하고 있습니다.

학문을 강론하여 이치를 밝히고 자신의 사욕(私慾)을 극복하여 예(禮)로 돌아가는 것은 참으로 정사에 임하고 다스림을 펴는 일의 근원인지라, 진실로 하루도 늦출 수 없습니다. 더군다나 성상의 춘추가 한창 젊으시어 총명이 날로 트일 때에 진학(進學)하는 공력을 쏟아 붓는 것이 더욱 마땅하고 보면, 국옥이 끝나지 않았다 하더라도 때때로 강연을 여는 것은 진실로 병행할 수 있으니, 또한 서로 무슨 장애가 있겠습니까.

또 《시경(詩經)》에서 '숙문(淑問)'이라 칭하고서 '재반(在泮)'이라 하였는데,[19] '반(泮)'은 학궁(學宮)이니 학궁에서 숙문하는 것은 그 뜻이 진실로 배움의 도리로 죄수를 다스리고자 한 것입니다. 또 옛사람이 옥사를 결단할 때에 경전의 뜻을 펼치는 것을 귀하게 여겼으

19 시경(詩經)에서……하였는데 : '숙문(淑問)'은 신문(訊問)을 잘한다는 뜻이다. 《시경》 〈반수(泮水)〉에 "고요처럼 신문을 잘하는 자가 반궁(泮宮)에서 죄수를 바치리로다.〔淑問如皐陶, 在泮獻囚.〕"라고 하였다.

니,[20] 이는 또한 경전은 뭇 이치가 모인 곳인지라 반드시 경전의 뜻을 펼쳐 옥사를 결단해야 옥사가 곧 이치에 맞을 수 있기 때문입니다. 그렇다면 강연을 여는 것이 옥사를 다스리는 데에 비단 사체상에 장애가 없을 뿐만 아니라 또한 유익함을 더해 주는 의의도 있는 것입니다.

삼가 바라건대 성상께서는 이 이치를 깊이 살피시어 국옥이 끝나기 전이라도 강연을 여는 것을 폐하지 마소서. 신들은 큰 바람을 금할 길이 더욱 없습니다. 신들은 임금을 가까이에서 모시고 있으면서 문득 소회가 있어, 감히 이렇게 우러러 청재(淸齋) 중인 성상을 번거롭게 해 드리니 지극히 황공한 마음을 금할 길이 없습니다. 재결해 주소서.

**20** 옛사람이……여겼으니 : 《자치통감(資治通鑑)》 권124에 북위(北魏)의 세조가 태평진군(太平眞君) 6년(445) 3월에 조칙을 내려 의심나는 옥사를 중서(中書)에게 맡겨서 경전의 뜻으로 헤아려 결단하게 한 예가 실려 있다.

## 성지(聖旨)에 응하여 진언한 옥당의 소

王堂應旨進言疏

삼가 아뢰니다. 어제 본관(本館 홍문관)의 장관(長官)이 자리에 없어서 신이 하급 관료의 신분으로 외람되이 도당(都堂)의 논의에 참여하였다가, 문득 어리석은 생각이 있어 감히 이렇게 상소로 진달하여, 소회를 적어 올리라는 명에 응합니다. 신은 삼가 생각건대 아는 것이 얕고 어두워 재이(災異)가 일어나는 원인에 대해 분명하게 알지 못하니, 재이를 사라지게 하는 대책에 대해서는 진실로 확실하게 말하기가 어렵습니다. 다만 인사(人事)로 미루어 보건대 수성(修省)의 방도는, 덕의(德意)를 미루어 인정(仁政)을 펼치는 것보다 급한 것이 없고 옛사람이 인정을 논하면서 형벌을 줄이고 세금을 적게 거두는 것[21]을 우선하였으니, 신은 삼가 이 뜻을 부연하여 참람하나 오늘날의 일을 논해 보겠습니다. 삼가 바라건대 전하께서는 깊이 유념하여 살펴 주소서.

무릇 천도(天道)는 살리기를 좋아하고 죽이기를 싫어하니, 비록 의(義)에 맞는 형벌과 의에 맞는 죽임이라 해도 형살(刑殺)이 많은 것은 본래 좋은 일이 못 됩니다. 그런데 만약 그 사이에 혹 한 푼만큼이라도 어긋나거나 넘치는 부분이 있다면 반드시 원망을 일으키고 화기(和氣)를 손상하는 일이 생길 것이니, 염려하지 않을 수 있겠습니까. 그간의 대옥(大獄)[22]으로 죽음을 당하거나 귀양 간 이들이 헤아릴 수 없이 많

**21** 형벌을……것 : 《맹자》 〈양혜왕 상(梁惠王上)〉에 나오는 말이다.

**22** 그간의 대옥(大獄) : 경신환국 이후 이어진 일련의 옥사를 가리킨다.

습니다. 비록 당시 형벌을 쓸 때 이미 자세히 참작하였다고는 하지만, 허다하게 죄를 살펴 다스리고 죄의 경중을 판단하던 사이에 어찌 어긋나거나 넘치는 일이 한둘쯤 없었다고 보장할 수 있겠습니까. 신의 어리석은 생각으로는 이처럼 재이를 만났을 때에는 마땅히 너그럽게 감싸안는 조치가 있어야 합니다. 그 가운데 어긋나거나 넘치는 점이 있었던 일은 진실로 다시 살펴 죄를 경감시켜 주어야 할 것이고, 비록 이미 그 죄에 합당한 벌을 받았더라도 특별히 관대한 은혜를 미루어 차례대로 죄를 경감하여-원문 결락-[23] 너그러이 용서하는 은전을 베푸시면 이성(二聖 왕과 왕후)의 크신 덕에 도움이 될 것이요, 나라의 체모에도 유익하고 손상됨이 없을 것입니다. 원컨대 대신(大臣)과 중신(重臣) 및 삼사(三司)의 관원들을 불러 대옥이 있은 이래 전후의 죄적(罪籍)들을 모두 가지고 탑전에 입시해서 성상께 여쭙게 하여 재량하여 처리하되, 윗사람과 아랫사람이 차라리 관대하게 처리하는 실수를 범하는 것[24]으로 준칙을 삼자고 마음먹는다면, 이 어찌 원망을 그치고 화합을 불러오는 한 가지 일이 아니겠습니까.

지금 신의 어리석은 소견에 의지하여 또한 말할 만한 일이 있으니, 참람하고 경솔하다는 것을 참으로 잘 알지만 어찌 감히 숨기고 침묵할 수 있겠습니까. 이정(李楨)이 사사된 일의 경우는 왕법은 이미 행해졌

**23** 원문 결락 : 원문은 '-缺-比'인데, '比'도 결자와의 관계를 알 수 없어 번역하지 않았다.

**24** 차라리……것 : 《서경》 〈대우모(大禹謨)〉에 법관인 고요(皐陶)가 순(舜)의 덕을 칭송하면서 "죄가 의심스러운 것은 가볍게 형벌하시고 공이 의심스러운 것은 중하게 상 주시며, 무고한 사람을 죽이기보다는 차라리 떳떳한 법대로 하지 않은 실수를 범하겠다 하시어, 살려 주기를 좋아하는 덕이 민심에 부합합니다.〔罪疑惟輕, 功疑惟重, 與其殺不辜, 寧失不經, 好生之德洽于民心.〕"라고 하였다.

으나 자복은 받아 내지 못하여 나라의 떳떳한 형법이 올바로 서지 못하였으니,[25] 가산을 적몰하고 처자를 노비로 삼은 것은 과중한 처벌인 듯합니다. 조성(趙磴)이 장하(杖下)에 죽은 일의 경우는 그 아들 조정시(趙挺時)가 비록 자복하기는 했지만[26] 이경의(李景毅)가 제 아비의 일을 증언한 것[27]과는 경우가 다릅니다. 조성을 곧바로 역률(逆律)로

**25** 이정(李楨)이……못하였으니 : 이정(?~1680)은 인조(仁祖)의 손자이자 인평대군(麟坪大君) 이요(李㴭)의 장남인 복창군(福昌君)이다. 1680년(숙종6) 경신환국 때 아우 복선군(福善君) 이남(李枏)이 남인(南人)인 허견(許堅) 등의 추대를 받고 역모를 꾀한다는 죄목으로 복선군 이남, 복평군(福平君) 이연(李㮒) 두 아우와 함께 사사되었다. '떳떳한 형법이 올바로 서지 못하였다'는 것은 자복을 받지 못했는데도 사사가 시행되어 형벌이 명분 있게 시행되지 못했음을 가리킨다. 《숙종실록(肅宗實錄)》 6년 4월 17일의 기사에, 복창군 이정이 끝내 자신의 죄를 자복하지 않자, 숙종은 다른 사람의 공초 등을 참고해 보면 이미 반은 승복(承服)한 것에 다름없으니 더 추궁할 것도 없다고 하였고, 이에 국청(鞫廳)에서는 국청의 일은 중대하므로 완전히 자복하기 전에는 반은 승복하였다 하여 바로 논단할 수 없다고 하였는데, 이후 몇 차례 형신을 가한 후 사사한 일이 나온다.

**26** 조성(趙磴)이……했지만 : 조성(1625~1680)은 자가 숙옥(叔玉)으로 1680년 경신환국 전에 형조 참판이었으며, 조정시(趙挺時, 1643~1680)는 조성의 아들이다. 《숙종실록》 6월 윤8월 관련 기사들을 참고하면, 경신환국 때 부자가 모두 복선군 이남(李枏)의 심복으로 활동했다는 지목을 받고 여러 차례 가혹한 형문을 받았는데, 조정시는 이태서(李台瑞)·허견(許堅) 등과 함께 역모를 꾸몄다고 자복하였으나 조성은 끝내 자복하지 않다가 장하(杖下)에 죽었다. 숙종이 조성을 역률로 다스리려 하자 김수항(金壽恒) 등이 후세에 폐단을 끼칠 것이라 진언하였으나, 숙종은 이미 죄를 자복한 아들 조정시에게 조성을 연좌시켜 가산을 적몰하고 처자를 노비로 삼게 하였다.

**27** 이경의(李景毅)가……것 : 이경의(?~1680)는 허견 등과 함께 역모를 꾸민 것으로 지목받은 이태서(李台瑞, 1614~1680)의 아들이다. 이태서는 자가 공현(公鉉)으로 승문원 검교(承文院檢校), 예빈시 정(禮賓寺正) 등을 역임하였다. 《숙종실록》 6월 4월의 관련 기사들을 참고하면, 이태서도 여러 차례 가혹한 형문을 받았으나 끝내 자복하지

단죄한 것은 또한 성문(成文)되어 있는 국법에 어긋나고 후세에 폐단을 남길까 염려스럽습니다. 이 같은 경우들은 비록 이미 지나가 버린 일들이지만 다시 법률의 취지대로 재량하고, 만일 혹 미진한 점이 있었다면 또한 마땅히 변통하는 일이 있어야 할 것입니다. 이 외에 귀양을 보낸 무리들의 경우는 그들을 논죄하고 형률을 적용한 것이 이미 한때 한 사람에게서 나온 것이 아니고 보면, 전후로 죄주기를 청한 대관(臺官)들이 의견을 조율하면서 어찌 저울로 수평을 맞추는 것처럼 균등하게 할 수 있었겠습니까. 전후 의견을 종합하여 비교하고 고찰해 보면 반드시 다시 살펴서 처리해야 할 부분이 있을 것입니다.

예컨대 이정(李楨)·이남(李柟)과 활쏘기 벗이던 부류로서 미천하고 잡스러운 무리배는 이미 형벌을 받아 원지(遠地)에 정배되었는데,[28] 신분이 재상의 반열이던 자로서 이번 옥사에서 지목을 받은 이는 죄벌이 파직에 그쳤으니[29] 그 경중이 또한 고르지 못합니다. 지금 신이 바야흐로 관대한 은혜를 베풀 것을 성조(聖朝)에 바라는 것은, 가벼운 죄를 무겁게 처벌하자는 말이 아니라 무거운 죄도 가볍게 처벌하자는 말이니, 이와 같은 경우에 대해 마땅히 다시 살피셔야 합니다.

또 지금 오시수(吳始壽)를 사사(賜死)하는 일의 경우, 그 죄의 정상

않고 죽었는데, 숙종은 정황이 너무도 명백하므로 비록 자복하지 않았다 하더라도 가산을 적몰하고 가족들을 연좌시키라 명하였다. 이때는 대신들도 숙종의 명에 찬동하였다. 이태서가 죽은 뒤 아들 이경의는 심문을 받으면서 자신이 알고 있는 이태서의 역모 정황을 증언하였다.

**28** 활쏘기……정배되었는데 : 역관(譯官) 장현(張炫, 1613～?)과 그의 조카 장천한(張天漢, ?～1701)·장천익(張天翼, 1654～?) 등의 예를 가리키는 듯하다.

**29** 신분이……그쳤으니 : 허목(許穆, 1595～1682)의 예를 가리키는 듯하다.

을 따지자면 죽여도 참으로 남는 죄가 있겠지만, 옥사의 체모로 말할 것 같으면 비록 죽인다 하더라도 반드시 뒷말이 있을 것입니다.[30] 대간(臺諫)들이 대계(臺啓)로 국문할 것을 청한 것은 참으로 직절(直截)한 의론이나, 조정에서 이미 일찍이 대신의 반열에 있었다는 이유로 형신(刑訊)을 가하여 자복을 받아 내려 하지 않았으니, 이는 또한 관대한 생각입니다. 다만 자복을 받지 않고 곧장 사사하는 것은 끝내 떳떳한 법이 되지 못할 것이고 도리어 관대한 도리를 손상시킬 터이니, 신의 망녕된 생각으로는 사형을 감하여 위리안치하는 것이 무방할 듯합니다. 위리안치는 죽을죄를 지은 사람을 가볍게 처벌하는 것이니, 진실로 또한 형법을 잘못 쓴 것이 되지 않을 것이요, 살리기를 좋아하는 뜻이 그 사이에 담겨 있습니다. 지금 죄를 감싸 안아 주는 때에 이와 같이

**30** 오시수(吳始壽)를……것입니다 : 오시수(1632~1681)는 자는 덕이(德而), 호는 수촌(水邨)으로 경신환국 직전 우의정이었다. 《연려실기술(燃藜室記述)》 권34 〈숙종조고사본말(肅宗朝故事本末)〉과 《숙종실록》의 관련 기사들을 종합해 보면, 오시수는 경신환국 당시 역모에 직접 연루되지는 않았지만, 1675년(숙종1) 현종(顯宗)의 승하를 조문하는 청(淸)나라의 조제사(弔祭使)가 왔을 때의 일이 빌미가 되어 사사되었다. 당시 오시수는 원접사(遠接使) 신분으로 청나라의 사신을 접대하였는데, 오시수가 조정에 청나라의 대통역관 장효례(張孝禮)가 현종에 대한 치제의 예가 각별한 이유 가운데 하나로 "신하가 강하여 임금이 제재를 받은 것을 불쌍히 여겨서이다."라는 말을 했다고 알려와 당시 조정에 물의가 일었다. 경신환국 이후 이 일이 다시 거론되어 조사를 받게 되자 오시수는 우리 쪽 역관이 자신에게 그런 말을 전한 사실이 있다고 억울함을 호소하였으나, 장효례와 우리 쪽 해당 역관 모두 그런 말을 한 적도 들은 적도 없다고 증언하여 결국 선왕을 무함한 죄로 사사하라는 판결이 내려졌다. 조정에서는 오시수의 처형을 주장하는 쪽과 자복 없이 사사하면 분명 뒷말이 있을 것이라고 주장하는 쪽 둘로 나뉘었는데, 대비인 명성왕후(明聖王后) 김씨(金氏)의 조언에 따라 사형을 감하여 배소에 위리안치하였다가, 처형할 것을 주장하는 대신들의 청이 잇따르자 결국 사사하였다.

처리하심이 체모를 얻는 것일 듯합니다. 이러한 경우 외에 다른 죄로 유배당한 자들도 마땅히 마찬가지로 너그럽게 처결하시면, 옛사람이 이른 바 '형벌을 줄인다〔省刑罰〕'는 것에 가깝게 될 것입니다.

'세금을 적게 거두는〔薄稅斂〕' 일의 경우, 우리나라 전세(田稅)는 진실로 재결(災結)을 인정해 주는 데 인색하지 않으니 세법이 지나치게 과중한 것은 아닙니다. 하지만 백성들이 몹시 괴로워하는 것 중에 으뜸이 신역(身役)입니다. 나라의 경비에 관계된 것이라 비록 전부 경감시켜 주기는 어렵겠으나, 그 가운데 도망하거나 사망한 사람들의 이웃과 친족들에게서 세금을 징수하는 폐단은, 진실로 백성을 사랑하는 뜻으로 볼 때 단 하루라도 인습하며 혁파하지 않을 수가 없습니다. 이 때문에 교화를 새롭게 하던 초기[31]에, 조사하여 밝히라는 명을 먼저 내리셨으니 시폐(時弊)를 바로잡을 수 있는 급선무라 할 만합니다. 그리하여 백성들의 크나큰 바람이 목이 마를 때 물을 기다리는 것과 같았는데, 이러구러 반년 세월을 끌면서 아직도 세금을 면제해 주는 덕정(德政)을 흔쾌히 펼치지 않고 있으니, 백성들의 바람이 막혀 버렸다는 것은 앉아서도 알 수 있습니다.

신이 일찍이 사헌부의 직임을 맡고 있으면서 번번이 이 일을 논하였는데, 성상께서 성지(聖旨)로 "묘당에서 속히 내게 물어 처리하게 하겠다."라고 하교하셨습니다.[32] 그런데 지금 수개월이 되도록 성지를 거행

**31** 교화를……초기 : 경신환국을 가리킨다.

**32** 신이……하교하셨습니다 : 《승정원일기(承政院日記)》 숙종 6년 9월 11일 기사에 도망하거나 사망한 부류에 대한 조사를 명하였는데도 아직 거행되지 않고 있음을 우려한 사헌부의 계사가 있는데, 이를 가리키는 듯하다.

했다는 소식을 아직 듣지 못하고 있으니, 신은 항상 답답해하고 있습니다. 그러던 중 어제 도당에 갔다가, 도망하거나 사망한 부류에 대해 명백하게 세금을 면제해 준 일이 없는 까닭에 예전대로 신역에 응하는 자가 있다는 사실을 듣게 되었습니다. 만약 나라의 경비가 걱정되어 장차 세금을 면제해 주지 않는다면 그뿐이겠지만, 지금 묘당의 의론은 모두 반드시 세금을 면제해 주어야 마땅하다고 여기고 있습니다. 그런데도 세월을 지체해 가며 가만히 앉아서 백성들을 실망시켜 지금에 이르도록 예전대로 신역에 응하는 자가 있으니 어찌 심히 애석해할 만하지 않겠습니까. 여러 도의 조사 문서가 모두 도착할 수 없어서 거행하지 못했다고 하지만, 신의 어리석은 생각으로는 삼가 그렇지 않다고 여깁니다. 이 일은 본디 여러 곳의 문서가 모두 도착하기를 기다릴 필요가 없고 이미 서로 비교하고 대조하여 더하거나 덜 일이 없는 사안이고 보면, 조사 문서가 도착하는 대로 즉시 세금을 면제해 주는 은전을 거행하지 못할 이유가 무에 있겠습니까.

또 조정에서 이러한 덕음(德音)을 포고한 지 이미 반년이 지났는데도 여태 조사 문서를 보내지 않고 있으니, 관리들이 태만하여 백성들의 일에 뜻이 없음을 또한 알 수 있습니다. 조정에서 응당 벌을 내려야지, 어찌 가만히 앉아서 조사 보고를 기다리며 도리어 저들에게 명을 받는 꼴이 되어 이런 큰 은혜를 막을 수 있겠습니까. 신은 바라건대 밝은 성상께서 이러한 사리를 살피시어 즉시 묘당에 하교하시되, 이미 조사 문서가 도착한 경우 아울러 세금의 면제를 허락하고, 그 가운데 예전대로 신역에 응한 자들의 경우 입번한 자는 추려서 돌려보내고 베를 납부한 자는 베를 환급해 주십시오. 그리한다면 백성의 바람을 크게 위무할 수 있을 것이니 반년을 학수고대하던 인심이 한 번 내려진 명령으로 기뻐 뛰지 않음이 없을 것입니다. 만일 주(州)・현(縣)에서 사실대로 조사하여 밝히지 못할까 염려된다면 또한 마땅히 주・현의 관원을 밝게 신칙하고 향리들을 거듭 효유하여 뒤늦게 인지하는 것도 허락하십시오. 그리고 법규를 엄히 세워 속이거나 숨기는 일에 대비한다면 그 또한 괜찮을 것입니다. 이러한 조치에 의심을 품고서 둔고(屯膏)[33]하는 인색함을 부리는 사태에 이르러서는, 신이 비록 우활하지만 또한 오늘날 묘당의 논의가 반드시 이러한 지경에는 이르지 않을 것임을 알고 있습니다.

아약(兒弱)[34]과 같은 경우 비록 나이는 한창 어리지만 이미 살아 있는 육신이 있으니, 도망하거나 사망한 자와 비교하면 또한 차이가 있습니다. 그러나 조정에서 이미 불인지심(不忍之心)을 미루어 그 역시 아울러 조사하여 밝힐 것을 명하였으니, 취지가 매우 좋으므로 의당 즉시 미루어 시행해야 합니다. 이 경우도 앞서 신역에 응했던 햇수를 계산하여 늙어서 면제되는 연한에서 감해 주고 아울러 만 15세가 되기를 기다리고 나서야 신역에 응하게 한다면, 거조(擧措)도 마땅하게 될 것이고 백성의 기쁨 또한 다함이 없을 것입니다. 다만 주・현 관리들이 조사하는 작업이 매우 느려 아직까지도 문서가 도착하지 않은 경우, 수령은 특별히 파직하고 관찰사는 추고한다면, 이로부터 덕정의

**33** 둔고(屯膏) : 임금의 은택이 아래에까지 미치지 않는다는 뜻이다. 《주역(周易)》 〈둔괘(屯卦) 구오(九五)〉에 "구오는 은택을 베풀기가 어려우니, 조금씩 바로잡으면 길하고 크게 바로잡으면 흉하리라.〔九五, 屯其膏, 小貞, 吉; 大貞, 凶.〕"라고 한 데서 온 말이다.

**34** 아약(兒弱) : 《대전회통(大典會通)》의 규정에 의하면 14세 이하의 어린아이를 가리키고, 별도로 5세 이하의 어린아이는 황구(黃口)라 지칭하였다.

유행이 분명 빨라질 것이고 내외의 기강도 점차 진작될 수 있을 것입니다. 이는 진실로 '세금을 적게 거두는〔薄稅斂〕' 일의 한 가지 큰 단서이니, 여항(閭巷)에서 탄식하고 시름겨워하던 백성의 기운이 조금은 안정될 것입니다. 거듭 바라건대 밝은 성상께서는 유념하시어 서둘러 도모하소서.

다만 신역을 많이 면제해 주면 나라의 경비가 반드시 감축될 것이니, 이 점에 대해 염려하지 않아서는 안 됩니다. 선성(先聖)께서 이르기를 "절도 있게 쓰고 백성을 사랑한다."[35] 하였으니, 절도 있게 쓰지 않고서 백성을 사랑하는 정사를 행할 수 있는 경우는 진실로 있지 않습니다. 신이 처음 등대(登對)하였을 때 우러러 성상의 학문을 권면하면서 가장 먼저 이 뜻을 언급하였고, 사헌부의 직임에 있으면서는 또한 일찍이 "위로는 궁궐의 재용(財用)에서부터 아래로는 여러 관사의 비용에 이르기까지 융통하고 잘 따져서 씀씀이를 크게 아껴 알맞게 쓰도록 해야 합니다."라고 건의한 것도 이러한 뜻입니다. 사람들은 혹 신의 말이 우활하다고 비웃기도 했지만 신의 뜻은 절실하지 않은 적이 없습니다. 그로부터 며칠 뒤 곧 비용을 재단하여 줄이는 일이 있게 되어, 외방에서의 공물 진공(進供)을 정지하도록 성상께서 특별히 명하셨고 담당 관사의 신하도 제반 공물의 급가(給價) 액수를 재단하여 절감하는 조치가 있었습니다. 밝은 성상의 덕의(德意)에 진실로 이론(異論)이 있을 수 없으나 담당 관사가 절감한 것은 그 공물의 종류를 절감한 것이 아니라 단지 그 급가를 절감한 것이니 의논하는 자들은 자못 근본은 따지지 못한 것이라 비판하기도 했습니다. 그러나 신의 얕은 생각으로

**35** 절도……사랑한다 : 《논어》 〈학이〉 제5장에 나오는 말이다.

는 '이 또한 그만두는 것보다는 나으니 어찌 부세를 더하는 것보다 낫지 않겠는가.'라고 여깁니다. 비록 그렇기는 하지만 이른바 절감이라는 것이 어찌 여기에 그치고 말 뿐이겠습니까. 그 뒤 연신(筵臣)이 공물의 종류를 다시 절감해야 한다고 의논하자 밝은 성상께서 즉시 윤허를 내리셨으니, 여기에서 성상의 끝없이 인자하신 마음과 검약을 꺼리지 않는 성대한 절조를 볼 수 있습니다.

다만 생각건대 그 가운데 상공(上供)해야 할 물종(物種)이 많이 있어 아랫사람이 마음대로 재단해서 줄이기는 분명 어려울 것입니다. 이는 오직 밝은 성상께서 몸소 깊이 살피시어 힘써 주관하시는 데 달려 있을 뿐입니다. 마땅히 대신(大臣) 및 담당 관사의 신하에게 명하여 직접 장부를 쥐고서 물종마다 품정(稟定)하여 아주 면제해 줄 수 있는 것은 아주 면제해 주고, 아주 면제해 주기 어려울 듯한 것은 연한을 정하여 혹 임시로 절감해 주게 하며 반드시 없애서는 안 될 것만 남겨 두십시오. 그러고서 이 예에 입각하여 여러 관사의 비용을 크게 절감하여 상하가 각고면려하여 간난신고(艱難辛苦)를 참아 내기로 마음먹는다면, 비단 국고가 절로 넉넉해지고 민력이 여유로워질 뿐만이 아니라 삼가 생각건대 인애로운 하늘도 감동하지 않을 리가 없을 것입니다.

또 생각건대 국장(國葬)[36] 때의 의물(儀物)은 이미 대신의 차자로 인해 검약하게 쓰기로 하였으니, 여기에서 성심(聖心)의 고명하심이 보통 사람보다 출중함을 잘 알 수 있습니다. 그러나 아랫사람이 재단하여 줄이기에는 더욱 어려운 점이 있으니, 또한 마땅히 성상께서 친히

**36** 국장(國葬) : 1680년(숙종6) 10월에 천연두로 승하한 숙종의 첫 번째 정비 인경왕후(仁敬王后) 김씨(金氏)의 국장을 가리킨다.

결단하시어 형식적인 의례는 통렬히 덜어 내시고, 오직 먼 훗날까지 생각하시어 화려하고 사치스럽게 꾸미는 것을 숭상하지 마소서. 이와 같이 한다면 비단 당세의 폐단을 덜어 낼 뿐만 아니라 또한 후세에까지 밝게 덕을 드러낼 수 있을 것입니다. 이는 또 세금을 적게 거두는 일의 근본이니 더욱 마땅히 성상께서 유념하셔야 할 부분입니다.

오늘날의 일로 군주의 덕과 조정의 정사에 관계된 것들 가운데 어찌 우러러 면려할 만할 다른 일이 없겠습니까마는, 신은 우선 수성(修省)에 절실하고 시급히 시행해야 할 일을 가지고 말씀드렸습니다. 그러나 감히 이러한 몇 가지 일이 곧 재해(災害)를 단번에 사라지게 할 수 있다고 말하는 것은 아니고, 인정(仁政)에 관계되어 인사(人事)를 닦는 데에 조그만 도움이나마 될 수 있을 것이라 생각하였을 뿐입니다. 그리고 그 가운데 형벌을 줄이는 한 조목은 망녕되고 경솔하게 말한 부분이 많아 신은 참으로 참람한 행동을 했다는 두려움을 이길 수가 없습니다. 그러나 소회를 다 진달하지 않는 것은 충성이 아니기에 삼가 무은(無隱)의 의리[37]에 의지하여 감히 모두 말씀드렸으니, 삼가 바라건대 밝은 성상께서 신의 광망(狂妄)함을 용서하시고 가려서 택하소서. 신은 지극히 황공하고 간절한 마음을 가눌 길이 없습니다.

**37** 무은(無隱)의 의리 : 《예기》 〈단궁 상〉에 "임금을 섬길 때는 범안(犯顔)하여 직간하면서 숨김이 없어야 한다.〔事君, 有犯而無隱.〕"라고 하였다.

## 옥당에서 복제를 논한 차자

玉堂論服制箚

삼가 아룁니다. 신들이 어제 대왕대비의 복제[38]에 대한 성상의 하문을 받들고 삼가 예서(禮書)를 고찰해 보니, 본복(本服)에 해당하지도 않고 소공복(小功服)도 입을 수가 없었습니다. 그리하여 문득 이러한 뜻으로 다시 아뢰었는데, 성상께서 성지(聖旨)로 "예문(禮文)에 의거하여 거행하라."라고 하교하셨습니다. 방금 교리(校理) 신(臣) 이사명(李師命) 등이, 예는 인정(人情)에서 비롯되는 것이니 전혀 상복을 입지 않을 수는 없다는 뜻으로 다시 상소하였는데,[39] 신들의 좁고 얕은 견해로는 오히려 그렇지 않은 점이 있다고 생각합니다. 이에 감히 숨기고 침묵할 수가 없어 소회를 대략 진달하니, 오직 밝은 성상께서 다시 하문하여 의논하셔서 잘 살펴 처리하시는 데 달려 있을 뿐입니다.

지금 대왕대비의 복제는 고금의 예서 어디에도 근거할 만한 것이 없다고 어제 이미 상세히 진달하였으니,[40] 지금 굳이 다시 번거롭게

**38** 대왕대비의 복제 : 1680년(숙종6) 10월에 훙서(薨逝)한 숙종의 첫 번째 정비 인경왕후 김씨의 상에 당시 대왕대비이던 인조(仁祖)의 계비 장렬왕후(莊烈王后) 조씨(趙氏)가 입어야 할 복제를 가리킨다.

**39** 교리(校理)……상소하였는데 : 《숙종실록》 6년 10월 30일 기사에 이사명 등이 올린 상소와 이에 반대하여 창계 및 송광연(宋光淵) 등이 올린 상소의 대략이 실려 있다.

**40** 지금……진달하였으니 : 《숙종실록》 6년 10월 28일 기사에 창계 등이 《의례(儀禮)》, 《주자가례(朱子家禮)》, 《통전(通典)》, 《예기(禮記)》 등을 고찰하여 진달한 내용이 실려 있다.

설명하지 않겠습니다. 예서에 이미 해당하는 복제가 없으니, 성상께서 "예문(禮文)에 의거하여 거행하라."라고 하교하신 것이 진실로 이미 타당한데, 구태여 예(禮)에 없는 예(禮)를 새로 만들어 낸다면 구차한 데로 귀결되는 것을 끝내 면치 못할 것입니다. 신들도 상복을 전혀 입지 않는 것이 정리상 편치 못함을 모르는 바 아니나, 의리를 들어 시행하는 일은 진실로 가볍게 논의하기가 어렵습니다. 같은 집에서 한솥밥을 먹던 사람의 상(喪)에 시마복(緦麻服)을 입는 예는 궁(宮)을 달리하여 지낸 지존(至尊)에게 적용할 수 있는 것이 당연히 아니고, 석최(錫衰)의 복제는 단지 임금이 신하의 상에 임하는 복제일 뿐입니다.[41] 이러한 예를 가지고 오늘날 복제의 증거로 삼으려는 것은 더욱 타당하지 않은 듯합니다.

무릇 예의 근본은 진실로 인정에서 비롯되지만, 제도를 가감하는 데에는 본디 선왕께서 정하신 제도가 있습니다. 만약 한때의 정리상 편치 못한 점이 있다 하여 쉽사리 변개(變改)한다면, 신들의 어리석은 견해로는 그 타당성을 끝내 찾을 수가 없습니다. 신들이 이미 동료와 견해가 달라 부득불 그 뜻을 각자 진달하였으니, 삼가 바라건대 밝은 성상께서 양단(兩端)을 가지고 재량하소서. 신들은 지극히 떨리고 두려운 마음을 가눌 길이 없습니다.

**41** 같은……뿐입니다 : 시마복(緦麻服)과 석최(錫衰) 모두 이사명의 상소에서 거론된 것들이다. 시마복은 3개월간 입는 상복으로 통상 위로는 고조를 중심으로 한 후손, 아래로는 8촌까지에 해당한다. 석최는 왕이 삼공(三公)과 육경(六卿)을 위해 입는 상복이다.

## 옥당에서 상차에 있는 여러 신하들의 성복을 논한 차자
玉堂論喪次群臣成服箚

삼가 아룁니다. 신들이 삼가 들으니 상차(喪次)에 있는 여러 신하들의 성복(成服)은 또한 마땅히 하루를 물려 다음 달 2일에 행해야 한다고 합니다.[42] 그러나 신들은 삼가 그렇지 않다고 여깁니다. 전하께서 이미 하루 늦게 부음을 들었으니 여기 있는 여러 신하들[43]의 성복은 진실로 마땅히 전하의 경우를 따라 하루를 물려야 할 것입니다. 그러나 상차에 있는 여러 신하들과 같은 경우는 마땅히 중궁께서 승하하신 날수를 따라 대렴(大斂)한 다음 날 성복해야 하는 것이니, 어찌 승하하신 당일에 즉시 거애(擧哀)하지 못했다는 이유로 마침내 성복하는 날짜를 물릴 수 있겠습니까. 중궁께서 승하하신 날 이미 복례(復禮)를 행하였으니 이는 곧 발상(發喪)한 것입니다. 만약 거림(擧臨)하는 절목 하나에 구애되어 성복을 뒤로 물려 행한다면, 실로 그것이 온당한지 알지 못하겠습니다.

**42** 상차(喪次)에……합니다 : 숙종의 정비인 인경왕후(仁敬王后) 김씨(金氏)가 천연두를 앓은 지 8일 만인 1680년(숙종6) 10월 26일 밤 2경에 사망하였는데, 당시 숙종은 김수항(金壽恒)의 건의에 따라 전염을 우려하여 대비인 명성왕후(明聖王后) 김씨와 함께 창경궁으로 옮겨 따로 거처하고 있었다. 이때 숙종 역시 미편한 증상을 보이고 있었으므로 숙종이 경동(驚動)하여 건강에 문제가 생길 것을 염려한 대비가 권도로 곧바로 알리지 않고 다음 날인 27일에 부음을 전하였다. 이 때문에 이 차자에서 논하는 문제가 거론된 것이다. 《肅宗實錄 6年 10月 18日~30日》

**43** 여기……신하들 : 숙종을 따라 창경궁으로 온 신하들을 가리킨다.

초종례(初終禮) 때 대내외에서 모두 곡을 하였고 복례도 바로 행하였으니 발상한 것이 아니라 하여 부음을 듣지 못한 것과 같이 여겨서는 안 되며, 승하하신 다음 날 거애를 행한 것은 바로 절목 하나를 통상의 예에서 변통한 것이니 초종례를 버려두고 거애한 날부터 일수를 계산해서도 안 됩니다. 그리고 대렴한 그다음 날 성복하는 것은 바로 고금의 정해진 제도이니, 명백하게 근거할 만한 예가 없는 이상 하루를 넘겨서도 안 됩니다. 이상의 내용이 모두 과연 합당한지는 모르겠습니다만 지금 사세상 또 편치 못한 점이 있으니, 내일은 초하루라 응당 은전(殷奠)이 있어야 하는데 만약 성복하지 않는다면 이 예는 빠뜨려야 합니다. 가령 성복하는 날이 당연히 내일 이후가 되어야 하는 경우라면 이는 진실로 논할 수 없을 것입니다. 그러나 지금은 신하들의 거애가 조금 늦어진 관계로 성복해야 할 기일을 미루고서 이 때문에 응당 행해야 할 은전을 폐할 지경에까지 이르니, 또한 어찌 매우 온당치 못한 일이 아니겠습니까.

신들은 성상을 가까운 자리에서 모시고 있으면서 이미 구구한 소회가 있는지라 감히 다 아뢰지 않을 수는 없습니다. 삼가 바라건대 재차 예관(禮官)에게 명하시어 대신들에게 다시 순문(詢問)하여 힘써 지극히 마땅한 데로 귀결시켜, 미진한 점이 있었다는 후회가 없도록 하신다면 이보다 더 큰 다행이 없겠습니다. 재결해 주소서.

## 추록하는 일에 대한 내용을 고묘문에 첨입하지 말 것을 청하는 소[44]

請告廟文中勿添入追錄一事疏

삼가 아룁니다. 신은 보잘것없는 몸으로 외람되이 고묘제문(告廟祭文)을 지어 올리라는 명을 받아 창졸간에 글을 엮어 올리고서 몹시 부끄럽고 두렵던 중이었습니다. 그런데 방금 승정원에서 "추록에 관한 조목 하나를 마땅히 새로 첨입해야 한다."라는 성상의 하교를 전해 왔습니다. 신은 이미 성상의 하교를 받들고서 장차 하교를 준행하기에도 참으로 겨를이 없을 것이나, 다만 삼가 생각건대 추록하는 일에 대해 바야흐로 대신들에게 의논하게 해 놓고 정탈(定奪)하기도 전에 앞질러 첨입하는 것은 사체에 해로울 듯합니다. 어째서이겠습니까?

전하께서 이미 이 일을 중대하고 어렵게 여기시어 대신들에게 수의(收議)하게 했으니, 이는 장차 대신들의 의론을 기다렸다가 그 시행 여부를 결정하려는 것입니다. 그런데 지금 헌의(獻議)를 기다리지도 않고 고묘제문에 먼저 실으려 하시니, 가령 대신들이 모두 불가하다고

**44** 추록하는……소 : 숙종이 복창군(福昌君) 이정(李楨) 등의 역모를 고변하는 데 공로가 있는 신하를 보사 공신(保社功臣)에 책록하고서, 애초 별단(別單)에 실려 있던 이원성(李元成)·김익훈(金益勳)·신범화(申範華)·조태상(趙泰相)·이광한(李光漢) 등 5인을 추가로 책록하려 하였는데, 당시 조정 신하들은 이미 회맹제(會盟祭)가 끝난 뒤 새로 추록하는 것은 전례가 없다는 이유를 들어 반대하였다. 이 글은 그 과정에서 나온 것이다. 이원성 등 5인은 숙종의 강력한 의지로 결국 추록되었다. 《燃藜室記述 卷34 肅宗朝故事本末 保社功臣勘勳》《肅宗實錄 6年 9月》

의논하더라도 전하께서는 오히려 돌아보지도 않고 기필코 추록하실 것입니까? 이와 같이 할 것이라면 애초 수의는 무엇하러 하셨습니까?

신은 경악(經幄)에서 성상을 모시면서, 이미 우러러 교화의 근원이신 성상을 도와 상벌이 이치에 맞고 거조가 합당하게 되도록 하지도 못했는데, 또 사명(詞命)의 찬술을 맡게 된 때에 한갓 명을 받드는 것만이 공손한 것이라 여기며 옛사람이 기예(技藝)를 잡고서 간하는 의리[45]를 본받지 못한다면, 신의 죄가 더욱 커지는 것입니다. 감히 바라건대 이미 내리신 명을 속히 거두시어 사체를 온전케 하시고, 이어서 명을 어기고 태만한 신의 죄를 다스려 주소서. 신은 큰 바람을 금할 길이 없습니다.

**45** 옛사람이……의리 : 《서경》 〈윤정(胤征)〉에 "관사가 서로 바로잡고, 백공(百工)들이 기예(技藝)의 일을 맡아서 간하라. 혹시라도 공손히 하지 않으면 나라에 떳떳한 법이 있느니라.〔官師相規, 工執藝事以諫. 其或不恭, 邦有常刑.〕"라고 하였다.

## 옥당에서 복제를 논한 차자
### 玉堂論服制箚

삼가 아룁니다. 중전께서 승하하신 지 얼마 되지도 않았는데 역월(易月)의 복제[46]가 벌써 끝나려 하고 있습니다. 무릇 신하들도 슬퍼하고 사모하는 마음이 두루 절절하거늘, 삼가 생각건대 전하의 마음에 어찌 견디시겠습니까. 신들이 경악(經幄)에서 모시면서 바야흐로 〈관저(關雎)〉의 풍화(風化)[47]의 근본이 되기를 성세(聖世)에 우러러 바랐는데, 눈 깜짝하는 사이에 재앙이 이와 같으니 지극히 슬픈 마음을 더욱 삼가 이길 수가 없습니다.

그런데 신들이 예복(禮服) 한 사안에 대해 삼가 어리석은 생각이 있으니 이에 감히 우매함을 무릅쓰고 말씀드리겠습니다. 성인(聖人)의 복제는 천하에 공통된 상인 삼년상 외에는 아내를 위한 기년상(朞年喪)보다 융숭한 것이 없는지라, 상장(喪杖)을 짚고 담제(禫祭)를 지내며 또 반드시 3년이 지난 뒤에야 재취(再娶)를 들이니, 이는 기년복에 삼년상의 체모를 갖춘 것입니다. 지친인 부부의 의리는 진실로 응당 이와 같아야 하는지라, 비록 천자라 하더라도 예에 있어 혼자만 높을 수는 없습니다. 그러므로 평시에는 예우가 동등하고 상복도 등급을

**46** 역월(易月)의 복제 : 국사(國事)가 중한 관계로 임금은 몇 년씩 장기간 복상(服喪)하고 있을 수 없으므로, 복상 기간의 달수를 날수로 바꾸어 상복을 단축해 입는 제도를 말한다.

**47** 관저(關雎)의 풍화(風化) : 《시경》 〈관저〉는 주(周)나라 문왕(文王)의 후비(后妃)인 태사(太姒)의 덕을 노래한 시이다.

낮추지 않으니, 예복을 융숭히 하는 것은 귀천을 가릴 것 없이 반드시 이와 같이 한 뒤에야 천리와 인륜을 다한 것이 됩니다. 선왕께서 제정하신 예를 어찌 조금이라도 소홀히 할 수 있겠습니까.

그런데 한(漢)나라 문제(文帝)가 상을 단축한 이후로 삼년상도 역월의 복제를 따르게 되어 경례(經禮)가 무너지고 폐해져 천년 세월을 그 모양이었고, 그 사이 백의(白衣)로 복제를 마친 자[48]가 겨우 한둘 꼽을 수 있는 지경이니, 기년복 밑으로는 더욱 논할 만한 것이 없습니다. 오직 우리나라의 상례(喪禮)는 전고에 비해 월등하게 잘 갖추어져 있으니 진실로 이른바 한 왕조의 법이라 할 만합니다. 그리하여 예의와 습속이 마침내 반드시 여기에 의지하여 완성되게 되었는데, 유독 대왕이 내상(內喪)을 당한 경우에 있어서만은 복제가 분명치 않았습니다.

이 때문에 경자년(1600, 선조33) 의인왕후(懿仁王后)의 국상과 을해년(1635, 인조13) 의열왕후(仁烈王后)의 국상의 의주(儀注)가 전대의 잘못을 인습하여, 고례(古禮)를 준용하지 못하고 13일 만에 상복을 벗고 30일 만에 복을 다하였습니다. 이는 자못 근거가 없는 일이라 당시 의논하던 신하들 중에서도 이미 깊이 의심하는 자가 있었으니, 어찌 성대한 조정의 일대(一大) 결전(缺典)으로 오늘날 마땅히 바로잡아야 할 부분이 아니겠습니까. 지난번 대신(大臣)의 차자에서 맨 먼저 이 뜻을 언급하였으니 그 의의가 올바릅니다. 그런데도 성상께서 이미 행한 전례가 있다 하여 마침내 채택해 시행하지 않으시니 신들은 삼가 유감스럽게 생각합니다.

**48** 백의(白衣)로……자 : 정사를 보아야 하므로 역월의 복제를 따라 상복을 벗기는 하지만, 마음이 편치 못하여 상복이 아닌 흰옷을 입고 복제를 마치는 경우를 가리킨다.

고경(古經)의 예제(禮制)는 만세의 법이 되므로 이를 준행하여 한 시대의 아름다운 예전(禮典)을 완성하는 것이 진실로 성상께 바라는 바입니다. 그리고 정리(情理)로 말하더라도, 선침(仙寢)이 식기도 전에 길복(吉服)을 대번에 입는 것은 삼가 성상의 마음에도 편치 못한 점이 있을 듯합니다. 고례에 근본하고 지금의 정리를 참작해 볼 때, 역월의 복제를 구차하게 인습하기란 결단코 어려운 일입니다. 신들의 생각으로는 역월의 기한은 단지 공제(公除)에 한정할 수 있을 뿐이고, 상복(喪服)에 이르러서는 반드시 11개월 만에 연복(練服)을 입고 13개월 만에 상복(祥服)을 입으며 15개월 만에 담복(禫服)을 입어야만 경례(經禮)의 정도를 얻게 될 것입니다. 양궁(兩宮 왕대비와 대왕대비)께 나아가 뵐 때와 조정에서 정사를 보고 평상시에 거처할 때의 복색과 같은 경우, 다시 예관에게 명하여 고금의 의문(儀文)을 참작해서 변통하고 고정(考訂)하여, 정리로 보나 예로 보나 타당하게 되도록 힘쓰는 것이 사의(事宜)에 맞을 듯합니다. 이와 같이 한다면 어찌 경례가 바로 서고 성덕(聖德)이 더욱 빛날 뿐이겠습니까. 또한 민이(民彝)를 가지런히 하고 풍교(風敎)를 일으켜 세우는 하나의 큰 단서가 될 수 있을 것입니다. 삼가 바라건대 성상께서는 깊고 밝게 살피시고 서둘러 시행하소서. 재결해 주소서.

## 옥당에서 일을 논한 차자
玉堂論事箚

삼가 아룁니다. 예로부터 재이(災異)가 거듭 겹치고 시사(時事)가 어렵고 위태한 것이 오늘날처럼 심했던 적이 없으니, 응당 크게 경동(警動)하고 진작하는 조치를 취하여 하늘의 꾸짖음에 답하고 국세(國勢)를 견고히 해야 합니다. 그런데 신들은 성상을 가까이에서 모시는 신분이면서도 한마디 말을 올리고 한 가지 대책을 세워 성상의 교화에 만분의 일도 도움을 드리지 못하고 있으니, 마음이 항상 근심스럽고 부끄러워 스스로를 주체할 수 없습니다.

삼가 보건대 요 며칠 사이 내려진 한두 명령 가운데 중도를 지나친 일이 없지 않으니, 구구한 목전의 일에 대해서도 이미 걱정스러움을 이길 수가 없거늘 하물며 크게 경동하고 진작하는 조치를 취하여 하늘의 꾸짖음에 답하고 국세를 견고히 하기를 바랄 수 있겠습니까. 대각(臺閣)에서는 기세가 날로 쇠퇴하는 조짐이 있고 조정에서는 시비가 날로 뒤섞이는 형세가 있으며 상벌은 국법에 크게 어긋나고 인재를 등용하고 버리는 것은 공론을 따르지 않으니, 이와 같이 하고서도 나라를 다스릴 수 있었던 경우를 신들은 듣지 못하였습니다. 평온하고 한가한 시절이라 할지라도 이렇게 해서는 안 되는데, 하물며 오늘날과 같은 상황에 있어서이겠습니까. 신들이 감히 죽음을 무릅쓰고 우러러 성상께 시사를 열거해 보겠습니다.

신들이 삼가 정언 이굉(李宏)이 인피(引避)한 데 대한 성상의 비답[49]을 보니, 말씀이 지나치게 노골적이라 이미 대각을 넉넉하게 포용하는 도리가 아니었습니다. 게다가 곧장 이굉이 아뢴 대로 이굉을 체직하셨으니, 신들은 밝은 성상의 거조에 의혹이 없을 수 없습니다. 정재

**49** 정언……비답 : 《숙종실록》 6년 11월 19일 기사 및 《승정원일기》 동일 기사에 이굉(李宏)의 계사(啓辭) 및 숙종의 비답이 실려 있다. 이와 관련된 사건의 전말은 다음과 같다. 정언 이굉이 계사를 올리기에 앞서 1678년(숙종4) 윤3월 21일에 당시 우의정이던 정재숭(鄭載嵩)이 자신의 부친 정태화(鄭太和)의 예론을 변호하는 상소를 올렸다. 당시 조정에서는 정태화 역시 송시열(宋時烈)과 마찬가지로 기해예송(己亥禮訟) 때 기년복(朞年服)을 주장한 잘못을 저질렀으므로 현종(顯宗)의 묘정에 배향해서는 안 된다는 주장이 일어나던 중이었다. 정재숭은 이에 대해 자신의 아버지가 기년복을 주장한 근거는 그것이 국제(國制)였기 때문이며 그러한 전례도 분명히 있으므로, 송시열이 체이부정(體而不正)·정이불체(正而不體) 등의 설을 끌어와 종통을 흐린 것과는 근본적인 차이가 있다고 변호하였다. 그리고 정재숭은 상소에서 송시열이 기록한 글을 제시하면서, 자신이 들은 내용과 송시열의 기록에 차이가 있다며 송시열의 글을 논박하였다. 그 가운데 송시열의 기록에, 송시열이 기년복의 근거가 《대명률(大明律)》과 《경국대전(經國大典)》에 실려 있으니 지금 갑자기 이 둘을 구해 볼 수 없다면 《상례비요(喪禮備要)》는 구할 수 있으므로 그것을 보면 될 것이라고 정태화에게 말하여, 정태화가 《상례비요》를 봤다고 기록되어 있는데, 당시 자신의 아버지 정태화가 세자사(世子師)에 영홍문관(領弘文館)을 겸하고 있었으므로 손쉽게 구해 볼 수 있는 《대명률》과 《경국대전》을 놔두고 《상례비요》를 봤다고 하는 것 자체가 이치에 맞지 않는다는 내용이 있었다. 이후 경신환국으로 서인이 집권하였는데 송시열이 조정에 돌아와 정재숭이 올렸던 상소에 대해 마음이 편치 못하다는 차자를 올리자 정재숭도 이에 맞서 상소하여 자신의 뜻을 굽히지 않았다. 이에 대해 정재숭의 행동이 옳지 못하다고 비판하는 사람들이 있었고 정언 이굉도 정재숭의 행동을 비판하면서 탄핵하려고 하다가 실행에 옮기지는 않았다. 그런데 정재숭이, 이굉이 탄핵을 시도했다는 말을 듣고 상소하여 자신이 먼저 물러나겠다고 하자, 이굉이 계사를 올려 마침내 정재숭을 탄핵하고 자신도 체직해 달라고 청하였던 것이다. 이에 대해 숙종은 억누르고 짓밟는 방자한 태도라고 질책하면서 아뢴 대로 체직하라고 비답을 내렸다. 《肅宗實錄 2年 1月 2日·3日, 8月 11日·27日, 4年 閏3月 21日, 6年 11月 19日·22日, 12月 10日·12日》 《宋子大全 卷71 與李擇之丙午二月》

숭(鄭載嵩)이 몇 해 전에 올린 소는 그 심사(心事)를 따져 보건대 비록 선신(先臣 정태화(鄭太和))을 위하여 뭇사람의 노여움을 풀어 주려는 데서 나온 것이지만, 글을 짓고 뜻을 세우는 사이에 실로 억측하고 착오한 부분이 있으니, 물론(物論)이 정재숭의 상소를 탐탁해하지 않는 것은 진실로 당연합니다. 그리고 조정에서 이미 애초에 깊은 뜻이 없었다 하여 오래 지난 일을 다시 거론하려 하지 않았으니, 이 또한 체통을 얻지 못한 것이라 할 수 없습니다. 그렇고 보면 이굉이 당초 논하고자 했던 주장이 참으로 옳고, 중도에 그만두고 결행하지 않은 것 또한 힘써 진정시키려는 뜻이 되기에 무방합니다. 이처럼 그 단서가 은미하게 드러난 사소한 논의를 밝은 성상께서 오히려 과격한 것이라 의심하여 심하게 꺾어 버리셨으니, 신들은 이제부터 대각이 더욱 다시 맥이 빠져 중신(重臣)과 관계된 일에 대해서는 감히 입을 열지 못할까 염려스럽습니다. 이것이 어찌 성세(盛世)의 일이겠으며 또한 나라에서 대관(臺官)을 둔 본의이겠습니까. 신들은 이굉 한 사람을 위하는 것이 아니라, 실로 이로 인해 언로에 크게 해됨이 있을까를 염려하는 것이니, 삼가 바라건대 밝은 성상께서는 정언 이굉을 체직하라고 하신 명을 환수하소서.

정재숭의 일은 본래 재론할 필요가 없으나 일의 단서가 이미 드러났으니 시비가 관계된 이상 또한 어찌 변별하지 않을 수 있겠습니까. 영부사 송시열이 기록한 글은 바로 고(故) 상신(相臣) 정태화와 마주하여 대화한 일입니다. 송시열이 이미 망언을 하는 사람이 아니고 보면, 정재숭이 문득 억측에 의거하여 그 기록이 사실과 어긋난다고 의심한 것은 진실로 이미 그릇된 것입니다. 설사 정재숭이 들은 내용과 조금 차이가 있다 하더라도 일을 기록하고 말을 전하는 사이에 상세함과 간략함이 혹 차이나는 것은 본디 특이한 일이 아닙니다. 게다가 송시열의 기록 가운데 "손사래를 치며 만류하였다.〔搖手止之〕"[50]라는 말이 있는데 이는 실로 정태화의 선견지명을 드러내 보인 것이니, 국제(國制)로 단안을 내리는 일을 또한 이미 정태화에게 양보한 것입니다.[51] 정재숭이 이러한 것은 살피지도 않고 반드시 지적하여 시비를 따지려 하니 그 또한 다른 사람의 말뜻을 제대로 다 알지 못한 것입니다. 또 《상례비요(喪禮備要)》를 가져다 고찰했다는 한 조목은 병오년(1666, 현종7) 옥당의 차자에 보이니 명백할 뿐만이 아닙니다. 그런즉 송시열의 기록이 애초 사실과 어긋난 것이 없음을 또한 알 수 있습니다. 송시열이 차자[52]에서 이 일을 언급한 뒤에는 밝은 성상께서 의당

**50** 손사래를 치며 만류하였다 : 원문은 '搖手止之'인데, 《숙종실록》 6년 11월 19일, 《승정원일기》 동일 및 22일, 《송자대전(宋子大全)》 권71 〈여이택지〉 병오년(1666) 2월 서찰에는 '手'가 '首'로 되어 있으나, 우선은 대본에 의거하여 번역하였다.

**51** 게다가……것입니다 : 송시열이 기록한 글이라는 것은 《송자대전》 권71 〈여이택지〉 병오년 2월 서찰을 가리킨다. 그 기록 중에 송시열이 기해년(1659, 효종10) 복제와 관련하여 《의례(儀禮)》의 주소(注疏)에 실려 있는 4가지 해석을 들며 효종을 차자(次子)로 보고 복제를 결정해야 한다는 뜻의 말을 하자, 정태화가 이를 만류하면서 만약 소현세자(昭顯世子)에게 후사가 없다면 '정통이지만 체는 아니다〔正而不體〕'는 따위의 말을 분명히 할 수 있겠지만 지금 상황은 감히 그런 말을 할 수 없는 상황이라고 했다는 내용이 있다. 창계의 말은 송시열이 이 내용을 편지에 기록한 자체가 왕가(王家)와 관련된 일은 확실한 근거를 가지고 신중히 처리해야 한다는 정태화의 선견지명을 드러낸 것이라는 뜻이다. 또 송시열의 기록을 보면, 정태화가 이처럼 만류하자 송시열이 《대명률》이나 국제 모두 장자(長子)나 서자(庶子)를 막론하고 모두 기년복(朞年服)을 입도록 규정하고 있으니 이것으로 단안을 내리면 근거가 없지는 않을 것이라 하였고 이에 정태화는 국제에 있는 일이라면 과연 단안을 내릴 수 있겠다 하여 기년복으로 복제를 정했다는 내용이 있다. 창계의 말은 이런 사실을 보면 송시열이 국제에 의거하여 단안을 내리는 일을 정태화에게 양보한 것으로 볼 수 있다는 뜻이다.

한번 변석(辨釋)하는 유지(諭旨)를 내리시어 지나치게 스스로 인책(引責)하는 마음을 편안하게 해 주셔야 하니, 이는 또 밝은 성상께서 마땅히 유념하셔야 할 부분입니다.

또 생각건대 추록하는 일에 대해 국인(國人)들이 모두 불가하다고 여긴다는 것은 신들이 요사이 차자로 논하고 직접 입으로 진달한 내용에 또한 이미 상세히 갖추어져 있습니다.[53] 대개 이 공로는 본래 모두 기밀하게 주선한 일인지라 애초 사람들마다 알 수 있는 것이 아니었으니, 국인들과 신들도 공로가 없으므로 추록해서는 안 된다고 곧장 말하는 것은 아닙니다. 다만 회맹제(會盟祭)가 이미 끝난 뒤에 계속 이어서 공훈을 감정하는 것은 전대에도 없고 선왕들께서도 행하지 않았던 일입니다. 그런데 이제 그런 일을 새로 만들어 내어 사체를 무너뜨린다면 이 어찌 성조(聖朝)에 큰 흠결을 내는 정사가 되지 않겠습니까. 대계(臺啓)는 그쳤지만 여론은 더욱 들끓고 대신(大臣)들의 뜻도 아직 하나로 합치되지 못하고 있으니, 밝은 성상께서 이 부분에 있어 어찌 다시 돌아보지 않고 반드시 서둘러 거행하게 하실 수 있겠습니까. 공훈을 감정하는 것은 나라의 큰일이니 승상과 어사(御史)가 공훈을 정하고 분봉(分封)을 행하는 것[54]은 본디 전대의 역사에도 상규(常規)가

**52** 차자 : 창계의 차자에 앞서 송시열이 1680년(숙종6) 11월 2일에 올린, 《송자대전》 권16에 실려 있는 〈진위잉대죄진정차(進慰仍待罪陳情箚)〉를 가리키는 듯하다. 송시열은 이 차자에서 헛소리를 지어내어 어진 재상을 무함한 죄가 있다고 자책하였다.

**53** 추록하는……있습니다 : 《창계집》 권3 〈추록하는 일에 대한 내용을 고묘문에 첨입하지 말 것을 청하는 소〉에 내용이 나온다.

**54** 승상과……것 : 원문은 '丞相御史定功行封'으로, 《사기(史記)》 권55 〈유후세가(留侯世家)〉에 나오는 표현이다.

있습니다. 그러므로 비록 응당 행해야 할 일일지라도 대신들로 하여금 다 같이 모여 함께 감정하게 하지 않을 수 없습니다. 더군다나 이번 추록은 이미 전에 없던 거조이니, 어찌 대충대충 처리하여 이처럼 엉성하게 할 수 있겠습니까.

이사명(李師命)의 공로에 이르러서는, 밝은 성상께서 참으로 연석에서 하교하신 일이 있습니다만,[55] 애초에 녹훈하지 않고서 이제 와 뒤미처 공훈을 감정하는 것은 절차만 더해져 도리어 사체를 손상하는 것이니, 이는 또 신들이 이해할 수 없는 일입니다. 이 일을 정말로 시행하게 되면, 단지 후세에 비판만 받고 그치는 것이 아니라, 국가의 거조가 이와 같은데도 끝내 나라가 어지러워지고 망하는 데 이르지 않는 경우는 드뭅니다. 하늘이 재앙을 극심하고 급하게 내리는 때에 수성(修省)하는 일을 보이지 않고, 시급히 시행하려고 하는 것이라고는 이처럼 인심을 거스르고 국법을 무너뜨리는 거조뿐이니, 신들은 진실로 너무나도 근심스러워 국가가 어느 지경에 도달할지를 알지 못하겠습니다. 삼가 바라건대 밝은 성상께서는 특별히 깊이 사려하시어 확연히 생각을 바꾸심으로써 추록하라고 하신 명을 서둘러 정지하소서.

**55** 이사명(李師命)의……있습니다만 : 숙종이 대신과 원훈들을 빈청으로 불러 추가로 공신을 감정하게 하면서, 당시 교리이던 이사명도 당초 함께 일을 주도한 사람이므로 추가로 공신에 올리라 명하였다. 이에 대해 김수항(金壽恒) 등이, 공신을 감정하는 일은 사체가 진실로 중대하고 더구나 오늘날 추가로 등록하는 일은 처음보다 더욱 중대하므로 대신들이 모이기를 기다려 감정해야 한다고 하였고, 이에 숙종이 대신들을 불렀으나 민정중(閔鼎重) 등이 끝내 들어오지 않아 감정이 미루어졌다.《肅宗實錄 6年 11月 21日》 이후 이사명 등의 추록에 대한 논란이 지속되었으나 숙종의 의지대로 관철되었고 이사명은 보사 공신(保社功臣) 2등에 녹훈되었다.

또 신종화(申宗華)를 추국할 것을 청하는 논의[56]의 경우, 처음에는 국청에서 나왔고 이어 대각(臺閣)에서 발의하였으니, 이는 진실로 국옥의 사체상 당연한 것이고 공의(公議)로 볼 때도 그만둘 수 없는 논의입니다. 그러나 지금은 국옥이 마무리된 지 이미 오래이니, 신종화 한 사람 때문에 다시 국청을 여는 것은 쉽지 않을 수도 있습니다. 다만 생각건대 애초 이미 원배(遠配)한 자의 이름이 역적의 공초에서 나와 도로 잡아온 뒤에 이유 없이 죄를 경감하여 가까운 곳으로 옮겨 두는 것은, 마치 너그럽고 불쌍히 여겨 양이(量移)[57]해 주는 듯한 점이 있으니, 신들은 이와 같은 법의(法義)의 어떤 부분이 합당한지를 감히 알지 못하겠습니다. 성상의 총명하심으로 마음을 비우고 이치를 살피시어 한번 상량해 보신다면, 이 일은 결단코 명분이 없다는 점이 반드시 명백해질 것입니다. 지금 만약 예전대로 원배한다면 그래도 조금이나마 국옥의 사체를 온전하게 하고 중외 여러 사람들의 의혹도 풀어 줄 수 있을 것입니다. 삼가 바라건대 밝은 성상께서는 신종화를 도배(徒

**56** 신종화(申宗華)를……논의 : 당시 정원로(鄭元老)와 오정창(吳挺昌) 등이 허견(許堅) 등과 함께 역모를 모의한 혐의로 추국을 받았는데, 정원로가 신종화도 관련이 있다고 발언하여 신종화가 원배(遠配)를 당하게 되었다. 이후 오정창이 자신의 죄를 승복한 공초에 신종화의 이름이 다시 거론되자 사헌부와 국청에서 신종화를 잡아다가 재차 심문할 것을 청하였다. 결국 신하들의 요청으로 신종화에 대한 심문은 이루어졌으나 신종화는 지속적으로 자신의 억울함을 주장하였다. 이에 숙종은 본래 의심할 만한 단서가 부족했지만 신하들의 주청에 못 이겨 다시 잡아와 심문한 것이라고 하면서 신종화를 도배(徒配)하게 하였다. 《肅宗實錄 6年 8月 12日·17日·19日, 閏8月 3日·4日·18日》 이후에도 여러 신하들이 신종화에 대한 도배의 명을 거두고 엄하게 추국할 것을 지속적으로 청하였다.

**57** 양이(量移) : 원배한 죄인의 정상을 참작하여 가까운 곳에 정배하던 일이다.

配)하라고 하신 명을 거두어 정지시키시고, 특별히 명하여 예전대로 원배하게 하소서.

공신의 추록과 신종화를 추국하는 일은 실로 국가가 행하는 상벌 중에서도 큰 것인데 사체가 바르지 못하고 법의가 합당하지 않으니, 장차 이로 인해 성덕에 누가 됨을 면치 못할 것입니다. 그러므로 대각에 있는 신하가 마땅히 극력으로 간쟁(諫諍)하여 성상의 마음을 돌릴 것을 기약해야 하건만 장령 조이병(趙爾炳)과 권두기(權斗紀), 지평 한구(韓構) 등은 충성을 다해 성상의 잘못을 고칠 방도는 생각지도 않고 갑작스레 논계(論啓)를 정지하였습니다. 이는 자못 간쟁하는 체모를 잃은 것이요 드러내 놓고 성상의 뜻에 영합하려는 의도가 있는 것입니다. 이를 바로잡는 일을 그만둘 수 없으니 두 사안의 논계를 정지한 대관을 체차하도록 아울러 명하소서.

또 어제 내리신 비망기를 신들이 삼가 보니, 목내선(睦來善) 등 4인을 서용(敍用)하라는 명이 있었습니다. 그들의 허물을 말끔히 씻어 주고 말뜻도 온화하셨으니, 이는 참으로 포황(包荒)[58]하시는 성상의 성대한 덕입니다. 그러므로 신들은 그 뜻을 받들어 따르기에도 겨를이 없어야 할 것입니다. 다만 생각건대 인물을 나아오게 하고 물러가게 하는 것이 비록 군주의 큰 권한이라고는 하나, 반드시 재상 및 대신들과 함께 자세하고 충분하게 상의한 뒤에 행하는 것이 정사를 행하는

**58** 포황(包荒) : 거칠고 더러운 것까지 관대하게 포용한다는 뜻으로, 《주역》 〈태괘(泰卦) 구이(九二)〉에 "거친 것을 포용해 주고, 황하(黃河)를 맨몸으로 건너는 용맹을 발휘하며, 멀리 있는 것을 버리지 않고, 붕당(朋黨)을 없애면 중도에 합치되리라.〔包荒, 用馮河, 不遐遺, 朋亡, 得尙于中行.〕"라고 한 데서 온 말이다.

대체입니다. 비록 천하의 사리(事理)를 다 알기에 충분한 지혜와 뭇 신하의 곡직(曲直)을 살피기에 충분한 명철함을 지닌 옛적의 성제(聖帝)와 명왕(明王)이라 하더라도, 사람을 쓰고 정사를 행할 때에는 보필하는 신하들과 상의하지 않은 적이 없었습니다. 이것이 어찌 혼자서 결단을 내리지 못해 그런 것이겠습니까. 진실로 대신을 경대(敬待)하고 공론을 채납하는 도리상 그렇게 하지 않을 수 없었기 때문입니다.

지금 전하께서 만일 허물을 말끔히 씻어 주고서 폐출되었던 사람을 거두어 쓰고자 하신다면, 또한 마땅히 대신들에게 밝게 하유하시어 죄의 경중을 자세히 헤아리고 재주의 장단을 고찰하게 하여 분류하고 구별해서 성상께 여쭈어 거두어 쓰도록 해야 합니다. 이와 같이 한다면 비단 사체가 바르고 마땅할 뿐만 아니라, 인물을 쓰고 버릴 때 정밀하게 하지 못하는 근심이 분명 없을 것입니다. 그런데 지금은 구중궁궐 안에서 성상 혼자 결단하시어 보필하는 대신들 모두 참여하여 듣지 못하였습니다. 가령 성상의 결정 하나하나가 모두 정당한 것이라 해도 나라를 경륜하는 큰 법으로 논해 보면 오히려 마땅하지 않은 듯하거늘, 하물며 지금 네 사람은 죄목을 논하고 재능을 비교해 볼 때 또한 큰 차등이 있으니, 똑같이 서용하는 것이 어찌 모두 마땅한 처사라 할 수 있겠습니까.

목내선과 이당규(李堂揆)는 비록 한때 죄를 저질렀지만 이처럼 인재가 드문 때에 허물을 가려 주고 서용한다고 해서 진실로 불가할 것이 없습니다. 그러나 이우정(李宇鼎)과 오시복(吳始復)의 경우, 그 저지른 죄가 이미 목내선과 이당규에 비할 바가 아니요 또 취할 만한 재능도 없으니, 뒤섞여서 서용되는 것은 또한 너무 갑작스럽지 않겠습니까. 신들의 생각으로는 이 한두 사람이 요행히 과분한 은혜를 입는 것은 오히려 작은 일입니다. 그러나 군주가 독단적으로 일을 처리하는 폐해에 대해서는 옛사람들이 깊이 근심하였으니, 이는 또 밝은 성상께서 마땅히 경계하고 성찰하셔야 할 부분입니다. 삼가 바라건대 밝은 성상께서는 우선 서용하라 하신 명을 거두시고 다시 대신들과 충분히 논의하여 처리하소서.

신들이 이미 구구한 소견이 있는지라 감히 밝은 성상 앞에 다 아뢰지 않을 수 없었으니, 삼가 바라건대 전하께서는 위의 사안들을 아울러 살피시고 가납해 주소서. 재결해 주소서.

## 엄한 비답[59]을 받은 후 동료들과 함께 대죄한 소

承嚴批後同僚員待罪疏

삼가 아룁니다. 신들은, 성품은 비록 우매하기 짝이 없으나 뜻은 임금의 잘못을 바로잡는 데 절실하였기에, 군부(君父)의 잘못된 행동을 보고도 가까운 자리에서 모시면서 감히 숨기고 침묵할 수 없었습니다. 그리하여 문득 얕은 생각을 모두 다 아뢰어 우러러 성상을 번거롭게 해 드렸는데, 말은 뜻을 다 드러내지 못하고 정성은 천의(天意)를 감동시키지 못하여, 성상의 비답 하나하나가 신자(臣子)로서는 감히 듣지 못할 것들이었습니다. 신들은 진실로 너무도 두렵고 아뜩하여 몸 둘 바를 모르겠습니다.

신들의 구구한 생각은 본디 우리 임금을 허물이 없는 경지에 들어가게 하여 성세(盛世)의 거조가 의심할 만한 것이 없게 하고 후대의 비판이 감히 미치지 못하게 하려는 것이었는데 밝은 성상께서 헤아리지 않으시어 이렇듯 엄한 비답을 내리셨습니다. 이는 모두 신들이 평소에 형편없이 임금을 섬겨 정성이 미덥지 못한 소치이니, 신들의 죄는 실로 만번 죽어 마땅합니다.

다만 옛사람들이 임금을 경계한 말을 살펴보니 비록 잘 다스려지는 세상에서 작은 과실을 논한 경우라 하더라도, 우려하는 말을 하면서

**59** 엄한 비답 : 《창계집》 권3의 〈옥당에서 일을 논한 차자〉에 대한 숙종의 비답을 가리킨다. 숙종은 창계 등이 주장한 내용을 모두 반박하고 엄하게 꾸짖는 비답을 내렸는데, 비답의 전문은 《승정원일기》 숙종 6년 11월 22일 기사에 실려 있다.

나라가 어지러워지고 망하게 될까를 두려워하지 않은 적이 없었습니다. 더군다나 오늘날처럼 어렵고 걱정스러운 때에 상벌이라는 큰일이 장차 국법을 무너뜨리고 인심을 거스르게 될 지경이니, 신들의 생각이 또 어찌 나라가 어지러워지고 망하게 될까를 근심하는 데 이르지 않겠습니까. 간절하고 어리석은 정성에 어찌 다른 뜻이 있으리오마는 성상께서 이에 대해 더욱 심한 엄지(嚴旨)를 내리시어, 공동(恐動)시킨다고 의심하며 이기기를 힘쓴다고 배척하시고 심지어 신하 된 자가 종묘를 중히 여기고 임금을 직도(直道)로 섬기는 의리가 결단코 아니라고 하교하기까지 하시니, 신자 된 자로서 이러한 죄명을 짊어지고 어찌 천지간에 스스로 설 수 있겠습니까. 인도(人道)로 볼 때 용납되지 못할 것이고 왕법으로 봐도 반드시 주벌될 일이니, 신들은 이러한 지경에 이르러 실로 죽으려 해도 죽지 못하는 마음이 있습니다.

삼가 바라건대 밝은 성상께서는 서둘러 신들을 형관(刑官)에게 맡기시어 신들의 죄를 따져 다스리심으로써 신하 된 자들의 큰 경계로 삼으소서. 신들은 지극히 두렵고 떨리며 위태롭고 불안한 마음을 가눌 길이 없습니다.

## 교리를 사직하는 소
辭校理疏

삼가 아룁니다. 신은 일전에 내리신 엄한 비답을 받은 뒤로부터 낭패되어 부끄럽고 두려워하면서 침식을 잊고 있으니, 이는 단지 지극히 무거운 죄명을 받은 것이 두렵기 때문만은 아닙니다. 더욱 깊이 우려하는 점은 우리 임금께서 선입견을 내세워 공론을 막는 데 이처럼 힘쓰시는 것이니, 이러고서도 상하가 서로 사귀지 못해 천하에 나라가 없는 것 같은 상태[60]에 이르지 않는 경우가 얼마나 되겠습니까. 신이 누차 엄한 부름을 어기고 연이어 금직(禁直)에 나가지 않음으로써 반드시 죄를 얻어 내쳐지기로 기약한 것은, 참으로 두렵고 곤궁한 상황에서 나온 생각이었습니다. 그러나 소신의 미약한 성심(誠心)은 또한 밝은 성상께서 여기에서 혹 느껴 깨닫는 점이 있어 다시는 진언하는 신하를 이렇게 대우하지 않기를 바랐습니다.

그런데 뜻하지 않게 성상의 도량이 너그럽고 자비로워 시종일관 용서하고서 신에게 응당 행해야 할 법률도 굽히고 거듭 덕의(德意)를 미루시니, 이것이 어찌 죄를 지은 어리석은 신하가 성상의 우레와 같은 위엄이 있은 뒤에 감히 얻을 수 있는 것이겠습니까. 그리고 다시 대신

**60** 상하가……상태 : 《주역》 〈비괘(否卦) 단(彖)〉에 나오는 말이다. 그 부연 설명에 "윗사람은 정사를 베풀어 백성을 다스리고, 백성은 군주를 떠받들어 명령을 따름으로써 상하가 서로 사귀어야 다스려져서 편안할 수 있는데, 이제 상하가 서로 사귀지 못하니, 이는 천하에 나라의 도가 없는 것이다.〔上施政以治民, 民戴君而從命, 上下相交, 所以治安也, 今上下不交, 是天下无邦國之道也.〕"라고 하였다.

의 차자에 내린 비답에서 완곡하게 말씀해 주셨으니, 온화한 성지가 마치 봄볕이 마른 나무를 따뜻하게 감싸 주는 것과 같았습니다. 이 일이 어찌 미천한 신하 혼자 감격하고 말 일이겠습니까. 또한 뭇사람의 꺾인 마음을 위무하기에 충분할 것입니다. 신이 삼가 이미 패초(牌招)에 공경히 응하여, 밝은 성상께서 노여움을 잊고 아랫사람을 제 몸처럼 생각하시는 지극한 인자함과 크나큰 은혜를 받들었으니, 지금 감히 다시 일전의 일을 거론할 수는 없습니다. 그러나 신이 성상의 은혜를 저버리고 직무를 실추시킨 것이 또한 이미 오래이니, 이로써 신의 죄를 성토하고 대의로써 책망하여 멀리 내쫓는 지경에 이른다 해도 성조(聖朝)에 있어서는 실로 지나친 처사가 아니요 미천한 신에게도 억울할 일이 없을 것입니다. 신이 감히 다시 상세히 열거하니, 밝은 성상께서는 재량하소서.

신이 삼가 생각건대 신하가 임금을 섬기는 의리는 천성적으로 지니고 있는 떳떳한 본성에서 나온 것이니, 참으로 임금의 은총이 더해지고 나서야 힘써 임금을 사모하는 것은 아닙니다. 그러나 특달(特達)의 지우[61]를 받고 융숭한 돌봄을 입었던 자는 임금의 은혜에 보답하려는 정성이 또한 반드시 보통 사람보다 백배는 더한 법이니, 이는 또한

**61** 특달(特達)의 지우 : 임금으로부터 특별한 예우를 받았다는 뜻이다. 《예기》 〈빙의(聘義)〉에 "규장을 가지고 천자에게 바로 통하는 것은 덕이 있기 때문이다.〔珪璋特達, 德也.〕"라고 하였는데, 공영달(孔穎達)의 소(疏)에 "규장을 지닌 이는 다른 폐백(幣帛)을 갖추지 않고 천자에게 통할 수 있는데, 사람이 덕을 지니면 통하지 않는 일이 없어서 다른 사물을 기다리지 않고도 일을 성취한다."라고 하였다. 이후로 '특달'은 덕 있는 사람을 지칭하는 데 쓰였는데, 여기에서는 임금으로부터 그러한 대우를 받았다는 뜻으로 쓰였다.

천리(天理)와 인정상 스스로 그만둘 수 없는 것입니다. 신은 처음 조정에 나와 성상을 뵈었을 때부터 이미 성상께 비상한 칭찬을 받았습니다. 그리고 시강(侍講)하는 날이 오래될수록 돌봐 주심이 더욱 깊어져, 지루하고 번만한 말에도 응대하지 않음이 없었으며 미미한 깨우침에도 번번이 칭찬하고 가납해 주셨습니다. 신이 삼가 생각해 보건대 신과 같이 비루한 자로서 이 같은 지우를 입은 경우는 고금을 통틀어 거의 없습니다.

그러나 돌이켜 보건대 신은 일찍이 한 터럭이나 한 자 한 치만큼도 보답한 적이 없고 군주의 덕이나 조정의 정사에 한 푼의 도움을 드린 일도 없으며, 현 시국의 우환이나 백성들의 곤궁함을 익히 보고서도 상관없는 일처럼 여겼습니다. 심지어 근자에는 전고에 드문 참혹한 재변이 닥쳐 성상께서 노심초사하시고 조야(朝野)가 흉흉하고 두려워하는데도 신은 끝내 한 가지 대책을 세우거나 한 가지 폐단을 제거하지 못하였으니, 이는 성상의 은총을 저버림이 진실로 이미 심한 것입니다. 더군다나 신이 외람되이 맡고 있는 직책은 실로 옛사람이 군주의 덕을 성취시킬 책무가 있다고 말한 자리입니다. 그런데 반년 세월 직무를 보는 동안, 한 말은 비록 많았으나 성상의 학문에는 소득이 없고 빈말은 보탬이 되지 못하였습니다. 그리하여 지극히 공정하고 크게 밝으며 덕을 닦아 정사를 확립하며 경계하는 말을 즐겨 들으며 상벌을 모두 합당하게 했던 옛 성제(聖帝)와 영군(英君)들의 성대한 덕과 큰 사업에 주상께서 모두 미치지 못하는 듯이 되어 버렸으니, 이는 어리석고 용렬한 신이 또한 경악(經幄)의 자리를 욕되게 차지하고 있었던 소치가 아닌 것이 없습니다.

삼가 바라건대 밝은 성상께서는 서둘러 신을 체직하여 신을 내치심으로써 은혜를 저버리고 직무를 비워 두는 자들의 경계로 삼으소서. 그리고 신이 전날 올린 차자에서 주장한 몇 가지 일들 가운데 한 가지는 이미 성상께서 단행하시어 고묘(告廟)하는 데 이르렀고, 그 나머지는 한 가지도 시행된 것이 없습니다. 비록 자애로운 성상께서 진노를 거두어 주기는 하셨으나 신이 한 말과 생각한 일들 가운데 채택할 만한 것이 하나도 없음이 또한 분명해진 것입니다. 이는 더욱이 신이 삼사(三司)의 자리를 그대로 차지하고 있을 수 없는 이유입니다. 삼가 바라건대 아울러 깊이 살피시어 속히 처분을 내려 주소서. 신은 지극히 두려워하며 엎드려 간절히 바라는 마음을 가눌 길이 없습니다.

## 돌아가 부모를 봉양하게 해 줄 것을 청하는 소
乞歸養疏

삼가 아룁니다. 신은 직려(直廬)에 있을 때부터 병증이 쌓여 가고 있었는데, 요 며칠 사이 병세가 더욱 악화되어 여사(旅舍)에 쓰러져 누워 있으면서 일어나 움직일 가망이 없습니다. 명패(命牌)를 받들고도 나아가지 못하고 정단(呈單)마저 받아들여지지 않으니, 병중의 두렵고 민망한 마음을 이미 스스로 이길 수가 없습니다. 그리고 내일 문후를 여쭙는 반열에도 나아가 참석할 길이 없으니 신하 된 분의(分義)상 어찌 감히 편안할 수 있겠습니까. 삼가 바라건대 밝은 성상께서는 신을 서둘러 파직하신 다음 신의 죄를 다스리소서. 또 신이 문득 사사로이 간곡한 사정이 있으니 감히 죽음을 무릅쓰고 아뢰겠습니다.

신의 아비의 나이가 지금 일흔하나이고 어미 또한 예순을 바라보며 두 분 모두 평소 병이 많은 사람인데, 여러 자식 중에서도 신을 더욱 애지중지하였습니다. 그리하여 항상 신이 부모 곁을 갑자기 떠나지 않기를 바랐습니다. 그런데 신이 작년부터 도성에 들어와 벼슬살이를 하게 되어, 부모의 마음에는 비록 지극히 영광스럽고 다행스러웠겠지만 이별을 안타까워하고 떨어져 지낼 생각에 슬픔 또한 절절하였으니, 신의 마음을 또한 알 만하실 것입니다.

신이 들으니 법전에 "부모의 나이가 일흔이면 3백 리가 넘는 외직에는 임명하지 말라."라는 문구가 있다고 합니다. 지금 신의 부모가 거주하고 있는 곳은 바로 공청도(公淸道) 부여현(扶餘縣) 지경인데, 도성과의 거리가 3백 리 밖일 뿐만이 아닙니다. 신이 우러러 생각건대 법문의 의의는 실로 우리 선왕들께서 인(仁)을 미루어 아랫사람을 제 몸처럼 생각하신 지극한 뜻이라, 지금까지도 그 법을 행하여 혹여라도 폐한 적이 없었습니다. 비록 내직과 외직의 차이가 있기는 하지만 어버이를 떠났다는 점에서는 한가지입니다. 신이 만약 늙은 어버이를 떠나서는 안 된다는 점과 심히 아름다운 국법을 어겨서는 안 된다는 점을 생각하지 않고서 명성과 관직에 연연하여 마음을 억누르고 벼슬살이를 한다면, 이는 신이 부모를 잊고 법을 어긴 사람이 됨을 면치 못하는 것입니다. 신이 이와 같이 된다면 나라에서 또한 어찌 신을 쓰겠습니까.

신이 이러한 뜻을 품고 한번 성상께 아뢰어 청하려 한 지가 오래입니다. 그런데 처음 소명(召命)에 달려왔을 때부터 지금에 이르도록 마침 국가에 변고가 연이어지는 시기를 만나게 되어 대옥(大獄)이 끝나자마자 문득 국상을 당하게 되니, 구구한 신의 보잘것없는 간청을 감히 대번에 드러낼 수가 없었습니다. 그러나 지금은 인산(因山)도 이미 지나서 나라에 일이 없으니, 미천한 신의 사사로운 정을 또한 천지와도 같고 부모와도 같은 성상의 앞에 거의 진달할 수 있게 되었습니다. 그리하여 감히 이렇게 혈성(血誠)을 피력하여 성상의 귀를 더럽히니, 삼가 바라건대 성상께서는 특별히 긍휼히 여기시어 신이 관직을 벗고 돌아가 부모를 봉양하는 것을 허락해 주소서. 그리해 주신다면 신은 이보다 더 큰 다행이 없겠습니다.

## 교리를 사직하는 소

辭校理疏

삼가 아룁니다. 신이 집으로 돌아가 어버이를 모실 수 있게 해 달라고 청한 것이 마침 성상의 진노가 막 풀려 온화한 비답이 처음 내려진 때였습니다. 일은 비록 때가 맞아떨어진 것이었으나 신은 삼가 스스로 두려워하고 있던 차였는데, 자애로운 성상께서 즉시 휴가를 허락해 주는 은혜를 입고 거기에다 사폐(辭陛)할 때 귀한 약제까지 하사해 주셨으니, 성덕(聖德)의 융성함이 하늘과 같은지라 신이 목석(木石)이 아닌 바에야 어찌 감격하여 떠받드는 마음을 이길 수 있겠습니까. 뼈가 가루가 되고 몸이 으스러지도록 정성을 다한다 할지라도 보답했다 말하기에 부족할 것입니다. 대궐을 떠난 지도 며칠이 훌쩍 지났지만 미천한 신의 견마지성(犬馬之誠)으로는 잠시 잠깐인들 성상의 은혜를 감히 잊을 수 있겠습니까.

신이 비록 지극히 우매하나 또한 지금은 신하 된 자가 집으로 돌아가 편히 쉴 때가 아님을 알고 있습니다. 그러나 이미 사사로운 정에 급급하여 망녕되이 휴가를 청하였으니, 이 자체가 이미 몹시도 부득이한 데서 나온 것입니다. 더군다나 신이 띠고 있는 직명(職名)이 아직도 체직되지 아니하여, 몸은 이미 낙향했는데 영화로운 자리는 그대로 차지하고 앉은 꼴이 되었으니, 그 두렵고 민망한 마음이 더욱 다시 어떠하겠습니까. 또 신이 향리로 내려올 적에 본관(本館)의 입번(入番)이 이미 몹시 엉성하게 된 모양을 또한 진즉에 목도하였고, 신이 오고 가는 것이 빠를지 더딜지는 신 자신도 헤아리지 못하는 상황입니다. 그런데 신 때문에 관직 하나를 다시 비워 둔다면 이 어찌 입번을 더욱 엉성하게 만들고 신의 죄를 무겁게 하는 것이 아니겠습니까.

신이 또 삼가 생각건대, 밝은 성상께서 혹 장차 오래 정지한 경연에 나아가 학문을 좋아하던 초심을 더하여 자주 유신(儒臣)들을 인견함으로써 경사(經史)를 토론하여 성대한 덕을 날로 새롭게 하고 교화의 근원을 더욱 맑게 하는 방책으로 삼고자 하신다면, 이러한 때에 강관(講官)의 자리는 더욱 마땅히 인원을 갖추어 고문(顧問)에 대비토록 해야 합니다. 설령 신에게 만분의 일만큼이라도 본직(本職)을 감당할 만한 재주가 있다손 치더라도 조정으로 돌아가기 전에는 오히려 헛되이 직명을 띠고 있을 수는 없거늘, 또 하물며 신이 종전에 은혜를 저버리고 직무를 비워 둔 것이 실로 앞서 교리를 사직하는 소에서 스스로 나열한 바와 같은 점이 있는 경우이겠습니까.

삼가 바라건대 성상께서는 서둘러 신의 직임을 체차하여 공사(公私) 간에 편하게 해 주소서. 그리하신다면 신은 이보다 더 큰 다행이 없겠습니다. 신은 본래 집에 도착하는 즉시 사직하는 소를 올리려 하였습니다만, 스스로 돌아보건대 하루만큼 직임을 띠고 있으면 하루만큼의 두려움과 민망함이 더해지는 것인지라 문득 도중에 상소하여 우러러 호소하게 되었습니다. 신은 성상이 계신 하늘 저편을 우러러보면서 간절히 바라는 지극한 마음을 가눌 길이 없습니다.

## 교리를 사직하는 소
辭校理疏

삼가 아룁니다. 신은 사폐(辭陛)하고 며칠 뒤 진위현(振威縣) 경계를 지나면서 문득 신이 띠고 있는 직명을 사면(辭免)케 해 줄 것을 청하는 소를 갖추어 현(縣)과 도(道)에 맡겨 올려보냈습니다. 그런데 그 소가 경기 감사에게 도달하자 경기 감사가 "휴가를 받고서 사직하는 것은 상례(常例)와 어긋나는 점이 있다."라고 하면서 위에 보고하지 않고 신이 있는 곳으로 돌려보냈습니다. 신의 상소는 애당초 규례를 따라 사직한 것이 아닌데, 다만 이 점을 살피지 못하고서 상례와 어긋난다는 이유로 상소를 막으니 한스럽습니다. 그리고 소를 가지고 왕래하는 사이 다시 시일을 끌게 되고 보니, 신이 아무 말도 없이 그대로 직임을 차지하고 있은 지가 저도 모르는 사이 벌써 스무 날이나 지나 버렸습니다. 신은 이러한 상황에서 삼가 지극히 두렵고 절박한 마음을 더욱 이길 수가 없습니다.

지금 신이 성은을 입고서 집에 돌아와 부모를 뵈니, 아비의 병이 다행히도 이미 차도를 보이고 있습니다. 다만 아비의 나이가 이미 칠십이라 쇠약함이 날로 심해져 비록 큰 질환은 없으나 평안한 날이 드무니, 자식 된 정리로 볼 때 오래 떨어져 있다 막 집에 돌아온 터에 대번에 도로 떠나기가 참으로 어렵습니다. 거기에다 신이 도성을 떠나던 저녁부터 바로 감기가 들고 여독으로 병고가 더해져 여태껏 낫지 않고 있으며, 평소 앓던 복심(腹心)에 담이 쌓이는 증세도 다시 이런 상황으로 말미암아 심해졌습니다. 비록 바야흐로 날마다 침을 맞고 뜸을 뜨고는 있으나 이렇다 할 효험이 없습니다. 대개 신의 외모는 비록 살졌으나 몸 안의 기운은 허약하고 늙은 것은 아니지만 병의 뿌리는 이미 고질이 되었으며, 거기에 더하여 지난날 타향에서 우거하며 벼슬 살 적에 자못 병을 조리할 시간이 없었던 까닭으로 잠깐 쉬는 이때에 숙질이 죄다 발병하여 누적되어 온 손상이 빌미가 된 듯하니, 정말 단시일 안에 바로 회복되어 출발할 수 있는 상황이 아닙니다.

또 신이 삼가 듣건대 지난번 차자를 올릴 때 연명(聯名)했던 동료들은 이미 정고(呈告)하여 체직되었다고 합니다. 신료들의 정고가 대부분 승정원에서 거절되는데도 동료들의 정고가 입계(入啓)된 것은 대체로 동료들이 마땅히 체직되어야 한다는 물의(物議)가 있어서이니, 이미 마땅히 체직되어야 했기 때문에 체직된 것입니다. 그런데 신은 때마침 우연히도 향리에 내려온 까닭에 마침내 혼자서만 직명을 그대로 띠고 있게 되었습니다. 이것이 어찌 신의 마음에만 심히 편치 못한 일이겠습니까. 조정의 처분에도 합당하지 못하니, 이는 또 신이 다 말할 필요도 없이 분명 성상께서 처분을 내리실 것입니다.

신이 비록 지극히 우매하나 또한 지금은 신하 된 자가 집으로 돌아가 편히 쉴 때가 아님을 알고 있습니다. 그러나 애초에 이미 사사로운 정에 급급하여 망녕되이 휴가를 청했고, 지금은 질병에 걸린 형세가 다시 이와 같아서 곧바로 조정으로 돌아갈 수 없겠기에 문득 다시 사직소를 봉해 올리니 미천한 신의 죄가 이에 더욱 중하게 되었습니다. 삼가 바라건대 성상께서는 특별히 헤아리시어 신의 직임을 속히 파직해 주소서. 신은 큰 바람을 이길 수 없습니다.

## 친히 나가서 칙사를 맞이하지 말 것을 청하는 소[62]

請勿親出迎勅疏

삼가 아룁니다. 신이 병으로 누워 있던 중에 삼가 들으니 오늘 대가(大駕)가 교외로 나가 칙사를 영접하는 일을 면치 못할 것이라고 합니다. 신은 진실로 통한스럽고 격절(激切)한 마음을 이길 수 없어 감히 한마디 말을 올리겠습니다.

예전부터 사신이 왔을 때 혹 어떤 일이 있어서 칙사를 영접하지 못하게 된 때를 어찌 한정(限定)할 수 있겠습니까. 그러나 당시에도 대신(大臣)이 칙사에게 가서 청하면 칙사가 그 청을 따라 주었을 뿐, 어찌 오늘날과 같은 일이 있었겠습니까. 지금 성상께서 거둥하시기 어려운 형편은 참으로 이전의 평범한 경우들에 비할 바가 아니니, 신하 된 의리상 목숨을 걸고 쟁변해야 마땅합니다. 또 대신이 백관들을 거느리고 가서 청하는 것은 전에 없던 거조이고 사체가 지극히 중한 일이니, 하지 않으면 그만이겠지만 한다면 반드시 소청을 허락받기로 기약해야 마땅하거늘, 더욱이 어찌 대번에 그만둘 수 있겠습니까.

**62** 친히……소 : 《숙종실록》 7년 4월 2일에 축약본이 실려 있다. 이보다 앞서 조정에서는, 민간에 역병이 만연해 있으므로 임금이 친히 나가 칙사를 맞이하기 어렵다고 칙사에게 통보하였으나, 청(淸)나라 칙사는 임금이 친히 나오지 않으면 홍제원에서 그대로 청나라로 돌아가 버리겠다고 하는 등 강경한 자세를 보였다. 이에 숙종이 시험삼아 대신이 백관을 거느리고 가서 간청해 보라고 하여, 대신 이하 문무백관 3백여 명이 글을 올렸으나 청나라 칙사가 끝내 받아들이지 않아 어쩔 수 없이 친히 맞이하기로 결정한 사실이 있다. 《肅宗實錄 7年 3月 29日, 4月 1日·2日》

신의 어리석은 생각으로는 의당 성상께서 교외로 거둥하지 마시고 다시금 명하여 대신이 또 한 번 백관들을 거느리고 재차 가서 굳은 의지로 청하게 해야 합니다. 또 들어주지 않는다면 대신과 많은 관원들이 그 자리를 지키고 떠나지 않으면서 저녁을 다 보내고 밤을 지새우면서 "차라리 우리들이 이 자리에서 죽을지언정 돌아가서 우리 임금이 위태로운 행차를 하시게 할 수는 없다. 옛적의 신하는 그 임금이 다리 건너는 것을 위태롭게 여겨 목의 피를 수레바퀴에 뿌리려고까지 하였는데,[63] 오늘의 일은 다리를 건너는 일보다 더욱 위태로울 뿐만이 아니다. 우리에게는 죽음만이 있을 뿐 다시 헛되이 돌아갈 수 없다."라고 하고, 비단 이와 같이 말할 뿐만 아니라 반드시 이러한 자세로 일에 대처함으로써 지성으로 분발하여 오랜 시간이 지나도 물러나지 않는다면, 또한 어찌 저들을 감동시킬 단서가 없겠습니까.

요컨대 며칠 지나지 않아 저들이 반드시 융통성 있게 처리하려 할 텐데 저들이 서둘러 돌아가 버리겠다고 한 것은 진실로 우리를 겁박하는 말이니, 어찌 그들이 정말로 돌아가겠습니까. 설령 저들이 서둘러 돌아가 버린다고 해도 우리 또한 할 말이 없지는 않으니, 대개 우리가

**63** 옛적의……하였는데 : 한 무제(漢武帝)가 종묘에 제사를 지낸 후 편문(便門)으로 나와 누선(樓船)을 타려고 하자, 당시 어사대부였던 설광덕(薛廣德)이 "다리로 건너가셔야 합니다."라고 하였으나, 무제가 듣지 않았다. 이에 설광덕이 "폐하께서 신의 말을 듣지 않으신다면, 신은 목을 찔러 그 피를 거가(車駕)에 뿌리겠습니다."라고 하였다. 무제가 좋아하지 않는 기색을 보이자, 광록대부 장맹(張猛)이 "배를 타는 일은 위험하고 다리로 건너는 것이 안전합니다. 어사대부의 말대로 하십시오."라고 하니 그제야 그 말을 좇았다. 《漢書 卷71 薛廣德傳》 이 상소에서 다리로 건너는 것을 위태롭게 생각했다는 것은 창계의 착오인 듯하다.

성상께서 교외로 나가시는 것을 면하게 해 달라고 청한 것은 오늘날 새로 만들어 낸 일이 아니고, 대신과 백관들이 일제히 나아가 간청한 것은 전에 없이 공경한 일입니다. 그러므로 우리에게 소홀한 뜻이 없었음을 밝히는 것이 어렵지가 않으니, 우리가 또한 여기에서 무엇이 두려워서 힘써 쟁변하지 않는단 말입니까.

자고로 사신들이 왕래하면서 선비들의 기상이 강건한지 약한지를 살펴 그 나라의 허실을 엿보는 경우가 많았습니다. 그런데 오늘 온 조정이 가서 청하면서도 주상께서 한 번 행차하시는 것을 면하게 하지 못하니, 이것이 또 어찌 국세에 관계되지 않겠습니까. 신이 비록 황망하여 하고자 하는 말을 다 할 수는 없었으나 그 대의는 이와 같으니, 삼가 바라건대 밝은 성상께서는 굽어살펴 보시고 서둘러 대신들에게 다시 일을 도모하게 하소서. 신은 지극히 격동되고 비분강개한 마음을 가눌 길이 없습니다.

## 병을 이유로 면직을 청하고 겸하여 국구를 병조 판서 자리에 그대로 두지 말 것을 청하는 소
### 引疾乞免 兼請勿令國舅仍帶兵判疏

삼가 아룁니다. 신은 직무를 맡아본 이래로 비록 성상의 은혜에 보답한 일은 한 가지도 없으나 감히 병이 없으면서 있다고 말한 적은 없습니다. 더군다나 이렇듯 나라에 일이 많은 때에 사직 단자를 올려 급한 사정을 아뢰고 면직을 청하는 것이 더욱이 어찌 감히 할 수 있는 일이겠습니까. 그러나 실로 앓고 있던 한질(寒疾)의 증세가 극도로 악화되어 참으로 평범한 질환에 비할 바가 아니기에 부득불 어리석음을 무릅쓰고 성상께 우러러 고하였는데, 승정원에서 신의 병세가 악화된 실상은 살피지 않고서 규례에 따라 기각한 지가 또 이미 수일이 지났습니다. 신이 이에 더욱 심히 낭패스럽고 근심스러워 감히 다시 통증을 참고서 상소를 엮어 천지와도 같고 부모와도 같은 성상 앞에 급히 호소하니, 삼가 바라건대 인자한 마음으로 긍휼히 살펴 주소서.

신이 밤에는 잠 못 들고 낮에는 자리에 몸져누워 지내며 한증(寒症)과 열증(熱症)이 번갈아 들고 머리와 눈이 모두 욱신거려, 거의 일을 살필 정신이 없고 식음도 전폐한 지가 지금 5일째입니다. 신은 본디 기운이 허약하여 병을 견뎌 낼 수가 없기에 한결같이 쇠약해지기만 하여 일어나 움직일 가망이 없습니다. 만약 체직되어 평온하게 병을 조리하지 못한다면 구구한 신의 목숨은 진실로 염려할 만한 지경에 이를 것입니다. 더군다나 지금은 평상시와는 또 다르니, 사신의 행차가 입경하게 되어 백관들 모두 경황이 없는 상황입니다. 신도 선칙관(宣勅

官)에 차출되었으나 병세가 이와 같아서 이미 나아가 참석할 수가 없으니, 앞으로 성상께서 거둥하시는 일이 생기더라도 시신(侍臣)의 반열에 나아가 배행하기는 어렵게 되었습니다. 삼가 바라건대 자애로운 성상께서는 서둘러 신을 체직하시어 공사 간에 편하게 해 주소서. 신은 지극한 바람을 이길 수 없습니다.

그리고 신에게 구구한 소회가 있습니다. 신이 병중에 조보(朝報)를 보니, 여양부원군(驪陽府院君) 민유중(閔維重)이 병조 판서의 직임을 그대로 가지고 있게 하라는 명[64]이 있었습니다. 신이 비록 병으로 혼미하였으나 신도 모르는 사이 놀라 탄식하고서 곧바로 혼자 말하기를 '이는 국가의 대방(大防)에 관계된 것이라 작은 일이 아니거늘, 밝은 성상께서 어찌하여 이런 뜻밖의 거조를 내셨을까? 아마 우연히도 깊이 사려하지 못하신 것이 아니겠는가. 머지않아 과실을 깨닫고 올바른 데로 돌아오시리라.' 하였습니다. 그런데 대신들이 연이어 아뢰어도 따르지 않고 대간들이 소를 재차 올려도 윤허하지 않으며 심지어 결단코 윤허하여 따를 이치가 없다고까지 하교하시는 것을 보고는 신의

**64** 여양부원군(驪陽府院君)……명 : 이 무렵 숙종의 혼사가 진행되어 병조 판서 민유중(閔維重)의 딸이 중전으로 간택되었다. 이에 따라 민유중은 외척의 신분이 되었으므로 규례대로 실직에서 물러나야 했다. 그러나 대비인 명성왕후(明聖王后) 김씨(金氏)가 변란이 막 그친 뒤라 정국이 불안하고 인재가 드문 때에 능력 있는 사람을 외척이라 하여 실직에서 물러나게 해서는 안 된다고 주장하였고, 숙종 역시 지금은 시국이 불안정한 데다가 국조(國朝)의 고사(故事)에도 외척이 국사를 맡아본 전례가 있으므로 굳이 안 될 이유가 없다고 하면서 신료들에게 이 일을 의논하게 하였다. 당시 신료들은 외척이 정사에 관여해서는 안 된다는 것이 국법이라고 주장하였으나 숙종은 끝내 자신의 고집을 꺾지 않다가 어쩔 수 없이 민유중을 체차하였다. 《肅宗實錄 7年 3月 26日 · 28日 · 29日, 4月 1日》

어리석은 의혹이 더욱 심해졌습니다. 그리하여 비록 고통으로 신음하는 상황이지만 감히 어리석은 생각을 다해 우리 밝은 임금께 우러러 고하지 않을 수가 없었습니다. 옛사람이 이르기를 "밝은 임금은 이치로 간하여 설득할 수 있다." 하니,[65] 바라건대 전하께서는 마음을 비우고 다시 생각하시어, 한번 이치로 따져 보아 이치상 온당치 못한 점이 있거든 허물을 고치기를 두려워하지 마시고, 한때 깊이 사려하지 못했던 처음 견해를 고집하여 국가의 대방을 손상하는 일이 없게 하소서.

신이 삼가 전하의 마음을 헤아려 보건대, 어제 새로 봉작을 받은 국구(國舅)에게 사사로운 마음이 있어 이런 거조를 내신 것은 결코 아닙니다. 전후로 내리신 성교(聖敎)를 가지고 성상의 뜻이 어디에 있는지를 따져 보건대, 인재를 아까워하고 시세를 우려하며 국조(國朝)의 고사(故事)에도 간혹 이미 행한 전례가 있으니, 이 세 가지가 바로 성상께서 주장하시는 것들입니다. 그러나 신이 삼가 생각해 보건대 끝내 그렇지 않은 점이 있습니다. 삼가 밝은 성상께서 이런 부분에 대해 깊이 사려하지 못하시어 하나는 알고 둘은 모르는 실책을 면치 못하신 듯합니다. 신이 감히 죽음을 무릅쓰고 상세히 논변해 보겠습니다.

대저 인재는 진실로 아까워할 만합니다. 그러나 역대의 법령과 선왕들께서 세우신 법률에서 국구가 정사에 간여하는 것을 허락하지 않았습니다. 이것이 애초 어찌 아까워할 만한 인재가 없어서 그런 규정을 만든

**65** 옛사람이……하니 : 《구당서(舊唐書)》 권89 〈적인걸열전(狄仁傑列傳)〉에서 적인걸이 고종(高宗)에게 "밝은 임금은 이치로 간하여 설득할 수 있고, 충성스러운 신하는 위엄으로 두렵게 할 수 없다.〔明主可以理奪, 忠臣不可以威懼.〕"라고 한 말을 인용한 것이다.

것이겠습니까. 비록 아까워할 만한 인재가 있다 하더라도 오히려 정사에 종사하게 하는 일이 없었던 것은, 나라를 다스리는 도리상 어진 이를 존대하고 척신(戚臣)을 배척하는 구분이 매우 엄격하므로 한때 인재를 아까워하는 마음으로 만세의 공통된 의리를 폐기할 수 없었기 때문입니다. 또 이미 존귀함으로 따지면 국구의 신분이 되었으니, 여기에 비길 수 있는 귀하고 중한 자리는 없습니다. 그런데 다시 그로 하여금 아래로 유사(有司)의 일을 행하게 한다면, 일에 잘잘못이 생길 때 법을 집행하는 관리가 또 장차 법률을 따져 가며 사안마다 논의하게 될 것이니, 이 어찌 국구를 존대하고 편안하게 해 주는 도리이겠습니까.

선왕의 제도에서 국구가 정사에 참여하지 못하도록 처리했던 것은 그 사려가 원대한 것입니다. 그런데 지금 만약 아까워할 만한 인재라는 핑계를 대면서 기필코 병조 판서의 직임을 그대로 가지고 있게 한다면, 그 유익함이 얼마나 될는지는 신이 모르겠습니다만 그 손실은 너무 큽니다. 설령 온 조정을 통틀어 이 직임을 감당할 만한 사람이 다시 없다 하더라도 이런 이유로 가볍게 옛 법을 무너뜨려서는 안 될 텐데, 더군다나 크나큰 한 나라 안에 어찌 반드시 쓸 만한 사람이 없겠습니까. 단지 성상께서 어떻게 잘 선별하느냐에 달려 있을 따름입니다. 사실이 이와 같다면, 성상께서 오로지 인재가 아깝다고 주장하시는 것이 어찌 사리가 미진한 것이 아니겠습니까.

만약 시세가 우려할 만하다고 한다면, 지금 시세의 우려스러움은 진실로 성상의 하교에 언급된 것보다 심한 점이 있습니다. 그러나 이미 시세가 우려할 만하다는 것을 알았다면, 더욱 마땅히 널리 어질고 뛰어난 이를 구하고 공도(公道)를 크게 넓혀서 인심이 자연히 기뻐 복종하게 한 뒤에야 나라가 반석에 올려놓은 듯 편안하게 될 것입니다. 지금 만약 옛 법전을 따르지 않고 국구를 임용함으로써 어려운 시세를 구제할 수 있다고 여기신다면, 이는 또 지혜로운 이의 판별이 없더라도 그 불가함을 분명히 알 수 있는 것입니다. 성상의 마음이 비록 사사로운 은정(恩情)에서 발현된 것은 아니지만 사방의 보고 듣는 사람들이 어찌 의혹하지 않을 수 있겠으며, 국구의 재주가 비록 이미 평소부터 드러났다고 하지만 명의(名義)가 바르지 않은데 또한 무슨 일을 할 수 있겠습니까. 이는 시세에 있어서도 무익할 뿐만이 아닙니다.

만약 국조의 고사에 간혹 이미 행한 전례가 있다는 것을 증좌로 삼으신다면, 이는 또 그렇지 않은 점이 있습니다. 국초에 법규가 미비한 때에 비록 한두 사람 정도 행한 전규(前規)가 있다고는 하나, 나라를 경륜하는 제도가 한 번 정해진 뒤에는 누대에 걸쳐 그 제도를 준수하면서 혹시라도 어긴 적이 없었으니, 어찌 다시 법규가 미비했을 때의 일을 가져다가 오늘날의 근거로 삼을 수 있겠습니까. 선유(先儒)가 말하기를 "법제가 상세하게 갖추어지고 나면 다시 어겨서는 안 된다." 하니, 이는 또 미천한 신하가 많은 말을 할 것도 없이 밝은 성상께서도 이 일이 구차하고 소략하다는 것을 분명 이미 스스로 아실 것입니다. 무릇 이 몇 가지 단서에서 그 시비가 분명하니, 뛰어난 성상의 총명으로 다시 자세히 생각해 본다면 분명 재빨리 잘못을 고치실 것입니다. 이것이 어리석은 신의 구구하고 깊은 바람입니다.

이 일이 본디 자성(慈聖)의 하교에서 나온 것이기는 하나, 삼가 살펴보건대 성상께서 대신들의 의론을 거스르고 대관들의 말을 막은 까닭은 단지 자성의 뜻을 우러러 체행하려는 데에만 있는 것이 아닙니다. 성상의 의도가 어디에 있는지를 또한 잘 알 수 있으니, 밝은 성상께서 이 부분에 대해 정말로 깊이 사려하고 멀리 내다보시어 하나하나가 모두 불가하다는 것을 이미 아셨다면 자성께서도 어찌 그 사이에서 조금이라도 고집하실 수 있었겠습니까. 또 병조 판서의 자리가 얼마나 큰 임무입니까. 그런데 묘당에서도 받아들이지 않고 대각에서도 쟁론하니, 밝은 성상께서 시종일관 묘당과 대각의 주장을 굳게 거절하신다 한들 병조 판서의 임무를 받아 든 자가 감히 맡을 수 있겠습니까. 한갓 국가의 대체만 손상하고 실로 지금 당장 가까운 시일 안에 볼 수 있는 효용만 없애 버릴 것이니, 참으로 내리신 명을 속히 고치는 것이 낫습니다. 또 지금 훈련도감의 임무도 오랫동안 국구에게 맡겨져 있는데, 비록 한때의 변란 때문에 부득이 그리한 것이지만 이는 이미 오랜 기간 지속할 수 있는 상규(常規)가 아닙니다. 그런데 만약 다시 국구가 정사에 종사하는 제도의 길을 열어 옛 법이 날로 문란해진다면 어떻게 나라를 다스리시겠습니까. 이는 명철한 군주가 마땅히 삼가야 하는 일입니다.

또 신이 삼가 살펴보건대, 밝은 성상께서 신료들의 진언에 대해 마음을 비우고 받아들이시어 터럭만큼도 독단적으로 처리하려는 뜻이 없으면서, 이번 일처럼 시비를 알기 쉽고 관계된 바가 심히 중한 일에 대해서는 도리어 중론(衆論)을 굳게 막아 대신들이 주장해도 받아들이지 않고 대간들이 쟁론해도 따르지 않으시니, 이는 유독 어째서입니까? 이는 어리석은 신이 깊이 우려하는 점입니다. 무릇 사람에게 허물이 있으면 속히 고치는 것이 으뜸이니, 만약 시일을 끌기만 한다면 그대로 인습하고 습관이 되어 버려서 허물을 고치기가 더욱 어렵게 될 것입니다.

삼가 바라건대 성상께서는 신이 어리석고 미천하다 하여 신의 말을 그저 물리쳐 버리지 말고 서둘러 결단하시어, 내린 명을 특별히 정지시키소서. 이는 성상의 마음만 한 번 옮기면 될 일이니, 나라가 흥성하고 침체하는 기틀이 반드시 여기에 관계되어 있지 않다고 할 수는 없습니다. 신이 문득 어리석은 생각으로 망녕되이 대사를 논하였으나, 병을 앓느라 혼몽하여 말이 뜻을 다 드러내지 못하였으니, 지극히 황공하고 떨리는 마음을 가눌 길이 없습니다.

## 교리를 사양하는 소

辭校理疏

삼가 아룁니다. 신이 날로 엄한 비답을 받고 이어 간관의 직임에서 체차되어, 물러나 교외에 있으면서 부끄럽고 두려운 마음이 한창 심하였습니다. 그리하여 성조(聖朝)에서 버려진 물건이 되었다고 이미 스스로 헤아리고 있었는데, 며칠 지나지 않아 신을 부르는 성지(聖旨)가 홀연 내려와 다시 신에게 홍문관의 직책을 내리고 서둘러 올라오라고 하시니, 신은 진실로 두렵고 놀라워 어찌할 바를 몰랐습니다. 이윽고 또 대신이 진달하여 성상의 하유가 자못 온화해져서 일에 함께 참여했던 동료들도 벌써 반열에 나아갔다고 전해 들었으니, 이를 통해 성상께서 지극히 공변된 마음으로 아랫사람을 대하시어 그 사이에 치우치거나 고집하심이 없음을 알 수 있었습니다. 이 어찌 미천한 신만이 두렵고 부끄러운 마음을 조금이나마 내려놓을 수 있게 될 뿐이겠습니까. 반드시 사방에서 보고 듣는 이들에게도 광영이 미칠 것입니다.

신은 진실로 성상의 명을 공경히 준행하여 조정으로 돌아가 우리 성상께서 널리 포용해 주시는 인덕(人德)을 받들어야 마땅할 것입니다. 다만 신이 오늘날 스스로 몸을 숨긴 것은 애초 한때의 정세(情勢)가 편치 못했기 때문만은 아닙니다. 일찍이 곰곰이 스스로 생각해 보니, 신은 본디 고단하고 미천한 사람으로 성상의 은총을 과분하게 입어 그 은혜와 영광이 이 한 몸에만 미치는 데 그치지 않았습니다.[66]

**66** 은혜와……않았습니다 : 1681년(숙종7)에 창계의 부친의 나이가 70이 되어 통정대부(通政大夫)에 가자된 사실을 가리킨다.

그러니 비록 몹시 형편없는 사람이기는 하나 또한 어찌 충성을 바치기를 바라고 은혜에 보답하기를 도모하려는 작은 정성이 없겠습니까. 그러나 실로 성품과 자질은 용렬하고 우둔하며 지혜와 식견은 천박하고 짧은 탓에 벼슬에 종사한 8, 9개월 동안 끝내 성상의 은혜에 보답하고 처음 가졌던 뜻에 부응할 수 있었던 일이 한 가지도 없었습니다. 그리고 시강(侍講)한 날은 오래였으나 성상을 유익하게 해 드린 일은 없고 때로 시사(時事)에 대해 진언하였으나 번번이 허물만 초래하였으니, 이로 인해 근심하고 마음이 꺾여 밤낮으로 편할 때가 없었습니다. 백번을 헤아려 보아도 오직 벼슬길을 사양하고 피하여, 물러나 졸렬한 분수를 지키며 은총과 이록(利祿)을 헛되이 차지하지 않기를 바라는 방법밖에는 없었으니, 신이 이러한 마음을 쌓아 온 지도 오래되었습니다.

그러나 오랫동안 근신의 반열에 있어 참으로 직무에서 물러나 한가하게 있을 수 없던 차에 또한 대례(大禮)[67]가 다가오고 있었으니, 신자된 마음에 잠시 머물러 있으면서 대례를 눈으로 직접 보고 싶은 바람이 없을 수 없었습니다. 이 때문에 머뭇거리면서 감히 사사로운 뜻을 쉽사리 이룰 수 없었는데, 근자에 체직된 것이 마침 성대한 의식이 순조롭게 치러진 날인지라, 신이 이에 그대로 있으면서 요행히 자리를 차지하고 있을 계책을 감히 다시 부릴 수 없었습니다. 그리하여 문득 향촌으로 스스로 몸을 숨긴 것이니, 이는 진실로 근자의 정세가 편치 못했기 때문만은 아닙니다. 신은 지극히 어리석고 몹시 비루하여 숱한 일들이 보통 사람에게도 미치지 못하며, 나이도 옛사람들의 강사(强仕)의 나이[68]에

67 대례(大禮) : 숙종과 인현왕후(仁顯王后) 민씨(閔氏)의 혼례를 가리킨다.

미치지 못합니다. 이와 같으면서도 오히려 영예를 탐하여, 있어서는 안 될 자리를 다시 외람되이 차지한다면, 이후의 낭패가 또 얼마나 될는지 알 수가 없습니다. 이것이 신이 두려워 머뭇거리면서 결단코 감히 명을 따르지 못하는 까닭입니다.

또 신은 본디 기운이 허약하여 병에 잘 걸리는데, 근자에 또 더위를 아주 심하게 먹어 머리와 눈이 모두 쑤시고 정신은 혼미하고 어지러워, 쇠약해져 신음하면서 날로 점점 고질이 되어 가고 있으니, 단지 이런 병증 때문에라도 쉽사리 소명(召命)에 달려갈 수가 없습니다. 그러나 신이 감히 오로지 병만 가지고 핑계를 대는 것은 아닙니다. 진실로 임금과 신하의 사이에 나아가고 물러가는 즈음에는 그 속내를 드러내지 않아서는 안 되기 때문입니다. 이 뒤로부터는 구구한 신이 엄하신 성상을 매번 귀찮게 해 드리기 어려울 것이니, 삼가 바라건대 자애로운 성상께서는 특별히 신의 지극한 간절함을 헤아리시어 서둘러 신의 직명을 체직함으로써 신이 시골에서 편안히 지내면서 졸렬한 몸을 보전하여 병을 돌보게 해 주소서. 그리하신다면 신은 지극히 다행스러운 마음을 이길 수 없을 것입니다. 신은 우러러 간절히 바라는 지극한 마음을 가눌 길이 없습니다.

**68** 강사(强仕)의 나이 : 40세를 가리킨다. 《예기》 〈곡례 상(曲禮上)〉에 "40을 강이라고 하니 이 나이가 되면 벼슬한다.〔四十曰强, 而仕.〕"라고 한 데서 온 말이다.

## 부교리를 사양하는 소
辭副校理疏

삼가 아룁니다. 신이 당일에 삼가 유지(諭旨)를 받아 보니, 신을 홍문관 부교리로 삼고 신에게 역마를 타고 속히 올라오라고 하는 내용이었습니다. 신이 삼가 스스로 생각해 보건대 보잘것없고 허술하며 어리석고 노둔하여 모든 것이 남들만 못한데도, 지난날 외람되이 성상을 모신 것이 도합 1년이었으니, 함부로 직무를 내팽개쳐 둔 실상을 성상 앞에서 의당 숨길 수가 없게 되었습니다. 게다가 근자에 질병으로 향리에 떨어져 있으면서, 가만히 앉아 경성과 지척인 곳에서 조정의 명을 어긴 것이 또 이미 수개월째이니, 책임을 회피하며 태만한 죄를 쌓아 온 것과 오만하고 방자하게 행동한 것을 신도 오히려 스스로 두려워하고 있는 터에 다른 사람들은 무어라 하겠습니까.

그런데 이에 자애로운 성상께서 자상하게 용서하시어 애초 문비(問備)[69]의 가벼운 처벌만 내리고 종국에는 사국(史局)의 긴요한 직임까지 체차해 주셨으니, 진노는 드러내지 않으시고 은덕은 더욱 깊어진 것입니다. 그런데 이제 다시 신의 이름을 기록하여[70] 도리어 경연에서 성상과 함께 학문을 토론하는 관직을 내려 주시고 서둘러 신을 불러들이는 윤음(綸音)을 내리시니, 비록 자리에 걸맞지 않은 것을 알지만

**69** 문비(問備) : 죄과가 있는 관원을 서면으로 신문하던 일을 가리킨다.

**70** 신의 이름을 기록하여 : 여기에서의 기록이란 관리를 녹용 또는 치죄하기 위하여 그 이름을 명부에 기록하는 것을 가리킨다.

어찌 감격을 이길 수 있겠습니까. 명을 들은 이래로 아뜩하여 몸 둘 바를 모르겠습니다.

신은 본디 평범한 보통 부류로, 애초 작록(爵祿)을 가볍게 보고 거취를 무겁게 하는 지조는 가지고 있지 않았습니다. 더군다나 이미 성상께서 특별히 돌보아 주시는 은혜를 입어 근시(近侍)의 반열에서 머문 날이 적지 않으니, 견마(犬馬)와 같은 신이 사사로이 연연하는 것도 인리(人理)상 필연적인 일입니다. 보답할 길이 없음을 근심할 뿐, 어찌 대번에 이 밝은 시절에 스스로 폐인(廢人)이 되려 하겠습니까. 그러나 이번 여름, 더위에 몸이 상해 생긴 병증이 갈수록 심해져, 끝내 낫지 못하고 황폐한 초야에 엎드려 지내면서 스스로 돌아가지 못하고 있으니, 이 어찌 신이 바라는 바이겠습니까. 또 구구한 신이 있어서는 안 될 자리를 차지하고 있음을 다시 매번 깊이 근심하고 있다는 사실은 전날 상소에서 이미 대략 아뢰었으니, 지금 비록 매양 성상의 귀를 귀찮게 해 드리지 않더라도 명철하신 성상께서 혹 또한 이미 통촉하셨으리라 삼가 생각됩니다. 가령 신의 몸에는 드러난 질병이 없고 재주에는 한 치의 장점이 있어 분주한 관직을 맡아 직책을 감당할 수 있다면, 신이 또한 어찌 길 위에서 방황하고 궁벽한 집에서 외로이 우거하며 짐짓 오랫동안 소명에 달려가지 않으면서 스스로 죄과를 쌓는 짓을 즐겨 하겠습니까.

신이 당초 낙향한 것이 마침 본관에서 차자를 올린 뒤였기 때문에, 사정을 모르는 자들은 혹 신이 엄한 비답이 내려진 데 대해 발끈 성을 낸 것이라 의심하지만, 이는 자못 신자(臣子) 된 자가 감히 할 수 있는 짓이 아닙니다. 당초 정성은 성상께 도달되지 못하고 말은 뜻을 다 드러내지 못하여 성상께서 수고로이 뜻밖의 하교를 하게 하였으니,

이는 또한 신의 죄입니다. 신에게는 다만 한결같은 두려움과 부끄러움만이 있을 뿐, 어찌 감히 한 터럭만큼이라도 발끈 성을 낼 생각을 싹 틔울 수 있겠습니까. 더군다나 뒤에 가서 신의 죄를 풀어 주시는 뜻을 밝게 교시하신 것이 간곡할 뿐만이 아니었고 함께 차자를 올렸던 동료들도 모두 이미 편안한 마음으로 직무에 나아갔으니 두렵고 부끄러운 애초의 마음까지도 이미 남김없이 사라졌습니다. 그러니 어찌 지금까지도 감정을 남겨 두어 천지와도 같고 부모와도 같은 성상께 유감과 원망을 가지고서 미욱하게 스스로를 돌이키지 않을 리가 있겠습니까. 신이 비록 지극히 혼매하나 또한 이런 지경에까지는 이르지 않을 것입니다.

다만 배우지 않아 술책이 없는 신을 이미 시험해 보았으나 공효가 없었으니 다시 청현직을 더럽히기가 어렵고, 질병이 또 따라서 고질이 되었을 따름입니다. 삼가 바라건대 천지와도 같고 부모와도 같은 성상께서는 신의 미약한 정성을 헤아리고 신의 숙병(宿病)을 긍휼히 여겨 서둘러 새로 내리신 명을 환수하심으로써 어리석은 신의 분수를 편안하게 해 주소서. 신은 지극한 바람을 이길 수가 없습니다. 신이 또 삼가 들으니 호남 경시관(湖南京試官)으로 차출하는 명이 신에게도 내려졌다고 합니다. 신은 의리상 마땅히 명을 들은 즉시 출발해야 하나 이미 병든 몸이 마음 같지 않아서 혹 기일을 어기게 될까 염려스럽습니다. 이에 감히 즉시 소를 갖추어 현(縣)과 도(道)를 통해 성상께 아뢰니, 만약 성상께서 아울러 처분을 내려 주신다면 공사 간에 또한 몹시 다행이겠습니다. 신은 우러러 두려워하며 간절히 바라는 지극한 마음을 가눌 길이 없습니다.

창계집

제4권

소차
疏箚

## 교리를 사양하고 겸하여 문묘에 선현을 승사(陞祀)하고 출사(黜祀)하는 문제[1]를 논한 소

辭校理兼論文廟陞黜疏

삼가 아룁니다. 신이 수개월 동안 이조 좌랑(吏曹佐郎)으로 있으면서 일찍이 나라를 위하여 어진 인재 한 사람을 나아오게 하거나 불초한 소인 한 사람을 물러나게 하지 못하였으니, 이는 용렬하고 허술하며 직무까지 내팽개쳐 버려 이미 하나의 관직도 제대로 수행하지 못한 것입니다. 신이 밖으로는 공론을 두려워하고 안으로는 평소 지녔던 마음에 부끄러움이 일어 대정(大政)이 끝난 뒤부터 즉시 병을 이유로 반드시 체직되기를 기약하였더니, 뜻밖에도 경연에서 성상을 보필하라는 새로운 명이 마침 이즈음에 신에게 미치게 되었습니다. 종전에

**1** 문묘에……문제 : 1681년(숙종7) 9월에 관학의 유생들이 우리나라의 이이(李珥)와 성혼(成渾) 두 선현과 중국의 양시(楊時)·나종언(羅從彦)·이통(李侗) 등 3현을 문묘에 종사(從祀)할 것을 상소한 이후로, 해를 넘겨 1682년 4월에 이르기까지 문묘에 승사(陞祀)하고 출사(黜祀)하는 인원에 대한 논의가 활발하게 이루어졌다. 1682년 4월 22일 이에 대한 논의를 종결하여 의론을 확정하고 5월 21일에 교서를 반포하였다. 그 결과 순황(荀況)·두예(杜預)·왕필(王弼) 등 중국 선현 9인을 출사하고 우리나라의 이이와 성혼, 중국의 양시·나종언·이통·황간(黃幹) 등 6인을 새로 승사하였다. 이 과정에서 이 결과를 수긍하지 못한 조정의 관원 및 지방 수령들이 문묘 종사 예식 때 휴가를 내고 나오지 않거나 향학(鄕學)에 승배(陞配)하는 날 직접 일을 주관하지 않는 등의 반발이 있었다.《肅宗實錄 7年 9月 18日·19日·27日, 10月 4日·17日·19日, 11月 5日·9日, 12月 14日, 8年 1月 10日, 3月 16日, 4月 12日·22日, 5月 6日·20日·21日》

외람되이 이 직책을 맡아 세월을 보낸 적이 있으니, 지금에 와서 사양하고 피하는 것은 진실로 허식(虛飾)에 가깝습니다. 다만 생각건대 신이 관직을 맡아 일을 처리할 때 이미 한 가지도 잘한 실상이 없으니, 이후에 비록 성상께 강학을 권하는 말을 하더라도 이 역시 장차 빈말이 되고 실제가 없는 것이 되어 버려 분명 성상께 신임을 받기 어려울 것입니다. 또 신이 지난해 관직에 종사한 이래로 글을 아주 보지 못한 탓에 사려가 더욱더 혼매해져서 장구(章句)나 따지는 자잘한 말업(末業)에도 수준이 퇴보하여 남아 있는 것이 없습니다. 그러니 지금 다시 시강(侍講)하는 반열에 있게 되더라도 그 보잘것없고 무익함이 분명 전날의 행태보다 심할 것입니다. 신이 이런 상황에서 어찌 감히 전날에 이미 지낸 직임이라는 이유로 대번에 다시 직책을 받아들고서 본래 가지고 있던 것처럼 할 수 있겠습니까.

더군다나 지금은 봄볕이 점점 화창해져 경연을 자주 열고 있으니, 만화(萬化)의 근본이 오로지 여기에 달려 있는지라, 진실로 의당 어질고 뛰어난 인재를 널리 불러와 미진한 부분을 강론하여 성덕(聖德)이 날로 새로워지고 국세(國勢)가 날로 융성해지도록 해야 합니다. 그러니 더욱이 어찌 신처럼 비루하고 졸렬한 사람을 가장 가려 뽑아야 할 반열에 다시 외람되이 끼이게 할 수 있겠습니까. 삼가 바라건대 밝은 성상께서는 특별히 헤아리고 살피시어 신의 직명을 서둘러 체직하고 또 신을 산직(散職)에 두어 큰 허물을 면하게 해 주심으로써 공사 간에 모두 마땅하게 되도록 해 주소서. 신은 지극한 바람을 이길 수 없습니다. 신의 미약한 정성이 이미 이와 같은 데다가, 보잘것없는 신이 병을 앓아 열흘이 지나도록 신음하며 고통스러워하는 중이라 엄한 소명이 내려진 상황임에도 공경히 달려가지 못하였으니, 태만히 행동한 죄에 대한 처벌을 의당 피할 수 없게 되었습니다. 다시 바라건대 밝은 성상께서는 이어서 신의 죄를 다스려 주소서.

그리고 신에게 다시 구구한 소회가 있으니 황공한 마음으로 감히 아뢰어 보겠습니다. 신이 삼가 저보(邸報)를 보니 문묘(文廟)에 선현(先賢)을 승사(陞祀)하고 출사(黜祀)하는 전례(典禮)가 지금 이미 결정되어, 일을 행하는 기일이 열흘 정도밖에 남지 않았다고 합니다. 이는 진실로 세상에 보기 드문 성대한 일이니 무릇 이를 보고 듣는 사람이라면 누군들 감동하여 흥기하지 않겠습니까. 다만 어리석은 신이 망녕되이 헤아려 볼 때, 우리 조정에서 문묘에 종사하기 합당한 유현(儒賢)을 정하는 것은 여러 선비들의 건의와 한 세상의 표준을 따르는 것이 진실로 마땅하나, 중국의 선유는 우리나라에서 승사하거나 출사할 수 있는 대상이 아닌 듯합니다. 어째서이겠습니까? 《예기(禮記)》에 "오직 천자라야 천하의 명산(名山)과 대천(大川)에 제사 지낼 수 있고, 제후는 단지 자기 땅 안에 있는 산천에만 제사할 수 있다."라고 하였으니, 이 뜻을 미루어 나갈진댄 산천에만 해당될 뿐만 아니라 사람에 대해서도 의당 그래야 하는 것입니다. 오직 공 부자(孔夫子)의 가르침은 실로 온 천하에 그 은택이 입혀졌기 때문에 천하에서 종사(宗祀)하지 않는 나라가 없으니, 거기에 배향되는 것은 모두 공 부자를 좇아 종사(從祀)한 것인지라 비록 자기 땅 사람이 아니더라도 제사 지낼 수 있는 의리가 있는 것입니다. 그러나 그 승사하는 법식은 본디 모두 당시의 중국 천자가 확정한 제도에서 취해 오는 것이지 바다 바깥의 한 나라가 마음대로 가감하거나 승출(陞黜)할 수 있는 것이 아닙니다.

논의하는 자들이 "중국에 정통성이 없으니 우리가 동쪽의 주(周)나라가 된다."라고 하는 것은, 말이야 훌륭합니다. 진실로 이와 같다면 예법을 의논하고 제도를 제정하는 데 또한 안 될 것이 무에 있겠습니까. 다만 실제는 없으면서 헛된 이름만 지니고 있는 것은 진실로 뜻있는 자가 할 일이 아닙니다. 오늘날 취해야 할 의리는 마땅히 동쪽의 주나라가 되기 위해 급급해할 것이지 대번에 실제가 없는 이름을 가지고서 가벼이 분수에 넘치는 행동을 하여 천하 후세 사람들에게 한낱 기롱과 비웃음만 사서는 안 될 듯합니다.

혹자는 "이는 중국 조정에서 뒷날 고쳐 정할 것이다."라고 하지만 이는 또한 그렇지가 않습니다. 이미 중국 조정에서 고쳐 정한 제도를 순전하게 따르지 않고서 취사선택한 것이 많은 상황인데, 오히려 중국 조정의 제도라는 핑계를 댄다면 그 누가 믿으려 하겠습니까. 가령 이 일이 정말로 나라의 흥망성쇠에 관계된 것이라면 지금 거행해도 괜찮겠지만, 만일 그렇지 않다면 굳이 잘못된 말을 해 가면서 미치지 못할 듯이 서둘러 거행할 것이 무에 있겠습니까. 신의 어리석은 생각으로는 우선 먼저 우리나라의 두 선현을 승사하여 일국의 공론을 펴고, 중국의 선유들의 경우는 제생(諸生)들의 승사하자는 청과 재신(宰臣)들의 출사하자는 청을 모두 우선 그치게 하고서 후일을 기다리는 것이 잘못이 없을 듯합니다.

옛날에 정자(程子)가 학교의 제도를 검토하고 주자(朱子)가 〈학교사의(學校私議)〉를 저술할 적에[2] 변통한 점이 많았지만, 두 경우 모두

**2** 정자(程子)가……적에 : 정자가 학교의 제도를 검토하였다는 것은 송(宋)나라 철종(哲宗) 원우(元祐) 1년(1086)에 정이(程頤)가 숭정전 설서(崇政殿說書)가 되어 손각(孫覺)과 함께 태학의 제도를 수정・보완하였는데, 학제(學制)에 대한 검토 결과를 〈삼학간상문(三學看詳文)〉이라는 글로 지어 황제에게 올린 것을 말한다. 《二程文集 卷8 三學看詳文》 〈학교사의(學校私議)〉는 《주자대전(朱子大全)》 권69에 실려 있는

승사나 출사까지 언급한 적은 없습니다. 이러한 사실을 가지고 살펴보건대 이전 시대의 학교에 관한 정사라 할지라도 일찍이 승사나 출사를 제일의 급무로 삼은 적은 없는 듯합니다.

신이 거듭 생각해 보니 사문(斯文)의 더할 나위 없는 성전(盛典)이, 논의한 결과 모두 의견이 합치되고 이제 또 시행되려는 판국인데, 신이 보잘것없는 몸으로 문득 얕은 생각을 아뢰어 감히 중지시키려 하니 진실로 지극히 참람하고 망녕됩니다. 다만 신이 이 일이 있고 나서 오랫동안 이런 생각을 품어 왔는데 낭관의 직책을 맡고 있던 터라 감히 직분을 넘어 말씀드리지 못하였습니다. 그런데 이제 맡게 된 직책이 이 일에 대해 말할 수 있는 자리인 데다 이 일이 곧 거행된다는 사실을 듣게 되어, 문득 감히 죽음을 무릅쓰고 우러러 고한 것이니, 삼가 바라건대 밝은 성상께서는 신의 어리석음을 용서하시고 헤아려 채택하소서.

〈학교공거사의(學校貢擧私議)〉가 원래의 제목으로, 주희(朱熹)가 당시 학교 행정과 관리 선발의 문제점을 검토하여 스스로 개선안을 제시한 글이다. 이 글은 황제에게 올린 공식 문서는 아니고 주희가 사사로이 자신의 생각을 정리한 것이다.

# 호포를 논한 소

論戶布疏

삼가 아룁니다. 신에게 삼가 어리석은 생각이 있으니, 비록 미천하고 보잘것없어 밝은 성상께서 가려 쓰기에 부족한 줄을 알지만 이미 소회가 있는 터에 감히 아뢰지 않을 수가 없습니다. 근자에 조정에서 새로운 호포법(戶布法)의 시행을 논의하고 있는데, 비록 그것이 백성들을 편안하게 하고 신역(身役)을 균등하게 하려는 뜻에서 나왔다고는 하지만 그 귀결점을 따져 보면 백성들이 모두 편안하게 되는 것도 아니고 신역이 참으로 균등하게 되는 것도 아닙니다. 이른바 좋은 법이라는 것이 이와 같지는 않을 듯합니다. 신의 소견으로는 비단 시세상 행하기 어려울 뿐만이 아닙니다.

이른바 '백성을 편안하게 하는 법'이란 오래된 폐단을 잘 제거하고 새로운 원망을 일으키지 않을 수 있는 법을 말하는 것입니다. 만약 오래된 폐단은 제거했으면서 새로운 원망을 다시 일으킨다면, 백성들이 다 편안하게 되지 못하리란 것은 여기에서 알 수 있는 것입니다. 이는 동쪽 벽을 무너뜨려 놓고서 서쪽 벽을 보수하는 것과 같으니, 혹 절름거리는 것을 고치려다 앉은뱅이를 만들어 버리게 될 것입니다. 이와 같은 법을 두고 어찌 백성을 편안하게 하는 법이라 말할 수 있겠습니까.

지금 신역을 감내하기 어려운 상황은 입이 있는 사람이면 누구나 말하고 있으니, 이에 대한 변통(變通)은 진실로 그만둘 수 없습니다.[3] 다만 생각건대 변통하는 도리는 만전을 기하는 것을 귀하게 여기니, 폐단을 혁파하고 백성들을 편안하게 하는 방법이 어찌 없겠습니까. 그런데 이에 전에 없던 법을 새로 만들어 내어 가호마다 두루 세금을 징수하려 하고 있으니, 원래 응역(應役)해야 하는 가호야 진실로 법이 너그러워진 사실을 알겠지만 이제 처음으로 호포를 내야 하는 사람들에게는 어찌 원망과 탄식이 없겠습니까. 비록 한 호에 한 포씩 징수하는 것이 신역에 비교해 볼 때 매우 가볍다고는 하나, 예전에는 없다가 지금 생긴 세금은 상부(常賦)[4]에 견주어 볼 때 더욱 고통스러운 것입니다. 백성들의 원망이 일어난다는 점으로 논해 보면 가가호호 모두 원망이 일 것이요, 괴로운 가렴주구라는 점으로 말해 보면 해마다 더욱 심해질 것입니다. 제도를 시행하는 초기에 뭇사람이 벌써 놀라워하니 종국의 근심이 어디까지 다다를 줄을 알지 못하겠습니다. 신이 두려워하는 바는, 오랜 폐단을 다 제거하지도 못하고서 새로운 원망만 더욱 불어날까 하는 것이니, 이 어찌 백성을 편안하게 하는 좋은 법이겠습니까.

이른바 신역을 균등히 한다는 것은 귀천(貴賤)과 경중(輕重)이 각기 그 균평(均平)함을 얻는 것을 이르는 말입니다. 만약 귀천의 구분도 없고 경중에도 상관없이 똑같이 처리하고서는 "내가 신역을 균등히

**3** 신역을……없습니다 : 임진왜란과 병자호란 이후 군역이 국가 재정의 보충 수단으로 성격이 변질되어, 사람마다 균등하게 군포를 납부하는 것이 아니라 국가에서 군포의 총액을 미리 정한 다음 그것을 각 고을별로 할당하였다. 이 때문에 실제 사람 수보다 많은 포를 바쳐야 하는 사태가 발생하였는데, 백골징포(白骨徵布)나 황구첨정(黃口簽丁) 등의 폐단도 여기에서 기인한 것이다. 이 때문에 양역변통(良役變通)에 관한 문제가 효종(孝宗) 대부터 제기되기 시작하여 숙종 대에 본격적으로 활발하게 논의된 이후 영조 대에 이르러 마침내 균역법(均役法)으로 낙착되었다.

**4** 상부(常賦) : 정기적으로 내는 일정한 부세(賦稅)를 말한다.

할 수 있다."라고 한다면, 이것이 어찌 근본을 헤아리는 논의이겠으며 균평하게 베푸는 도리이겠습니까. 옛날에는 공경대부로부터 관직에 있는 서인에 이르기까지 녹봉이 경작으로 얻는 소득을 대신하기에 충분하였으므로 모두 부역(賦役)을 부과한 적이 없었습니다. 후대의 법 가운데 가장 조리가 있는 법은 바로 당(唐)나라 때의 조용조(租庸調) 제도[5]로 그 법에서는 국자감생(國子監生) 이상부터는 모두 역을 면제받았는데, 우리 조정의 역대 선왕들의 제도도 일찍이 이와 같지 않은 적이 없었습니다. 비록 박한 녹봉으로 인하여 사대부들이 전지(田地)를 소유하지 않을 수 없었고, 전지를 소유하였기 때문에 부득불 조세(租稅)를 부과하였으나, 이 경우 외에는 세금을 징수한 적이 없습니다.

그런데 지금 일체 모든 사람들에게 공통적으로 적용하는 법을 가지고 존비의 구분 없이 모두 호세(戶稅)를 징수하여 공경대부로서 사(士)의 신분인 집에 대해서도 장정의 수를 계산하여 용(庸)을 만들어 각기 호포를 내게 함으로써 이서(吏胥)나 군졸들의 역을 부과하려 하고 있으니, 이와 같이 엉성한 법이 어찌 나라를 다스리는 체모이겠습니까. 다만 듣건대 고려조 말엽에 이 법을 시행한 적이 있다고 하나, 이는 또한 군비 강화를 위한 일시적 수요였을 뿐, 지금처럼 "좋은 법이고 아름다운 제도이니 오랫동안 시행할 수 있다."라고 하는 것과는 다릅니다. 이는 명분은 신역을 균등하게 하는 데 있다지만, 이치로 말해 보면 실로 매우 균등하지 못한 점이 있으니, 자못 큰 신과 작은 신에

**5** 조용조(租庸調) 제도 : 조(租)는 토지에 부과하여 곡물을 징수한 것이고, 용(庸)은 사람에게 부과하여 인력이나 인력의 대납물인 면포 등을 징수한 것이며, 조(調)는 가호(家戶)에 부과하여 지방의 특산물을 징수한 것이다.

같은 값을 매기는 것[6]에 가깝습니다. 이것이 어찌 이른바 신역을 균등히 하는 좋은 법이겠습니까.

또 더군다나 이 일은 옛 법전에 있는 것도 아닌 데다 이치는 두루 궁구하기 어려운 법이니, 제도를 새로 개창하는 것은 진실로 사람마다 능히 할 수 있는 일이 아닙니다. 논의를 주관하는 신하가 비록 충분히 헤아려 보았다고 스스로 말하지만, 이끗의 근원을 막지 않았고 세속의 폐단도 막기 어려우니 분명히 허다하게 벽에 부딪히는 부분이 있을 것입니다. 지금 뜻밖에 첩역(疊役)의 병폐가 이미 우려할 만한 상황이니 세금을 더 징수하게 되는 폐단은 끝내 면하기가 어렵습니다.[7] 심하면 혹 중도에 폐지하게 될지도 모르는데, 어찌 쉽사리 어지럽게 제도를 바꾸어 후회막급한 상황을 초래할 수 있겠습니까.

오늘날 묘당의 신하들은 참으로 인망이 두텁지만, 한두 가지 작은 일을 처리할 때 앞뒤로 살펴 응하지 못하는 부분이 오히려 많습니다.

**6** 큰 신과……것 : 전국(戰國) 시대 때 허행(許行)이라는 사람이 물건의 품질에는 관계없이 물건 종류에 따라 서로 크기가 같으면 똑같은 값을 매겨야 한다고 주장하자, 맹자(孟子)가 "물건이 똑같지 않음은 물건의 실정이니, 값의 차이가 혹은 서로 배가 되고 5배가 되며, 혹은 서로 10배가 되고 백배가 되며, 혹은 서로 천 배가 되고 만 배가 된다. 그런데 그대는 이것을 나란히 하여 똑같이 하려 하니, 이는 천하를 어지럽히는 짓이다. 만일 큰 신과 작은 신의 값이 같다면 사람들이 무엇하러 큰 신을 만들겠는가. 허행의 도를 따른다면 서로 거짓을 조장할 것이니 어떻게 나라를 다스릴 수 있겠는가. 〔夫物之不齊, 物之情也, 或相倍蓰, 或相什伯, 或相千萬, 子比而同之, 是亂天下也. 巨屨小屨同賈, 人豈爲之哉? 從許子之道, 相率而爲僞者也, 惡能治國家?〕"라고 하였다. 《孟子 滕文公上》

**7** 첩역(疊役)의……어렵습니다 : 한 사람에게 이중 삼중으로 신역을 부과하는 병폐가 심한 상황에서 호포제를 시행하게 되면, 중첩 부과된 신역에 따라 한 사람에게 이중 삼중으로 세금을 부과하는 상황이 발생할 것이라는 뜻이다.

설령 뭇사람의 의견이 모두 같다 하더라도 헤아린 바대로 일이 종결될지는 오히려 보장하기 어렵거늘, 더군다나 의견이 모두 같을 수 없는 경우이겠습니까. 비록 전하의 성명하심으로도 한창 젊으신 나이인지라 이치를 충분히 살피지 못하실 것이니, 죽을죄를 지은 어리석은 신의 생각으로는 이 법의 본말(本末)과 이해(利害)에 대해 혹 미세한 부분까지 적실히 알지는 못하신 듯합니다. 이와 같은데도 한갓 논의하는 신하의 말만 믿고 중론(衆論)은 돌아보지 않으신 채 독단적인 견해만 굳게 고집하여 억지로 시행하시어, 끝내는 민심이 크게 무너지고 국세가 한번 기울어지게 되는 지경에 이를 것이니, 이런 지경에 이르러서는 장차 어찌 수습하려 하십니까.

또 지금 먼저 시험해 보자는 말은 더욱이 일을 하는 체모가 아닙니다. 상앙(商鞅)[8]이 변법할 때도 오히려 반드시 정령(政令)을 갖춘 뒤에 시행하였거늘 지금은 정령도 갖추지 않고서 백성들에게 시험해 보고자 하니, 일을 이처럼 경솔히 시행하면서도 수립한 법이 다 좋기를 바라는 것은 또한 이미 난망(難望)한 일입니다. 시세상 행하기 어렵다는 뜻은 한두 대신(大臣)이 한 말과 대각(臺閣)에서 앞뒤로 한 논의에 또한 이미 대략 드러나 있으니, 신이 감히 거듭 성상을 번거롭게 할 수는 없습니다. 다만 수립한 법이 좋지 못하고 법이 잘 시행되기 어렵다는 측면에서 죽음을 무릅쓰고 대략 열거해 볼 것이니, 삼가 바라건대 밝은

**8** 상앙(商鞅) : ?~기원전 338. 위앙(衛鞅) 또는 공손앙(公孫鞅)이라고도 한다. 춘추전국 시대 위(衛)나라 출신으로 진(秦)나라 효공(孝公)에게 등용되어 법가 사상에 기반한 대개혁을 시행함으로써 후일 진나라가 중국을 통일할 기반을 세웠다. 그러나 한편으로는 지나치게 엄격한 법치주의 통치로 원한을 많이 사 효공이 죽고 혜문왕(惠文王)이 즉위하자 반역죄의 명목으로 처형되었다.

성상께서 속히 생각을 돌이켜 나라를 위해 깊이 사려하시되 선입견을 주장하거나 독단적으로 운용하려 하지 마시고, 널리 여론을 고찰하고 시의에 적절하게 되도록 힘쓰시어 민심이 안정되고 국체가 어지럽지 않게 하신다면, 종사(宗社)와 생령(生靈)들에게 실로 매우 다행일 것입니다.

비록 그러하나 작금의 신역의 폐단이 끝내는 분명 망국의 지경에 이를 것입니다. 더군다나 근자에 도망하거나 사망한 군액(軍額)이 보충되지 않았고 나라에서 써야 할 경비가 한창 급한 상황이니, 또한 어찌 한갓 신법(新法)만 정지시키고 좋은 방향으로 변화해 나갈 방법은 생각하지 않을 수 있겠습니까. 대저 적폐(積弊)를 바로잡고자 할진댄, 마땅히 폐단이 생긴 연유를 먼저 궁구한 다음 폐단이 있는 부분에 나아가 그것을 바로잡아서 민심을 거스르지 않고 점차 옛 법전으로 회귀하게 해야 하는 것이니, 이것이 바로 좋은 방향으로 변화해 나가는 것이자 다른 근심도 없게 되는 것입니다. 지금의 적폐로는 신역보다 큰 것이 없는데, 그 폐단이 생긴 연유를 궁구해 보면 또한 말할 만한 점이 있습니다.

무릇 신역은 오늘날 처음 생긴 것이 아니라 역대 조종조부터 본디 있어 왔던 것입니다. 오위법(五衛法)[9]이 무너지기 전에도 군보(軍保)

**9** 오위법(五衛法) : 조선 전기의 군제(軍制)로 중위(中衛)인 의흥위(義興衛), 좌위(左衛)인 용양위(龍驤衛), 우위(右衛)인 호분위(虎賁衛), 전위(前衛)인 충좌위(忠佐衛), 후위(後衛)인 충무위(忠武衛) 등 5위로 군사를 편제했던 법이다. 5위는 중앙의 방위만 전담한 것이 아니라 5위 아래 각각 오부(五部)를 두어 전국의 진관군(鎭管軍)이 배속되도록 하였다. 오위법은 임진왜란 이후 붕괴되기 시작하여 훈련도감을 비롯한 5군영이 설치되면서 유명무실해졌다.

가 있어서 군호(軍戶)를 도왔고[10] 각 관사(官司)에서도 뽑아 올리거나 사람을 차출해 고용하거나 하는 등 두 가지 방법을 병행하였으니,[11] 그 당시에도 신역이 없었던 것이 아닙니다. 그러나 조종조의 성대한 시절에는 백성들에게 여력이 있었고 나라도 이로 인해 풍족하였으므로 비록 신역은 있었지만 그로 인한 폐단은 없었습니다. 그런데 오늘날에 이르러 폐단이 이처럼 극심해진 것은 어째서입니까? 이는, 나라의 경비는 하나가 아니고 군액은 점차 쓸데없이 많아지며 역명(役名)은 지나치게 넘쳐 나고 민업(民業)은 나누어지지 않았기 때문입니다. 나라의 경비가 하나가 아니면 위에서는 경비가 모자라고 아래의 백성들은 곤궁해지며, 군액이 점차 쓸데없이 많아지면 지급해야 할 식록(食祿)은 넘쳐 나는데 군정(軍丁)은 모자라게 됩니다. 또 역명이 지나치게 넘쳐 나면 함부로 낭비하는 재용이 많아지며, 민업이 나누어지지 않으면 놀고먹는 사람이 많아집니다. 이것이 지금 백성들의 신역이 몹시

**10** 군보(軍保)가……도왔고 : 조선 시대에는 16세부터 60세까지의 양인 신분의 군역 복무자를 정규 군인으로 활동할 호수(戶首)와 이 호수의 경제적 뒷받침을 맡는 봉족(奉足)의 두 부류로 나누어 병종(兵種)에 따라 현역군 호수 하나에 봉족 몇을 배정하여 하나의 군호(軍戶)로 삼았다. 봉족은 다른 이름으로 군보나 보인(保人)이라고 부르기도 하였는데, 군보는 군역과 관련된 봉족이다. 군보는 군역에 복무하지 않는 대신 정군(正軍)에게 매달 베 1필을 내어 돕도록 되어 있었다.

**11** 각 관사(官司)에서도……병행하였으니 : 고려 시대부터 각 관청에서 사역시킬 목적으로 지방에서 중앙으로 뽑아 올린 공노비가 존재했는데, 이를 선상 노비(選上奴婢)라고 하였고 뽑아 올리는 행위 자체는 선상(選上)이라 하였다. 지방에 거주하는 공노비는 7개 번이 교대로 서울에 와서 중앙 각 관사에 종사하였는데, 이때 선상 노비에게 집안의 사정이 있을 경우 대립가(代立價)를 내고 대신 일할 사람을 사서 대립시켰다. 대립가는 1개월에 2필을 넘지 못하도록 법률로 규정하였다.

괴롭게 된 까닭이며, 폐단이 생겨나는 근원의 대개가 그러한 것입니다.

무엇을 일러 '나라의 경비가 하나가 아니다'라고 하겠습니까? 오위제가 폐지되고 나서는 군문(軍門)이 점점 증가하여 각자 그 재용을 천단(擅斷)해서 자기 군문의 군사를 양성하고 있는 실정입니다. 이는 마치 한 집안의 문호를 여러 개로 나눈 것과 같은 것이라, 비록 융통하고 헤아려서 비용을 크게 절감하려 해도 형세상 매우 어렵습니다. 나라의 경비가 넉넉하지 못하게 된 것은 자못 이런 이유 때문임이 틀림없습니다. 가령 나라의 경비가 넉넉한 상황이라면 도망하거나 사망하여 결손된 군액을 즉시 보충하지 않더라도, 경비를 변통하여 지급하는 데에 또한 무슨 어려움이 있겠습니까.

그러나 지금의 사정은 신역을 면제할 일이 조금이라도 생기면 반드시 대신 보충할 물건을 요구하니, 이렇게 하지 않으면 그 경비를 지급할 수 없기 때문입니다. 이제 여러 군문에서 필요한 물건을 한 곳으로 귀속하고 토전(土田)의 소출은 호조(戶曹)로 귀속시키며 군정(軍丁)이 납부한 물건은 병조에 귀속하여 각 군영의 수요를 헤아려 일괄 분급한다면 군국(軍國)의 비용이 자연 넉넉하게 되어, 도망하거나 사망하여 빠진 군액을 충원하기 전에는 알아서 추이에 따라 비용을 보충할 수 있을 것이고 군액이 충원된 뒤에는 또 역포(役布)를 적절히 감해 줄 수 있을 것이니, 별도로 호포를 징수하지 않고서도 신역의 폐단을 바로잡을 수 있을 것입니다.

무엇을 일러 '군액이 점차 쓸모없이 많아져 가는 것'이라 하겠습니까? 조종조의 성대한 시절에는 나라의 세입이 한창 풍족하여 오위(五衛)의 숙위군(宿衛軍)들이 모두 스스로 군보(軍保)에게서 필요한 것을 공급받았고 앉아서 국고를 축낸 적이 없었습니다. 그리고 그 수도 5천에 불과하였습니다. 그런데 지금은 훈련도감에서 도식(徒食)하는 병사가 거의 5천이고 그 외에 별대(別隊) 및 어영군(御營軍)과 정초군(精抄軍), 병조 소속 정병(正兵) 등의 인원이 또 수천 인이나 되는데 윤번(輪番)하며 왕래하는 자마다 군보 셋을 갖추었으니, 한정(閑丁)이 남아나지 않는 것은 형세가 진실로 그러한 것입니다. 도식하는 사람이 많아지는데 경비가 어찌 모자라지 않을 것이며 한정이 남아나지 않는데 도망하거나 사망한 군액을 무슨 수로 충원할 수 있겠습니까. 지금 만일 노약하여 쓸모가 없거나 돌아가 농사짓기를 자원하는 훈련도감의 인원을 분간해 내어 태거(汰去)해서 1천 인 이상을 감축해 낸다면, 병사를 기르는 데 쓰이는 번쇄한 비용들을 조금이나마 줄일 수 있을 것입니다.

그리고 별대군(別隊軍)은 신설한 부대인데, 이 군사들이 없어도 숙위하는 군사들이 있었으니, 이미 훈련도감의 군사를 다 혁파한 것이 아닙니다.[12] 그러니 이른바 별대라 하는 것은 혁파해도 괜찮은 것입니

**12** 별대군(別隊軍)은……아닙니다 : 훈련도감은 임진왜란 때 임시 기구로 창설되어 조선 후기에 상설 기구로 굳어졌다. 이는 조선 전기의 의무 군역인 오위(五衛)가, 복무 대신 면포를 내는 사람이 늘어나는 등 모순을 드러내면서 유명무실해졌고, 그 결과 임진왜란에 적절히 대처하지 못하는 문제점을 드러낸 데에 따른 것이었다. 훈련도감은 정기 급료를 지급하는 급료병 체재로 군사 1인당 쌀 6되를 받았는데, 임진왜란 이후 나라가 안정되어 급료를 받으면서 복무할 필요성이 약화되자 도감군이 이탈하는 등 존립이 어려워지기도 했다. 그러나 삼수미(三手米) 등의 경제적 기반이 확립되고 병자호란 등을 거치며 도감군에게 군보(軍保) 지급이 확대되면서 다시 그 수가 늘어나고 안정화되었다. 하지만 훈련도감은 급료병이라는 제도적 특성으로 인해 그 수가 늘어날수록 재정 부담이 가중되는 구조였다. 이에 따라 현종(顯宗) 대에 오면 훈련도감을 혁파하여 쓸데없는 낭비를 막고자 하는 시도로 훈련별대(訓鍊別隊)를 창설하게 되었는

다. 지금 비록 혁파하지 못하더라도 의당 번(番)을 면제해 주고 면포를 받은 다음 거처하는 향리에서 예전대로 단결(團結)하게 하되, 향리의 출신(出身) 가운데 쓸 만한 자를 뽑아 장령(將領)으로 삼아 병사의 연습(練習) 정도를 살펴서 때때로 발탁하여 임용한다면, 군액이 절로 보존되어 완급에 따라 쓸 수 있을 것이고, 그들이 납부하는 면포는 또 평시에 경비로 사용할 수 있을 것입니다. 또 외방의 무사들도 뽑아 쓸 수 있는 길을 만들어 두는 것이 진실로 매우 편리하리라 생각됩니다. 이상과 같이 한다면 별도로 호포법을 만들지 않고서도 신역의 폐단을 바로잡을 수 있을 것입니다.

무엇을 일러 '역명(役名)이 지나치게 넘쳐 난다'고 하겠습니까? 도성의 관사들은 이조의 유조 서리(留曹書吏)[13]·사복시의 제원(諸員)·장악원 악공의 봉족(奉足)·교서관의 창준(唱準)[14]의 경우, 외방은 감영의 장인(匠人)과 아병(牙兵)·주현(州縣)의 보직(保直)의 경우 애초에 제한하는 제도가 없어 갈수록 더욱 넘쳐 나고 어지러워지고 있습니

데, 훈련별대는 국가 재정으로 운용하여 급료를 지급하는 것이 아닌 번상(番上) 체재로 운용되었기 때문에 재정 부담을 덜 수 있었다. 이러한 훈련별대는 1682년(숙종8) 병조판서 김석주(金錫胄)의 건의에 따라 정초군과 합하여 금위영(禁衛營)으로 통합되었다. 그러나 훈련별대 창설이나 금위영으로의 통합 등 훈련도감의 인원을 줄여 재정의 부담을 덜려는 시도는 있었으나 훈련도감을 완전히 혁파하지는 못하였다. 오히려 후대로 갈수록 훈련도감은 본래 임무인 군사 훈련 외에 도성 방위 및 국왕 호위 등 숙위와 관련된 중요한 임무를 맡으면서 조선 전기 오위가 맡았던 임무를 대신해 나가면서 주요 군사 기구로 자리 잡았다.

**13** 유조 서리(留曹書吏) : 서울로 올라와 머물며 이조에서 일을 하는 지방 고을의 서리를 가리킨다.

**14** 창준(唱準) : 교서관의 잡직의 일종으로 인쇄나 원고의 창독(唱讀)을 맡았다.

다. 그러니 마땅히 정리하여 그 수목(數目)을 규정하고, 정해진 수목 외의 인원은 주현에서 뽑아서 도망하거나 사망하여 발생한 결원을 보충하는 데 쓰도록 즉시 허락한다면 인원이 부족할 우려가 결코 없을 것입니다.

이 법에 대해 조정에서도 본디 염두에 두고 있었는데, 이내 해당 관사의 당상들이 각기 자기 인원을 손대지 말 것을 청하는 바람에 끝내 손쓸 곳이 없게 되었고, 외방의 감사들이 또 주현에 인원을 분급하는 것을 허락하려 하지 않아 주현에서도 감히 인원을 뽑아 메꿀 수 없게 되었으니, 비록 염두에 두고 있었다고는 하나 끝내 실효는 없었습니다. 이는 성상의 뜻을 받들어 행함이 근실하지 못해서이지 그 법이 좋지 못해서가 아닙니다. 이 법을 시행하면 또한 별도로 호포를 징수하지 않고서도 신역의 폐단을 줄일 수 있을 것입니다.

무엇을 일러 '민업(民業)이 나누어지지 않았다'고 하겠습니까? 옛날에는 사농공상(士農工商)이 모두 정해진 업이 있었는데, 지금의 농공상(農工商)들은 모두 정해진 업이 있고 신역도 지고 있으되 오직 사(士)만 신역이 없습니다. 사의 신분으로 신역이 없는 것은 참으로 고도(古道)이나, 다만 글도 익히지 않고 무예도 연마하지 않으면서 이름만 사라고 칭탁하는 경우는 기실 사라고 일컬을 수가 없습니다. 그런데도 이와 같은 자들 거개가 신역을 면제받고 있으니, 일반 백성들만 신역의 고통을 치우치게 받는 것은 또한 형세가 그러한 것입니다. 지금 비록 대대적으로 군적(軍籍)을 작성하여 통렬하게 말끔히 정리하더라도 사리(事理)에 있어서는 진실로 불가할 것이 없겠으나, 오래도록 각인된 습속을 하루아침에 정리하려 한다면 원망이 일어날 염려가 없을 수 없습니다.

지금 시점에서는 마땅히 사를 선발하는 규정을 강정(講定)하되 너그럽게 처리하는 쪽으로 힘쓰고 먼저 효유한 다음, 사서(四書) 가운데 한 책을 임강(臨講)[15]하는 것과 시(詩)·부(賦)·의(義)·의(疑) 가운데 한 과목을 제술(製述)하는 것으로 격례(格例)를 삼고서 임강과 제술 중 한 가지에 능한 점이 있는 자는 입격시키고 입격한 자들은 유적(儒籍)에 이름을 올려 과거에 응시하는 것을 허락해 주어야 합니다. 그리고 입격하지 못한 자는 유적에 올리지 않고 과거에 응시하는 것도 불허한 다음, 한 해에 포(布) 한 필을 납부하게 한다면 이는 옛날의 부포(夫布)[16]하는 뜻에 가까우니 근거가 없는 것도 아니며 또 점차적으로 조종조의 옛 법전을 회복할 수 있을 것입니다. 명의(名義)가 이미 정해졌는데 군오(軍伍)에 편입시키지 않고 단지 포 한 필만을 납부하게 하니 이는 평상시 낙강군(落講軍)[17]에 비할 때 진실로 매우 관대한 것입니다. 그리고 학업이 다소 진전되기를 기다렸다가 재시험을 자원하면 연한에 구애받지 않고 즉시 시강(試講)을 허락하여 종신토록 신역에 응할 근심이 없게 하니, 이는 학문을 권면하는 도리에

**15** 임강(臨講) : 책을 펼쳐 놓고 뜻을 강하는 것을 가리킨다.

**16** 부포(夫布) : 고대 중국의 부세(賦稅)의 일종으로, 신역을 대신해 돈을 납부하던 제도이다. 《주례(周禮)》 〈지관(地官) 여사(閭師)〉에 "무릇 직업이 없는 자는 부포를 낸다.〔凡無職者出夫布.〕"라고 하였는데, 가공언(賈公彦)의 소(疏)에 "부포를 낸다는 것은 또한 장정 한 사람의 인구세(人口稅)를 내게 하는 것이다.〔出夫布者, 亦使出一夫口稅之泉也.〕"라고 하였다.

**17** 낙강군(落講軍) : 1627년(인조5) 군정(軍丁)의 감소를 보충하기 위해 군역에 편입되지 않았던 향교와 서원의 교생(敎生) 및 원생(院生) 중 대소과(大小科)에 낙제한 사람을 군적에 편입시켜 군포(軍布)만 받은 자들을 지칭하는 말이다.

있어서도 실로 작은 보탬이 아닌지라, 비단 경비에만 도움을 줄 수 있는 것이 아닌 것입니다. 이 방법 또한 별도로 호포를 징수하지 않고서도 신역의 폐단을 줄일 수 있을 것입니다.

신은 평소 오활하여 세간의 사무를 깨우치지 못하였으나 얕은 생각으로 이 몇 가지 단서를 생각해 냈습니다. 말은 비록 지극히 졸렬하나 신의 말대로 행한다면 혹 폐단을 덜 수도 있을 것입니다. 삼가 바라건대 밝은 성상께서 한번 상량해 보시고 이어 묘당과 이 일을 도모하소서. 만일 신의 말이 나라의 재용을 여유롭게 하고 백성들의 신역을 덜 수 있게 한다면 어찌 굳이 호포를 징수한 뒤에 행하겠습니까.

신의 생각으로는 군문의 재용을 모두 한 곳으로 귀속시키면 주장(主將)이 편리하게 일을 할 수 없게 될 것이고, 훈련도감의 인원을 분간(分揀)해 내어 태거하고 훈련별대의 번을 면제해 준다면 반드시 숙위에 문제가 생긴다는 말이 나올 것입니다. 그리고 지나치게 넘쳐 나는 역명(役名)을 제거하여 군액을 보충하면 여러 관사와 외번(外藩)이 필시 모두 좋아하지 않을 것이고, 일 없이 노는 선비를 분별해 내어 백성들의 신역에 도움이 되게 한다면[18] 소요가 일어나는 폐단에 대한 논란이 또한 반드시 있을 것입니다. 그러니 반복해서 따지고 헤아려 보건대 끝내 또한 시행하기 어려울 우려가 있습니다.

다만 치병(治兵)과 치재(治財)는 관장하는 일이 각기 다릅니다. 옛날을 상고해 보면 당나라와 송나라가 모두 그러하였고[19] 오늘날 시행하

**18** 백성들의……한다면 : 신역을 직접 부과한다는 뜻이 아니라 창계가 건의한 것처럼 시험에 입격하지 못한 자들에게 포를 거두어서 그만큼 백성들이 낼 면포를 줄여 준다는 뜻이다.

는 데 이로움이 작지 않으니, 한때 일을 주관하는 신하가 또한 어찌 군문의 재용을 자신의 사사로운 재물로 여기고서 반드시 점거하여 소유하려 하겠습니까. 오직 성상과 묘당이 일을 어떻게 계획하느냐에 달려 있을 따름입니다.

숙위하는 인원을 감손하는 것은 진실로 걱정할 만한 일인 듯도 합니다. 그러나 과거 어영청(御營廳)이 설치되기 전에는 훈련도감만 있었고, 훈련별대와 정초군(精抄軍)[20]이 창립되기 전에는 훈련도감과 어영청만 있었을 뿐입니다. 나라의 근심거리는 숙위군이 적은 데에 있는 것이 아니라 진실로 민심을 보존하기 어려움과 외우(外憂)를 막아 내기 어려운 데 있는 것이니, 우선 숙위군의 수를 줄여 나라의 재용을 여유롭게 하고 민력을 느긋하게 하는 일을 어찌 그만둘 수 있겠습니까. 민력이 느긋해지고 나라의 재용이 여유로워지면 시의적절한 때에 번을 면제해 주었던 자들을 입번시키는 것은 또 호령 한 번에 할 수 있는 것이니, 어찌 한갓 숙위에 문제가 생긴다는 말만 하면서 변통할 방법은 생각하지 않을 수 있겠습니까. 지나치게 넘쳐 나는 역명(役名)은 형세를 살피고서 수목(數目)을 정한다면 여러 관사와 외번에서 어찌 다시

**19** 옛날을……그러하였고 : 당나라 때 관찰사는 민정(民政)과 재정(財政)을 주관하고 절도사는 병정(兵政)을 주관하였고, 송나라 때 군사는 추밀원(樞密院)에서 담당하고 재정은 삼사(三司)에서 담당했던 사실을 가리킨다.

**20** 정초군(精抄軍) : 1636년(인조14) 병조 판서 이시백(李時白)의 건의에 따라 병조의 기병과 보병 가운데 날랜 이를 정초(精抄)하여 이렇게 이름 붙이고 번상(番上)하여 숙위하도록 하였다. 창립 이후 계속 수가 늘어나다가 1668년(현종9)에 정초청(精抄廳)이 세워지면서 이에 소속되었고 1682년(숙종8)에 훈련별대와 함께 금위영(禁衛營)으로 통합되었다.

막아서겠습니까. 그리고 일없이 노는 선비들의 경우 타당하게 조치하고 너그럽게 처리하는 쪽으로 힘쓴다면 소요가 일어나는 폐단이 어찌 오늘날보다 심해지겠습니까. 어리석은 신은 삼가 바라건대 전하께서는 다시 유념하시어 헤아리소서.

그리고 신이 삼가 우려하는 점이 또 있습니다. 이 법의 시행을 누구는 된다 하고 누구는 안 된다 하는 것은 모두 소견이 같지 않기 때문이니, 누가 옳고 누가 그른가는 위력을 가하여 억지로 정할 수 있는 것이 아닙니다. 당초 의논하는 신하들의 상소에, 허튼 논의에 흔들리거나 시속의 논의에 얽매이지 말라는 말이 이미 있으니, 이는 사람들의 말을 돌아보지 말라는 뜻이 벌써 들어 있는 것입니다. 그런데 삼가 근자 성상의 거조를 살펴보건대 이미 그 말을 깊이 받아들이신 듯하니, 우려할 만한 점이 어찌 신법(新法)의 폐해뿐이겠습니까. 천하의 의리는 무궁하고 일개인의 총명은 한계가 있는 법입니다. 그런데 중론(衆論)에 결단코 취할 만한 점이 없을 줄을 어찌 아시고서 대번에 스스로 주장하여 뭇사람의 의견을 통하지 않으십니까. 이른바 허튼 논의라는 것이 반드시 길게 내다본 생각이 아니라 할 수도 없고 이른바 시속의 논의라는 것이 반드시 공언(公言)이 아니라 할 수도 없으니, 진실로 소홀히 여겨서는 안 됩니다.

더군다나 열성조 이래로 대간(臺諫)을 가장 중시하여 설령 대간이 과격한 행동을 하더라도 가벼이 그들을 꺾은 적이 없는데, 지금 법의(法意)에 대해 대간들이 쟁론한 것에 무슨 과실이 있기에 특별히 체차되는 자가 나오는 것입니까. 그리고 도신(道臣)들이 백성의 뜻을 상세하게 순문(詢問)하지 않아, 백성의 뜻을 따르겠다는 성상의 뜻을 경시한 데다가 책임을 소홀히 했다는 책망도 면하기 어려우니, 도신의 죄를 문비(問備)[21]하여 바로잡는 것이 더욱이 무슨 잘못된 점이 있단 말입니까. 그런데 이미 특별히 체차하라 명하시고 이윽고 다시 외직에 보임하시어 하룻밤 사이에 재촉해서 떠나보내니 이것이 어찌 밝은 성상께 바라던 것이겠습니까.

성상의 마음 쓰는 모양이 휩쓸리듯 하지 않는 경우가 드물다는 것을 근자의 일에서 또한 이미 알 수 있는 데다가 견책까지 뒤따르니, 이처럼 말속(末俗)이 쇠잔한 때를 만나 어찌 다시 성상의 면전에서 직간하는 사람이 있겠습니까. 자고로 국가가 흥하고 쇠하는 단서는 오직 민심이 이반되느냐 합치되느냐와 언로가 열렸느냐 막혔느냐에 있습니다. 그런데 지금 호포 한 가지 일 때문에 민심이 바야흐로 놀라고 언로가 점점 막혀 가니, 이는 국가의 복(福)이 아닌 듯합니다. 신이 언관의 직책에 있는 것도 아니면서 망녕되이 문득 시사(時事)를 논하였으니 진실로 직분을 넘어선 데 대한 두려움이 있습니다. 그러나 오직 받은 은혜가 깊고 중한지라 감히 속내를 숨기고 침묵할 수가 없었습니다. 삼가 바라건대 전하께서는 마음을 비우고 받아들이는 도량을 더욱 넓히고 한쪽으로 치우쳐 듣는 잘못을 깊이 경계하시어 내친 대간을 소환하고 뭇사람의 마음을 결속시키는 데 힘쓰소서. 신은 큰 바람을 이길 수 없습니다.

**21** 문비(問備) : 죄과가 있는 관원을 서면으로 신문하던 일을 가리킨다.

## 교리를 사양하는 소
辭校理疏

삼가 아룁니다. 신이 하향(下鄕)한 것은 본디 어버이를 찾아보고 문안하기 위해서였으니 휴가 기한이 찼으면 즉시 조정으로 돌아가야 참으로 마땅합니다. 게다가 근자에 성상께서 돌보아 주시는 은혜를 특별히 입어 다시 근신(近臣)의 반열에 임명되었고 호당(湖堂)에 영예롭게 선발되는 일까지 동시에 생겼으니, 은혜에 감격하고 의리를 두려워하여 즉시 엄하신 소명(召命)에 달려 나감이 더욱이 마땅할 것입니다. 오직 분수를 헤아려 볼 때 직책을 받들기 어렵다는 뜻은 차분하게 성상께 아뢰어도 괜찮겠으나, 때마침 미천한 신에게 병이 생겨 일어나 출발할 수가 없기에 부득불 소를 갖추어 면직을 청합니다.

앞서 삼가 성상의 비답을 받아 보니 신에게 속히 올라오라는 내용이었고, 또 그 사이에 사국(史局)의 일[22]로 인하여 별도로 소지(召旨)를 내리셨습니다. 그러나 그 당시에는 신이 바야흐로 낭관(郎官)의 직명을 띠고 있었기 때문에 비록 병증이 전과 같았으나 법례(法例)에 구애되어 감히 외람되이 분수를 뛰어넘어 소를 올리지 못하였습니다. 신이 이에 또 무단으로 명을 어긴 사람이 됨을 면치 못한지라 마음이 황공스러운 것이 만배나 더하였고, 밤낮으로 노심초사하면서 몸 둘 바를 모르던 중이었습니다.

**22** 사국(史局)의 일 : 당시 《현종개수실록(顯宗改修實錄)》의 찬수에 창계가 도청 낭청(都廳郎廳)으로 참여했던 일을 가리킨다.

방금 삼가 특별히 내리신 비망기(備忘記)의 말씀을 들어 보니 신이 휴가를 받고 여러 달이 지나도록 올라올 마음이 없다는 내용이었는데, 경책하는 뜻이 지극히 준엄하고 문비(問備)의 벌만 내려 또 관용을 드러내 보이시니, 신은 진실로 두렵고 감격하여 마음을 안정할 수 없었습니다. 이러한 지경에 이르러 어찌 감히 다시 제 몸이 아프다고 해서 경각이라도 머물러 지체할 수 있겠습니까. 더군다나 새로운 관직에 제수하는 소명이 또 이러한 즈음에 내려오니 마땅히 즉시 길에 올라 대궐에 당도하여 전후로 성상의 명을 게을리한 죄를 청해야 할 것입니다. 그러나 신에게 마침 다시 감히 얼굴을 들고 영예로운 소명에 달려가지 못하는 사정이 있으니, 감히 다시 죽음을 무릅쓰고 우러러 성상께 아뢰어 보겠습니다.

신이 방금 대사성 이선(李選)의 소본(疏本)[23]을 삼가 보니, 그 가운데 한 단락에 "통신사(通信使)는 예로부터 비록 부모가 있는 자라 하더라도 가볍게 쉽사리 체직을 허락한 적이 없고 전후로 명을 받들어 사행(使行)을 갔던 사람들 대부분이 노친(老親)이 있는 자였습니다. 그런

**23** 대사성 이선(李選)의 소본(疏本) : 《승정원일기(承政院日記)》 숙종(肅宗) 8년 6월 19일 기사에 대사성 이선이 올린 소의 전문이 실려 있다. 그 대략은 최근 들어 외직이나 사신에 임명된 자들이 사소한 핑계를 대고 체직을 도모하는 경우가 많다는 내용이다. 《숙종실록(肅宗實錄)》 8년 6월 19일 기사의 부가 설명에 따르면, 이는 호남추고 경차관(湖南推考敬差官)에 임명된 정제선(鄭濟先)은 병을 핑계로 체직을 도모하고, 북평사(北評事)에 임명된 오도일(吳道一)은 사국(史局)의 임무를 겸했다 하여 대신(大臣)이 아뢰어 체직되었는데 그 후임인 박치도(朴致道) 역시 병으로 체직되었으며, 통신사의 종사관(從事官)인 창계는 어버이의 나이가 70이라 하여 체직되었는데 그 후임인 신엽(申曅) 역시 코피가 나는 병이 있다고 대신이 아뢰어 체직되었으므로 상소에서 이 일을 거론한 것이라 하였다.

데 오늘날에는 이미 차출해 놓고서 도로 체직하여, 체직되기를 도모하는 청원이 실현되고 있으니 또한 전례(前例)와는 다릅니다."라는 말이 있는데, 이는 신의 작년 일[24]을 가리키는 것입니다. 조정의 처분이 합당했는지 아닌지는 참으로 신이 감히 왈가왈부할 수 있는 것이 아니나, 다만 듣건대 어버이의 나이가 70을 넘은 자는 연경(燕京)으로 가는 사신에 차출하지 않는다 하니 이 경우는 절로 가까운 예가 있습니다.

그리고 전후로 일본에 사신 갔던 자들도 비록 어버이가 있다 하더라도 그 나이가 70을 넘은 경우가 있다는 말은 듣지 못하였으니, 지난번 조정의 처분도 전례를 어기고 공평하게 처리하지 못한 지경에 이르지는 않을 듯합니다. 요컨대 한 명의 불초한 신하 때문에 사람들이 성조(盛朝)의 거조에 만족하지 못하는 사태를 초래하였으니, 신이 비록 만번 죽는다 한들 이 죄를 가리기에 부족할 것입니다. 또 이선의 상소에 "체직되기를 도모하는 청원이 실현되고 있습니다."라고 한 부분은 종국에는 비록 자식 된 정리(情理)의 절박함으로 말을 돌렸으나[25] 이는 그 뜻이 신이 체직을 도모하였기에 면직될 수 있었다는 것입니다. 신이 비록 변변치 못하나 직책이 근신의 반열에 있으니 만일 사사로운 사정을 스스로 진달하고자 했다면 응당 곧바로 성상께 애절하게 호소할 것이지 어찌 감히 다른 사람에게 체직되기를 도모하겠습니까.

신이 작년 가을 호남으로 가서 과거 시험을 관장하라는 명을 수행하

**24** 신의 작년 일 : 이 상소를 작성하기 한 해 전인 1681년(숙종7) 가을에 창계가 일본 통신사 서장관으로 차출되었다가 어버이가 연로하다는 대신(大臣)의 진언에 의해 체차된 일을 가리킨다.

**25** 종국에는……돌렸으나 : 대사성 이선의 상소에 창계의 일을 거론하면서 창계의 일의 경우는 그래도 자식 된 정리의 절박함으로 핑계 댈 수 있다고 한 부분이 있다.

고서 돌아오는 길에 승핍(承乏)[26]하여 서장관으로 차임되어 충원되었다는 소식을 들었는데, 얼마 뒤 근기(近畿)에 도착하여서는 조정의 논의가 장차 변통하는 거조가 있을 것이라는 말을 들었습니다. 그리고 도성에 도착한 날 신을 찾아온 한두 사람의 벗들이 하는 말도 신이 들은 것과 같았습니다. 그리하여 신은 "조정에서 만약 어버이가 연로함을 불쌍히 여겨 정말로 변통을 해 준다면 사사로이 진정 다행한 일일 것이나, 혹 그렇게 되지 않는다면 이미 이 몸을 나라에 바치기로 허락하였으니 어찌 감히 어버이가 연로하다고 직무를 사양하겠는가."라고 하였습니다. 비단 다른 사람을 마주하고 나눈 말이 이와 같을 뿐만 아니라 집으로 가서 신의 부모에게 말할 때도 단지 이와 같이 하였습니다. 그런데 곧이어 묘당의 진달로 인해 천은(天恩)을 입어 즉시 체차한다는 명을 받았고, 그 사이 성상의 전교를 전해 들으니 칭찬하고 긍휼히 여겨 주심이 더욱이 특별한 대우였습니다.

신이 이러한 때에 다만 한결같이 감읍할 뿐 어찌 감히 그 사이에서 일에 간여했겠습니까. 그런데 지금 이에 이와 같은 배척을 당하니, 이는 신의 행동과 처사(處事)가 평소 다른 사람들에게 신임을 받지 못해 그러한 소치가 아님이 없습니다. 그러니 장차 무슨 면목으로 다시 조정의 반열에 끼어 거듭 맑은 조정에 누를 끼칠 수 있겠습니까. 신은 삼가 부끄럽고 한스러워 단지 땅을 파고 들어가 다른 사람의 비난에 답하고자 하나 그렇게 할 수도 없습니다.

삼가 바라건대 천지와 같고 부모와 같은 성상께서는 불안해하는 신의 정성을 굽어살피시어 신이 맡고 있는 직명을 삭직하라고 서둘러

**26** 승핍(承乏) : 마땅한 인재가 없어 재능이 없는 사람에게 관직을 맡긴다는 뜻이다.

명하시고, 신이 시종일관 소명을 어긴 죄를 다스리시며 신이 체직을 도모하였는지 여부를 엄히 조사하여 거듭 벌을 시행하고 엄히 판결을 내리심으로써 신하 된 자로서 명을 어기고 공순히 따르지 않으며 사사로운 마음을 품고 제 편의만 도모하는 자의 경계로 삼으소서.

## 교리를 사양하는 소

辭校理疏

삼가 아룁니다. 신이 어제저녁에 삼가 성상의 비답을 받들어 보니 다시 신에게 속히 올라오라고 하는 내용인지라, 신은 밤새도록 안절부절못하며 근심 걱정으로 어찌할 바를 몰랐습니다. 대저 신의 용렬하고 천박하며 보잘것없는 실상은 땅강아지나 개미에나 겨우 견줄 수 있는 정도이니, 구구한 신이 떠나거나 나오거나 간에 무에 따질 것이 있겠습니까. 그런데 이에 자애로운 성상께서 거두어 부르시어 버려두지 않는 은혜를 입었고, 특별히 추고하라는 전교는 더욱이 비상한 조처였습니다. 전에는 다른 사람들의 말이 없다가 마침 이러한 때에 말이 나왔으니,[27] 몸에 비록 병이 있으나 진실로 마땅히 즉시 일어나 명을 따라야지 어찌 감히 다시 앞서 올렸던 소에서처럼 번거롭게 호소할 수 있겠습니까. 그러나 염치에 관계된 일이고 혈성(血誠)에서 나온 말이건마는 밝은 성상께서 헤아리지 않으시어 신의 미약한 정성이 펼쳐지지 못하였으니, 낭패스럽고 두려우며 근심스러움이 이에 더욱 심해졌습니다.

신이 삼가 생각건대, 앞서 올렸던 소의 말에 미진한 부분이 있어 성상께서 혹 헤아리지 못하시는 상황을 초래한 것입니다. 그리하여 다시 절박하게 호소해서 다행히 성상께서 살펴 주시는 은혜를 입으려고, 얼마 전 청나라 사신이 당도해 나라에 일이 많은 시기에 마침내

**27** 전에는……나왔으니 : 다른 사람의 말이란 대사성 이선(李選)의 상소와 그로 인한 물론(物論)을 가리키는 듯하다. 이선의 상소는 123쪽 주23 참조.

사사로운 간절함으로 성상의 귀를 한번 번거롭게 해 드렸던 것입니다. 그러나 이제 와서 돌이켜 생각해 보니 참람함이 이미 지극하므로 지금 다시 한사코 물러나 앉아서 방자하게 소를 올리는 것은 더욱이 미천한 신이 감히 할 수 있는 일이 아니니, 일의 형세를 따지자면 오직 어리석음을 무릅쓰고 소명에 달려 나가야 할 뿐입니다.

다만 생각건대 신이 비록 불초하나 근시(近侍)의 직책에 있으니, 설사 신이 아주 몰염치하여 분주히 직책에 나아가는 것만을 공경이라 여겼다면 이는 신 스스로 구차해지는 것이라 돌아볼 만한 가치가 없겠지만, 조정을 욕되게 하는 것을 어이하겠습니까. 황공함을 지극히 잘 알지만 감히 다시 죽음을 무릅쓰고 신의 마음을 펼쳐 호소해 보겠습니다.

신이 삼가 들으니 근자에 대각(臺閣)에서 이선(李選)의 상소로 인하여 한창 분분한 의론이 일어나 그치지 않고 있다 하는데, 신 또한 그 상소에서 논척을 당한 사람입니다. 이러한 때에 낯을 들고 직책에 나아가는 것은 정리상 편안하기가 몹시 어렵습니다. 이선이 비록 자식 된 정리의 절박함으로 말을 돌렸으나, 만일 신에게 정말로 체직을 도모한 일이 있었다면 의리를 해친 것이 어찌 얕겠습니까.

신이 이 사안에 대해 일찍이 삼가 재량한 바가 있습니다. 신하 된 의리상 일이 어렵다고 사직할 수는 없는 것이고 바다를 건너 일본을 왕래하는 것은 본시 호사(好事)가 아니니, 비록 노친이 있어도 의리상 마땅히 사직할 수 없습니다. 그렇기 때문에 감히 체직을 도모하려는 뜻을 둔 적이 없습니다. 그리고 이번 사행은 단지 평상적인 사행으로, 난국에 임해 충절을 바치는 경우와는 다릅니다. 그런데 조정에서 이미 어버이가 연로하다는 이유로 신을 사신으로 파견하지 않았으니, 또한 신이 나서서 사신으로 가기를 청할 의리는 없습니다. 그러므로 또 사행을 청한 일이 없었던 것이니, 신의 자처함이 이와 같았을 뿐입니다. 조정의 처분 내용을 한결같이 따랐을 뿐 감히 그 사이에 간여한 적이 없는데, 지금 사람들의 말이 저와 같으니 비록 그 사정은 본래 단지 이와 같으나 일일이 다니면서 설명할 수는 없는 노릇입니다. 그러니 신하 된 의리에 있어 부끄럽고 두려운 마음이 어떠하겠습니까. 만일 평소 신의 마음가짐이 조정 동료들로부터 신임을 받았다면 분명코 이런 말이 미칠 리가 없을 것입니다. 이는 더욱이 신이 깊이 스스로 서글퍼하면서 그칠 수 없는 점입니다.

지금 이선의 상소에 신의 사정을 봐주는 말이 있고 심하게 공박하려는 의도가 없다 하여, 마침내 이를 소소한 일로 보고서 의기양양하게 다시 근신의 반열에 나아와 태연자약 들은 체도 않는다면, 어찌 또한 매우 염치없는 짓이 아니겠습니까. 사대부가 사양하고 받으며 얻고 잃는 것을 옛사람들은 풍속의 성쇠(盛衰)에 관계된 것이라 여겼고, 염치가 신장되지 않는 것을 다스림의 요체를 아는 이들은 나라의 우환이라 여겼으니, 이는 비단 신의 사사로운 의리일 뿐만이 아닙니다. 그러니 더욱이 어찌 감히 소홀히 하겠습니까. 삼가 바라건대 천지와도 같고 부모와도 같은 성상께서 조금이나마 헤아리고 살피시어 서둘러 신의 직명(職名)을 깎아 내어 신의 사사로운 분수를 편안하게 해 주시고 다른 이들의 논박에 답하신다면 이보다 큰 다행이 없겠습니다.

또 삼가 생각건대 신이 수년 동안 조정에 있으면서 직무에 이바지한 일이 한 가지도 없음은 국인(國人)들이 알고 있는 사실이니, 전하의 명성(明聖)으로 어찌 남김없이 통촉하지 못하셨겠습니까. 그런데도 오히려 자주 번거롭게 소명을 내리시어 반드시 신을 조정에 나아오게 하려 하심은 어째서입니까? 신이 삼가 전날 각별히 신을 부르신 일과 근자에 특별히 추고하신 일을 가지고 살펴보건대, 이는 모두 사국(史局)의 일이 한창 급하기 때문에 이렇게까지 재촉해 부르시는 것입니다. 대저 실록의 개수가 지금 이미 해를 넘겼으되, 여태껏 과업을 마칠 기약이 없으니 신이 비록 우둔하나 어찌 감히 일각인들 잊을 수 있겠습니까. 다만 생각건대 신은 견문이 적고 비루하며 지식이 흐리멍덩하여 비록 낭청의 자리를 채운다 하더라도 실로 그 사이에서 한마디도 도움이 되지 못할 것입니다. 또 평소 병을 많이 앓아 힘써 일하는 고생을 견디지 못할 것이니, 비록 다시 마음먹고 억지로 힘쓴다 하더라도 평범한 사진(仕進)조차 매번 다른 사람들에게 뒤질 것입니다. 지금 상경한들 실로 또한 만분의 일도 사국의 일에 보탬이 되지 못할 것인 데다가 지금 정세(情勢)상 더욱이 함부로 조정에 나아가기 어려운 것이 이와 같으니 오랫동안 긴요한 직임을 비워 두는 것은 더욱 근심스럽습니다. 만일 성상께서 살펴 주시어 사국의 직임에 대한 처분도 아울러 내려 주신다면 공사 간에 더욱 몹시 다행이겠습니다.

신이 종전부터 성상의 은혜를 받고서 터럭만큼도 갚지 못했는데, 지난번에 또 삼가 구언하시는 전교를 보니 노심초사하며 간절해함이 중외를 감동시켰습니다. 신이 폐단 하나를 진달하거나 계책 하나를 건의하지 못해 놓고서, 한갓 일신의 진퇴만 가지고 우러러 성상을 번거롭게 해 드린 것이 이미 한두 번이 아닙니다. 신의 죄가 이 지경에 이르렀으니 만번 죽어도 오히려 가벼운지라, 땅에 엎드려 두려워하면서 어찌할 바를 모르겠습니다. 신은 우러러 간절히 바라고 두려워 떨리는 지극한 마음을 가눌 길이 없습니다.

## 성지(聖旨)에 응하여 시사를 말한 소

應旨言事疏

삼가 아룁니다. 신이 어제 삼가 비망기를 읽어 보니 지성으로 도움을 구하는 뜻이 문장에 넘쳐나는지라 비록 소원(疎遠)한 처지라 할지라도 오히려 마땅히 감동해야 할 것인데, 하물며 신은 평소에 받은 은혜가 깊은 데다 지금 청요직을 맡고 있으니, 이러한 때에 감히 한마디 말로 어리석은 충정을 바치지 않을 수 있겠습니까.

신이 삼가 살펴보니 근자에 하늘의 재앙이 몹시 심하고 국사(國事)가 망극한데도 군신 상하(君臣上下)가 자못 경계하고 두려워하는 일이 없었습니다. 신이 진실로 지나치게 염려하는 것이겠습니다만, 국가가 위태롭고 어지러워질 때가 장차 임박하였기에 사람들이 술에 취한 것처럼 다시 두려움을 알지 못하는 것이라 생각합니다. 이 때문에 더욱더 두려워하고 있었는데, 이제 전하께서 두려워하면서 깨우쳐서 죄를 자신에게 돌리고 구언하시니, 이렇게 경계하고 두려워하는 한 생각이야말로 하늘의 진노를 돌이키고 나라의 수명을 연장하는 기틀이 되는 것입니다. 종사와 생령에 이보다 더 큰 다행이 없겠습니다.

다만 생각건대 국세(國勢)의 위급함이 이미 궁극의 지경에 도달하였으니 실로 평범하게 경계하고 두려워하며 대충대충 수성(修省)하는 것으로는 위급함의 만분의 일도 구제할 수가 없습니다. 신이 우려하는 바는 전하께서 경계하고 두려워하는 뜻이 오히려 미진할까 하는 것입니다. 어찌하여 이런 말을 하겠습니까?

진연(進宴)하는 일은 진실로 성상께서 부모를 효애(孝愛)하시는 지극한 정에서 나왔지만, 이러한 때에 이러한 일을 하는 것은 실로 때에 맞지 않는 것입니다. 자전(慈殿)께서도 이미 스스로 편치 못하다고 분부하셨고 신하들 중에서도 여기에 대해 말하는 사람이 있건만, 전하께서는 어찌 성정(聖情)을 힘써 억누르고서 내리신 명을 우선 정지하여 사람들의 우려가 조금 가라앉기를 기다리지 않으십니까.

그리고 정전(正殿)을 개수(改修)하는 일은, 그것이 비록 본래 부득이하다고는 하지만 이미 조석 간에 무너져 내릴 우려가 없으니, 오늘날 국세의 위급함에 비하면 오히려 몹시 위급한 상황은 아닙니다. 그런데도 전하께서는 어찌하여 공관(工官)을 불러들여 백성들을 동원하고 목재를 벌채하는 공역을 즉시 파하지 않으십니까.

요즘 사대부들은 멀리까지 내다보고 생각하는 자가 드물어, 연회할 때의 음악이나 건물을 일으켜 세우는 일이 도리어 태평 시절보다 더해서 어려운 시기인데도 사치스러운 일을 벌여 대니, 이는 몹시 상서로운 조짐이 아닙니다. 그런데 전하마저 이러한 일을 벌이시니, 비록 스스로 유흥을 탐닉하고 끝 간 데까지 토목공사를 일으키는 경우와는 진실로 차이가 있겠지만 또한 이것이 어찌 오늘날 해야 될 일이겠습니까.

또 풍정연(豐呈宴)을 낮추어 진연(進宴)으로 하게 하신 일[28]과 목재를 벌목해 왔는데도 우선 공역을 시작하지 않으신 것은 이미 경계하고 두려워하는 뜻에서 나온 것입니다. 그런데 즉시 그쳐서 시행하지 않는 일을 하지 못함은 어째서입니까? 신은 이를 통해 전하의 경계하고 두

**28** 풍정연(豐呈宴)을……일 : 풍정연과 진연(進宴) 모두 연회의 종류이나 풍정연의 경우 기생 및 배우들을 시켜 가무와 잡희를 하게 하는 등 그 규모나 의식이 진연보다 성대하였다.

려워하는 뜻에 오히려 미진한 점이 있음을 아는 것입니다. 무릇 반드시 십분 경계하고 두려워하는 뜻이 있어야 바야흐로 십분 수성하는 일이 있을 수 있습니다. 그런데 오늘날 경계하고 두려워함이 단지 이와 같을 뿐이니 이른바 수성이라는 것도 알 만합니다. 이런 자세로 오늘날 십분 위급한 국세를 구제하려 하시니 어찌 어렵지 않겠습니까.

비록 그러하나 이른바 국세라는 것은 또한 살펴볼 수 있는 형상(形象)이 없으니, 위급한 실상을 분명하게 보기란 참으로 어렵습니다. 지금 현재 변경(邊境)은 평안하고 문물(文物)은 구비되었으며, 성곽이며 궁실, 백성과 민가가 엄연히 평소와 같고 백관과 유사들이 "예, 예." 하며 응답하는 것[29]은 태평 시절과 다름이 없습니다. 그러니 하늘의 재앙이 참혹하여도 앞에 있는 것들에서 반드시 모두 징험할 수가 없고, 신하들이 경계하시라 올리는 말이 비록 간절해도 근심하고 걱정해야 할 일이라며 대단하게 말하는 것 또한 진언할 때 으레 있는 일이니, 신은 전하께서 국세가 이처럼 위급하다는 것을 반드시 분명하게 보지는 못하실 듯합니다. 무릇 지금 경계하고 두려워하며 수성하는 일에 오히려 미진한 점이 있는 것은 이러한 이유 때문임이 자못 분명합니다.

신이 한번 국세의 위급함에 대해 먼저 논해 보겠습니다. 신이 들으니 자고로 개국한 지 오래되면 반드시 점점 쇠퇴하고, 극도로 쇠퇴하면 반드시 혼란스러워지고 망조가 든다 하니, 이는 역대 국가들의 공통된

**29** 백관과……것 : "예, 예." 하며 응답한다는 것은 주희(朱熹)의 《회암집(晦庵集)》 권11에 실려 있는 〈무신봉사(戊申奉事)〉에 나오는 말로, 주희의 상소에서는 관리들이 임금의 명령에 그저 순응하기만 하면서 구차하게 자기 자리를 잃지 않으려 한다는 뜻이 들어 있다.

근심거리였습니다. 지금 우리나라가 천명을 받아 개국한 지도 3백 년이 되었는데 영묘(英廟 세종) 이후부터 밝은 임금과 어진 신하가 서로 만나 장차 큰일을 하려고 하면, 항상 그 재주를 다 쓰지 못하였고 왕왕 속된 소인배들이 망가뜨리고 잠식하면서 또 못하는 짓이 없었습니다. 그리하여 폐해와 거짓은 날로 불어나고 기화(氣化)[30]는 날로 엷어졌습니다. 오늘날에 이르러서는 온갖 정무들은 느슨해지고 망가졌으며 뭇사람의 마음은 어그러지고 이반되었습니다. 기근은 연달아 이어지며 재해는 거듭 겹치는 실정이니, 천시(天時)와 인사(人事)가 믿을 만한 것이 하나도 없게 되었습니다. 이와 같은 상황이라도 뜻밖의 우환이 생기지 않는다면 구차하게나마 세월을 보낼 수도 있을 것이나, 사세(事勢)와 시변(時變)으로 미루어 보건대 외침이 반드시 없으리라고는 보장하기 어렵습니다. 만일 정말로 이러한 우환이 생긴다면 지금의 국세로는 감당해 낼 수 있을 리가 만무합니다. 이런 지경에 이르면 차마 말할 수 없고 차마 볼 수 없는 일이 생길 것이니 장차 어이하시겠습니까?

이른바 사세와 시변은 또한 알기 어렵지 않습니다. 나라에, 남쪽에 외침의 우려가 없은 지가 이미 근 100년이요, 북쪽에 변경의 소란이 없는 지도 50년입니다. 나라를 견고히 하고 외적을 제어할 위엄이 없으면서 요행히 이처럼 오랫동안 아무 일이 없었으니, 백성들은 비록 괴로운 상황이지만 생령(生靈)들은 몹시 번성하였습니다. 흥망성쇠의 순환은 이치상 반드시 생기는 일입니다. 또 지금 서융(西戎)이 날로 치성하고 있으니 북쪽 변경에 어떤 일이 생길지 참으로 알 수 없고, 섬

**30** 기화(氣化) : 음양의 변화를 가리키는 말로, 세상사의 변천과 정치의 득실 등을 가리킨다.

오랑캐들은 간교하니 또한 어찌 백 년의 맹약을 보존할 수 있을 것이며, 이 밖에 또 해적으로 인한 근심이 있는데 우리나라는 본디 첩보 활동이 서툴러 정황을 탐지하지 못하고 있으니, 환란이 더디 닥칠지 빨리 닥칠지를 또한 예측하기 어렵습니다. 이러한 사세를 살펴보건대 금년이나 명년 간에 아무 일이 없을 것이라고 또한 어찌 확신할 수 있겠습니까.

게다가 하늘의 재앙과 사물의 변괴가 중첩되어 그치지 않고, 작년에 나타났던 혜성은 그 길이가 하늘을 가로지를 정도였는데 한 달이 지나서야 사라졌습니다. 천문을 점치는 자들은 무릇 혜성의 길이가 길고 오래 나타날 경우 그 응변(應變)은 더디지만 그 재앙은 크다고 합니다. 이번 경우에는 재앙이 장차 어떤 일로 응하여 나타날지는 오히려 알지 못하겠으나, 혜성이 나타난 뒤로 지진이 또 보통과는 판이하였고 겨울에 우레가 치고 여름에 눈이 내렸으며 물이 붉게 변하고 돌이 굴러가거나 쓰러졌던 나무가 다시 일어서는 등의 변괴가 경악스럽지 않은 것이 없었습니다. 지난달 태풍의 재해는, 임진년(1592, 선조25)과 병자년(1636, 인조14)[31] 이전에도 이런 변괴가 있었다고 여항에서 이야기가 돌고 있습니다. 그런 데다 지금 이 혜성은 또 북하성(北河星) 위로 나왔습니다. 신이 측후관(測候官)으로서 관상감(觀象監)을 오가면서 천문서를 가져다 보니 혜성이 북하성으로 나오면 변경에 근심이 생긴다고 합니다. 이리저리 관찰해 볼 때 우려할 만함이 이와 같으니, 어리석은 신은 알지 못하겠습니다만 나라에서 어떻게 대처하려는지요? 정말로 변경에 우환이 생긴다면, 간흉들이 반드시 이때를 틈타 난을 일으킬

**31** 임진년과 병자년 : 임진왜란과 병자호란을 가리킨다.

것이고 지금 백성들이 시름과 원망을 이기지 못하여 또한 난을 생각하는 이가 많으니, 한 곳에서 급보가 날아들면 온 나라가 반드시 요동칠 것입니다.

현재의 인재와 병력과 기강과 계획으로 흙이 무너지고 파도가 부서지는 것과 같은 어려운 시기를 구제할 수 있겠습니까? 군신과 백성들이야 구차하게라도 목숨을 부지할 자가 있겠습니다만, 전하께서는 어느 곳에 종사와 두 분 대비마마를 모시겠습니까? 신이 감히 요망한 말을 하여 군부(君父)를 경동시키려는 것이 아닙니다. 반드시 닥칠 형세는 가리고 숨길 수가 없으니 전하께서 신의 말을 한번 깊이 생각해 보신다면 신의 생각이 지나친 우려가 아님을 반드시 아실 것입니다.

천하의 사세 가운데 극히 중한 것은 돌이키기가 어렵고 때가 이미 늦으면 미칠 수 없는 법입니다. 이러한 때에 망해 가는 나라를 구제하고 보존하고자 도모할 계책을 어찌 쉽사리 말하여 편안하고 느긋하게 할 수 있겠습니까. 신은 진실로 평범하고 어리석은 사람인지라 비록 나라를 걱정하는 마음은 있으나 시세를 구제할 재주는 실로 부족하기에 밤낮으로 생각해 보아도 구제할 방책을 모르겠습니다. 다만 구구한 신의 미천한 생각으로는 삼가 전하께서 반드시 얇은 얼음을 밟고 물이 새는 배에 앉은 것과 같이 생각하시어, 반드시 평소의 마음으로는 해내기 몹시 어려운 일을 행하시고, 반드시 평소에는 듣기 싫어하는 말을 받아들이신 뒤에야 이 시세를 구제하실 수 있을 것이라 여깁니다.

신이 삼가 살펴보건대 예로부터 나라가 흥하거나 망하던 때에는 반드시 그 사이에 천명(天命)이 길러 북돋워 주거나 뒤집어엎어 버려 인력으로는 끝내 이길 수 없는 일이 있었으니, 지금을 위한 계책은 또한 하늘에 빌어 나라의 수명을 영구히 하는 것보다 급한 것이 없습니다. 대저 경외하고 검약하는 자는 하늘이 사랑하고 도와주며, 방일하고 사치하는 자는 하늘이 미워하고 버립니다. 또 국세가 한창 성하고 천명이 한창 새로울 때에는 방일하고 사치한 군주가 간혹 있더라도 그 나라가 대번에 망하는 지경에 이르지 않지만, 지금처럼 위급한 때에는 반드시 지극히 경외하는 마음으로 지극히 검약한 일을 행해야 거의 나를 노여워하는 하늘의 마음을 돌이키고 망조가 드리운 국운을 진작할 수 있는 것입니다. 이는 필연적인 이치이니 깊이 염려하지 않을 수 있겠습니까.

어리석은 신은 삼가 바라건대, 전하께서는 지금부터 경책하고 두려워하는 생각을 더욱 돈독하게 하시어 일동일정(一動一靜)과 일언일묵(一言一默)에 한결같이 천리를 따르고자 항상 생각하시고 혹여라도 태만하거나 소홀히 하지 마소서. 그리고 이러한 마음을 미루어 정사에 임하고, 일을 처리하되 떨리는 마음으로 오직 한 가지 일이라도 실수가 있을까 두려워하시고, 언제 어디서나 경외하는 마음을 지극히 하지 않음이 없게 하소서. 이 말이 비록 겉으로 드러난 실체가 없는 듯하지만, 기실 한 마음의 공사(公私)와 사정(邪正), 만 가지 일의 시비(是非)와 득실(得失) 모두가 경외하느냐 방일하느냐에서 판가름 나는 것이요, 나라의 성쇠와 흥망이 항상 반드시 이를 말미암는 것입니다. 그러므로 자고로 지성으로 경외하고서도 그 나라를 망하게 한 경우는 없었으니, 염두에 두지 않을 수 있겠습니까.

이와 같이 하고서 더욱 크게 각고로 절약하는 일을 하셔야 합니다. 가령 피전(避殿)·감선(減膳)·철악(撤樂)[32] 등의 일은 비록 형식적인

**32** 피전(避殿)·감선(減膳)·철악(撤樂) : 모두 나라에 큰 변괴나 재해가 발생했을 때 임금이 하늘을 두려워하고 스스로 경계하고 반성하는 뜻을 보이기 위해 실시하던

것이라고는 하나 또한 형식적인 것마저 폐하는 것보다는 나으니 지금부터 모두 거행하십시오. 그리고 앞서 논한 진연과 목재를 벌목하는 일 또한 즉시 정지하시고, 또 상규(常規) 외에 힘써 감손하시어 전하께서 쓰는 기용이며 음식과 의복에서부터 궁인과 환관과 가까이서 부리는 사환 부류에 이르기까지 다른 사람들과 의논하지 마시고 성상의 마음으로 스스로 결단하시어 모두 원래 수효의 반으로 감손하소서. 만약 너무 지나치게 박해져서 오래 감내하기가 어렵겠거든 10년을 기한으로 임시로 감손하는 것도 괜찮을 것입니다. 10년 동안 한 뜻으로 치세를 도모하신다면 민력(民力)은 반드시 여유로워질 것이고 국세는 반드시 견고해질 것이니, 시기와 예법을 헤아려서 다시 나라의 제도를 의논하셔도 늦지 않을 것입니다.

전하께서 이미 스스로 이처럼 검약하고서 다시 두 분 자전(慈殿)께 "국세의 위급함이 이와 같으니 모름지기 크게 절손(節損)을 해야 거의 나라를 보존할 수 있을 것입니다."라고 우러러 고하신다면, 자전께서도 반드시 한때의 감손을 어렵게 여기지 않으실 것이요, 전하께서 나라를 보존하려는 원대한 생각을 지니고 계심을 기뻐하실 것입니다. 그리고 다시 종묘의 열성조께, 자전께 고하신 것과 같이 우러러 고하시고 제향 때의 의물(儀物)을 연한을 정해 임시로 절감하신다면, 종묘에 오르내리는 조종 영령들께서도 반드시 하늘에서 기뻐하실 것이요, 열성조께서 부탁하신 이 나라를 맡아 다스려 내심을 기뻐하실 것입니다.

일이다. '피전'은 정전(正殿)이 아닌 다른 전각으로 옮겨 거처하는 것을 말하고, '감선'은 임금의 수라상에 올리는 음식의 가짓수를 줄이는 것을 말하고, '철악'은 무악(舞樂) 등을 중지하는 것을 말한다.

이와 같이 하고서 다시 궁중을 신칙하여 사치하는 습관을 일절 통렬히 금하시며 다시 신하들을 불러 절약하고자 하는 뜻을 갖추어 말씀하시되 "종묘의 향사와 두 분 자전을 봉공하는 물품에서부터 과인이 쓰는 물품에 이르기까지 내가 부득불 절손하였다."라고 하시면 무릇 신자된 자들로 누가 감히 성심을 우러러 체행하지 않겠습니까. 반드시 평소에 받는 녹봉 외에는 한 터럭의 관물(官物)도 감히 망녕되이 허비하지 않을 것입니다.

이제부터 군신 상하가 서로 신고(辛苦)를 참아 내기를 난리를 당한 때와 같이 한다면, 비단 사려가 반드시 깊어지고 계획이 반드시 원대해져 자연히 실컷 즐기고 게을러지는 우환이 없어질 뿐만 아니라, 반으로 절감한 재용으로 민심을 결속하고 병력을 양성할 수 있을 것이니, 또한 어찌 작은 도움이겠습니까. 가장 좋은 것은 하늘이 내려다보고 반드시 긍휼히 여겨, 불행히 변란을 만나더라도 또한 하늘이 거의 돌보아 주는 이치가 있는 것이니, 힘쓰지 않을 수 있겠습니까. 만약 성심은 혹 간난신고를 꺼려하고 사람들은 혹 신의 말을 오활하다고 비웃으면서 소홀히 여겨 살피지 않고 미진하게 행한다면, 신은 이것이 결코 나라의 복이 아닌 듯합니다. 대저 경외와 검약은 참으로 오늘날에 있어 근본이 되는 중요한 일이요, 한때의 심한 병폐가 또 여기에 달려 있습니다. 그러니 더욱이 먼저 살피고 속히 변화하지 않아서는 안 되니, 그 첫 번째는 성심이 사사로운 것에 치우침을 떨쳐 내지 못하는 것이요, 두 번째는 조정의 명령에 믿음이 없는 것입니다.

신이 듣건대 왕자(王者)의 도는 하늘과 같아서 이미 사사로운 재물이 없고 또한 사사로운 사람도 없는지라 오직 공변된 마음으로 널리 신민을 사랑한다고 하니, 이와 같이 한 뒤에야 뭇사람의 마음이 기뻐서 복종하고 기강이 진작되어 나라가 편안해질 것입니다. 만일 혹 그렇게 하지 않는다면 비록 태평 시절일지라도 반드시 난을 불러들이고 재앙의 토대가 될 것이거늘, 하물며 위급한 때를 당해서이겠습니까.

나라에서 내수사(內需司)를 설치한 것 자체가 이미 사사로운 재물을 보관하는 창고를 둔 것입니다만 그래도 열성조께서 때때로 시원스러운 정사를 행하신 데 힘입어, 내수사의 재산과 관련된 일이 소송으로 번져 소송에 원통함을 호소하는 백성이 나오면 즉시 백성에게 재산을 돌려주었고, 내수사의 권세를 빙자한 관리가 폐단을 일으키다가 발각되면 즉시 관리를 벌하였습니다. 그리고 또 간혹 저장해 둔 미포(米布)를 방출하여 나라의 경비에 도움을 주기도 하고 백성들의 세금을 줄여 주기도 하였습니다. 그 때문에 당시 백성들이 오히려 몹시 힘들어하지는 않았으나 그 사이에 누를 끼치는 일이 또한 때때로 있었으니, 당초 내수사를 창설할 때 모두 바르게 하지 못한 점이 있어서 그런 것이 아니겠습니까.

신이 얼마 전 향리로 내려올 때 연이어 조보(朝報)를 보니, 궁가(宮家)의 토지와 노비 중 내수사에 관계되어 백성들과 송사를 벌이고 있는 것들에 대해, 전하께서 해당 관청에서 복계(覆啓)한 외에 별도로 판부(判付)를 내려 내수사에 결급(決給)해 주신 것이 많았습니다.[33] 이는

**33** 궁가(宮家)의……많았습니다 : 당시 명선공주(明善公主)의 집에 절수(折受)된 평안도 적통(赤筒) 땅과 경상도 진주(晉州)의 갈밭〔蘆田〕 땅은 모두 제방이 있는 곳으로 백성들과의 쟁송(爭訟)이 발생하였다. 숙종은 처음에는 이들 땅을 모두 명선공주 궁가로 귀속시킬 것을 명하였으나, 후에 계속된 간언으로 결국 명을 철회하고 백성들에게 나누어 주거나 대가(代價)를 지불하게 하였다.《肅宗實錄 8年 3月 24日, 5月 15日 · 22日, 9年 3月 2日》

시비(是非) 여하를 막론하고 성상께서 송사를 듣는 것 자체가 이미 절로 좋지 못한 일이거늘, 대계(臺啓)가 연달아 올라옴에도 불구하고 주저하시거나 심지어 저속하기 짝이 없는 천례(賤隷)의 이름자를 옥음(玉音)에 드러내시며 황폐한 제방의 얼마 되지도 않는 득실을 따지시어 누차 힘써 전교하기까지 하셨습니다. 옛적에 나라의 임금은 많고 적음을 말하지 않는다는 뜻[34]으로 헤아려 보건대, 어쩌면 이리도 동떨어진 처사인지요. 신은 삼가 전하를 위하여 지금껏 부끄러워하니, 모르겠습니다만 전하께서도 후회하고 계시는지요?

신이 또 생각건대 전하께서는 성스러운 자질이 청명하시고 기호(嗜好)하는 것이 있다는 이야기가 없었는데, 이제 이와 같은 거조가 중외에 전파되어 장차 말세에 재화를 애호하는 임금과 다름이 없게 될 것이니 어찌 더욱 애석하지 않겠습니까. 신은 바라건대 전하께서는 지금부터 내수사의 일에 관해서는 전혀 관여치 말고 일체를 유사(有司)가 행하는 공법(公法)에 맡기고서 혹 유사가 잘못하여 내수사에 결급해 주는 일이 있거든 전하께서 덕음을 내려 백성에게 주도록 특별히 명하시며 또 때때로 잉여분을 분출하여 나라의 재용에 보태고 민력을 여유롭게 하소서. 그리하신다면 어찌 좋지 않겠습니까.

신이 이른 바 당초 내수사를 창설할 때 오히려 다 바르게 하지 못하였다는 부분에 대해서는 설명할 점이 있습니다. 국제(國制)에 내수사

**34** 나라의……뜻 : 《한시외전(韓詩外傳)》 권4에 "천자는 다소를 말하지 않으며 제후는 이해를 말하지 않으며 대부는 득실을 말하지 않으며 사는 재화의 유통에 대해 말하지 않으며 장사를 하지 않는다.〔天子不言多少, 諸侯不言利害, 大夫不言得喪, 士不言通財貨, 不爲賈道.〕"라고 하였다.

의 모든 일은 다 이조(吏曹)를 경유하도록 하였는데, 이는 옛날에 왕궁의 재물은 모두 천관(天官)이 통괄하던 뜻이니 진실로 아름다운 제도입니다. 다만 주(周)나라의 내부(內府)와 한(漢)나라의 소부(少府)는 바로 지금 우리나라의 내수사와 같은 기관인데 모두 조사(朝士)를 관리로 삼았지 오늘날 우리나라 제도처럼 환관 잡류(宦官雜流)를 관리로 삼았다는 말은 들은 적이 없습니다. 이 무리들은 단지 재물을 탐하는 마음만 있을 뿐 어찌 존주(尊主)의 의리를 알겠습니까. 그러니 공명정대하지 못한 일을 의당 하지 못할 바가 없을 것입니다. 지금 마땅히 사대부를 가려 뽑아 내수사의 관원으로 삼기를 다른 관사같이 한다면, 거조는 광명정대하고 법제는 두루 구비되어 분명히 성덕에 도움 되는 점이 있을 것이요 작폐(作弊)하는 일이 없을 뿐만이 아닐 것입니다. 이와 같이 한다면 어찌 사사로운 재물을 두는 허물이 다시 있겠습니까.

이른바 사사로운 사람과 같은 경우는 바로 환관을 이르는 것입니다. 옛날 영명한 임금은 반드시 현명한 선비를 얻어 그를 심복으로 삼아 부자(父子)같이 서로 친하고 물고기와 물이 서로 만난 것처럼 하여 대공지정(大公至正)한 정사의 은택을 온 나라가 받았습니다. 이와 같은 때에 환관 무리들은 청소하는 일에나 이바지하는 데 불과하였을 따름입니다. 쇠미한 세상의 평범한 군주는 궁중에 깊이 틀어박혀 신하들을 드물게 인견(引見)하였으니 형세상 부득불 환관들과 친숙하게 되었고, 또 유약한 군주가 미처 나라의 일을 밝게 익히지 못하였을 때에는 부득불 환관들에게 자문을 구하니, 환관이 권력을 쥐고 농간하는 일이 일어나게 되었습니다. 그리고 또 혹 변고를 만나 환관이 공로를 세우면 그 세력이 점점 치성하여 환관의 이름이 비로소 외간에까지 알려지게 되었던 것입니다. 상황이 이와 같은데도 그대로 답습하여 다시 억제하지 않는다면, 그 폐단이 반드시 선한 선비들을 죽이고 해치며 나라의 혈맥을 손상하는 데 이를 것입니다. 전대의 역사를 두루 살펴보건대 한(漢)나라와 당(唐)나라와 송(宋)나라 및 황명(皇明)이 멸망한 것이 대체로 모두 환관들에게서 연유하였으니, 참으로 두려워할 만합니다.

전하께서 즉위하신 초기에 환관에 대한 이야기가 이미 소장(疏章) 등에 오르기도 하였고, 한쪽 당파 사람이 등용된 것은 대개 가까운 종친과 환관 무리들이 뒷배가 된 때문이라고 사람들이 말하기도 하였습니다. 그리고 역적을 토벌하고 교화를 새롭게 하던 날[35]에 이르러서는 환관 한두 놈이 오히려 적신(賊臣)을 위해 방자하게 구호하였으니 그 폐습을 또한 알 만합니다. 이 일은 이미 그러려니 하겠거니와, 사람들이 또 말하기를 "지난날 역적을 토벌할 때 환관 무리도 공이 없지는 않다."라고 합니다. 비록 난역(亂逆)을 주벌하는 시기에는 평상시와 일이 다르다고 하나, 신이 삼가 한스러워하는 점이 있습니다. 전하께서는 어찌하여 스스로 밝게 통찰하고 홀로 용단을 내리지 않으시고 환관 무리들이 그 사이에 간여할 수 있게 하셨습니까.

게다가 근자에 이 무리들의 간특한 짓거리와 범법 행위는 전고에 듣지 못하던 것인데, 전하께서 또 철저하게 다스리고 조사하여 단죄하기를 한결같이 국법대로 하지 못하시어 외간에서는 이 무리들의 세력이 치성하다고 더욱 의심하고 있으니, 이는 더욱이 한스러워할 만한

**35** 역적을……날 : 1680년(숙종6)에 남인(南人)인 허견(許堅)이 복선군(福善君) 이남(李柟)과 복평군(福平君) 이인(李㮒) 형제와 반역을 도모하다가 발각되어 남인 조정이 실각하고 서인 조정이 들어선 경신대출척(庚申大黜陟)을 가리킨다.

일입니다. 대체로 군주에게 이 무리들을 아끼고 신뢰하는 일이 조금이라도 있으면, 뜻은 쉬이 방일해지고 눈과 귀는 쉬이 미혹되어 비록 평안하여 별일이 없는 시기라 하더라도 패란(敗亂)과 멸망(滅亡)을 점점 불러들이게 될 것입니다. 그런데 더군다나 망조가 드리운 날을 당해 엎어진 국사를 부지할 계책을 세우려 하면서도 오히려 이러한 폐습을 통렬하게 혁파하지 못하고 있으니 국사를 다시 어찌해 볼 가망이 있겠습니까.

신은 바라건대 전하께서 이제부터 나라를 경륜하는 대사(大事)는 재상들과 함께 날마다 모의하고 문서를 출납하는 일은 날마다 승지가 입품(入稟)하게 하시며, 외정(外庭)의 신하들을 집안사람이나 부자(父子)같이 보시고, 헛된 형식을 제거하고 마음을 열어 성의를 드러내 보이시며 크고 작은 일을 상세히 묻지 않음이 없으시어 이러한 것들로 명목달총(明目達聰)[36]의 첩경을 삼으십시오. 그리고 조회를 파한 때라 하더라도 또 반드시 단정하고 장중하게 위의를 갖추고 정좌(靜坐)하여 서책을 가까이하심으로써 항상 원대한 생각을 보존하고 밝고 드넓은 근원을 홀로 관찰하여[37] 좌우에서 모시는 무리들로 하여금 모두 경외

**36** 명목달총(明目達聰) : 천하가 보고 듣는 것을 자신의 보고 들음으로 삼는다는 뜻이다. 《서경》 〈순전(舜典)〉에 "사방의 눈을 밝히고, 사방의 귀를 트이게 하였다.〔明四目, 達四耳.〕"라고 한 데서 온 말이다.

**37** 단정하고……관찰하여 : 홍경(洪慶)이 돌아가려 할 때, 주희(朱熹)가 "지금 공부를 하려 한다면 우선 모름지기 단정하고 장엄하게 존양하고 밝고 드넓은 근원의 경지를 홀로 관찰할 것이요, 정력을 허비하여 종이 위의 말만 뚫어지게 쳐다보아서는 안 될 것이다.〔如今要下工夫, 且須端莊存養, 獨觀昭曠之原, 不須枉費工夫, 鑽紙上語.〕"라고 한 말에서 유래되었다. 《朱子語類 卷115》

하게 하여 감히 사사롭고 비루한 말을 하지 못하게 하십시오. 그리고 혹 죄과를 범한 자는 한결같이 국법대로 처단하여 용서치 않으신다면 어찌 다시 사사로운 무리들이 누를 끼칠 수 있겠습니까.

공훈이 있는 척신(戚臣)[38]과 같은 경우 본래 사사로운 사람으로 지목할 수는 없습니다. 다만 공훈에 보답하는 거조가 중론을 거스르기도 하고 발탁하는 명이 뭇사람이 생각하던 것과는 전혀 다르게 내려지기도 하니, 사람들이 이것을 공도(公道)로 보지 않기 시작했습니다. 그리고 관직에 제수하는 은명이 공론에 앞서 내려지기도 하고 성상의 마음에 혹 치우치게 두호하는 생각이 없지 않으시니, 사람들이 사사로운 사람으로 지목하기 시작했습니다. 이와 같은 일은 비단 성덕에 흠이 될 뿐만 아니라 공훈이 있는 척신에게도 복되고 이로운 일이 아닙니다. 근자에는 다행히 별다른 사단이 없었으나, 또한 밝은 성상께서 마땅히 거듭 살피고 면려를 더하셔야 할 부분입니다.

신하가 공을 세우는 것은 본래 가상해할 만한 일이지만 전대에 공을 세운 자들 모두가 반드시 후세에 공적을 드러냈던 것도 아니며, 심복과 같은 신하는 비록 믿을 만한 듯하지만 자고로 난에 임하여 순절한 선비들은 임금과는 면식이 없는 사람이 대부분이었습니다. 그러니 현명하고 재주 있기로는 의당 이보다 더할 사람이 없고 아끼고 가까이할 만하기로는 누가 이 사람 같겠습니까만, 만약 먼저 선을 긋고서 치우치게 그 사람만을 돌보신다면 어찌 뭇사람의 마음을 복종시키고 뭇 신하들이 사력을 다하게 할 수 있겠습니까. 이는 또 깊이 염려하지 않으셔서

**38** 공훈이 있는 척신(戚臣) : 경신대출척(庚申大黜陟)에 수훈(首勳)이 있었던 김석주(金錫胄)를 가리키는 듯하다.

는 안 될 것입니다.

지금 전하께서 만일 사사로운 재물과 사사로운 사람을 두는 허물을 다 제거하지 못한다면, 비록 날마다 성지(聖旨)를 내려 신료들에게 사사로운 뜻을 없애라 책망하시더라도 신은 결단코 그 일이 쉽지 않을 것임을 알겠습니다. 지금 조정에는 청렴한 절조가 점차 쇠퇴하고 사대부들 사이에선 공의(公議)가 신장되지 않아 구차하고 천박하며 더럽고 비루한 습속과 편당을 짓고 협소해지는 폐단이 거의 갈 데까지 갔습니다. 그 근본을 미루어 따져 보건대 전하께서 책임을 지지 않으실 수 없을 듯합니다. 전대 이래로 군신 상하가 모두 사사로운 뜻에 힘쓰는데도 나라가 오래 평안했던 경우는 없었으니 두려워하지 않을 수 있겠습니까, 경계하지 않을 수 있겠습니까.

조정의 명령에 믿음이 없다는 것에 이르러서는 신이 청컨대 다시 자세하게 낱낱이 말해 보고자 합니다. 지난번 교화를 새롭게 하던 초기에 조정에서 진실로 폐단을 혁파하고 백성들을 편하게 하는 정사에 뜻을 두어, 가장 먼저 조지(朝旨)를 내리면서 단지 도망하거나 사망한 인원[39]만 조사하게 하고 그 인원들에게 친족이 있는지 없는지 구별하라고 한 적이 없었습니다. 그런데 조사 내용을 보고할 때는 또 친족이 있는지 없는지를 조사하게 하였습니다. 도망하거나 사망한 인원에게 만일 4촌 이상의 친속이 있는 경우에는 도망하거나 사망한 것으로 아울러서 논할 수 없음을 분명히 알지만, 도망하거나 사망한 인원의 역포

**39** 도망하거나 사망한 인원 : 《승정원일기》 숙종 8년 8월 14일 기사에 실린 창계의 상소문이 더욱 자세한데, 거기에는 군보(軍保)나 공천(公賤)의 도망하거나 사망한 인원이라고 되어 있다.

(役布)를 오로지 가까운 친족에게만 매겼으니 이는 많지 않은 친족에게 헤아릴 수 없는 역포를 지게 한 것입니다. 그리하여 받는 고통이 몹시 무겁고 원성이 배나 심하여 도리어 먼 친족과 이웃에게서 두루 징수할 적에 여러 사람의 힘으로 나누어 내던 것보다 못하게 되었습니다. 이것이 믿음이 없는 첫 번째 사안이며 백성들에게 해독을 더욱 중하게 끼치는 것입니다.

당초 조사하게 했던 것은 진실로 장차 영구히 부세를 탕척해 주려 해서인데, 그 뒤에 단지 그 해의 역포만 면제해 주고 다음 해부터는 또 전과 같이 징수하였습니다. 애초 조사하지 않았으면 그만이겠거니와, 이미 조사하게 하여 조정에서 벌써 그 인원들이 도망하거나 사망한 인원임을 알았는데, 다시 무슨 핑계로 또 예전처럼 역포를 내게 한단 말입니까. 이는 믿음이 없는 두 번째 사안이며 또한 인(仁)을 심하게 해치는 것입니다.

아약(兒弱)은 도망하거나 사망한 경우와 비교해 볼 때 조금 차이가 있습니다. 비록 황구(黃口)를 군역에 응하게 하는 것은 차마 하지 못할 일이지만, 어릴 때에 군역에 응한 자의 경우 늙어서 군역을 면제받는 시기를 앞당겨 준다면 백성들의 괴로움이 또한 조금 가벼워질 것입니다. 조정에서 만약 경비를 계속 대기 어려울까 염려된다면 애초 거론하지 않는 것이 오히려 좋았을 것인데, 지금 처음에 이미 15세 이하 인원을 조사해 내라 해 놓고서 얼마 있다가 또 앞의 명령은 잘못된 것이라고 하면서 다시 11세 이하의 인원으로 조사해 내라고 하니, 주(州)·현(縣)에서는 명을 받들어 행하느라 정신이 없고 소민(小民)들은 소요(騷擾)를 이기지 못하게 되었습니다. 그리고 얼마 있다가 또 조사해 낸 아약을 대신할 인원을 즉시 충원하라고 하였는데, 주·현에 진실로 아약을 대신하여 충원할 공한정장(公閑丁壯)[40]이 있다면 당초에 어찌 아약을 군정으로 삼았겠습니까. 이는 그 형세가 부득이하여 아약으로 아약을 대신하게 할 수밖에 없고 또 감히 그 인원이 아약이라고 분명하게 말하지도 못하게 된 것입니다. 저들이 이미 아약으로 조사되었으니, 저들이 군역에 응했다고 해서 곧장 감면받지도 못하게 되어 버렸습니다. 일이 처음에는 백성을 위하는 듯하였으나 기실 종국에는 백성들을 그물질하는 꼴이 되어 버렸습니다. 이는 믿음이 없는 세 번째 사안이며 끝내는 세금을 많이 거두어들여 부유하게 만들어 주는 모양새[41]가 됨을 면키 어렵습니다.

군포의 승척(升尺)은 본래 옛 제도가 아닌데, 거친 것에서 촘촘한 것으로, 짧은 것에서 긴 것으로 바치게 하여 점점 가중되어 오늘날에 이르니, 백성들이 고통을 견디지 못하고 있습니다.[42] 다행히 승척을

**40** 공한정장(公閑丁壯) : 사료나 문집 등에 용례가 없어 정확히 어떤 것을 지칭하는지 확정하기 어렵다. 다만 실록(實錄)에 공한전(公閑田), 공한노자(公閑奴子) 등의 예가 있기는 하다. 문맥상 한정(閑丁)의 의미와 유사한 것으로 보이며, 혹 '公'은 '空'의 오기(誤記)가 아닌가 싶기도 하다.

**41** 세금을……모양새 : 백성들에게 세금을 많이 거두어 임금의 배를 불려 준다는 뜻이다. 《논어》 〈선진(先進)〉에 "계씨(季氏)가 주공(周公)보다도 부자였는데, 공자의 제자 염구가 계씨를 위해 세금을 많이 거두어들여서 그를 더 부유하게 만들어 주니, 공자가 말하기를 '나의 제자가 아니니, 제자들아 북을 치며 그를 성토하는 것이 옳다.' 하였다.〔季氏富於周公, 而求也爲之聚斂而附益之. 子曰, 非吾徒也, 小子, 鳴鼓而攻之可也.〕"라고 하였다.

**42** 군포의……있습니다 : 군포의 승척(升尺)은 베의 새와 길이를 가리키는 말로, 《송자대전(宋子大全)》 권16 〈징수하는 베의 승척을 한결같이 당초의 사목에 따를 것을 청하는 차자〔請收布升尺一依當初事目箚〕〉에 송시열이 당시의 폐단을 지적한 부분이 있다. 이 차자는 창계가 본 상소를 올리기 한 해 전인 1681년(숙종7)에 송시열이 올린

감하여 정하자는 논의가 원로대신의 차자[43]에서 나왔으니, 법을 잘 강구하고 다듬어서 백성들에게 실제적인 혜택이 돌아가도록 하는 데 힘써야 할 것입니다. 그런데 조정에서 이미 그렇게 시행하는 데 반드시 장애가 있을 것이라고 염려해 놓고서, 우선은 그대로 따라 갑자기 시행하기를 반포했다가 몇 달 지나지 않아 곧바로 폐지하여 중외에서 우러러 바라보는 뭇 백성이 느슨하게 줄여 준 실제 혜택을 한 번도 입지 못하게 만들었습니다. 그러니 백성들의 원망이 응당 어떠하겠습니까. 이는 비단 백성들을 속인 것일 뿐만 아니라 시행을 건의한 사람마저 심하게 속인 것입니다. 이는 믿음이 없는 네 번째 사안이자 그 대수롭지 않게 여기고 뒤집어엎은 정상은 더욱 부끄러워할 만한 것입니다.

이 밖에 소소하게 신의를 잃은 일에 대해 주(州)·현(縣)과 향리에서 들은 것들을 이루 다 셀 수가 없습니다. 이 때문에 백성들은 낙망하

것이다. 지적한 폐단은 다음과 같다. "국가에서 전후로 백성에게 신의를 잃은 일이 많으나 그 가운데 대동면포(大同綿布)가 가장 심합니다. 왜냐하면 당초 대동법(大同法)을 창설할 적에 고(故) 정승 김육(金堉)이, 쌀은 먹을 수 있는 것이면 되고 면포는 가늘기가 5새(升)이고 길이가 35자(尺)이면 된다고 규례를 정했습니다. 그리하여 견본(見本) 면포를 각 고을로 내려보내자 백성들이 모두 기뻐했었는데, 불행히도 그 뒤로는 점점 예전에 결정한 쌀의 기준을 무시하고 옥같이 흰 쌀을 거두기에 이르렀습니다. 그러나 쌀은 옥같이 흰 쌀 이외에 더 희게 할 수가 없기 때문에 쌀의 폐단은 한계가 있게 되었으나, 면포의 경우에는 해마다 면포의 가늘기를 가중시켜 8새에까지 이르렀고 길이는 45자에까지 이르렀으니, 백성에게 신의를 잃은 것이 이보다 더한 것은 없습니다. 그러므로 백성들이 서로 말하기를 '앞으로는 반드시 10새에 50자가 되고야 말 것이다.' 하니, 이는 실로 탄식하면서 원망하는 말입니다. 당초 견본으로 내려보낸 것이 모두 각 고을에 보관되어 있으니 속일 수 없는 일입니다." 창계의 상소에서 군포의 승척이 옛 제도가 아니라는 말은 대동법 창제 당시의 제도에서 벗어났다는 말이다.

**43** 원로대신의 차자 : 위의 주에서 말한 송시열의 차자를 가리키는 듯하다.

고 비방은 날로 비등하여 유식자(有識者)는 속으로 비웃고 이어서 근심하고 상심하며 비록 아녀자나 미천한 이들이라 하더라도 모두들 분개하며 조정을 경시하는 마음을 품으니 몹시 통탄스러워할 만한 일입니다. 무릇 사람이 신의가 없으면 오히려 스스로 설 수가 없거늘 하물며 당당한 대조(大朝)가 몇 년 사이에 일마다 신의를 잃는 것이 한결같이 이 지경이니 어떻게 나라를 다스리겠습니까. 평상시의 명령도 이미 백성들에게 신임을 받지 못하니 뜻밖에 위급한 일이 생기면 또 어찌 백성들을 불러 운용할 수 있겠습니까. 민심의 향배와 국세의 경중이 오로지 여기에 달려 있으니 진실로 기왕지사라 하여 고칠 방법을 생각하지 않아서는 안 됩니다.

신은 바라건대 전하께서는 서둘러 간절한 하교를 내리시어 잘못을 뉘우치는 뜻을 밝게 보이고, 사려가 원대하지 못하고 나라의 재용도 궁핍하여 우리 백성들에게 신의를 잃게 됨을 면치 못하였다는 말로 깊이 자책하소서. 그리고 무릇 신이 진달한 몇 가지 일을 다시 주저하지 말고 일체 추급하여 고치되, 도망하거나 사망한 이들은 최초의 조사 내용에 의거하여 친속이 있는지 없는지를 따지지 말고 모두 영구히 탕감해 주며, 아약들은 명부에 등재된 것이 오래인지 얼마 안 되었는지를 따지지 말고 모두 15세를 한도로 군포의 징수를 우선 정지하고서 나이가 차기를 기다리소서.

그리고 군포의 승척과 관련해서는, 거칠고 짧은 면포로는 이미 품삯을 주고 사람을 고용하는 데 쓰기에 편치 못하다 하였고[44] 승척의 증감

**44** 거칠고……하였고 : 군포의 승척을 감하여 정하자는 송시열의 차자가 있은 후 조정에서 이를 논의하였는데, 이때 도감의 군병들에게 거칠고 짧은 면포를 지급하고 거칠고

을 조종하는 것이 모두 관리에게 달려 있으니, 지금 비록 크게 감한다 하더라도 반드시 오래 시행하기 어려울 것입니다. 이 경우에는 포필(布疋)의 수를 반으로 감하는 것이 더욱 편리하고 좋을 것입니다. 비록 승척을 감하자는 논의와는 조금 차이가 있지만 백성들의 신역을 반으로 줄여 주는 것에 있어서는 의의가 동일합니다. 이와 같이 조치하고 다시 묘당을 신칙하시어 지금부터는 모든 일을 더욱 상세히 살피는 데 힘써서 다시 신의를 잃는 폐단이 없게 하시고, 혹 그런 일이 있거든 외관(外官)이 상주(上奏)하고 시행하지 않는 것을 허락한다면, 낙망한 뒤에 은혜가 더해진 것이라 백성들의 기쁨이 분명 배가 될 것이요 위급한 일이 닥치기 전에 신의를 둔 것이니, 국세가 반드시 탄탄해질 것입니다. 이것이 어찌 작은 이로움이겠습니까. 이 일은 본디 행하기 어려운 일이 아닙니다만 면제해 준 것이 이미 많아 경비가 반드시 부족할 것이니 진실로 다시 장애되는 부분이 있을 듯합니다. 다만 임금과 신하가 이미 난리를 만났을 때처럼 절약에 힘쓴다면 또한 무슨 장애가 있겠습니까. 공자께서 치국(治國)을 논하면서 "차라리 군대와 양식을 버릴지언정 믿음이 없어서는 안 된다."[45]라고 하였으니, 이를 가지고 미루어

짧아진 만큼 보태 주는 것이 없다면 군병의 원망은 이서(吏胥)와는 같지 않으므로 우려할 만하다는 등의 의견이 개진된 바 있다. 《肅宗實錄 7年 2月 13日》

**45** 차라리……된다 : 《논어》 〈자공(子貢)〉에 자공과 공자의 다음과 같은 문답이 있다. 자공이 정사에 대해 물으니 공자가 "양식과 군대를 충실히 하면 백성들이 믿을 것이다.〔足食足兵, 民信之矣.〕"라고 하였다. 자공이 부득이하여 하나를 버린다면 무엇을 버려야 하느냐고 묻자 공자는 "군대를 버려야 한다.〔去兵.〕"라고 하였고, 다시 같은 질문을 하자 공자는 "양식을 버려야 하니, 자고로 사람은 모두 죽음이 있지만 백성들은 믿음이 없으면 존립할 수 없다.〔去食, 自古皆有死, 民無信不立.〕"라고 하였다.

보건대 군액도 줄일 수 있고 관리의 녹봉도 줄일 수 있지만 믿음을 잃는 일은 할 수 없는 것입니다. 다시 바라건대 전하께서는 과감하게 결단하시어 서둘러 시행함으로써 인군(人君)의 대보(大寶)[46]를 잃지 마소서.

아, 성상의 한쪽으로 치우치는 마음이 이미 제거되고 조정의 명령에 반드시 믿음이 있으면 당금의 깊은 병폐가 진실로 대략 사라져 버릴 것입니다. 그러나 모름지기 이 일에 먼저 힘써야 다른 일에도 미칠 수 있다는 것이지, 단지 이 일만 힘쓰면 곧 오늘날의 국사를 구제할 수 있다고 말하는 것은 또한 아닙니다. 대저 오늘날의 국사는 비록 성현이나 준걸에게 담당하게 하더라도 반드시 어떻게 하기 어렵다는 탄식이 있을 것입니다. 그러니 지금 군신 상하의 역량으로는 비록 다시 마음을 다해 치세를 도모하더라도 구제를 기필할 수 없을 듯하다고 신은 생각합니다. 비록 그러하나 병란 뒤에 오히려 중흥할 이치가 있는 것이니 만약 이렇게 한창 내부에 일이 없는 날에 지성으로 경외(敬畏)하고 통렬하게 스스로 각고의 노력을 기울여 먼저 한때의 깊은 병폐를 제거하고 다시 반드시 치규(治規)를 속히 강정(講定)하여 힘써 도모하신다면, 또한 어찌 난을 다스리고 침체된 기운을 흥기시킬 방도가 없겠습니까. 고금의 치규는 절로 정법(定法)이 있으니 그 대요(大要)를 말해 보면 군덕(君德), 조정(朝廷), 안민(安民), 제병(制兵)을 벗어나

**46** 인군(人君)의 대보(大寶) : 사마광(司馬光)의 〈신론(信論)〉에 "대저 믿음은 인군의 대보이다. 나라는 백성들에 의해 보존되고 백성은 믿음에 의해 보존되나니 믿음이 아니면 백성을 부릴 수 없고 백성이 없으면 나라를 지킬 수 없다.〔夫信者, 人君之大寶也. 國保于民, 民保于信, 非信無以使民, 非民無以守國.〕"라고 하였다.

지 않습니다. 지금 비록 위급한 때를 당하더라도 이 정법을 버려두고 별도로 다른 방법을 구해서는 안 됩니다. 다만 시세가 이처럼 위급하니 모름지기 정법에 반드시 백배의 공력을 기울여야 바야흐로 구제할 수 있는 방법이 생길 것입니다. 그러므로 신이 감히 치규를 논하건대, 반드시 성상의 학문을 크게 진전하고 조정의 기강을 크게 숙정(肅正)하며 민심을 크게 얻고 군정(軍政)을 크게 닦은 뒤라야 된다고 말씀드리니, 진실로 큰불이 나려 할 때에는 한 잔의 물로는 제어할 수 없는 것이요, 중한 병의 위태로움은 오직 어질어질할 정도의 약으로만 구제할 수 있는 것입니다. 신은 청컨대 전하를 위해 다시 상세하게 아뢰어 보겠습니다. 원컨대 전하께서는 신의 말이 지루하다고 싫어하지 마시고 하나하나 상세히 살펴보소서.

대저 이른바 '성상의 학문을 크게 진전시킨 뒤라야 된다'는 말은 무엇을 이르는 것이겠습니까. 지극한 다스림이 일어나지 않으면 지극한 난리를 구제하기 어렵고 지극한 덕을 닦지 않으면 지극한 다스림이 일어나기 어려우니, 지극한 덕을 닦고자 할진댄 학문을 크게 진전시키지 않고서는 할 수 없는 것입니다. 그러므로 오늘날의 일에 대해 신이 문득 "성상의 학문을 크게 진전시킨 뒤라야 된다."라고 말한 것입니다. 만약 학문을 진전시킬 방도를 논할진댄 신이 지난해 성상을 진현(進見)하던 초기에 문득 '입지(立志)'와 '역행(力行)'과 '치지(致知)' 세 가지로 반복하여 전하를 위해 논한 일이 있으니, 학문을 진전시키는 방도의 대개가 여기에서 벗어나지 않습니다.

'입지'라는 것은 도를 구하기로 마음을 먹고 성인을 배울 것을 일로 삼는 것이니, 자신의 몸을 닦을 때는 하늘로부터 받은 본성을 다할 것을 준칙으로 하고 나라를 다스릴 때에는 태평하게 만들기를 기약해야 합니다. 용맹정진(勇猛精進)은 확고하여 흔들리지 않는다는 뜻이니 반드시 이러한 뜻을 둔 뒤라야 힘써 행할 수 있고 앎을 지극히 할 수 있는 것입니다.

신이 지난해 봄 사이에 외람되게 강석(講席)에서 성상을 모시고 있을 때, 하루는 《시경(詩經)》 첫 권의 강독을 마치고 신이 나아가 "전하께서 문왕(文王)이 집을 가지런히 하고 나라를 다스림이 이와 같음을 보셨는데 어떤 생각이 드십니까?"라고 여쭈니 전하께서 즉시 하교하기를 "매번 성현의 행사(行事)를 볼 때마다 항상 존모하여 본받고 싶은 생각이 든다."라고 하셨던 일을 신은 오히려 기억합니다. 신은 마음으로 기뻐하면서 지금까지도 그 일을 잊지 못하고 있습니다. 단지 이 존모하여 본받고 싶은 생각이 바로 이른바 '지(志)'인 것입니다.

다만 생각건대, 책을 보고 옛일을 살필 때에는 비록 존모하여 본받으려는 한 생각이 있더라도 평상시 마음속에 전체(全體)를 친근하고 절실히 하려는 뜻이 없다면 또한 어찌 '입지'라 말할 수 있겠습니까. 사람이 진실로 뜻을 세우면 무릇 이미 알고 있는 사리(事理)를 반드시 힘써 실천하려 하고 알지 못하는 것은 반드시 알기를 구하려 하니, 행사의 득실(得失)에서 징험해 보지 않더라도 그 사람의 말과 기색 그리고 담론하는 것에 볼만하고 정성스러운 기상이 반드시 있는 것입니다. 그런데 지금 전하께는 이러한 면모가 없으니 이는 자못 전하께서 뜻을 세우지 않은 것입니다. 신은 바라건대 전하께서는 맹자(孟子)가 등문공(滕文公)에게 고하였던 말을 깊이 살피시어 성선도일(性善道一)[47]

**47** 성선도일(性善道一) : 《맹자》 〈등문공 상(滕文公上)〉의 첫 장에 나오는 말로, 해당 부분은 다음과 같다. "등 문공이 세자로 있을 때 장차 초나라로 가려고 송나라를

의 이치를 체인하시고, 또 정자(程子)와 주자(朱子)가 당시 임금에게 경계하라고 올렸던 소장을 살피시어 몸을 바르게 하고 세상을 다스리는 규범을 익힘으로써 반드시 몸소 지극한 덕을 닦고 전하 자신이 지극한 다스림을 이루겠다는 뜻을 품으소서. 이와 같이 한다면 다른 사람이 지적할 것도 없이 자연히 자신의 부족한 점을 알게 될 것이요, 다른 사람이 권면할 것도 없이 자연히 분발하여 쉬지 않는 공효가 있을 것입니다. 이는 진실로 학문을 진전시키는 가장 첫 단서요, 나라의 흥망성쇠가 또한 여기에서 판가름 날 따름입니다.

학문의 근본은 진실로 '입지'에 있으나 학문의 일은 '치지'와 '역행'에 불과할 뿐입니다. 무릇 반드시 참으로 안 이후에 행동이 독실하지 않음이 없게 되기 때문에 선유(先儒)들이 학문을 논할 때에 모두 '치지'를 우선하였습니다. 다만 '치지'와 '역행' 두 가지는 뜻을 세운 초기부터 즉시 아울러 힘써야 마땅한 것이요, 오늘 '치지'를 하고 내일 바야흐로 '역행'하는 것이라 말하는 것은 본래 아닙니다. 더군다나 인주(人主)의 한 몸은 만기(萬機)가 바야흐로 모이는 곳이니 들은 바를 받들어 행하는 것이 하루가 급합니다. 이 때문에 지금 신의 말이 또 부득불 '역행'을 '치지'보다 앞에 둔 것입니다.

'역행'에 대해 말해 보겠습니다. 내가 알고 있는 것을 따라 반드시 실천에 힘써서 안으로는 반드시 그 성심(誠心)을 다하고 밖으로는 반드

지나다가 맹자를 만나 뵙자 맹자께서는 성의 선함을 말씀하시되 말씀마다 요순을 칭하셨다. 세자가 초나라로 돌아와 다시 맹자를 뵙자 맹자께서는 '세자는 내 말을 의심하십니까? 도는 하나일 뿐입니다.……'라고 하였다.〔滕文公爲世子, 將之楚, 過宋而見孟子. 孟子道性善, 言必稱堯舜. 世子自楚反, 復見孟子. 孟子曰, 世子疑吾言乎? 夫道, 一而已矣.……〕"

시 지극한 이치에 합당하게 하되, 은미하다고 해서 혹 소홀히 하지 않고 먼 훗날의 일이라 해서 혹 태만히 하지 않음을 이르는 것입니다. 그 수양의 공부 과정을 말해 보면 극기(克己)보다 절실한 것이 없고, 그 총괄하는 본원을 말해 보면 거경(居敬)보다 중요한 것이 없으니, 어째서이겠습니까? 사람의 기질은 치우침이 없기 힘들고 물욕(物欲)의 가장 깊은 부분이 있습니다.[48] 그리하여 비록 고명한 자질을 가진 사람이라 하더라도 모두 이러한 병통이 있으니 바로 이른바 '기사(己私)'라는 것입니다. 모름지기 먼저 이것을 극복한 연후라야 학문을 하는 것이 바야흐로 실익(實益)이 있을 것입니다. 전하께서는 성스러운 자질이 순수하고 아름다우시어 비록 신이 감히 논의할 수 있는 바가 아니나, 다만 삼가 살펴보건대 후중(厚重)하고 견고한 기상이 부족하신 듯합니다. 의당 일상생활 속에서 가볍게 흔들리는 것을 지극히 경계하시어, 자신의 몸가짐에는 반드시 엄숙하고 안정되게 하기를 힘쓰고 일에 대처하심에는 반드시 상세히 살피고 견고하게 하기를 힘쓰셔야 합니다. 이것이 이른바 아름다운 자질을 굳건히 하는 요체가 아니겠습니까.

외물을 기호(嗜好)하는 편벽됨에 이르러서는 신하들이 감히 우러러 여쭈지 못하고 전하께서도 스스로 말씀한 적이 없으니, 더욱이 신이 감히 망녕되이 논할 수 없습니다. 그러나 성인의 재색(在色)의 경계[49]

**48** 물욕(物欲)의……있습니다 : 물욕에도 정도의 차이가 있어서 눈에 뻔히 보이는 것은 물욕임을 알고 방비할 수 있지만 단계가 높은 것은 물욕인지 쉽게 판별할 수 없어서 휩쓸리기 쉽다는 말이다. 《주자전서(朱子全書)》 권43 〈성리(性理)〉에 "기질에 청탁과 편정의 차이가 있고 물욕에 천심과 후박의 차이가 있다.〔氣質有淸濁偏正之殊, 物欲有淺深厚薄之異.〕"라고 하였다.

**49** 재색(在色)의 경계 : 《논어》 〈계씨(季氏)〉에 "군자에게 세 가지 경계할 것이 있으

가 더욱이 혈기가 완정(完整)되지 않았을 때에 있으니, 이 부분은 가장 깊이 성상께서 유념하셔야 마땅한 부분입니다. 마음을 맑게 하고 덕을 진전시키는 요체가 오로지 여기에 달려 있을 뿐만 아니라 위로는 종사(宗社)와 양궁(兩宮 대비와 왕대비)을 위하고 아래로는 억조창생을 위하며 몸을 편안히 하여 천성을 기르고 뭇 경사를 불러 모으는 근본이 되는 것이니 더욱이 어찌 잠시라도 소홀히 할 수 있겠습니까. 이는 극기의 일입니다.

거경(居敬)하는 법에 이르러서는 《심경(心經)》 한 책이 전적으로 이 일을 말하였는데, 지난번에 또한 이미 진강하였습니다. 정문(程門)에서 이야기한 네 가지 조목[50]과 주자가 "오직 두려워함이 가장 가깝

니. 젊을 때엔 혈기가 정해지지 않았으므로 경계할 것이 여색에 있고, 장성해서는 혈기가 한창 강하므로 경계할 것이 싸움에 있고, 늙어서는 혈기가 쇠하므로 경계할 것이 얻음에 있다.〔君子有三戒, 少之時, 血氣未定, 戒之在色. 及其壯也, 血氣方剛, 戒之在鬪. 及其老也, 血氣旣衰, 戒之在得.〕"라고 하였다.

**50** 정문(程門)에서……조목 : 정이(程頤)와 제자인 양시(楊時)가 경(敬)에 대해 말한 네 가지 조목을 가리킨다. 《심경(心經)》에서 《주역(周易)》의 '경이직내(敬以直內)'를 논한 부분에 있는데 다음과 같다. 1. 이천(伊川) 선생이 말씀하기를 "경이 서면 안이 곧아지고 의가 나타나면 밖이 방정해지니, 의는 밖에 나타나는 것이요 밖에 있는 것은 아니다.〔敬立而內直, 義形而外方, 義形於外, 非在外也.〕"라고 하였다. 2. 또 말씀하였다. "주일(主一)을 경이라 이르니, 안을 곧게 한다는 것은 바로 주일의 뜻이다. 감히 속이지 않으며 감히 태만히 하지 않으며 혹시라도 방 귀퉁이에서도 부끄럽지 않게 한다는 것은 모두 경의 일이니, 다만 이것을 보존하여 함양하면 오래 할 경우 자연히 천리가 밝아진다.〔主一之謂敬, 直內乃是主一之義. 至於不敢欺, 不敢慢, 尙不愧于屋漏, 皆是敬之事也. 但存此涵養, 久之, 自然天理明.〕" 3. 또 말씀하였다. "마음이 경하면 안이 저절로 곧아진다.〔心敬則內自直.〕" 4. 구산 양씨(龜山楊氏)가 말하였다. "성심을 다하여 거짓이 없는 것이 이른바 직이다. 만약 이것을 일에 시행하면 후박(厚薄)과 융쇄(隆殺)가 일정하여 바꿀 수 없으니, 이것이 방정함이 있는 것이 된다. 주장하는 것은 경이

다."라고 가르친 것[51]이 가장 절실하고 합당하니 지금 전하께서 한번 이러한 요어(要語)들을 가지고 스스로 자신에게 적용해 보시되 다만 이 한 생각을 마치 두려워하는 바가 있는 것처럼 삼간다면 이것이 바로 경(敬)입니다. 이와 같은 때에는 의사(意思)가 자연히 전일해지고 겉으로 드러나는 모습이 자연히 검속될 것이니 경이라는 것은 진실로 이른바 한 마음의 주재(主宰)요 만사의 근본인 것입니다. 애초 심원하여 보기 어려운 것도 아니고 힘들고 괴로워서 행하기 어려운 것도 아니지만, 오래 잡아 지키기가 힘들고 어려우니 잠깐이라도 단속하지 않으면 곧바로 잃어버리게 됩니다. 요체는 순간순간마다 잘 가다듬어 잊지 말아서 틈이 생겼다 하면 곧바로 수습해야 할 따름입니다. 이와 같이 공부를 해 나가서 잠시 잠깐이라도 한만하게 지나 보내는 때가 없게 한다면 이른바 경이라는 것이 날마다 점점 순숙(純熟)해져서 모든 행동과 선(善)이 다 여기에서 나올 것입니다. 무릇 거경 공부는 동정(動靜)의 사이를 항상 관통해야 하고 극기의 일념은 일에 임할 때 더욱 독실하게 해야 합니다. 이미 한시도 잊지 않게 하고 또한 한 가지 일도 방일하게 지나 보내지 않아야 하니, '역행(力行)'의 요체는 본디 다만

며 의는 이로부터 나온다. 그러므로 내외의 구분이 있는 것이다.〔盡其誠心而無僞焉, 所謂直也. 若施之於事, 則厚薄隆殺一定而不可易, 爲有方矣. 所主者敬, 而義則自此出焉. 故有內外之辨.〕"

**51** 주자가……것 : 《심경》에 《주역》의 '경이직내(敬以直內)'를 논한 부분의 부주(附註)에 면재 황씨(勉齋黃氏)가 말하기를 "경을 주일무적이라고 한 것은 정자의 말씀이다. 그러나 스승인 주자께서 또 '경'이라는 글자는 오직 두려워함이 가장 가깝다고 하셨으니, '경'이란 이 마음이 숙연하여 두려워하는 바가 있는 것을 이르는 것이다.〔敬者主一無適之謂, 程子語也. 然師說又以敬字惟畏爲近之, 蓋敬者, 此心肅然, 有所畏之名.〕"라고 하였다.

이와 같을 따름입니다. 신은 바라건대 전하께서는 아울러 유념하시어 부지런히 행하소서.

'치지(致知)'라는 것에 대해 말해 보겠습니다. 사람의 앎이란 거개가 미진한지라 이 일의 이치는 알지만 저 일의 이치는 알지 못하기도 하고 그 이치의 반쪽은 알지만 그 이치의 전체는 알지 못하기도 하며 그 이치의 거친 부분은 알지만 그 이치의 지극한 부분은 알지 못하기도 하니, 무릇 이러한 것들은 그 앎이 미진하기 때문입니다. 알고 있는 것을 말미암아 미루어 나가 극진하게 하여 한 가지 이치나 한 가지 분수도 알지 못하는 것이 없게 해야 하니, 이것을 바로 '치지'라고 합니다. 앎이 진실로 극진해지면 선(善)에 처하는 것이 편안하고 이치를 따르는 것이 즐거울 것이니, 또한 무슨 일인들 해내지 못하겠으며 어느 때인들 구제하지 못하겠습니까. 신이 삼가 보건대 전하께서 경연에 나와서 강독하실 때에 문의가 막힘이 없고 정사를 보고 판단하실 때에 지혜가 넉넉하니, 이는 참으로 하늘이 내신 성지(聖知)입니다. 다만 경전의 뜻은 함축된 바가 무궁하건만 이를 끝까지 궁구하는 일이 없었고 신하들의 주청은 좋은 것과 그렇지 못한 것이 함께 있건만 간혹 사람에 따라 들어주기도 하고 듣지 않기도 하는 때가 있으니, 이것이 어찌 성지에 또한 미진한 바가 있어서가 아니겠습니까.

신은 바라건대 전하께서는 이미 밝은 성지를 말미암아 더욱 미루어 나가서 극진하게 하십시오. 그리고 큰 규모에서는 마땅히 반드시 천지 만물의 이치를 다 궁구하기로 마음먹고, 촘촘한 조리(條理)에서는 마땅히 심오한 부분까지 극진하게 하고 은미한 기미까지 살피며 낱낱이 판별하기로 계획을 세우시어, 경훈(經訓)과 사책(史冊)의 사이에서 구하고서 다시 사물을 응접할 때 살피며 스스로 사려를 미루어 나가 궁구하는 것을 근본으로 삼고서 다시 강론하고 토의할 때 찾아보시어, 모든 부분에 극진하게 하지 않음이 없게 하십시오. 그리고 오늘 이렇게 하고 내일 다시 이렇게 하며 한 가지 이치를 이미 통달하고서 다시 한 가지 이치를 궁구하시면 궁구한 이치는 점점 많아지고 자기 마음의 앎은 날로 진전될 것이니 그 사이에 분수를 따라 득력하는 것을 진실로 속일 수 없을 것입니다. 그리고 오랫동안 쌓아 나가서 어느 날엔가 관통하게 되면 생각건대 그 기쁘고 쾌활함이 응당 다시 어떠하겠습니까. 몸을 닦고 나라를 바루는 것과 백성을 편안하게 하고 외적을 제어하는 일 모두 거침없이 일없는 바를 행하게 되실 것입니다.[52] 이 일이 마치 더디고 까마득하며 기다리기 어려운 일인 듯하지만 민첩하고 용맹하게 공력을 들인다면 일은 반으로 줄고 공효는 배가 될 것이니, 이는 전하께 달려 있을 따름입니다.

대개 고금에 학문을 논한 말들이 비록 무수히 많지만 그 대체를 구해 보면 오직 큰 뜻을 확립하여 정하고 지(知)와 행(行)을 모두 극진히 하는 것이 있을 뿐이니, 이와 같이 할 따름이거늘 무엇을 의심하고 꺼려서 서둘러 이 일에 종사하지 않는단 말입니까. 이렇듯 국세가 위태로운 날을 당하여 시세를 구제하는 법을 만들려 하면서 굳이 학문을

**52** 일없는……것입니다 : 사물의 이치를 따라 행하므로 힘들이지 않고도 자연스럽게 잘 행할 수 있을 것이라는 뜻이다. 《맹자》 〈이루 하(離婁下)〉에 "지혜로움을 미워하는 까닭은 지혜로운 자가 천착하기 때문이니, 만일 지혜로운 자가 우 임금이 물을 흘러가게 하듯이 한다면 지혜를 미워할 까닭이 없을 것이다. 우 임금이 물을 흘러가게 한 것은 그 일없는 바를 행하신 것이니, 만일 지혜로운 자가 또한 일없는 바를 행한다면 지혜가 또한 클 것이다.〔所惡於智者, 爲其鑿也. 如智者若禹之行水也, 則無惡於智矣. 禹之行水也, 行其所無事也, 如智者亦行其所無事, 則智亦大矣.〕"라고 하였다.

가지고 말하니, 진실로 또한 오활한 데 가깝습니다. 그러나 실로 만화(萬化)의 근본이 오직 여기에 달려 있으니, 비록 몹시 위급한 때라 하더라도 이 방법을 버려두고서는 무언가를 어찌해 볼 수 있을 리가 없습니다. 이 때문에 신의 말이 부득불 이와 같은 것입니다.

이른바 '반드시 조정의 기강을 크게 숙정(肅正)한 뒤라야 된다는 것'은 무엇을 이르는 것이겠습니까? 표준을 세우고 단서를 여는 일은 비록 인군(人君)에게 달렸지만, 그것을 선포하고 봉행하는 일은 그 책임이 조정에 있습니다. 오늘날 국사가 날로 잘못되어 가는 것은 실로 조정의 기강이 크게 무너진 데서 비롯되었으니, 이는 소소한 견책이나 구구한 신칙으로 정돈할 수 있는 것이 아닙니다. 반드시 크게 경동(警動)하고 크게 진작하는 조치가 있어야만 바야흐로 폐습(弊習)을 일신하여 사업을 떨쳐 일으킬 수 있을 것입니다. 신은 이 때문에 반드시 조정의 기강을 크게 숙정한 뒤라야 된다고 말하는 것이니, 그 절목을 논해 본다면 첫 번째는 대신(大臣)을 책려하는 것이요, 그다음은 관장(官長)을 가려 뽑아 일을 맡기는 것이요, 다음은 뭇 관원이 근실하게 복무하는 규정을 세우는 것이요, 다음은 서리들이 권력을 농단하는 폐단을 혁파하는 것입니다.

'대신을 책려한다는 것'에 대해 말해 보겠습니다. 오늘날 대신들이 비록 모두 인망 있는 사람들이지만 재상으로서의 공업을 논해 보건대 미진할 뿐만이 아니니 신이 한번 이에 대해 말해 보고자 합니다. 재상의 직임은, 위로는 임금의 덕을 보필하고 아래로는 백관을 통솔하며 안으로는 만민을 어루만지고 밖으로는 외적을 막는 데에 그 근본이 있는 것이요, 장부나 관리하는 자잘한 일과 규례나 좇는 직무는 비록 부지런히 한다 한들 귀하게 여길 만한 것이 못 됩니다. 지금 전하께서 때때로 한쪽으로 치우치는 잘못이 생김을 면치 못하시건만, 대신들이 그저 받들어 따르기만 힘쓸 뿐 정색(正色)하며 온 힘을 다해 간언한 일이 있다는 것은 듣지 못하였습니다. 그리고 경대부들 역시 일을 잘 하고 못 하는 구별이 어찌 없겠습니까만, 대신들이 매번 인정에 이끌려 엄격하고 명백하게 못 하는 자를 내치거나 잘 하는 자를 올려 주는 일을 하려 하지 않습니다. 그리고 백성들의 고통과 곤궁함이 날로 심해지는데도 비용을 아껴야 한다는 유사(有司)들의 말을 곡진하게 따라서 전하께서 백성들을 사랑하시는 덕의(德意)가 항상 반한(反汗)[53]되어 아래에까지 다 미치지 못하게 만들고 있습니다. 또 국경 바깥의 근심이 이미 심각한데도 먼저 방비에 힘을 기울이는 조치는 전혀 취하지 않고서 한갓 목전의 평범한 작은 일로 시일을 허비하면서도 스스로 아까워하지 않습니다. 근자에 이르러서는 하늘의 재앙이 이와 같은데도 구례(舊例)대로 인책하는 소를 올렸다는 일도 다시 듣지 못하였으니, 여기에서 또한 그 자임(自任)함이 얕다는 것을 알 수 있습니다. 이러한 규모와 기상으로는 비록 태평한 세상에 처하더라도 오히려 근심할 만할 것이거늘, 하물며 지금과 같은 때이겠습니까.

그러나 이는 단지 한때 한 사람의 잘못이 풍습을 점차 오염시킨 것이 아니라, 그 유래가 오래된 데다 전하께서 책려하시는 방법에도 크게 미진한 점이 있었기 때문입니다. 신은 바라건대 전하께서 이후로 분발하시어 먼저 조정의 기강이 날로 무너져 가는 일을 반성하고 자책하고

**53** 반한(反汗) : 땀이 다시 들어간다는 뜻으로, 보통은 임금이 명령을 취소하거나 회수하는 일을 가리킨다. 여기서는 백성을 사랑하는 임금의 덕의 또는 그러한 취지에서 내린 명령이 대신들에 의해 취소되거나 회수되는 것을 뜻한다.

서, 또 대신들을 불러 지성으로 책려하시되 "무릇 과인에게 과실(過失)이 있거든 은미하거나 드러났거나 크거나 작거나를 막론하고 반드시 극력으로 간언할 것이요, 혹여라도 비위를 맞추어 나의 과실을 무겁게 하지 말라. 경들이 충심으로 고하는 말은 비록 지극히 어려운 일일지라도 내가 어찌 따르지 않겠는가. 이제부터 마음을 비우고 경청하기를 전날보다 배로 하여 혹 지나치게 곧게 한다 해도 조금도 싫어하거나 괴롭게 여기지 않을 것이다."라고 하신다면, 대신들은 본래 모두 충심으로 나라를 위하려는 사람들이니 또한 어찌 임금의 잘못과 마음을 바로잡는 것을 자신의 임무로 삼지 않겠습니까.

그러고서 또 말씀하기를 "무릇 육경(六卿)과 대부들의 현부(賢否)와 공과(功過)는 내가 두루 살피기 어렵다. 그들에 대한 진퇴와 여탈(與奪)은 앞으로 대신들의 말을 따를 것이니, 혹여라도 사사로이 청탁하다가 멸시를 받거나 부화뇌동하여 공(公)을 가리는 일이 없게 할 것이요, 체통을 존엄하게 하고 출척을 명백하게 하기를 한결같이 조종조 때의 명상(名相)들이 하던 것과 같이 하도록 하라."라고 하신다면, 대신들이 이미 비상하게 격려하는 하교를 받은 터이니 반드시 구차하게 편당하는 일은 감히 하지 않을 것입니다. 그러고서 또 잗다란 사무를 모두 해당 조(曹)에 일임하고 오직 온 힘을 다해 백성들을 구제하고 제때에 변방을 튼튼히 하는 데 종사하되, 마음과 생각을 다하고서 다시 뭇사람의 생각을 모아 밤낮으로 계획하여 확실하게 시행한다면, 백성들을 괴롭히는 폐단을 제거할 수 있을 것이고 변경의 근심 또한 제때 방비할 수 있을 것입니다. 이와 같이 책려하였는데도 성상의 명령에 부응하지 못하는 자가 있거든 쫓아내도 좋을 것입니다.

신이 또 전대의 일을 상고해 보니 재상의 직임을 맡은 사람은 대도

(大都)를 맡아 지키거나 변경의 일을 관장하는 등 한가로이 거했던 적이 없었습니다. 그런데 근래에는 이러한 규례가 없는 까닭에 현재 재능과 충심이 있는 원임 대신(原任大臣)이라 하더라도 거의 국외(局外)의 사람이나 다름없어서 달리 책임을 맡는 일이 없으니 참으로 안타까운 일입니다. 이렇듯 일이 많고 인재가 부족한 시기에는 마땅히 변통하여 일을 맡겨야 합니다. 설령 그렇게 하지 못한다 하더라도 마땅히 아울러 책려하여 그들로 하여금 마음과 힘을 합하여 기무(機務)에 참여하여 판단하게 하기를 관직에 있던 날과 다름없게 한다면 또한 반드시 유익함이 있을 것입니다.

'관장(官長)을 가려 뽑아 일을 맡기는 것'에 대해 말해 보겠습니다. 백관과 유사의 자리, 그 어느 것이 가려 뽑아 일을 맡길 만한 자리가 아니겠습니까마는, 육조(六曹)와 삼사(三司)와 국자감(國子監)의 장관 및 변방을 안찰하고 병마를 통솔하는 신하의 경우 더욱이 신중하게 가려 뽑아 오랫동안 일을 맡기지 않을 수 없는 자리입니다. 그러나 만약 그저 궐원이 발생하는 대로 사람을 골라 차임하고 차례에 따라 오랫동안 일을 맡긴다면 일은 가지런해지지 않을 것이고 사람들은 흥기되지 않을 것입니다.

신은 바라건대 전하께서 대신들을 책려하신 뒤에 다시 곧바로 친히 대정(大政)을 여시어 대신과 삼사의 신하들을 좌우에 시립하게 하여 육경에서부터 팔도의 감사와 병사에 이르기까지 하나하나 상세히 순문(詢問)하시고서 만일 직임을 맡고 있는 사람이 이미 절로 직책에 걸맞거든 그대로 유임하고서 면려하십시오. 그리고 만일 직책에 걸맞지 않거나 직임을 맡고 있는 사람보다 재능이 우월한 사람이 따로 있거든 또한 아울러 체차(遞差)하고 합당한 사람에게 그 자리를 새로 제수하시되,

균이 자급 순서만을 가지고 할 것 없이 오직 그 관직에 적임자를 얻기를 힘써서 직무를 나누어 분명하게 맡기고 실제 효험이 있기를 책임 지워 반드시 3년을 기한으로 하여 가볍게 체직하지 않고서 천천히 성적(成績)을 고찰하여 상벌을 크게 시행하십시오. 그리하신다면 거의 사람들이 직책에 걸맞을 것을 생각하여 오늘날처럼 유유범범하게 하는 것과는 비교할 수 없을 것입니다. 이는 순 임금의 조정에서 관직을 명하던 법도요, 제 환공(齊桓公)이 패자(霸者)가 되기를 도모하고 진 도공(晉悼公)이 무너진 정사를 닦을 때[54] 역시 모두 방불하게 이러한 뜻이 있었으니, 신이 감히 상고할 근거도 없는 가소로운 논의를 하는 것이 아닙니다. 바라건대 전하께서는 의심하지 말고 반드시 행하소서.

신이 이어 생각해 보건대 이러한 때에 양계(兩界)와 삼남(三南)의 변경을 안찰하는 직임은 여타의 관장에 비길 수 있는 것이 아닙니다. 그러니 더욱이 마땅히 극도로 가려 택하여 임무를 맡기는 뜻을 깊이 효유하고 음우(陰雨)의 방비[55]에 힘써서 그로 하여금 수하 관료들을 선발하고 사태에 맞게 참작하여 결정하며 형편에 따라 알맞게 일을

**54** 진 도공(晉悼公)이……때 : 진나라의 도공(悼公, 기원전 573~558)은 폭군 진 여공(晉厲公)이 신하들의 음모로 시해되자 14세의 어린 나이로 즉위하여, 간신을 처형하고 백관(百官)을 공정하게 임명하며 백성들에게 괴로움을 주는 폐단을 시정하는 등 내정 개혁을 추진함으로써 진나라의 내치(內治)를 튼튼하게 하여 초(楚)나라를 물리치고 패권을 차지하였다.

**55** 음우(陰雨)의 방비 : 환란이 닥치기 전에 미리 조처해서 예방한다는 뜻이다. 《시경》 〈빈풍(豳風) 치효(鴟鴞)〉에 "하늘에서 장맛비가 아직 내리지 않을 때에, 저 뽕나무 뿌리를 거두어 모아다가 출입구를 단단히 얽어서 매어 놓는다면, 지금 이 아래에 있는 사람들이 혹시라도 감히 나를 업신여길 수 있겠는가.〔迨天之未陰雨, 徹彼桑土, 綢繆牖戶, 今此下民或敢侮予?〕"라고 하였다.

처리하고 상례(常例)에 구애받지 말게 해야 합니다. 그리고 한 방면을 맡는 일을 감당해 낼 수 있는 재주와 식견이 정말로 있거든 다시 굳이 3년을 기한으로 할 것 없이 처음부터 끝까지 자신의 뜻을 펼쳐 나라의 간성(干城)이 되게 한다면, 이것이 바로 이른바 큰일을 맡기고 한 방면을 담당하게 한다는 것입니다. 이는 오늘날 변경을 튼튼히 하는 데 있어서 가장 중요한 일이니, 원컨대 성상께서는 더욱 유념하소서.

또 생각건대 오랫동안 일을 맡기는 법은 양사(兩司)에 시행하기가 가장 어렵습니다. 양사에서 이미 일을 오랫동안 맡지 못한다면 다른 관서 역시 편안하게 일을 보기가 어렵습니다.[56] 지금 친히 대정을 시행하신 뒤에 특히 별도로 논의해 결정하시어 자잘한 이유로 피혐(避嫌)했거나 평범한 이유로 정고(呈告)했거나 규례에 따라 추고를 받은 인원들의 경우에는 절대 체차해 주지 말고, 장관의 경우에는 특별히 위무하고 권면하여 3년 안에는 결코 자리를 옮기지 마십시오. 이와 같이 한다면 비단 대각(臺閣)에 정론(定論)이 있고 금령(禁令)을 항시 시행할 수 있을 뿐만 아니라, 기타 육조와 경악(經幄)과 국자감의 장관도 모두 전심(專心)으로 직무를 수행할 수 있을 것입니다.

'뭇 관원이 근실하게 복무하는 규정을 세우는 것'에 대해 말해 보겠습니다. 이미 관장을 잘 선임하였으면 관장이 절로 마땅히 관속들을 출척(黜陟)하고 직무를 잘 돌볼 것이나, 또 반드시 복무규정의 조항들을 명확하게 수립해야 비로소 오늘날 직무를 태만히 하는 고질병이 혁파

**56** 오랫동안 일을……어렵습니다 : 내용으로 미루어 볼 때, 양사(兩司)의 인원이 자리를 옮겨 다른 관서로 가게 되면 그에 따라 원래 그 자리에 있던 그 관서의 인원도 다른 곳으로 이동하게 된다는 뜻인 듯하다.

될 수 있을 것입니다.

주(州)・현(縣)의 수령들은 관청을 관사(官舍)로 삼는 까닭에 스스로 일을 아주 내팽개쳐 두는 사람이 아닌 이상에는 관사(官事)에 대해 거칠게라도 알지 못하는 이가 없습니다. 그러나 경사(京司)의 뭇 관원은 범범하게 일을 수행하는 것이 이미 규례가 되어 버린 까닭에 장부(帳簿)며 관물(官物), 문서의 왕복을 죄다 하리(下吏)의 손에 맡겨 버려 숱한 사무가 폐지되어 전혀 조리가 없어져 백성들이 그 해독을 입고 나라가 그 폐해를 받는 실정이니, 참으로 개탄스럽습니다.

국법에서 계사(計仕)[57]하는 본래 의도는 본디 관원들이 근실하게 복무하게 하려 해서인데, 지금은 하루 만에 한 달 치 출근 기록부를 다 서압(署押)해 버리고 해당 조(曹)에서도 단지 출근 기록만을 검사하는 까닭에 한갓 형식적인 일이 되어 전혀 실익이 없습니다. 이제 마땅히 대략 한(漢)나라 때 5일에 한 번 휴가를 주고 10일에 한 번 목욕하게 하던 제도[58]를 모방하여 밝게 교령(敎令)을 내려 경사의 뭇 관원으로 하여금 10일 내에 이틀의 휴가만을 허락하고 나머지 8일은 모두 종일토록 관청에서 일을 보게 해야 합니다. 이와 같이 한다면 관사(官事)가 거의 진작될 수 있을 것입니다. 또 이틀의 휴가는 스스로 사사로운 일을 보기에 또한 충분하니 본시 각박한 제도가 아닙니다만, 사람들의 마음이 태만해진 나머지 반드시 크게 꺼리고 싫어할 것입니다. 그러니 반드시 육조의 판서와 참판들로 하여금 산하 관청의

**57** 계사(計仕) : 벼슬아치의 출근한 날수를 계산하는 것을 가리킨다.

**58** 한(漢)나라……제도 : 한나라 때 관리들에게 5일에 하루씩, 당나라 때에는 10일에 하루씩 집에 가서 휴식하며 목욕하게 해 주었던〔休沐〕 휴가 제도를 가리킨다.

근태를 상세히 고찰하게 하여 월말과 분기별로 위에 아뢰고 견벌을 행하게 한 연후라야 조정의 명령이 비로소 실속 없는 헛된 명령이 되지 않을 것입니다.

'서리들이 권력을 농단하는 폐단을 혁파하는 것'에 대해 말해 보겠습니다. 뭇 관원이 근실하게 복무하게 만들어 놓는다면 저절로 관무(官務)가 수습되어 서리들의 농간을 막고 억누를 수 있을 것입니다. 다만 서리들이 권력을 농단하는 것은 그 폐습이 이미 오래된지라 옛날 명종(明宗)과 선조(宣祖) 때부터 "우리나라는 반드시 서리들 손에 망하고 말 것이다."라는 말이 이미 식자(識者)들의 입에서 나왔습니다. 백여 년 이래로 이러한 폐단은 점점 더 깊은 고질이 되어 날마다 증가하고 해마다 가중되어 여기저기서 셀 수 없이 구멍이 뚫리니, 거의 관원이 두루 살펴 다 금할 수 없는 지경이 되었습니다. 만약 발본색원하고 두루 다 제어하며 방비하는 일이 없다면 이 폐단은 끝내 혁파될 수 없어서 응당 나라가 망하는 순간까지 계속될 것이니, 어찌 통탄함을 이길 수 있겠습니까. 지금 의당 한결같이 《경국대전(經國大典)》을 따라 후대에 증가한 서리의 숫자를 없애고 다시 마땅히 자리를 옮겨 차임하는 규정을 거듭 밝히며 또 관물(官物)을 수납할 적에 점퇴(點退)[59]하는 일을 일절 금해야 하니, 과감하게 이 세 가지를 시행할 수 있다면 그나마 폐단을 조금이라도 혁파할 수 있을 것입니다.

대개 국법에 각 관사의 서리들의 정원을 정해 놓은 것이 본래 있건만, 후대에 증가한 숫자는 애초보다 곱절[60]일 뿐만 아니라 어떤 경우는

**59** 점퇴(點退) : 공물을 수납할 때에 품질이 나쁘다는 이유로 받아들이지 않고 퇴짜 놓는 것을 가리킨다.

세 곱절이나 다섯 곱절이 되기도 합니다. 이러한 부류들은 달리 직무가 없고 관원들의 사환에 불과한데 어지러이 가득 차서 저마다 간특하게 이익을 도모하고 있습니다. 속언에 "도적이 하나 있으면 지키는 자가 열 명이라도 감당할 수 없다."라고 하는데, 하물며 지키는 자는 겨우 한둘인데 도적은 열 사람 백 사람일 뿐만이 아닌 경우에는 어찌 감당할 수 있겠습니까. 지금 만약 관원이 사환을 부리는 잘못된 습속을 일절 혁파하고 정원 외의 서리들을 다 제거하며 신설한 아문(衙門)의 경우에도 모두 여기에 준해 수효를 감한다면, 이것이 폐단을 혁파하는 첫 번째 일이 될 것입니다.

구제(舊制)에는, 관원들은 오래 일을 맡았으나 서리들은 옮겨 차임하며 자리를 왔다 갔다 했기 때문에 관원이 항상 주인이 되고 서리는 항상 객이 되어 관원이 서리를 제어할 수 있었습니다. 그런데 지금은 관원은 자주 바뀌고 서리는 오랫동안 그 자리에 있기 때문에 서리가 도리어 주(主)가 되고 관원이 반대로 객(客)이 되어 서리가 관원을 현혹하지 않는 경우가 없으니, 또 어찌 서리들의 간특함을 금할 수 있기를 바라겠습니까. 지금 만약 서리들의 자리를 옮겨 차임하는 규정을 거듭 밝히고 한 자리에서 있는 기한을 참작해 정하여, 서리들은 자리를 옮겨 가며 교체되게 하고 관원은 한 관사에서 오래 일을 맡아보는 사람 한둘 정도를 항상 남겨 둔다면, 이것이 폐단을 혁파하는 두 번째 일이 될 것입니다.

서리의 간특한 폐단이 어느 곳인들 없으리오마는 오직 관물을 점퇴

**60** 곱절 : 원문은 '倍蓰'로, 본래는 두 곱절에서 다섯 곱절을 뜻하는 말이나, 범범하게 몇 곱절의 의미로도 사용된다. 여기서는 문맥상 곱절의 의미로만 보아 번역하였다.

할 때 더욱 자심합니다. 뇌물을 받고 이익을 차지함에 한도가 없는데, 그 정상(情狀)을 자세하게 따져 보면 또한 단계가 있습니다. 무릇 하나의 관물을 백성들에게서 수납할 적에 외방의 서리들이 이미 스스로 민간에서 돈을 뜯어내고는 그것을 '인정(人情)'이라 부릅니다. 그러고는 도성에 싣고 들어와서 각 관사의 서리들에게 뇌물을 돌리고, 각 관사의 서리들은 관물 하나를 진배(進排)할 적에 또다시 상부 관사의 서리와 액정서(掖庭署)의 하인들에게 뇌물을 돌리는데, 뇌물이 적으면 점퇴가 끊이지 않아 차례차례 핍박하고 폐단이 끝이 없어 비록 관원이라 하더라도 어찌할 수가 없습니다. 속언에 "진상품은 꿰미에 꿸 정도이고 인정은 수레에 실을 정도이다."라고 하는 것은 이 때문입니다. 지금 만약 안으로는 궐 안에서부터 밖으로는 관부(官府)에 이르기까지 아울러 모두 점퇴하는 폐단을 통렬히 금하여 차라리 관물의 물종(物種)에 조금 부족한 점이 있을지언정 아래의 서리 무리들이 내키는 대로 간특한 폐단을 일으키지 못하게 한다면 이것이 또 폐단을 혁파하는 세 번째 일이 될 것입니다.

이 폐단은 지극히 비루하고 자잘한 것이지만 신이 특히 상세하게 말한 이유는, 고질적인 폐단이 있는 부분을 상세하게 논하지 않을 수 없고 또한 밝은 성상께서 통촉하지 못하시는 바가 없게 하고자 해서입니다. 대저 대신을 책려하는 것에서부터 서리들의 농간을 금지하는 것에 이르기까지 조정의 기강을 숙정하는 것 아님이 없지만, 요점은 모름지기 성상께서 크게 유념하여 반드시 다 시행하시는 것이니, 그런 연후라야 거의 조정의 풍도가 구태를 일변하여 뭇 폐단이 제거되고 뭇 정사가 확립되어 위급한 일이 발생하더라도 힘을 얻을 수 있을 것입니다.

이른바 '반드시 민심을 크게 얻어야 한다는 것'은 무엇이겠습니까?

백성은 나라의 근본이니 근본이 튼튼해야 나라가 안녕합니다. 평상시에도 오히려 이와 같거늘, 만일 변고라도 생긴다면 더욱이 어찌 민심을 얻지 못하고서 나라를 보존할 수 있겠습니까. 아아, 나라에서 민심을 잃은 것이 또한 이미 오래되었습니다. 신이 듣건대 임진왜란 때에 백성들이 모두 다투어 왜적에게 붙었으나 오직 한두 의사(義士)가 동지들을 규합하여 점차 왜적을 꺾은 데 힘입어 백성들이 비로소 나라를 생각하게 되었다고 하니, 세력을 살펴 이합집산하고 조금도 윗사람과 친함이 없는 실정을 여기에서 이미 알 수 있습니다. 병자호란 때에는 관군들이 참으로 모두 형세를 보고 먼저 궤멸되었고 의병들도 다시 모을 수가 없었으니, 이와 같은 형편이라면 오늘날의 민심에 대해서 다시 무엇을 말할 수 있겠습니까. 만약 지금 크게 덕스러운 정사를 시행하여 민심을 결속시키지 못한다면, 하루아침에 돌연 변고가 발생할 경우 다시 어떻게 해 볼 수 없을 것이니, 서둘러 민심을 얻을 계책을 시행하지 않을 수 있겠습니까.

민심을 얻는 방도는 다른 것이 없고 오직 세금을 줄여 주는 것뿐입니다. 지금 백성들의 세금에 대개 두 종류가 있으니 전역(田役)과 신역(身役)입니다. 그런데 두 가지 역(役) 중에서도 신역이 더욱 무겁습니다. 백성들의 고통이 뼈에 사무쳐 왕왕 난을 일으킬 것을 생각하는 데까지 이르는 것은 모두 신역의 고통을 감내하지 못하기 때문입니다. 전하께서 만약 신의 말을 쓰실진댄, 한결같이 교화를 새롭게 하시던 때의 애초 명령에 의거하여 도망하거나 사망한 부류의 신역을 모두 탕척(蕩滌)해 주게 하되 우선 아약(兒弱)의 경우를 관대하게 처리하십시오. 또 승척(升尺)을 감하여 정하자는 논의를 미루어 나가시되, 특별히 포필(布匹)의 수를 반으로 감하시어 무릇 신역에 응하는 자들로 하여금 매년 한 필의 포만을 납부하게 하시면 민심이 물불에서 벗어난 것처럼 기뻐할 것이요, 삶을 즐기는 마음과 나라를 사랑하는 생각이 반드시 지극해질 것입니다. 이는 민심을 얻는 데 있어 가장 중요한 일입니다.

전역(田役)의 경우에는, 세금은 가볍고 공역(貢役)은 무거운 것이 비록 온당치 않은 듯하지만, 요컨대 신역에 비해 진실로 가벼운 것입니다. 다만 듣건대 애초 공법(貢法)을 대동법(大同法)으로 변경할 때에 사람들이 오히려 지나치게 무겁다고 말하였다 합니다. 이는 공안(貢案)은 고치지 않고서 공물의 가격은 넉넉하게 정하였으니, 지나치게 무겁다고 말하는 것이 진실로 또한 온당한 것입니다. 그러나 당초에 정한 법은 1결(結)당 10말(斗)에 불과하였는데, 그 뒤에 매번 또 증가하여 호서(湖西)에서 처음 10말로 정하였던 것이 지금은 12말에 이르렀고 호남(湖南)과 영남(嶺南)은 또 13말로 정하였습니다. 신이 삼가 생각건대 지금 시점이 대동법을 처음 정했던 날로부터 겨우 20년밖에 되지 않으니, 옛날과 지금 소출의 많고 적음에 따른 적합한 상황이 달라진 것은 없습니다.

그러나 시세를 논해 보건대 누차 기근을 겪어 백성들의 산입이 거의 탕진되었으니, 갖가지 재용을 절손(節損)하는 것이 이치에 맞습니다. 의당 감손해야지 어찌 혹여라도 증가시킬 수 있겠습니까. 또 이미 토산물이 넉넉하고 모자란 차이에 따라 전결을 헤아려 정하였고 보면, 호서와 양남에 무슨 차이점이 있습니까. 이는 모두 세출을 헤아려 세입을 정하는 정사이니, 여기에 한 터럭만큼이라도 윗사람의 것을 덜어 아랫사람의 것에 보태어 주는 뜻이 있습니까. 사리로 헤아려 보건대 어긋나고 이지러짐이 이와 같으니 민심의 원망과 근심을 알 만합니다.

지금 마땅히 또 당초에 정한 법에 따라 호서의 2말과 양남의 3말을 감손해야 하니, 이것은 민심을 얻는 방도에 있어 또한 큰 보탬이 될 것입니다.

신이 또 생각건대 전지(田地)가 있으면 세금이 부과되는 것은 예나 지금이나 항상 그래 왔던 일이니, 백성들이 비록 지극히 어리석으나 또한 원망하지는 않을 것입니다. 다만 수재(水災)·한재(旱災)·풍재(風災)·상재(霜災)가 든 해에는, 전지의 수확은 적고 백성들은 바야흐로 생업을 잃은 터라 살아 나갈 길이 없건만, 급재(給災)[61]의 규정은 매번 미진한 것이 근심이라 자연히 재해가 극심한 고을이 아니면 분수재(分數災)[62]를 허락하지 않습니다. 또 비록 급재를 하더라도 억제하는 것이 몹시 많아 주(州)·현(縣)에서 다시 상사(上司)에 보고하면, 반드시 도로 물려 버립니다. 도로 물리는 의도는 다시 상세하게 조사해서 백성들의 원망이 없게 하려는 것이 아니라, 그 의도가 단지 전결(田結)을 더 드러내려는 데 있습니다. 그래서 주·현에서도 모두 이러한 의도를 미리 알고 있기 때문에 먼저 은결(隱結)과 여결(餘結)을 남겨 두어 색출에 여유 있게 대응하려는 것이, 마치 장사꾼들이 서로 이익을 기대하고 있는 것과 같이 하고 있으니, 다시는 성상의 인애와 은덕이 아랫사람에게 미덥지 못하게 되었습니다.[63] 이는 비단 나라의 체모에 손상

**61** 급재(給災) : 재해로 입은 피해를 인정하여 그 정도에 따라 세금을 줄여 주던 것을 가리킨다.

**62** 분수재(分數災) : 급재할 때에 전체 재해 입은 것을 10분으로 하고, 10분에서 1분까지 정도를 나누어 그에 따라 감세율을 정하던 것을 가리킨다.

**63** 또 비록……되었습니다 : 이 부분은 전후 문맥과 당시 시대 상황을 고려할 때, 은결(隱結)과 여결(餘結)의 문제가 관련되어 있는 듯하다. 당시 탈세를 목적으로 누락

을 줄 뿐만 아니라 조정에서 백성들을 이롭게 하려는 뜻이 전혀 없다고 백성들이 매번 의심하게 되니, 더욱이 민심을 위무하고 기쁘게 하는 방도가 아닙니다.

지금 마땅히 번잡한 것들은 다 제거하고 확정적인 제도를 밝게 수립하여, 굳이 해마다 별도로 사목(事目)을 내리거나 아무 도(道), 아무 읍(邑)으로 구별할 것 없이 단지 전체가 재해를 입은 곳은 전재(全災)[64]로 급재해 주고 부분적으로 재해를 입은 곳은 분재(分災)[65]로 급재해 주며, 다시 참되고 미더운 도리로 주·현의 관원들을 대하여 전결을 더 찾아내라 책망하지 말고 각기 스스로 최선을 다하게 해야 합니다. 그리한다면 비록 조금 거칠고 소략한 폐단은 있겠으나, 일은 간이(簡易)하고 뜻은 관대(寬大)하니 관리들은 모두 자중할 것을 생각할 것이요 민심 또한 반드시 우러러 감읍할 것입니다. 이것은 그 이익 됨이 도리어 크지 않겠습니까. 구질구질하게 인색하고 구차하게 방비해서

시킨 은결과 여결이 많았는데, 조정에서는 급재(給災)하는 때를 빌미로 숨겨진 은결과 여결을 더 찾아내려 했던 것으로 보인다. 즉 처음에 조정에서 인색하게 급재해 주면 주·현에서는 다시 더 급재해 줄 것을 요청하게 되고, 이때 조정에서는 이를 도로 물려 버린 다음 전결의 피해 상황을 재조사하게 한다. 그렇게 되면 주·현에서는 급재를 더 받기 위해 숨겨 두었던 은결과 여결을 드러낼 수밖에 없기 때문이다. 은결과 여결은 탈세를 목적으로 토지대장인 양안(量案)에서 누락시킨 전결을 가리킨다. 통째로 누락시키는 것을 은결, 일부를 누락시키는 것을 여결이라 하였다. 주로 탈세를 통해 이익을 늘리려는 지주층과 지방 이속(吏屬)들의 결탁을 통해 이루어졌다.

**64** 전재(全災) : 재해 등으로 인해 전결 전체가 피해를 입은 것을 가리킨다. 이 경우 세금을 모두 면제하였다.

**65** 분재(分災) : 재해 등으로 인해 전결 일부가 피해를 입은 것을 가리킨다. 이 경우 피해 정도에 따라 등급을 정하여 세금을 면제하였다.

결국엔 이익도 없고 한갓 민심만 잃는 것과는 같은 선상에서 말할 수 없습니다.

대개 오늘날 백성을 보호하는 정사는, 신역을 줄여 주는 것이 제일의 급무요, 대동세(大同稅)를 줄여 주는 것이 그다음이요, 급재에 인색하지 않는 것이 또 그다음입니다. 이 외에 갖가지 민폐에 대해서는 비록 다 거론하기 어려우나, 과감히 이 세 가지를 우선 시행할 수 있다면 또한 민심을 크게 얻을 것입니다. 그러나 만약 크게 절손(節損)하지 않는다면 비록 이처럼 백성들의 부담을 덜어 주지 않더라도 나라의 재용은 오히려 부족할까 근심하게 되거늘, 하물며 이 몇 가지 일을 시행할 수 있기를 바랄 수 있겠습니까.

이제 모름지기 크게 각고의 힘을 기울여 검약하는 일을 행하기를 신이 올린 글에서 아뢴 바와 같이 하고 또 반드시 군정(軍政)을 정비하여 도식(徒食)하는 군졸들을 감축한 뒤라야, 백성들의 부담을 덜어 주며 민심을 위무하고 기쁘게 하는 일이 바야흐로 막힘이 없게 될 것입니다. 만약 겉으로는 절손을 한다고 하면서 단지 공물의 가격만 줄여 거듭 도민(都民)들의 원망을 사고, 외방 읍의 예산을 긁어 들여 도리어 외방에 폐해만 끼쳐 한갓 사체만 손상시킨 채 민역(民役)을 덜어 주지 않고 그저 작년과 같이 행한다면 또한 어찌 절손하는 것이라 말할 수 있겠습니까. 이 밖에 호포(戶布)니 군적(軍籍)이니 하는 것들은, 오랜 폐단은 비록 줄일 수 있으나 새로운 원망이 다시 일어날 것이니 결단코 오늘날의 당면 과제가 아닙니다.[66] 삼가 바라건대 성상께서

**66** 호포(戶布)니……아닙니다 : 《창계집》 권4 〈호포를 논한 소〉에서 이러한 내용을 논하였다.

는 아울러 유념하소서.

이른바 '반드시 크게 군정을 정비해야 한다'는 것은 무엇을 이르는 것이겠습니까? 오늘날 나라의 형세가 이와 같으니, 군정을 정비하지 않을 수 없음은 진실로 지혜로운 자의 말을 기다리지 않고도 알 수 있습니다. 다만 신은 물정에 어둡고 어리석어 병무에 대해 알지 못하니, 진실로 감히 쉽게 말하지 못하는 점이 있습니다. 비록 그러하나 우선 신이 알고 있는 바에 근거해 논해 보고자 하니 오직 전하께서 가리소서.

신이 앞서 민심을 얻는 방도를 논하면서 이미 "반드시 도식하는 병졸을 감축해야 합니다."라고 말하였는데, 이것이 군정 정비의 한 가지 일입니다. 이른바 도식하는 병졸이란 바로 훈련도감(訓鍊都監)과 어영청(御營廳)과 금위영(禁衛營) 등 세 병영을 가리켜 말한 것입니다. 이는 모두 숙위하는 병졸들이니 이러한 때 문득 감축하자는 것은 지극히 망발인 듯도 합니다. 다만 나라가 의지하고 있는 바는 민심이라, 만약 이 병졸들의 정원을 감축하지 못한다면 다시는 민심을 수습할 길이 없을 것이니 그 경중을 따져 보면 진실로 자연 차이가 있습니다.

또 숙위하는 병사를 또한 어찌 과다하게 쓸 수 있겠습니까. 머지않아 만약 위급한 사태가 생긴다면 결단코 가만히 앉아 경성을 지키기는 어려울 것이니, 적군이 육지로 쳐들어온다면 마땅히 강화도로 들어가야 할 것이고, 바다로 쳐들어온다면 마땅히 남한산성으로 들어가야 할 것입니다. 강화도에 관한 일은 신이 알지 못합니다만, 남한산성의 경우는 신이 수어 종사관(守禦從事官) 신분으로 이번 봄에 또한 왕래한 적이 있으므로 그곳 병사와 군량에 대해 자세히 알고 있습니다. 수어청에 소속된 병사들이 또한 성첩을 지키기에 충분하나, 우려되는 바는 군량이 넉넉하지 못하다는 것이니 숙위하는 병졸이 지나치게 많은 것이 도리어 자승자박(自繩自縛)하는 꼴이 되지 않겠습니까.

강화도는 비록 조금 넉넉하다고 하지만 해마다 병사를 징발하여 또한 그다지 많이 비축된 것은 없을 듯하니 이는 염려하지 않을 수 없습니다. 또 병사는 정예로 조련시키는 것을 힘써야지 구태여 숫자가 많게 할 것을 힘쓸 것은 못 됩니다. 정말로 모두 정예로 조련시킨다면 비록 지금 숫자의 반으로 줄이더라도 어찌 호위하기에 부족하겠습니까. 그러므로 신은 어리석은 생각으로 망녕되이 "지금 세 군영에서 정예병을 선발하여 반 정도만 남겨 두어도 괜찮습니다."라고 말하겠습니다. 대저 이미 뭇 비용을 절손하고서 다시 이 군액(軍額)을 줄인다면 백성들을 너그럽게 대하는 정사에 있어 다시 장애됨이 없을 것이요 이미 실제적인 호위 업무에 방해됨이 없고 또 민심을 얻을 수 있을 것이니, 무엇을 꺼려 이 조치를 취하지 않는단 말입니까.

또 현재 병제(兵制)가 좋지 못한 데 대해서는 그 요점을 알 만합니다. 도성의 병사는 지나치게 많아 백성들이 평시에 먼저 괴로움을 받고, 외방의 군졸들은 지극히 잔약하여 위기가 닥치면 적을 제어하기 어려우니, 이것이 큰 근심입니다. 이제 도성의 병사를 감축하여 백성들의 괴로움을 풀어 주고서 다시 신역을 줄여 준 군보(軍保)와 공천(公賤)을 잘 조치하여 그들로 하여금 1년에 포(布) 한 필(匹)만 납부하게 하고 향리에서 모여 활쏘기와 총포를 익히게 해서 위급할 때 쓴다면, 백성들은 괴롭지 않을 것이고 나라는 반드시 그들에게서 힘입을 것입니다. 이렇게 하면 병세(兵勢)는 응당 현재의 속오군(束伍軍)에서 줄어들지 않을 것이니 일거에 두 가지 큰 근심을 모두 제거할 수 있을 것입니다.

또 만과(萬科)[67]를 치른 뒤부터 외방의 무관들이 여기저기에서 무리를 이루었는데, 출사 길은 본디 좁아 이들을 수용하기가 몹시 어려우니 이것이 또한 큰 폐단입니다. 만약 이 무리들이 향병(鄕兵)을 통솔하여 수를 나눠 관할하게 하기를 한결같이 상법(常法)처럼 하고, 다시 병무를 대략 아는 대관(大官)이 그 무리들을 요령(遙領)[68]하면서 때때로 열읍(列邑)을 순행하여 조련이 잘 되었는지 못 되었는지를 살피고 이것을 외방 무관들을 발탁하는 계제로 정한다면 또한 이 큰 폐단을 없앨 수 있을 것입니다. 그리고 만약 위급한 일이 생기더라도 다시 그들로 하여금 군부(軍府)를 개설하고 병사들을 소집하게 한다면 이 한 대군(大軍)에게서 분명 크게 힘을 얻는 부분이 있을 것입니다.

또 생각건대 현재 해상의 방비가 특히 몹시 허술합니다. 명색은 수군(水軍)이면서도 태반은 멀리 산군(山郡)에 있으면서 항시 군포(軍布)를 납부하여 해변 마을에서 병사를 고용해 대립(代立)시키는데, 첨사(僉使)와 만호(萬戶)들은 그 군포를 자신이 취하고서 그저 약간의 포필(布疋)을 가지고 근처 거주민들을 꾀어 포필을 주고는, 그들로 하여금 감사(監司)가 순시하면서 병사들을 점고(點考)할 때 색책(塞責)하

**67** 만과(萬科) : 많은 수의 인원을 급제자로 뽑는 과거를 가리키는 것으로, 대개 무과를 만과로 치르는 경우가 많았다. 실제로 1618년(광해군10) 7월 정시(庭試)에서 3200명, 1627년(인조5) 2월 산성 정시에서 5464명, 1676년(숙종2) 3월 팔도 정시에서 1만 8251명을 선발하였다. 변경이 불안정한 시대적 상황에서 나타난 제도였으나, 나중에는 인원의 적체와 병력의 저질화로 인한 폐단이 발생하였다.

**68** 요령(遙領) : 직명만을 가지고 있고 직접 가서 그 직무는 보지 않는 것을 가리킨다. 여기에서는 외방의 무관들이 향병들을 지역에서 직접 관리하고 중앙의 대관(大官)은 통솔 책임만을 가지는 형태를 가리킨다.

게 하기만 합니다. 이 때문에 이 병사들을 속칭 명대(鳴隊)라고 하니, 실제는 없으면서 단지 소리만 있다는 말입니다. 평상시에 구차하게 끌어 얽어다가 색책하는 용도로 쓰는 것이야 가능하겠지만, 어찌 자기 직분상 응당 임해야 하는 자처럼 위급한 때에 전투에 달려가게 할 수 있겠습니까. 이전에 변통하자는 논의가 있기도 했습니다만, 수군은 군역이 무거운 데다가 대대로 군역을 이어 가기 때문에 바닷가에 사는 육군(陸軍)들은 죽어도 원하지 않습니다. 산군에 사는 수군들과 군역을 바꾸어 강제로 시행하는 것은 또한 원망을 부르는 일인지라 이 때문에 매번 변통할 수 없었습니다. 지금 제반 역포(役布)를 일체 반감한다면 별달리 치우치게 괴로운 역(役)은 없을 것이니, 수군과 육군을 융통하여 잘 구분하여 반드시 바닷가에 사는 백성들로 수군을 구성해야 때가 닥쳤을 때 낭패를 볼까 근심하는 일이 없을 것입니다. 다만 수군도 군포를 줄이면, 수사(水使)부터 첨사와 만호들에 이르기까지 반드시 감내하기 어려운 폐단이 있을 것이니, 이는 조정에서 다시 상량하여 대동미(大同米)나 관적(官糴)의 모곡(耗穀)[69]에서 제급(除給)하는 것이 괜찮을 것입니다.

또 생각건대 장수는 삼군(三軍)의 목숨을 맡는 직임이니 장수 자리에 적임자를 얻지 못한다면 비록 정예병이 있다 하더라도 병사가 없는 것이나 매한가지일 것입니다. 오늘날 장수를 두는 법은 대체로 먼저

**69** 관적(官糴)의 모곡(耗穀) : '관적'은 각 고을에 설치되어 있는 사창(社倉)에서 봄에 백성에게 대부해 주었던 곡식을 가을에 거두어들이는 것을 말하며, '모곡'은 대부했다가 거두어들일 때 곡식을 쌓아 둘 동안의 손실을 미리 예상하여 10분의 1을 덧붙여 받던 것을 가리킨다.

문벌이 있거나 척족(戚族)인 사람을 취하니, 신은 모르겠습니다만 이들이 모두 과연 장수의 자질이 있어 중임을 감당해 낼 수 있는지요? 문벌이나 척족이 아닌 경우에는 또 비굴한 얼굴빛과 굴종적인 몸놀림을 잘하여 권귀(權貴)에게 아첨해 섬기는 자를 취하니, 평상시에도 이처럼 비천한데 또한 어찌 위급한 때에 대번에 삶을 가벼이 여기고 충절을 바칠 수가 있겠습니까. 자고로 장수의 자질을 지니기는 진실로 어려우나 장수의 자질을 지닌 이를 아는 것은 더욱 어렵습니다. 평상시 별일이 없을 때에 먼저 장수가 될 만한 자질을 지닌 이를 식별하는 것은 큰 안목을 갖춘 이가 아니면 쉬이 하기 어려운 일입니다. 이 일은 진실로 오늘날의 사람에게 기대하기 어려우나, 또한 어찌 그저 오늘날의 행태처럼 변변찮게 할 수 있겠습니까. 지금 마땅히 별도로 묘당을 신칙하여 미리 장수의 자질을 지닌 이를 구하되 문관이든 무관이든 음사이든 관직이 있든 없든 간에 오직 생각이 충실하고 담력과 지략이 임무를 맡길 만한 사람을 구해서 자주 대면하여 그 실제를 익숙히 살핀 뒤 이름을 나열하여 위에 보고해서 뜻에 따라 조용(調用)한다면, 비록 반드시 모든 사람이 적임자는 못 되더라도 온통 변변찮은 때와 비교하면 또한 거의 조금 나을 것입니다.

신이 또 생각해 보니 나라에서 무략(武略)에 힘쓰지 않은 지가 오래된지라, 지금 비록 병사 조련과 장수 선발을 급급히 하더라도 오히려 외침을 꺾지 못하게 될까 두렵습니다. 더군다나 병가(兵家)에서는 제후가 자기 땅에서 전투 벌이는 것을 '산지(散地)'라 하였고[70] 적지에

**70** 병가(兵家)에서는……하였고 : 《손자병법(孫子兵法)》 〈구지(九地)〉에 나오는 말로, 이전(李筌)의 주석에 따르면, 제후가 자기 영내에서 전투를 벌일 경우 사졸들은

깊이 들어와 먼 곳에서 전투하는 병사는 자고로 대적하여 예봉을 다투기 어렵다 여겼으니, 오직 굳게 지키며 청야(淸野)[71] 전술을 펼쳐 더불어 교전하지 말아서 적들로 하여금 스스로 피곤해지게 만든 뒤에 도모하는 것이 좋은 방법입니다. 게다가 우리나라 산천은 험준한 곳이 많아 동국(東國) 사람들은 수성(守城)을 잘한다고 옛사람들이 칭찬하기도 하였습니다. 지금 만약 일이 닥치기 전에 조치를 취하여 주·현들로 하여금 모두 험준한 곳에 의지해 지킬 계획을 세우게 한다면, 적을 막고 나라를 지킬 방책으로 이보다 나은 것은 의당 없을 터이니 이는 제때에 유념하지 않을 수 없습니다.

대개 지금 협곡이 가까운 주·현은 진실로 의거할 만한 험해처(險害處)가 많고, 비록 들판에 위치한 읍이라 하더라도 여러 군을 합쳐서 말해 보면 또한 반드시 요해처가 있습니다. 조금만 사람의 공력을 들이면 또한 스스로 지키기에 충분하니 대체로 굳이 높은 성과 깊은 연못, 병사와 군량을 모두 지금의 산성처럼 할 것은 없습니다. 다만 주·현의 관리들로 하여금 편의대로 운영하여 각기 백성들과 보전(保全)을 도모할 계책을 세우게 한다면 방법이 아주 없지는 않을 것입니다. 신이 일찍이 자못 지모가 있는 수령과 그 공역(功役)을 논해 보았는데 진실로 잘하기만 하면 또한 거의 크게 번요(煩擾)한 데 이르지는 않았습니다. 이는 오늘날의 지극한 계책이니 진실로 조금도 늦추거나 소홀히 해서는

익숙한 땅인 데다가 처자를 그리워하기 때문에 위급한 때가 닥치면 흩어져서 도망가기가 용이하므로 이를 산지라고 한다 하였다.

**71** 청야(淸野) : 들판을 말끔히 청소한다는 뜻으로, 일대를 텅 비게 함으로써 적군이 군수물자를 취할 수 없게 하는 전술을 가리킨다.

안 됩니다. 대저 병제를 변통하고 장수의 자질이 있는 이를 선발해 놓고서 다시 험준한 곳에 의지해 지킬 계책에 뜻을 기울인다면 신의 어리석은 생각으로는 거의 나라를 굳건히 하는 방도에 이로움이 있을 것입니다. 삼가 바라건대 전하께서는 한번 채택하여 적용해 보소서.

대개 신이 오늘날의 치규(治規)를 논하면서, 반드시 성상의 학문을 크게 진전시키고 조정의 기강을 크게 숙정하고 민심을 크게 얻고 군정을 크게 정비한 뒤라야 된다고 말씀드린 것이 진실로 옳으나, 말한 내용에는 또한 미진한 점이 많았습니다. 이는 신이 실제로 터득한 학식은 없고 쓸 만한 재주는 부족한 탓에 비록 나라를 위해 시절을 구제할 지극한 계책을 극진히 아뢰었으나 그 말의 얕고 졸렬함이 이와 같으니, 진실로 한갓 성상의 눈만 피곤하게 해 드리고 채택할 만하기에 충분한 것은 없을까 두렵습니다. 다만 이는 모두 고심하고 생각을 다한 어리석은 정성에서 나온 것이요 감히 허투루 형식적인 말을 한 것은 아니니, 삼가 바라건대 전하께서는 또한 형식적인 말로 보지 말고 조용히 자세하게 살펴보시고서 조금이나마 가려 택해 주소서.

신의 어리석은 생각으로는 오늘날의 국세가 비록 이와 같이 위급하나 전하께서 진실로 지성으로 경외하시어 동렬하게 스스로 각고의 노력을 기울이고 또 속히 치규를 강구하여 깊이 도모하신다면 이 시세를 오히려 구제할 수 있을 것입니다. 그러나 행여 이러한 때에 오히려 고식적인 마음을 품고 구차하게 별 탈이 없기를 바라거나 훌륭한 일을 하고자 하면서도 머뭇머뭇 오락가락하면서 서둘러 결단을 내리지 못한다면, 세월은 쉬이 흘러가고 일은 어찌 변할지 기약하기 어려우니 신은 또 다시는 손쓸 곳이 없게 되어 버릴까 두렵습니다. 이는 또 신이 크게 두려워하면서 전하께서 급급하게 유념하시기를 깊이 바라는 부분입니다. 신이 또 생각건대 전하께서 만약 일상을 따르고 구습에 안주하여 목전의 일만 처리하고 말려 하실 뿐이라면 오늘날 조정에 있는 선비들은 진실로 명령이나 받들기에 족할 것입니다. 그렇지 않고서 반드시 분발하고 진작하여 국가의 장구한 계책을 세우고자 하실진댄, 한 시대의 유현(遺賢)들을 크게 일으키고 뭇사람의 충성스러운 생각을 다 모으지 않고서는 하실 수 없을 것입니다. 근자에 어진이를 초치(招致)하려는 성지(聖旨)가 참으로 융숭하였으나 만약 간절히 간하는 말을 즐겨 듣고 실제로 채택해서 쓰지 못하신다면 또한 끝내 공허한 문자가 되어 버리고 말 것입니다. 옛사람들은 현인(賢人)의 거취(去就)와 언로(言路)의 개폐(開閉)를 가지고 나라의 흥망을 점쳤으니 이는 참으로 작은 일이 아닙니다. 삼가 바라건대 전하께서는 다시 아울러 유념하소서.

신은 본래 어리석고 천박하여 지극히 형편없는 사람이지만 오직 군주를 사랑하고 나라를 걱정하는 생각은 본디 다른 사람에게 뒤지지 않습니다. 또 더군다나 수년 이래로 성상의 돌보아 주시는 은혜를 입은 것이 지극히 두터웠으니, 평소 보답하고자 하는 미약한 성심(誠心)에는 또한 말로는 형용하지 못할 부분이 있습니다. 지금 재변(災變)이 거듭 겹쳐 성상께서 노심초사하시는 날을 당해 충성을 바치고자 하는 마음에 어찌 다함이 있으리오마는, 견식이 오활한 탓에 이미 요약해서 말하지 못하고서 다시 직무가 바쁜 때를 만나 오히려 그 뜻을 상세히 다하지 못했으니, 이 상소가 어찌 헤아려 채택하시는 데 만에 하나라도 조금의 도움이 되기에 충분하겠습니까. 신은 진실로 부끄럽고 두려워 어찌할 바를 모르겠습니다. 그러나 상소에서 논한 국세가 위급한 실상은 실로 지나친 말이 아니고, 기타 논한 것들도 전혀 터무니없는 말이 아니니 삼가 바라건대 전하께서는 어리석은 충정을 살피고 그 천려일득(千慮一得)의 말을 채택하소서. 신이 바야흐로 소를 지을 적을 적에 삼가 진연청(進宴廳)의 명호를 우선 정지하라는 명이 있었다는 말을 듣고서 감탄을 이길 수 없었습니다. 대저 성상의 지극하신 효애(孝愛)의 정으로 분명 지극히 서운한 점이 응당 있었을 것인데, 신하들이 다시 간하기를 기다리지 않고서 이러한 명이 있었으니 여기에서 성상의 경계하고 두려워하시는 뜻이 날로 더욱 절실해져 감을 볼 수 있습니다. 무릇 제왕의 대효(大孝)는 본래 나라를 평안케 하는 것을 주로 하는 것이요, 한때의 진연은 기뻐할 만한 것이 못 됩니다. 원컨대 경계하고 두려워하는 뜻을 더욱 독실히 하여 다른 일에까지 미루어 나가서 시절을 구제하고 나라를 보존할 계책으로 삼고 옛 성왕들의 달효(達孝)를 추구하시어 이번 진연의 거조가 정지된 데 대해 아쉬워하지 마소서.

신이 또 생각건대 진연청의 명호를 우선 정지하라는 하교로는 오히려 인심이 만족스러워하지 못하는 부분이 있거늘, 어찌 진연청의 명호를 우선 정지했다가 성변(星變)이 조금 그치기를 잠시 기다려 곧바로 다시 거행하려고 하십니까, 아니면 아쉬워하는 마음이 깊으시어 말씀이 자신도 모르는 사이에 이와 같았던 것입니까? 만약 정말로 진연청의 명호를 우선 정지했다가 장차 다시 거행하려는 뜻이 있었다면 이는 경계하고 두려워함이 또한 그다지 성실하지 못한 것이니, 비단 하늘을 감동시켜 돌려놓아서 재해를 그치게 할 수 없을 뿐만 아니라 말을 듣고 일에 임할 적에 화근 아닌 곳이 없게 될까 두렵습니다. 삼가 바라건대 성상께서는 다시 밝게 하교하시어 정지하는 뜻을 쾌히 보이고 범사에 반드시 모두 성실할 것을 힘쓰소서. 신이 성상의 위엄을 범한 것이 여기에 이르렀으니 몹시도 두렵고 아뜩합니다. 신은 지극히 간절하고 두려운 마음을 가눌 길이 없습니다.

# 창계집

## 제5권

## 소차
## 疏箚

## 동부승지를 사양하는 소
辭同副承旨疏

삼가 아룁니다. 신은 여름 사이 다행히 성상의 은혜를 입어 체직을 허락받았습니다. 신의 어리석고 얕은 생각으로는 삼가 신이 고질병이 들어 관직에 종사하기 어려운 실상을 밝은 성상께서 이미 통촉해 주신 것이라 스스로 여겼습니다. 그리하여 수개월이 지난 지금까지 감축하고 있었더니 뜻하지 않게 근자에 문득 다시 성상의 돌보아 주시는 은혜를 연달아 입어, 열흘 사이에 재차 간관의 직임에 제수하여 멀고 먼 궁벽한 시골에 소지(召旨)가 연거푸 내려왔습니다. 그리고 또 들으니 그 사이에 태복(太僕)에 제수하는 명이 또한 있었다 하니 신은 진실로 두렵고 놀라워 어찌할 바를 몰랐습니다. 다만 병세가 계속 이어지는 것이 실로 여름 때와 다름이 없어서, 쇠잔하고 허약하여 일어나 움직일 가망이 없겠기에 부득불 면직을 청하는 소를 갖추어 현(縣)과 도(道)를 통해 올리려 하였습니다. 그런데 이즈음 또 삼가 유지를 받들어 보니, 신을 승정원 동부승지로 뽑아 올리고 신에게 속히 역마를 타고 올라오라는 내용이었습니다. 신은 명을 듣고서 황공하여 지극히 아뜩한 마음을 더욱 이길 수 없습니다. 세 번이나 은혜로운 소지를 입었는데도 공경히 명에 달려 나가지 못하고 성심을 담은 상소 하나도 이렇게 지체하였으니 신의 죄는 만번 죽어 마땅합니다.

대저 신의 비루하고 허술함은 사람들 중에서도 가장 뒤떨어져, 일찍이 외람되이 화요직(華要職)을 두루 다 거쳤는데도 끝내 특별한 총애에 우러러 보답한 일이 한 가지도 없었습니다. 이 점은 성상께서도 응당 이미 통촉하고 계실 것입니다. 또 더군다나 근래 부모를 여의고서 쇠잔해지고 질병으로 낙척하여, 명이 내렸는데도 문득 사양하고 누차 불렀는데도 달려 나가지 않았으니, 신자(臣子) 된 분의(分義)를 전혀 알지 못하는 것입니다. 조정의 기강이 지엄하여 응당 벌이 내려야 할 것인데, 모르겠습니다만 무슨 까닭으로 남다르게 돌보아 주시는 은혜를 입음이 한결같이 이에 이르렀는지요? 거두어 불러 내버리지 않으시고 이어 총애하여 발탁해서 도리어 포상할 만한 공로가 있는 사람처럼 대하시니 성상의 은혜가 더욱 융숭해짐에 따라 신의 죄는 더욱 커지게 되었습니다. 신이 비록 지극히 어리석으나 어찌 두려워할 줄을 모르겠습니까.

아, 은혜에 감사하고 의리를 두려워하는 것은 하늘로부터 부여받은 사람의 본성에 떳떳한 마음이니 신이라고 유독 이 마음이 없는 것이 아니며, 높은 관작과 후한 녹봉은 사람들이 좋아하는 것이니 신이라고 유독 좋아하지 않는 것이 아닙니다. 명을 공경히 받들어 부름에 달려나가 영예로운 직임을 수행하는 것에 무슨 괴로움이 있기에 신이 굳이 피하기를 도모하겠으며, 궁벽한 산골에서 배고픔을 참으며 앉아서 지엄하신 명을 어기는 것에 무슨 즐거움이 있기에 신이 감히 고집하겠습니까. 이는 그 가운데 반드시 매우 부득이한 점이 있는 것입니다. 진실로 신의 미천한 병이 이미 뿌리가 깊어 애초 단기간에 차도를 볼 수 있는 것이 아니기에 의약도 효험이 없고 한결같이 아프기만 하니, 지금 실로 일어나 움직일 형세가 없습니다. 게다가 신이 앓고 있는 여러 병증 가운데 심질(心疾)이 더욱 중하니, 평상시 편안하고 고요할 적에는 조금 견딜 만하지만 힘을 써서 움직이기만 하면 곧 재발하는 지경이 되고 맙니다. 단지 이 한 병증으로도 이미 직무에 이바지할 가망이 없습니다. 한직(閑職)이나 별일이 없는 관사라 할지라도 쉬이 감당하지 못할까 두려운데 하물며 밤낮으로 임무를 맡아야 할 승정원의 직임이겠습니까. 이것이 신이 머뭇거리며 근심하고 위축되어서 끝내 죽음을 무릅쓰고서라도 면직을 청하는 데 이른 까닭입니다.

또 신이 이미 위독한 병에 묶였으니 다른 것은 감히 말할 바가 아니지만, 낮은 벼슬은 사양하고 높은 벼슬은 받는다는 혐의와 물러나는 것으로 나아감을 도모한다는 혐의에 대해서는 또한 깊이 생각할 만한 점이 있습니다. 신이 지난날 차제(次第)에 맞게 관직에 제수될 때에도 이미 부름에 달려 나가지 못했는데, 이제 총애하여 발탁하는 때를 당하여 감히 염치를 무릅쓰고 나아갈 뜻을 품는다면, 미천한 신의 염치야 비록 돌아볼 만한 것이 못 되겠지만 또한 성세(盛世)의 사풍(士風)으로 볼 때 마땅히 있어야 할 일은 아닌 듯합니다. 삼가 바라건대 밝은 성상께서는 특별히 긍휼히 살피시어 신에게 새로 제수하신 직명과 자급(資級)을 아울러 고쳐 바로잡으심으로써 조정의 명기(名器)를 무겁게 하시고 천한 신의 위태로운 목숨을 편안케 해 주소서. 성상의 위엄을 범하고 보니 신은 지극히 두렵고 아뜩하며 엎드려 대죄하는 심정을 가눌 수가 없습니다.

## 부제학을 사양하는 두 번째 소
辭副提學再疏

삼가 아룁니다. 신이 얼마 전 미약한 정성을 담은 소를 올려 우러러 성상의 위엄을 욕되게 하였으니, 참람하고 외람됨을 스스로 아는지라 날마다 두려운 마음이 쌓여 가고 있었습니다. 그런데 뜻밖에도 밝은 성상께서 특별히 긍휼히 살피시어 비답이 보통의 경우보다 훨씬 더 융숭하였으니, 신은 여러 번 받들어 읽으면서 감읍하여 어찌할 바를 몰랐습니다. 신은 뭇 일에 있어 모두 다른 사람에게 미치지 못하는데, 그나마 자질이 비슷한 점을 논해 보면 진실로 장구(章句)와 같은 말엽적인 부분에 있습니다. 그러나 어렸을 때부터 게을렀고 장성하여서는 더욱 내팽개쳐 버려 지금은 허술하고 거칠어져서 신하들 중에서도 가장 낮은 수준입니다.

그런데 문득 성상의 하교를 받들어 보니 '문학(文學)'으로 칭찬하신지라 신은 진실로 부끄럽고 두려워 무슨 말을 아뢰어야 할지 몰랐습니다. 오직 비천하고 하찮은 신의 불행과 묵은 비방[1]에 대해서는 하늘의 해와도 같은 성상께서 남김없이 통촉하셨을 터인데 "내가 이미 잘 알고 있다."라고 하유하시고 "더욱이 인혐할 일이 없다."라고 말씀하셨습니

**1** 불행과 묵은 비방 : 자세한 내용은 미상이나 '불행'은 연이어 당한 모친상과 부친상을 가리키는 듯하고 '묵은 비방'이란 1682년(숙종8)에 있었던 이선(李選)의 비방을 가리키는 듯하다. 이선의 비방은, 대사성 이선이 올린 소의 내용을 말하는데, 그 대략은 최근 들어 외직이나 사신에 임명된 자들이 사소한 핑계를 대고 체직을 도모하는 경우가 많다는 것이다. 《承政院日記 肅宗 8年 6月 19日》

다. 이는 자세하게 열어 보여 주신 것이니 따뜻한 성지(聖旨)가 성대하였습니다. 신이 비록 저녁에 죽는다 한들 다시 무슨 여한이 있겠습니까. 나를 알아준 은혜는 나를 낳아 준 것과 같은 것입니다. 나와 동등한 관계 이하의 사람이라도 오히려 그렇거늘 하물며 신자 된 몸으로 군부에게 알아줌을 얻은 경우에 있어서이겠습니까. 분골쇄신한다 하더라도 보답한 것이라 말하기 부족하거늘 구구한 언설로 어찌 신의 마음을 다할 수 있겠습니까.

신의 근래 미천한 뜻이 단지 물러나 은거할 것만을 생각했던 것은 전적으로 이 일 때문만은 아닙니다. 그러나 은혜를 받음이 이에 이르렀으니 어리석은 정성이 더욱 격발됨에 만 가지 일을 다 걷어치우고 한번 길을 나서서 궁궐에 나아가 공경히 사은하여, 위로는 오늘날의 특별한 총애에 답하고 아래로는 수년간 쌓아 온 미약한 정성을 편 뒤에 물러나 골짜기를 지키면서 남은 여생 동안 성상을 축원하는 것이 또한 어찌 분의에 마땅한 바요, 인정에 반드시 하고자 하는 바가 아니겠습니까. 다만 생각건대 이 직책은 신에게 결단코 걸맞지가 않습니다. 오랫동안 이렇게 헛되이 직명을 무릅쓰고 있는 것도 이미 지극히 두렵고 민망한데, 더군다나 감히 하루라도 이 직명을 띠고 어리석게 관직에 나아가 버젓이 감당해 낼 수 있는 것처럼 할 수 있겠습니까. 성상을 가까이에서 모시는 경악(經幄)의 반열이 어느 자리인들 등한한 자리이겠습니까만 장관의 자리에 이르러서는 직무가 더욱 자별하니, 신이 비록 지극히 비루하나 또한 일찍이 이에 대해 들었습니다. 군덕(君德)을 보좌하여 인도하고 공의(公議)를 결속하여 지탱해 내는 것은 모두 이 직임의 책무가 아닙니까. 신이 감히 폭넓게 인용하고 논하지는 못하나, 다만 목전의 일을 가지고 말해 보겠습니다.

삼가 들으니 근자에 경연에서 한창《주역(周易)》을 강론하고 있다 하는데, 신은 이 책을 실로 미처 공부하지 못하였습니다.《주역》의 은미한 말과 심오한 뜻은 진실로 감히 의논할 수 없고, 구두와 훈고(訓詁)에도 전혀 몽매합니다. 지금 고질병으로 혼매함이 극심해져 더욱이 창졸간에 학습할 수 있는 가망이 없으니 예를 갖추어 진강하는 것조차도 해내기 어려울까 두려운데, 어찌 군덕을 보좌하여 인도하는 일을 감히 운운하겠습니까. 또 생각건대 근년 이래로 조정의 의론이 많이 나뉘어져 풍파가 그 사이에 일어나 진정될 기약이 없습니다. 신이 스스로 헤아려 보건대 공변된 마음과 정성된 뜻으로도 한때의 사람들을 감복시키기에 부족하니, 늦게 태어나 학식도 얕은 저로서는 더욱이 망녕되이 담당하기가 어렵습니다. 그 사이에서 쭈뼛쭈뼛하다가 그저 비방이나 초래하게 될 것인데, 다시 그 만분의 일이라도 결속하여 지탱해 내기를 어찌 바라겠습니까. 단지 이 두 가지 사실만으로도 신이 이 직책에 걸맞지 않음을 이미 아실 것입니다. 비록 조정에 있으면서 벼슬살이하는 사람이라도 감당해 내기 어려운 직책을 맡게 되면 또한 사양하고 피하면서 면직을 얻는 경우가 대부분입니다. 더군다나 신은 해를 넘겨 병들어 누워 있은 나머지 실로 일생을 숨어 칩거하고픈 바람이 있는데, 갑자기 결단코 감당하기 어려운 이 직명을 띠고서 대번에 영예를 좇아 사은하러 나간다면 비단 신의 마음에 스스로 부끄러울 뿐만 아니라 물론(物論)도 매우 놀라지 않겠습니까. 이 때문에 신이 여러 날 머뭇거리며 수없이 고심하면서 끝내 부득불 죽음을 무릅쓰고 천지와도 같고 부모와도 같은 성상 앞에 다시금 호소하는 것입니다.

그리고 신이 이러한 고질병을 앓은 지가 지금 이미 5년째인지라 다른 사람들도 이미 보통 일처럼 인식하고 있고 신의 마음도 이 병을 편안히 여기게 되었으니, 진실로 의가(醫家)에서 이른 바 '터를 잡고 눌러 앉은 병〔成家之病〕'이라는 것입니다. 신이 비록 감히 매번 번거롭게 아뢰지는 못하지만 기실 한 해 가운데 편안한 달이 거의 없고 한 달 내에 편안한 날이 매우 적어서 지치고 곤하여 만사에 마음이 식었습니다. 한가한 데 거하면서 조섭해야 근근이 지탱해 나갈 수 있으니 매번 스스로 헤아리건대 실로 분주히 달려 나가 직무에 이바지할 형세가 없습니다. 근자에는 날씨가 점점 더워진 탓에 심려가 또한 다시 안정되지 못하여 마침내 담화(痰火)의 병증들이 배나 무거워져 머리는 어지럽고 가슴은 답답하며 기운은 막히고 정신은 혼미하니, 비록 딱 집어 통증이 있는 부분은 없으나 증상의 위독함은 진실로 한때 겉으로 드러난 병증에 비할 바가 아닙니다. 설사 조정에 나아가기 어려운 다른 형세가 없더라도 이 병증 때문에 근시일 안에 일어나 움직일 가망이 결코 없습니다. 참으로 날마다 강연을 여는 때에 경악의 장관 자리를 신 때문에 한사코 오랫동안 비워 둔다면 공조(公朝)의 사체에 어찌 또한 편치 못한 것이 아니겠습니까.

삼가 바라건대 자애로운 성상께서는 다시 유념하여 살피시어 신이 고사(固辭)하는 미약한 정성을 헤아리시고 억지로 하기 어려운 고질병을 앓는 신을 불쌍히 여기시어 신을 이 직책에서 서둘러 파직해 주신다면 공사 간에 이보다 더 큰 다행이 없겠습니다. 신은 끝없이 은혜에 감격하면서도 보답할 길은 없고 외람되이 미천한 정성을 가지고서 다시 이렇듯 성상을 번거롭게 해 드리니, 지극히 두렵고 떨리는 마음을 가눌 길이 없습니다.

## 황해도 감사를 사양하는 소
辭黃海監司疏

삼가 아룁니다. 신이 방금 삼가 성상의 비답을 받들어 보니 융숭하신 성지(聖旨)는 보통의 격식을 훌쩍 벗어났고 비상하신 은총은 이목(耳目)을 놀라게 하였습니다. 이 어찌 어리석고 미천한 소신이 감히 받들어 감당할 수 있는 것이겠습니까. 신은 진실로 감읍하여 어찌할 바를 모르겠습니다. 신이 즉시 황망하게 대궐로 달려가 대죄하며 성심(誠心)을 아뢰고서 진퇴에 대한 처분을 오직 성상께서 명하시는 대로 따라야 마땅할 것이요, 다시 편안하게 누워 재차 사양하고 피하는 것과 같은 짓은, 신이 비록 미욱하나 감히 해서는 안 될 일임을 알고 있습니다. 다만 신의 미친한 병증이 여러 달 지속되던 중에 근자 새로 낳은 자식이 마침 위급한 병을 앓고 있어 신이 억지로 병석에서 일어나 살피다가 마침내 한질(寒疾)까지 걸려 버렸습니다.

또 지난번 비답을 받던 날 저녁에 집에 불이 나서 모두 다 타 버리는 바람에 놀라고 다급하며 수고로이 움직이다가 병증이 더욱 심해졌습니다. 그리하여 머리는 욱신거리고 정신은 혼미하여 자리에 지쳐 쓰러져 식은땀만 줄줄 흘리며 조금만 한기(寒氣)를 접하면 복통으로 더욱 괴로웠습니다. 깊이 문을 닫고 들어앉아 단단히 몸을 간호하느라 땅 속에 틀어박힌 한 마리 벌레 꼴이 되었는데, 봉두난발에 때 묻은 얼굴은 보는 사람이 놀라고 탄식합니다.

신은 평상시의 고질병만으로도 진실로 이미 정사에 힘을 바칠 형세가 없고, 현재의 위독한 병증은 하루의 노정도 혼자 힘으로 가기가 어렵습니다. 그리고 반드시 죽음을 감내하고 부축을 받으며 들것에 실려 길 위에서 거꾸러짐을 자초하는 것 같은 일은, 또한 아랫사람을 가엾게 여기고 살리기를 좋아하는 성상의 덕의(德意)를 우러러 체행하는 것이 아닙니다. 때문에 며칠을 주저하다 만부득이하여 이렇게 감히 다시 형벌 받을 것을 무릅쓰고서 다급한 목소리로 호소하게 되었습니다. 삼가 바라건대 자애로운 성상께서는 조금이나마 긍휼히 살피시어 속히 신의 직임을 체차하시고 이어 신이 성상의 특별한 은총을 저버리고 엄한 명령을 거듭 어긴 죄를 다스리소서. 그리하신다면 이보다 더 큰 다행이 없겠습니다. 그리고 신이 삼가 성상의 비답을 자세히 살펴보니 신의 본분과 실정에 대해 성상께서 오히려 통촉하지 못하고 계셨습니다. 이는 또한 신의 사람됨이 허술하고 글이 꼼꼼하지 못하여 전후로 올린 소에서 매양 스스로 그 뜻을 제대로 진달하지 못하였기에, 하늘의 해처럼 밝은 성상께서도 오히려 살피지 못하신 것입니다. 신이 청컨대 번다함을 마다하지 않고 미약한 정성을 다 피력해 보겠습니다.

신은 본래 허술하고 우활하여 그저 형편없고 모자란 사람인지라, 일찍이 조정에 있을 때 기량이 다 드러났으니, 벼슬하지 않은 신하로 반드시 두루 시험해 보아야 그 능력을 알 수 있는 사람과는 같지 않습니다. 흐리멍덩하고 느려 터져서 손 댄 일을 완수하지 못하였으니, 이미 그러한 행적은 숨길 수 있는 것이 아닙니다. 무릇 사람이 벼슬에 종사하는 것에 두 가지 단서가 있으니 겉으로는 공의(公義), 안으로는 사정(私情), 이 두 가지일 따름입니다. 신과 같은 자가 시위소찬(尸位素餐)한 실상은 이미 앞서 드러났으니, 공의로 헤아려 볼 적에 끝내 스스로 그칠 만합니다.

더군다나 근년 이래로 불행을 만나 하늘이 돌보지 않으시어 양친(兩

親)의 상을 연이어 당해 모진 목숨으로 궁벽한 골짝에 있으면서 불쌍한 이 몸을 돌아보며 상심하고 있으니, 매번 은혜로운 명을 받들 때마다 더욱 비통스럽기만 합니다. 높은 관작과 후한 녹봉은 개인의 영광과 처자식을 기르는 것에 불과하게 되었으니, 신이 또한 무슨 마음으로 공의를 돌아보지 않고서 어리석음을 무릅쓰고 다시 벼슬에 나아가 한갓 불기(不洎)의 사사로운 한[2]만 더하겠습니까. 게다가 몸에 고질병을 앓고 있어 근력 또한 벼슬살이에 이바지하기 어렵습니다. 이 때문에 전후로 은혜롭게 관직을 제수받고서 한 번도 명을 받들지 못하여, 책임을 회피하며 태만히 하는 죄만 쌓았습니다. 그러면서도 오히려 잘못을 고칠 수가 없었는데 이제 만약 엄하신 명에 급박하여 허둥지둥 한 번 나간다면, 이는 진퇴는 근거가 없고 행적은 괴이한지라, 조정에는 터럭만큼의 이익도 없을 것이요 미천한 신에게는 언덕이나 산 같은 과실이 생길 것입니다. 그러니 어찌 답답하고 절박하지 않겠습니까.

또 신이 과거에 급제한 뒤 망녕되이 멀리 떠나고자 하여 10년을 종사하지 않다가 경신년(1680, 숙종6) 연간에 성상의 은혜가 거듭 더해지고 어버이가 날로 연로해지자 공사 간의 상황에 떠밀려 마침내 현관(顯官)의 자리에 올랐으니, 전후의 행적을 통틀어 살펴보건대 낮은 자리는 사양하고 높은 자리는 받는다는 혐의가 없지 않습니다. 더군다나

**2** 불기(不洎)의 사사로운 한 : 벼슬에 나아가 귀하게 되었으나 부모가 돌아가셔서 봉양할 길이 없음을 슬퍼하는 것을 가리킨다. 증자(曾子)가 "부모가 살아 계실 때는 벼슬에 나아가 3부 정도의 녹봉을 받고서도 마음이 편했는데, 부모가 돌아가신 뒤에는 벼슬길에 나아가 3천 종의 녹봉을 받으면서도 어버이를 봉양할 수 없어 내 마음이 슬펐다.〔吾及親仕, 三釜而心樂, 後仕, 三千鍾而不洎親, 吾心悲.〕"라고 한 데서 나온 말이다. 《莊子 寓言》

오늘날 사정(私情)과 공의(公義) 두 가지 부분에 합당한 점이 없거늘, 해를 넘겨 가며 물러나 은거하다가 홀연 한 방면의 중임을 외람되이 차지하여 득의양양하게 부임한다면, 이는 신의 평소 처사가 모두 거짓으로 꾸며 명성을 사고 물러남으로 벼슬에 나아감을 도모하여 다시는 염치가 없어서 농단(壟斷)하는 것과 같아지게 됩니다. 이렇게 한다면 관직에 임해 직무를 망칠 것을 기다릴 것도 없이 청의(淸議)의 질타와 유식자들의 비웃음이 이미 이루 다 말할 수 없을 것이니, 신이 장차 무슨 말로 스스로를 해명하겠습니까.

아, 임금의 은총에 연연하는 것은 신자(臣子)의 상정(常情)이요, 관작과 봉록을 사양하는 것은 옛사람들도 어렵게 여겼던 바입니다. 신이 무슨 대단한 사람이라고 홀로 그렇지 않겠습니까. 오직 처음의 계책이 우활하고 망녕되어 이미 어긋났으니, 지금 비록 억지로 몸을 일으켜 급히 달려가고자 해도 염치가 있는 사람으로서 또한 어렵지 않겠습니까. 신이 두려워하는 바는 실로 이 직책을 감당하기 어렵다는 것뿐만이 아닙니다. 신은 애초에 산림에서 고고하게 처신하는 은사가 아니었고 오랫동안 외람되이 근신의 반열에 있으면서 한량없는 은혜를 받았습니다. 그러니 목숨이 위태로운 잔약한 몸뚱이가 죽어서 골짜기를 메우는 신세가 되기 전에 한번 길을 나서서 공경히 사은하여 조금이나마 의분(義分)을 펴는 것이 또한 어찌 구구한 신의 평소 바람이 아니겠습니까. 그러나 질병이 위독하고 심사가 어그러져 방황하며 물러나 움츠려 있으면서 오만방자한 행동을 하고서는 한갓 사사로운 간절함으로 거듭 성상의 위엄을 더럽혔습니다. 신의 죄가 이 지경에 이르렀으니 만번 죽더라도 오히려 가볍습니다.

삼가 바라건대 천지와도 같고 부모와도 같은 성상께서는 아울러 긍휼히 살피시어 땅강아지나 개미처럼 미천한 신으로 하여금 어리석은 분수를 끝까지 지키게 해 주소서. 그리하신다면 신은 참으로 이보다 더 큰 다행이 없겠습니다. 신은 하늘과도 같은 성상을 우러러보며 지극히 두렵고 간절한 이 마음을 가눌 길이 없습니다.

## 대사성을 사양하는 소
辭大司成疏

삼가 아룁니다. 자전(慈殿)의 체후가 미령하시어 오랫동안 회복되지 않고 계신지라 성상께서는 노심초사하시고 신하들은 경황이 없는 상황입니다. 이러한 때를 당하여 신이 비록 몹시 형편없는 사람이라고 하나 어찌 감히 관례대로 관직을 사양하는 소를 올려 우러러 성상을 번거롭게 해 드리겠습니까. 그러나 신이 외람되이 맡게 된 새 직임은 실로 평범하게 임용하는 관직에 비할 바가 아니니, 종적은 낭패스럽고 정황은 궁박한지라 신은 놀랍고 두려워 마치 깊은 골짜기에 떨어진 듯했습니다. 비록 다시 시일을 허비하며 오래 끌더라도 끝내 명을 받들 길이 없고, 한갓 성상의 위엄을 범하는 것이 걱정되어 입을 다물고 움츠리며 엎드려서 엄하신 명을 가만히 앉아 지체시키는 것 같은 일은 또한 신자된 자로 감히 편안히 여길 수 없는 일입니다. 그러므로 이에 감히 죽음을 무릅쓰고 호소하니, 삼가 바라건대 천지와도 같고 부모와도 같은 성상께서는 조금이나마 긍휼히 살펴 주소서.

신은 지난해 탈상한 이래 전후로 잘못 내리신 은혜가 한량이 없었음에도 한결같이 책임을 회피하며 태만히 하면서 마치 의분(義分)에 대해 전혀 몽매한 사람처럼 처신하였습니다. 그러나 그 뜻이 어찌 공연한 것이었겠습니까. 요컨대 진즉부터 오랫동안 깊은 숙병(宿病)을 앓았고 진즉에 익숙히 스스로를 헤아려 보매 이미 관직에 힘을 바칠 형세는 없고 실로 분명코 구렁에 떨어져 죽을 뜻은 있었던 것이니, 애초 한때의 거취가 처신하기에 편키 어려웠던 때문만은 아닙니다. 앞서 조용한 지방의 관장 자리를 내려 주신 성상의 은혜[3]를 입었는데, 신은 진실로 어리석은 사람인지라 사리의 마땅함은 알지도 못한 채 구구한 마음에 삼가 스스로 생각하기를, 한번 나아가 공경히 사은하여 조금이나 미약한 정성을 펴고서 물러나 관직을 지키며 잔약한 목숨을 보양하는 것이 거의 신의 본심에 크게 어긋남이 없는 것이라 여겼습니다. 그리하여 힘써 신속히 길에 올라 무더위를 무릅써 가며 여기저기에서 머물러 지체하고 한 걸음 한 걸음 전진해서 7일 만에 올 거리를 반달이나 걸려 도착하였습니다. 그리하여 도성에 들어온 지 며칠 만에 사폐(辭陛)할 날짜가 잡혔는데, 뜻밖에도 이즈음에 마침 대사성으로 개차되니 신의 낭패스러움과 궁박한 사정이 어찌 끝이 있겠습니까.

또 삼가 듣건대 좌이(佐貳)[4]가 문득 이 직임에 임명되는 것과 주의(注擬)하면서 지극히 번거롭게 계청(啓請)하는 것은 또한 전례가 아니라 하고 더욱이 사람들을 놀라게 하는 일인지라, 이에 신이 더욱 심히 편치 못하게 되었습니다. 신이 고질병으로 오랫동안 칩거하던 터에 억지로 힘써 멀리 와서 얽매임을 자초하였으니 염치가 있는 사람으로서 진실로 이미 부끄럽습니다. 그러나 조정의 사체로 볼 때에는 또한 어찌 이처럼 힘들게 에두른단 말입니까. 신은 이 직책에 몹시 걸맞지 않고 신이 조정에 있는 것이 매우 무익하니, 신 때문에 조정에 누를 끼침이 또 매우 적지 않습니다. 이는 더욱이 신이 몹시 한스럽고 겸연

**3** 조용한……은혜 : 1688년(숙종14) 4월에 능주 목사(綾州牧使)에 임명된 사실을 가리킨다. 이에 대해 사은하기 위해 조정에 나아갔다가 곧바로 대사성에 옮겨 제수되었다.

**4** 좌이(佐貳) : 보좌관을 뜻하는 말로 보통은 육조(六曹)의 참판이나 참의를 가리킨다. 여기서는 현재 창계가 받은 목사(牧使) 자리가 관찰사 다음 가는 자리이므로 좌이라고 말한 것이다.

쩍어하며 어찌할 바를 몰라 하는 일입니다. 신이 비록 감히 멋대로 달아나 피하지는 못하겠으나 한 갈래 부끄러워하는 마음은 생명이 있는 이는 다 가지고 있는 것입니다. 그러니 신이 비록 우둔하지만 결단코 감히 이 직임에 머무르는 것을 달게 여기면서 평소의 지조를 스스로 무너뜨리고 또 사방 사람들로 하여금 조정의 거조에 대해 가타부타 이러쿵저러쿵하게 할 수는 없습니다.

옛사람이 이르기를 "사대부의 진퇴와 득실은 풍속의 흥쇠(興衰)와 연관된다."라고 하니, 이 어찌 그저 미천한 신 한 몸의 낭패이겠습니까. 지난번에 만일 신의 재력(才力)과 병세를 봤을 때 진실로 혹 이 같은 직무를 감당할 수 있다고 보았다면 조정에서 곧바로 불러 썼어야지, 하필이면 신이 스스로 오기를 기다렸다가 그릇되게 얽어매려 한단 말입니까. 그리고 미천한 신이 이전에 또한 이미 대사성에 임명하는 명을 받들 수도 있었으니, 또 어찌 도성으로 달려온 것에 인연하여 얽매여서 돌아가지 못할 리가 있겠습니까.[5] 조정의 거조가 이미 기구(崎嶇)함을 면치 못하였고 미천한 신의 진퇴도 장차 초초(草草)함을 이기지 못할 것이니, 상하가 다 실착(失錯)이 있는 것이요 공사(公私)가 모두 잘못되어 버린 것이라 심히 한스럽습니다. 신을 아는 자들은 모두 신이 사세를 잘 살피지 못한다고 비웃을 것이요, 신을 의심하는 자들은 반드시 신이 스스로 영화로운 길을 받아들인 것이라 비난할 것입니다. 그러

**5** 이전에……있겠습니까 : 능주 목사에 임명되기 한 해 전인 1687년(숙종13)에 조정에서 이미 창계를 대사성에 제수한 일이 있었다. 만약 창계 자신이 대사성의 임무를 감당해 낼 수 있는 사람이라면 그때 벌써 대사성의 직임을 받들었지, 어찌 지금처럼 능주 목사에 제수된 것을 계기로 도성에 왔다가 얽매여서 돌아가지도 못할 리가 있겠냐는 뜻이다.

니 신이 장차 무슨 면목으로 편안하게 직무에 나아가 의기양양하게 태학(太學)에 들어가서는 예의를 우선하는 자리에서 제생(諸生)을 만나 보겠습니까.

더군다나 신의 허술한 기량은 일찍이 다 드러났고 질병으로 혼매하다는 것은 뭇사람이 다 아는 바이니, 눌러 머무르게 한들 조정의 정사에 또한 무슨 보탬이 있겠습니까. 평소 품었던 마음을 스스로 훼손하고 그저 쇠잔한 병증만 더하는 데 불과할 뿐입니다. 지금을 위한 계책은, 오직 간절히 사양하여 반드시 체직되어서 향리로 도로 돌아가 다시 얼마간의 연한을 얻어 조섭하고 보양하는 데 오로지 마음을 기울인 뒤에 은택을 입어 재주에 맞게 사용되는 것은 오직 성상께서 명하시는 대로 따르는 것입니다. 그렇게 한다면 비록 감히 대번에 뒷날의 효과를 기약하지는 못하겠으나, 또한 거의 오늘날처럼 혐의쩍고 부끄러운 마음은 없을 것입니다. 참으로 진심에서 우러나온 말이요 으레 사양하는 것과는 다르니, 성상께서 밝게 내려다보시는 가운데 어찌 실정을 숨기겠습니까.

또 신이 창졸간에 이런 낭패를 만나 갖가지 사사로운 계책들이 또한 심히 난처하게 된 상황은, 신이 비록 감히 말하지 않더라도 성상께서 아랫사람을 자신의 몸처럼 생각하시는 깊은 인자함으로 의당 불쌍히 여기고 계실 것입니다. 신이 절박한 충정(衷情)으로 인해 성상을 이토록 번거롭게 해 드리니, 삼가 바라건대 자애로운 성상께서는 특별히 헤아리시어 신에게 새로 내린 직명을 서둘러 체직하심으로써 사체를 온전하게 하고 미천한 분수를 편안하게 해 주소서. 그리하신다면 신은 이보다 더 큰 다행이 없겠습니다. 신은 지극히 부끄럽고 두려우며 떨리고 불안하고 간절히 바라는 마음을 가눌 길이 없습니다.

## 재차 사양하는 소
再疏

삼가 아룁니다. 신의 종적이 낭패스럽고 정황이 궁박한 실상은 앞서 이미 우러러 번거롭게 아뢰었습니다. 그런데 자애로운 성상께서 살피지 않으시어 내린 명을 돌리지 않으시니 신은 진실로 답답하고 울적하여 어찌해야 좋을지를 몰랐습니다. 그러던 중 마침 미천한 신의 병증이 무더위에 길을 나선 탓으로 더 심해진 나머지, 복부의 뒤틀림은 흡사 곽란과도 같고 기운은 막히고 담증(痰症)은 치성하며 머리와 눈은 어지럽고 욱신거리는 등 갖가지 병증들로 인해 실로 억지로 일어나 삼가 숙배할 형세가 없게 되었습니다. 이 때문에 부득불 상하가 근심하고 경황없는 날에 사직 단자를 올려 급한 사정을 아뢴지라, 신은 진실로 밤낮으로 두렵고 궁박하여 정신이 다 소진될 지경이었습니다. 그런데 뜻밖에 또 삼가 듣건대 승문원 부제조에 차임하는 명이 있었다 하니, 이에 신은 더욱 지극히 놀랍고 의혹스러우며 떨리는 마음을 이길 수가 없습니다.

아, 신의 현재 정황과 종적이 혐의스럽게 된 것과 신의 한 몸이 질병으로 정신이 없는 것에 대해서는 지금 우선 논할 것이 없겠습니다만, 오직 신이 근래에 칩거하고 있었던 작은 뜻은 실로 분수를 헤아려 그칠 줄 아는 것에 있었습니다. 사람들은 비록 관례상 사양하는 것으로 보겠지만 신에게는 지극히 참된 마음이었고, 사람들은 비록 진부한 담론을 하는 것으로 보겠지만 신에게는 절실한 계책이었으며, 사람들은 비록 자신만을 위하는 생각이라 비난하겠지만 기실 미천한 신이 나라에 보답하려는 의리가 또한 여기에 있을 따름입니다. 일전에 향리에 있을 적에 누차 소명(召命)을 받고서도 끝내 한번 명을 받들지 못했던 것은, 비록 전후로 스스로 아뢴 내용이 한 가지 단서일 뿐만이 아니나 그 요지로 말할 것 같으면 일찍이 이런 점을 중하게 여기지 않은 적이 없었습니다. 그리하여 실로 모두 성상께 받은 은혜로운 명령들이 다 신의 미천한 분수로는 감당할 수 있는 것이 아니었기에 문득 나아갈 수 없었을 따름입니다.

일전의 목사(牧使) 직임과 같은 경우에는 본래 또한 반드시 직책에 걸맞다고 말할 수는 없습니다. 그러나 다만 고을이 작고 일은 간소하며 직위와 대우가 조금 가벼우니 거의 졸렬한 분수를 지키며 정신을 잃지 않아서 진실로 큰 죄를 면할 수는 있겠기에 문득 감히 명을 받들고 사양하지 않았던 것입니다. 어찌 대번에 미천한 분수를 헤아리지도 않고 그대로 다시 나아가고자 했던 것이겠습니까. 진실로 한 번 길을 나서서 도성에 들어오매 본래 계책이 다 어그러지고 막중한 대사성의 직임이 신에게 외람되이 더해질 줄은 생각지도 못했습니다. 신이 비록 지극히 어리석으나 또한 이 직책의 명기(名器)가 지극히 무겁고 책임이 가볍지 않다는 것을 알고 있습니다. 신의 우둔한 분수로는 절대로 감당하기 어려우니, 어찌 신이 이미 도성에 들어와 있다는 이유로 편안하게 받들어 담당하여 마치 본디 지니고 있던 것처럼 할 수 있겠습니까.

더군다나 근년 이래 사론(士論)이 어지러워지고 유풍(儒風)이 날로 무너지는 것이 비록 속습에 휩쓸린 때문이라고는 하지만 또한 교도(敎導)에 방도가 없음이 근심이니, 이러한 때 사유(師儒)의 장 자리를 더욱이 어찌 신과 같은 자가 하루라도 외람되이 차지하고 앉아 있을 수 있겠습니까. 신이 벼슬을 받고 사양함과 얻고 잃는 사소한 문제에 대해서는 비록 돌아볼 것이 없겠지만, 관직을 비워 두는 것처럼 되어 버리는 우려는 실로 성상의 교화와 관련된 문제입니다. 이는 더욱이 신이 크게 두려워하는 바이니 신이 비록 감히 제 마음대로 곧장 도망하여 숨는 짓을 하지는 못하겠으나, 시종일관 간절히 사양하여 반드시 체직되기를 기약하는 것은 실로 또한 어리석은 분수에 있어 그만두지 못할 일입니다. 그런 것이 아니라면 신이 이러한 때에 어찌 감히 성상을 번거롭게 해 드리는 것이 편치 못한 일임을 돌아보지도 않고서 지루하게 회피하며 지금껏 그치지 않겠습니까. 더군다나 승문원에서 문한(文翰)을 관장하는 직임은 본디부터 예원(藝苑)에서 엄선하는 자리이건만, 어찌하여 또 분수에 넘치는 자리를 이미 받고 낭패하여 어찌할 바를 모르는 미천한 신에게 잘못 이르렀단 말입니까. 이는 뱁새에게 천균(千勻)이나 되는 무거운 짐을 억지로 지우는 것과 같은 일인지라 전복되고 추락하여 스스로 일어나지 못할까 한창 근심하고 있는데, 다시 분수 밖의 중책 한 자리를 더하니 더욱이 어찌 감당할 수 있겠습니까. 이는 신 한 사람이 낭패를 보고 마는 사사로운 근심거리에 그치는 것이 아닙니다.

아, 신이 허술하고 용렬하여 애초 한 조각 선한 점과 한 치의 장점도 없음은 지난 시절 조정에 있을 적에 이미 다 드러났습니다. 더군다나 상을 당해 근심하며 슬퍼하고 병을 앓은 나머지 정력(精力)이 더욱 더 소진되고 혼미해져 지치고 쇠하여 사람 축에 들지도 못하게 되었습니다. 그리하여 이미 알맞게 쓸 재력(才力)도 없는지라 오직 황폐하고 한적한 곳에 스스로를 풀어놓을 것을 생각하였으니, 이는 진실로 구구한 신이 소망하는 바입니다. 평범한 직무도 오히려 걸맞기 어려울까 두려운데 하물며 오늘날처럼 외람된 자리이겠습니까. 신의 이 말이 지극히 허술한 듯하지만 신의 이 뜻은 참으로 간절합니다. 비록 살아서 성세(聖世)를 만나 은혜에 감사하고 의리를 두려워하는 뜻으로 말해 보더라도, 어리석음을 무릅쓰고 관작을 받아 끝내 직무를 망치고 나라에 해를 끼치는 데에 이르는 것보다는 차라리 분수를 헤아리고 스스로 물러나 혹여라도 맑은 조정에 누를 끼치는 일을 면할 수 있는 것이 낫지 않겠습니까. 앞서 신이 이른 바 "미천한 신이 나라에 보답하려는 의리가 또한 여기에 있을 따름입니다."라는 것은 실로 빈말이 아닙니다. 삼가 바라건대 천지와도 같고 부모와도 같은 성상께서는 다시 밝게 헤아리시어 신이 외람되이 맡게 된 대사성의 직임과 새로 차임된 승문원 부제조의 직임을 서둘러 일체 체직하신다면 공사 간에 다행이겠습니다.

신이 이미 상소를 갖추어 재차 바쳤으나 바야흐로 승정원에서 막혔는데, 뜻밖에 이러한 즈음 승문원의 일로 패초하는 명이 있었습니다. 신은 진실로 마땅히 달려가 명을 받들기에도 겨를이 없을 것이나, 신이 앓고 있던 병증들이 마침 전날 상소를 짓느라 신경을 쓴 탓에 밤사이 갑자기 위중해져 한창 몸져누워 신음하는 중입니다. 또 상소가 성상께 도달되지 못하여 진퇴에 의거할 바가 없는지라 방황하며 주저하다가 마침내 명을 어기는 데에 이르렀으니, 신의 죄가 이에 이르러 더욱 중해졌습니다. 다시 바라건대 밝은 성상께서는 서둘러 신을 체직하시고 이어서 신이 명을 어기고 태만히 한 죄를 다스리시어 신하 된 자들의 경계로 삼으소서. 그리하신다면 신은 이보다 더 큰 다행이 없겠습니다. 신은 지극히 황공하고 떨리며 엎드려 두려워하는 마음을 가눌 길이 없습니다.

# 대사헌을 사양하는 소
辭大司憲疏

삼가 아뢰니다. 신은 월초(月初)에 죽음을 감내하고 스스로 힘을 내어 어렵사리 상소 하나를 갖추어서 병증이 오랫동안 낫지를 않아 명을 받들어 상경할 길이 없다는 뜻을 대략 진달하고, 이어서 전후로 책임을 회피하며 태만히 한 죄를 스스로 열거하고서 신이 띠고 있는 대사성의 직명을 체직해 달라고 간청하였습니다. 그런데 뜻밖에 소가 진달되기 전에 새로운 명이 또 내려와 신을 대사헌에 임명하고, 역마를 타고 올라오라 재촉하였습니다. 신은 더욱이 두렵고 놀랍고 떨려 무슨 말을 해야 할지 모르겠습니다. 사헌부의 중임은 나라의 기강을 책임지는 자리이고 그 장관에 이르러서는 선발이 더욱 어려우니, 신과 같이 오활하고 느려터지고 어리석고 나약하여 본디 형편없는 사람은 법에 저촉되는 일을 한 적이 없더라도 진실로 결단코 감당할 수가 없습니다. 하물며 신은 지금 책임을 회피하며 태만히 한 죄를 쌓아 마땅히 형벌이 있어야 하는데, 어찌 외람되이 이렇듯 잘못 내려진 은혜를 받을 수 있겠습니까.

신이 가만히 앉아 조정의 명을 어긴 것이 또한 이미 오래되었으니, 관직이 이미 세 번이나 바뀌었고 한 해도 태반이 흘렀습니다. 또 더군다나 근자에 곤위(坤位)가 다시 바로잡혀[6] 성대한 예식이 한창 이루어

6 곤위(坤位)가 다시 바로잡혀 : 1694년(숙종20) 갑술환국(甲戌換局)으로 희빈(禧嬪) 장씨(張氏)가 중전의 자리에서 내려오고 인현왕후(仁顯王后) 민씨(閔氏)가 다시 복위된 것을 가리킨다.

져 대소 신료들은 멀거나 가깝거나 할 것 없이 모두 다 진하하는 반열에 나아갔거늘, 신만 유독 어떻게 된 사람이기에 대부들의 뒤를 좇아 조금이나마 신자(臣子)의 미약한 정성조차 펴지 못하였으니, 신의 죄가 더욱 큽니다. 비록 위독한 병으로 죽음이 임박하여 다시 사람의 도리로 책망할 수 있는 자가 아니지만 가느다란 숨이 아직도 붙어 있어 또한 아무 지각도 없는 목석과는 다르니, 성조(聖朝)에서 아랫사람을 깊이 이해해 주는 인자함으로 신의 실상을 헤아려 주는 데 힘입어 중벌을 면할 수 있을 것입니다. 그러니 어찌 끝내 부경(傅輕)[7]의 가벼운 법률을 내려 주심이 없겠습니까.

신이 일찍이 보건대 조정에 있는 신료들이 재삼 병으로 사직을 청하면 해직해 주지 않은 경우가 드물었고, 외방에 있는 신하가 병으로 사직을 청하는 경우에도 으레 곧바로 체직을 허락해 주었습니다. 또 수령이 병이 나서 부임하지 못할 경우 아울러 파출(罷黜)해 주었으니, 저들이 어찌 모두 실제로 병이 난 것이 아니겠습니까. 이는 바로 관직이 빈 것처럼 될까 염려하고 조정의 기강을 엄숙히 한 것입니다. 지금 신은 병을 앓은 지 오래되었고 명을 어긴 죄를 쌓았는데도 홀로 형벌을 면하였으며 파출되거나 체직되지도 않았습니다. 그런데 다시 승진하기까지 하였으니 다른 관직도 불가하거늘 하물며 이 직책이겠습니까. 신은 조정의 기강이 신으로 말미암아 무너질까 두렵습니다. 관직을 폐하고 정치를 이지러뜨리는 것은 작은 일이 아닙니다.

그리고 신이 더욱이 깊이 두려워하는 점이 있습니다. 신이 애초에

7 부경(傅輕) : 사형에 처할 죄인에게 참작할 만한 상황이나 의문점이 있을 때 그 죄를 경감(輕減)하여 목숨을 살려 주는 것을 말한다.

병을 얻었을 때 정신이 먼저 혼미해져서 지금까지도 아뜩하여 거의 시간에 대한 관념이 없어졌습니다. 그리하여 전날 몇 줄의 상소를 갖추는 것 또한 몹시 지체하였고 마침내는 시기를 놓쳐 도신(道臣)에게 막혔으니, 이는 전후로 은혜로운 비답이 내렸는데도 신이 끝내 한마디도 우러러 복명할 수 없게 되어 버린 이유입니다. 이는 또 고금의 인신(人臣)들에게 없던 일이니, 신이 비록 병으로 혼매하나 어찌 감히 하루라도 천지간에 스스로 편안할 수가 있겠습니까. 지금 신이 피력하는 말들은 또한 온 힘을 다해 지은 것인데도, 병세의 상황과 작은 정성은 실로 만분의 일도 진달하지 못하였으니, 신은 진실로 두렵고 근심스러운 데다 스스로 슬퍼져 거의 마음을 가눌 수가 없습니다.

삼가 바라건대 천지와도 같고 부모와도 같은 성상께서는 조금이나마 긍휼히 살피시어 내리신 명을 서둘러 정지하시고 이어서 신의 죄를 다스림으로써 조정의 기강을 엄숙히 하고 미천한 분수를 편안하게 해 주소서. 그리하신다면 신은 이보다 더 큰 다행이 없겠습니다. 신은 하늘과 같은 성상을 우러러보며 두려워하고 간절히 바라는 지극한 마음을 가눌 길이 없습니다.

## 부제학을 사양하는 소
辭副提學疏

삼가 아룁니다. 신의 깊은 병은 이미 고질이 되었고 직무를 비워 둔 것도 이미 심한 지경이니 비록 애써 관직에 있다 한들 끝내 억지로 할 수 없는 부분이 있습니다. 신이 삼가 스스로를 헤아려 보건대 관직을 벗고 향리로 돌아가는 것 외에는 실로 다른 길이 없는지라, 이에 이번 달 8일에 어리석음을 무릅쓰고 상소하여 다시 전에 했던 청을 거듭해서 성상께서 특별히 긍휼하게 여겨 주시기를 바랐습니다. 그런데 뜻밖에 그날 정사에서 신에게 부제학의 직명을 옮겨 제수하신지라, 신은 명을 듣고 경악스러워 어찌할 바를 몰랐습니다. 이는 신이 병으로 혼미한 가운데 정력이 미치지 못하였고 상소하여 간절한 마음을 피력함에 있어 또한 정성스러움과 간절함을 연잇지 못하여 이렇듯 참으로 의외의 잘못된 은혜가 내려지게 만든 것입니다. 신은 삼가 스스로 애달파할 뿐 오히려 다시 무슨 말을 하겠습니까.

유수(留守)의 직임은 비록 중요한 임무를 위임받은 자리라고는 하나, 경관(京官)의 요직에 비하면 절로 한관(閑官)입니다. 그런데 신의 고질병으로는 이 자리도 오히려 감당하기가 어려운지라, 직무를 내팽개쳐 둔다는 근심과 시위소찬(尸位素餐)한다는 부끄러움이 날로 마음속에 절절하여 한 순간도 편치가 못해 마치 바늘방석에 앉은 듯하였습니다. 그리하여 죽음을 무릅쓰고 면직을 간청한 것이 이미 한두 번이 아니거늘, 하물며 이번에 새로 제수받은 경악(經幄)의 직임을 어찌 하루라도 받들어 감당할 수 있겠습니까. 신이 외람되이 은총을 받아 구차하게 형벌을 면하고서 편안하고 한가하게 병을 조리한 것이 지금 반년이 되었습니다. 신의 외양을 범범하게 살펴보면 전날보다 조금 달라진 점이 없지는 않지만, 오직 마음이 혼미하고 눈이 어두운 증상이 이미 심해져서 지금까지도 낫지 않고 있습니다. 그리하여 평상시에 서책도 잠시나마 보지를 못하고 친구와의 서신 교환도 전폐하는 지경에 이르렀으니, 이는 비단 눈이 어둡고 마음이 혼미함이 더욱 심한 때문만은 아닙니다. 생각건대 사람의 몸 중에 눈이 중요한 부분이고 산 사람의 뭇 일에 있어 심신(心神)이 주체입니다. 그런데 이 두 부분이 이 지경이니 어찌 사람이라 하겠습니까.

신이 비록 의술을 잘 알지 못하나 병을 앓은 지 오래된 까닭에 또한 의원의 말을 누차 들었습니다. 마음과 눈의 병은 모두 기가 허하고 담(痰)이 치성한 데 근원하는 것이니 반드시 몇 년간 고요히 거처하면서 바깥일을 다 끊고 조섭에 전력한 뒤라야 효험을 거둘 수 있다고 합니다. 미천한 신의 사사로운 계책이 여기에서 나온 것은 대개 만부득이하여 그러한 것입니다. 지금 신의 병세로는 비록 한관(閑官)과 산직(散職)조차도 오히려 도성에 있으면서 직무에 이바지할 가망이 없는데, 하물며 이렇듯 제일의 청현직(淸顯職)이자 막중한 직임을 형편없고 병든 신이 잠시 잠깐이나마 외람되이 차지하고 있을 수 있겠습니까. 삼가 바라건대 천지와도 같고 부모와도 같은 성상께서는 특별히 긍휼히 살피시어 내리신 명을 서둘러 정지하시고 이어서 사적(仕籍)에서 신의 이름을 깎아 내심으로써 생명을 보전하게 해 주는 특별한 은택을 다 하시고 병들어 폐인이 된 신의 미천한 분수를 편안하게 해 주소서. 그리하신다면 신은 이보다 더 큰 다행이 없겠습니다. 신은 지극히 두렵고 아뜩하며 우러러 간절히 바라는 마음을 가눌 길이 없습니다.

## 경저에 머물러 거주하게 하고 약물을 하사하라는 명을 환수할 것을 청하는 소
乞還收留住京邸藥物賜給之命疏

삼가 아뢰옵니다. 신의 위독한 병세가 해를 넘겼는데도 의약(醫藥)의 효험을 보지 못하였습니다. 본래 담궐(痰厥)과 풍현(風眩)이 번갈아 일어났고 그 사이 갖가지 위태롭고 나쁜 병증들은 말로 다 표현할 수 없으니, 신의 이런 상황을 모든 사람들이 다 알고 있는지라 벼슬에 이바지할 가망이 전혀 없습니다. 그런데 사직 단자도 거절되고 소를 아뢰어도 체직되지 않는지라 만부득이하여 그저 고향으로 돌아가 죽고자 하였더니, 다행히 은혜로운 말미를 받아 배사(拜辭)할 날이 정해졌습니다. 수없이 생각해 보매 그 정황이 또한 서글픕니다.

그런데 천만뜻밖에도 삼가 들으니 연석(筵席)에서 마침 주달(奏達)한 말이 성상의 심려를 지나치게 번거롭게 하여 특별히 신의 현임(現任)을 체직하고, 면려하여 도성에 머무르게 하도록 했다 합니다. 또 대신이 선정(先正)의 고사(故事)까지 인용하여 약물을 하사하라는 하교가 있었다 하니,[8] 신은 이 말을 듣고서 황송하고 감격하여 눈물을 흘리며 저녁 내내 망연자실하여 어찌해야 할지를 몰랐습니다.

**8** 연석(筵席)에서……하니 : 《숙종실록보궐정오(肅宗實錄補闕正誤)》 21년 10월 13일 기사에, 대사성 최규서(崔奎瑞)가 창계를 서울에 머물게 하면서 의약으로 치료하게 할 것을 건의하였고 좌의정 유상운(柳尙運)도 이단상(李端相)의 전례에 따라 약물(藥物)을 특사(特賜)할 것을 청하자 숙종이 따랐다는 내용이 있다.

분토(糞土) 같은 미천한 신이 살고 죽는 것과 떠나고 머무르는 것에 대해 족히 말할 만한 것이 무에 있겠습니까만, 성조(聖朝)의 염려해 주심이 한결같이 이러한 데에까지 이르렀으니 잔약한 목숨이 끊어지지 않는 이상 분골쇄신을 기약할 것이지 어찌 감히 다시 다른 말이 있겠습니까. 그러나 다만 생각건대 형편없고 보잘것없어 전혀 기록할 만한 공로가 없는 신이 외람되이 특별한 은혜를 받아 삼가 선정의 전례를 따르게 되니, 신은 실로 아래에 있으면서 두렵고 아득하며 위태로운 마음이 더욱 심해져 어찌해야 할지 모르겠습니다. 이에 감히 어렵사리 소를 갖추어 천지와도 같고 부모와도 같은 성상 앞에 우러러 호소하니, 삼가 바라건대 자애로운 성상께서는 시종일관 애달프게 여겨 내리신 명을 환수하심으로써 신이 분수에 따라 떠나고 머물게 하여 마침내 고향으로 돌아가고픈 바람을 이루게 하소서. 그리하신다면 신은 이보다 더 큰 다행이 없겠습니다. 신은 지극히 두렵고 감격스러워 눈물을 흘리며 간절히 바라는 마음을 가눌 길이 없습니다.

## 고 지평 박광옥[9]과 충용장 김덕령[10]에게 시호를 내릴 것을 청하는 소 대신하여 지은 것이다.

請故持平朴光玉忠勇將金德齡贈諡疏 代述

삼가 아뢰니다. 신들이 먼 곳에 사는 미천한 선비의 몸으로 천 리나 되는 길을 와서 대궐 앞에 호소하는 것은 그 뜻이 어찌 공연한 것이겠습니까. 진실로 충의(忠義)를 장려하는 것은 실로 세도(世道)에 관계되고 관작과 시호를 추가(追加)하는 것은 의당 보답함을 극진히 해야 하므로, 조정에서도 진실로 도탑게 생각하였건만 아직도 서둘러 다 거행하지 않은 부분이 있습니다. 이 때문에 신들이 참람함을 헤아리지도 못하고 멀리서 와서 우러러 호소하는 것입니다.

신들이 거주하는 고을에 고 사헌부 지평 박광옥과 증 병조 참의 김덕령이 살았는데, 향리 사람들이 사당을 세워 높이 받드는 이들입니다. 근자에 성상께서 이미 의논하는 신하들의 말로 인하여 개연히 그들을

**9** 박광옥(朴光玉) : 1526~1593. 본관은 음성(陰城), 자는 경원(景瑗), 호는 회재(懷齋)이다. 예조 정랑 · 지평 · 봉상시 정 등을 역임하였고, 정여립 옥사(鄭汝立獄事) 때 삭탈관직되었다가 임진왜란이 일어나자 고경명(高敬命) · 김천일(金千鎰) 등과 함께 의병을 일으켜 고향의 의병도청(義兵都廳)에서 군장비와 군량 조달에 힘썼다. 의병 활동의 공로로 나주 목사에 오르기도 하였다. 저서로 《회재유집(懷齋遺集)》이 있다.

**10** 김덕령(金德齡) : 1567~1596. 본관은 광산(光山), 자는 경수(景樹), 시호는 충장(忠壯)이다. 임진왜란이 일어나자 의병을 일으켰으며 선조(宣祖)로부터 형조 좌랑의 직함과 충용장(忠勇將)의 군호를 받았다. 수많은 전공을 올렸으나 이몽학(李夢鶴)의 반란 때 난을 진압하기 위해 진군하다가 이미 난이 평정되었다는 소식을 듣고 회군하였는데 이때 이몽학과 내통했다는 무고를 당해 혹독한 고문을 받고 옥사하였다.

추모하시어 대신들에게 순문(詢問)하여, 특별히 박광옥에게는 도승지를 증직하고 김덕령에게는 병조 판서를 추가로 증직하게 하셨으며 그 사당에 '의열(義烈)'이라 사액(賜額)하셨습니다. 이는 포장(褒獎)하고 가상히 여기며 남다르게 은총을 내리는 융숭함이 진실로 이미 한 세상을 감동시키고 후세에까지 전해질 수 있는 것입니다. 다만 생각건대 두 신하가 수립한 공적이 저와 같이 우뚝하니 의당 시호를 내려 명호를 바꾸어 주는 은전을 시행해서 권선(勸善)의 방도를 더욱 드러내야 하는데 아직도 그런 일이 있다는 말을 듣지 못하였습니다. 이는 자못 조정의 신하들이 이러한 뜻으로 다시 고한 일이 없는 까닭에 성조(聖朝)에서 표창하고 장려하는 성대한 뜻이 일반적인 격식에 제한되어 아직도 극진하지 못한 점이 있는 것입니다. 그러니 신들이 이에 어찌 시호를 청하는 한마디 말을 하지 않을 수 있겠습니까.

신들이 삼가 봉상시(奉常寺)의 고사(故事)를 들어 보니, 해당자가 정2품의 실직(實職)을 지낸 적이 있어야 시호를 의논하여 정(定)할 수 있다 하니, 이것은 일반적인 격식입니다. 그러나 진실로 그 학행(學行)과 충렬(忠烈)이 널리 알려져서 현격하게 드러난 사람은 증직한 관직이 준품(准品)임을 인하여[11] 특별히 명해 시호를 내린 경우가 이미 많이 있습니다. 그리고 그 사이에 또 준품으로 추가 증직하여 시호를 내린 경우도 있었으니, 오로지 일반적인 격식만 들어 제한하지는 않은 것입니다. 대개 증직된 관직에 따라 시호를 내린 경우 보고 들은 것이

**11** 증직한……인하여 : '준품(准品)'은 관직에 해당하는 품계라는 뜻으로, 생전에 시호를 받기에 합당한 정2품의 실직을 거치지 않았으나 사후에 증직된 관직이 정2품이면 생전에 정2품 실직을 거친 것과 마찬가지로 취급하자는 말이다.

참으로 한둘이 아니고, 추가로 증직된 관직으로 시호를 내린 경우도 지금 신들이 도성에 당도한 뒤 들은 것으로 말해 보면, 강화도에서 순절한 송시영(宋時榮)[12]은 단지 대신들의 건의에 따라 특별히 2품으로 추가 증직하여 시호를 내리게 하였으니, 이는 또 매우 성대하게 아름다운 뜻이자 근거할 만한 근래의 일입니다.

대저 김덕령의 충용(忠勇)과 대절(大節)은 진실로 백대(百代)에 이름을 드리울 만하고 조정에서도 이미 육경(六卿)의 관직을 증직하였으니, 지금 그 준품으로 증직된 것을 인하여 다시 시호를 내릴 것을 허락하는 것은 의당 장애가 없을 듯합니다. 그리고 박광옥의 학행과 충절 같은 경우 시종일관 완전하고 순수하여 이미 한 나라에서 크게 경모(景慕)하는 바가 되었고 또 조정에서 관직을 증직해 주는 은혜도 입었습니다. 그러니 비록 증직한 관질(官秩)이 시호를 얻을 수 있는 반열에 미치지는 못하나, 성대한 뜻을 미루고 근래의 예를 적용하여 추가로 증직해서 시호를 내려 그가 남긴 공렬에 걸맞도록 해 주는 것은 또한 조정에서 뜻을 기울이는 데 달려 있을 따름이니, 또한 무슨 어려움이 있겠습니까. 이것이 신들이 성조(聖朝)에 다시금 바라면서 감히 청원하는 내용입니다.

두 신하가 수립한 우뚝한 공적을 논함에 이르러서는 근자에 의논하는 신하의 말과 대신(大臣)의 주청에 이미 대략 구비되어 있으니, 성상께서도 의당 통촉하지 못하신 점이 없을 것입니다. 그러니 어찌 신들의

**12** 송시영(宋時榮) : 1588~1637. 본관은 은진(恩津), 자는 공선(公先) 혹은 무선(茂先), 호는 야은(野隱), 시호는 충현(忠顯)이다. 봉사(奉事)·직장(直長)·상의원 주부(尙衣院主簿) 등을 역임하였으며 병자호란 때 왕명을 받들어 강화도에 들어갔다가 강화도가 함락되자 자결하였다. 사후에 정려(旌閭)가 세워지고 정2품 좌찬성에 증직되었다.

한두 마디 칭술(稱述)을 기다릴 것이 있겠습니까. 비록 그러하나 당시 의논하는 신하의 말에 이미 "고을 백성들이 전송(傳誦)하는 말과 재야에서 기록한 글에서 얻었다."라고 하였으니, 그 말에서 '고을 백성'이라 함은 바로 신들과 같은 무리를 이르는 것이요 '재야에서 기록한 글'이라 함은 바로 신들이 사는 향리의 선생 장로(先生長老)들이 전하여 기술한 것입니다. 이런 내용으로 말하는 것은 신들이 의당 또한 보고 들은 바를 상세히 아뢰어 성상을 모시고 있는 자들이 살펴볼 수 있게 대비할 수 있을 것이니, 신들이 청컨대 다시 아뢰어 보겠습니다.

박광옥은 자질이 범상치 않고 국량이 넓고 굳세어 효성을 다하여 어버이를 받들고 근엄하게 집안을 다스렸으며 상례와 제례를 한결같이 고례(古禮)를 준행하여 학행으로 천거를 받아 벼슬살이를 시작하였는데, 안정되고 고요하게 스스로를 지키면서 절대 다른 사람들과 함부로 교유하지 않았습니다. 선정신(先正臣) 박순(朴淳)이 과거에 응시할 것을 힘써 권하여 문과에 급제하였는데, 대각(臺閣)에 있으면서 맑은 풍조를 진작하고 혼탁한 풍조를 떨쳐 내는 것을 자신의 임무로 삼고서 권귀(權貴)를 탄핵하는 것도 피하지 않았습니다. 여러 번 주(州)·현(縣)의 관장이 되어서는 이르는 곳마다 반드시 학교를 일으켜 세워 모두 성취한 업적이 있었습니다. 그런데 얼마 되지 않아 병을 이유로 향리로 돌아가 관직을 사양하며 나아오지 않고서 인근의 준수한 자제들을 모아 날마다 학문 강습을 일삼으니 항상 수십여 인의 학도들이 머물렀습니다.

임진왜란이 일어나 대가(大駕)가 서쪽으로 파천(播遷)하였다는 말을 듣고는 북쪽을 바라보며 통곡하고 여러 날 식사를 끊고서 힘써 신속하게 창의(倡義)를 도모하여 김천일(金千鎰), 고경명(高敬命) 등과 함께 의론을 합하여 일을 함께하였습니다. 고경명이 처음 담양(潭陽)으로 나아가 의병장에 올랐을 때, 박광옥이 정예병을 모집하고 군량과 군기(軍器)를 모아 의병군에 공급하니 군대의 진용이 비로소 조금씩 갖추어지게 되었습니다. 그런데 병세(病勢)가 심하여 종군(從軍)하지 못하고서 오직 본거지를 보전하고 간사한 무리를 억누르는 것을 자기의 임무로 삼으니, 김천일이 또한 편지로 권면하면서 "한편에서는 전장으로 달려 나가 전투하고 한편에서는 본거지에 남아 방비하니 나라를 위하는 일 아님이 없습니다. 더군다나 본거지가 한번 흔들리면 장차 일이 어찌될지 예측하기 어려우니 우리들의 성패는 오직 그대에게 달렸습니다."라고 하였습니다.

박광옥이 향리의 선비 수십 인을 이끌고서 의병도청(義兵都廳)을 설치한 다음 선비들을 나누어 보내 여염집을 다니면서 백성들을 효유하여 의병을 모집하니, 원근에서 차츰차츰 명에 응하게 되어 이에 힘입어 의병이 제 모습을 갖추었습니다. 조정에서 이 사실을 듣고 마침내 박광옥을 나주 목사(羅州牧使)에 제수하였는데, 박광옥은 나라가 위급하니 신자 된 의리상 응당 어렵다고 사양할 수는 없다 여기고 병석에서 애써 일어나 관직에 나아갔습니다. 그리고 정청(正廳)에 좌정하지 않고 껍질만 벗겨 낸 쌀로 지은 거친 밥만 먹으면서 식사를 할 때마다 번번이 눈물을 삼키며 "군부께서는 어디에 계신단 말인가, 이 무슨 때란 말인가."라고 하였습니다. 그리고 한 성을 전권으로 맡아 다스리는 목사의 형세에 의거하여 다시 적병을 토벌하는 군사를 일으켜 예전에 품었던 뜻을 완수하고자 하였는데, 그 계획이 막 정해질 무렵 병으로 인해 이미 어찌할 수가 없었습니다. 그리하여 끝내 가슴에 뜻을 품은 채로 숨을 거두었습니다. 오호라, 박광옥과 같은 자는 그 학행과 충절이 진실로 시종일관 완전하고 순수한 자라고 이를 만합니다. 이는 신들의 말이 아니라 모두 선생 장로들의 기록에서 나온 것이니, 신들의 말은 그 번만함을 줄이고 요약해서 말한 것이요 실로 한마디도 망녕되이 보탠 것이 없습니다. 그러니 어찌 미덥고 검증된 것이 아니겠습니까.

김덕령은 어릴 때부터 강개한 성품으로 큰 뜻을 지니고 있었으며 웅혼하고 용맹한 기상이 남다르게 빼어나 매양 스스로를 조운(趙雲)[13]에 비겼습니다. 일찍이 지은 시에 "병기 들고 적을 쳐부수고서 갑옷 벗고 강호로 돌아가네."라는 구절이 있었으니 그 뜻을 이미 알 수 있습니다. 임진왜란이 일어났을 당시 모친상을 지내고 있었는데 상복을 입은 채로 병사를 모집하여 수천 인을 얻었습니다. 당시 광해군(光海君)이 세자가 되어 전주(全州)에 머무르고 있었는데 '익호 장군(翼虎將軍)'이라는 호를 내렸으며, 선조(宣祖) 임금께서는 사신을 보내 격려하고 또 '충용(忠勇)'이라는 군호(軍號)를 내리셨습니다.

김덕령이 영남으로 진군하니 군대의 위세가 크게 떨쳐졌는데 일찍이 스스로 지은 격문의 대략에 "정도(正道)를 지키고 있으면 위태로운 상황에 있더라도 반드시 흥성하고 순리(順理)를 거스르면 강성하더라도 반드시 멸망한다. 지금 우리 군대가 길일을 택해 출진하여 깃발이 동쪽을 향해 펄럭이는데 병사는 정예롭고 병기는 예리하며 바른 명분을 지닌 군대라 사기가 왕성하니[14] 저 솥단지 안의 물고기 같은 왜적

**13** 조운(趙雲) : 삼국 촉한(蜀漢)의 장수로, 자가 자룡(子龍)이다.

**14** 바른……왕성하니 : 원문은 '師直爲壯'으로, 《춘추좌씨전(春秋左氏傳)》 선공(宣公) 12년 조에 "명분이 바른 군대는 사기가 왕성한 반면, 명분이 없는 군대는 쇠하기 마련이다.〔師直爲壯, 曲爲老.〕"라는 말이 있다.

놈들이 어찌 오래 버티랴.”라고 하였습니다. 지금 그 격문을 읽어 봄에 늠름하여 마치 생동하는 듯하니 어쩌면 이리도 장한지요. 왜적들이 그 위명(威名)을 듣고서 몰래 화공(畫工)을 보내 김덕령의 모습을 그려 오게 하여 보고서는 “참으로 장군의 모습이다.”라고 하면서 서로 경계하여 병사를 수습해 김덕령의 예봉을 피하니, 관군과 명나라 군이 모두 김덕령에게 의지하여 그를 중히 여겼습니다. 때마침 조정에서는 이미 왜적과의 화의(和議)를 의논하던 터라 장수들을 금하여 진군하지 말도록 하였는데, 김덕령은 오히려 병사를 크게 모아 밤낮으로 병기를 손질하고 둔전을 광작(廣作)하여 전투하고 수비할 계책을 세우고서 누차 왜적과 싸울 것을 청하였으나 조정에서 허락하지 않았습니다. 그러다가 마침내는 유언비어에 걸려들어 두 차례 체포되어 옥에 갇혔는데, 끝내는 당시 재상의 배척을 받아 옥사하니[15] 국인(國人)들이, 송나라 사람들이 악비(岳飛)[16]의 죽음을 원통해하듯 슬퍼하였습니다.

**15** 두 차례……옥사하니 : 김덕령은 1596년(선조29)에 두 차례 투옥되었는데, 첫 번째 투옥의 죄명은 도체찰사 윤근수(尹根壽)의 노복을 장살했다는 것이었다. 그러나 영남 유생들의 상소와 정탁(鄭琢)의 변호로 석방되었다. 그러고 나서 그해 7월 홍산(鴻山)에서 이몽학(李夢鶴)이 반란을 일으키자 김덕령이 명을 받고 운봉(雲峯)까지 진군했는데, 난이 평정되었다는 소식을 듣고 회군했다가 신경행(辛景行)과 한현(韓絢)이 김덕령이 이몽학과 내통했다고 무고하여 20일 동안 여섯 차례의 혹독한 고문을 받고 옥사하였다. 당시 유성룡(柳成龍)을 비롯한 대신들은 김덕령에 대한 문초를 신중히 할 것을 주청하였으나 판중추부사 윤두수(尹斗壽)는 엄벌을 주장하였다. 윤두수는 김덕령이 노복을 장살한 윤근수의 형이었다. 당시 재상의 배척을 받았다는 것은 이 사실을 두고 한 말로 보인다.

**16** 악비(岳飛) : 1103～1141. 남송(南宋) 초기의 명장으로 금(金)나라 군대와의 전투에서 많은 전공을 올렸으나 금과의 화의(和議)를 주장하던 당시 실권자 진회(秦檜)의 모함을 받고 39세의 젊은 나이로 죽었다.

오호라, 김덕령과 같은 이는 그 충용(忠勇)과 대절(大節)이 백대(百代) 뒤에까지 이름을 드리우기에 부족하겠습니까. 신들이 삼가 들으니, 성상께서 처음 의논하는 신하의 말을 들으시고서 친히 옥음(玉音)으로 하교하기를 "이 사람은 《해동명신록(海東名臣錄)》에서 익호 장군(翼虎將軍)이라 일컬었던 자가 아닌가."라고 하셨다 하니, 이는 억울함을 당하고서 당대에 신원받지 못했던 김덕령이 백세 뒤에 비로소 성조(聖朝)에게 지우(知遇)를 입은 것입니다. 그러니 더욱이 어찌 신들의 말을 기다린 뒤에야 그 사적이 명백해지겠습니까. 이와 같은 상황이라면, 이 두 신하에게 지금 증직하는 것에 따라 시호를 더하여 내리는 것이 어찌 마땅하지 않겠으며, 준품으로 추가 증직하여 일체 시호를 하사하는 것이 또한 어찌 마땅하지 않겠습니까.

아, 순정한 충정과 굳건한 절조를 지녀 대를 건너 한 번 나타나는 김덕령과 같은 사람에게 어찌 시호를 내리는 은전이 더해지지 않을 수 있겠으며, 군무(軍務)를 돌보느라 수고하고 뜻을 굳게 정하여 나라를 위해 몸을 바친 박광옥 같은 사람이 또한 어찌 사절(死節)의 의리에 부족함이 있겠습니까. 성상께서 이에 대해 다시 조금이나마 살피신다면 분명 신들의 청이 마땅하다 여기실 것입니다. 대저 충의와 선행을 표창하는 것은 바로 나라의 급선무이니, 세상 사람들을 면려하고 풍속을 좋은 방향으로 인도하는 것으로 이보다 중요한 일이 없습니다. 또 옛사람들이 평소 아무런 일이 없을 때에도 반드시 맹사(猛士)를 생각하고 절의를 중시했던 것은, 진실로 위급한 상황은 때때로 생기는 법이고 편안할 때에도 위태로움을 잊지 않는 도리상 부득불 그렇게 해야 할 점이 있기 때문입니다. 그러니 오늘날 또 어찌 한갓 일반적인 격식만 내세우고 포장(褒奬)하는 방도는 극진히 하지 않아서, 세상 사람들을 면려하고 풍속을 좋은 방향으로 인도하는 일이 끝내 다 거행되지 못하게 만들고, 또 장차 위급한 상황에서 권면할 계제가 없게 만들 수 있겠습니까. 이는 또 성상께서 깊이 생각하지 않으셔서는 안 될 부분입니다.

그리고 신들이 전에는 이 두 신하의 일을 조정에 우러러 아뢰지 않고 단지 주(州)·이(里)에서 사적으로 서로 전하기만 하다가, 지금 조정에서 증직하고 사액(賜額)하고 나자 또 서로 이끌고 대궐로 달려와 작록과 시호를 추가로 내려 달라 구태여 청하니 또한 이상할 법도 합니다. 그러나 여기에는 상하(上下)가 서로 완성되는 뜻이 담겨 있습니다. 지난날 조정에서 표창하는 성대한 은전을 거행하지 않았다면 신들이 어찌 흥기하여 이런 청을 하겠으며, 만일 신들이 지금처럼 청하지 않는다면 조정에서 또한 어찌 더욱 심사숙고하여 성대한 은전에 조그마한 흠결도 없게 할 수 있겠습니까. 이는 서로를 필요로 하고 서로를 이루어 주는 도리인 것입니다. 삼가 바라건대 성상께서는 밝게 굽어 살피시어 서둘러 신들의 청을 윤허하시고 예관으로 하여금 대신들에게 묻고 의논하여 두 신하 모두 시호를 내려 받는 은전을 입게 하신다면, 이는 비단 신들의 다행일 뿐만 아니라 실로 세도(世道)의 다행일 것입니다. 신들은 지극히 황공하고 간절히 바라는 마음을 가눌 길이 없습니다.

## 나주 오현서원[17]에 우계(牛溪)와 율곡(栗谷) 양현을 아울러 배향할 것을 청하는 소 대신하여 지은 것이다.

請羅州五賢書院竝享牛栗兩賢疏 代述

삼가 아룁니다. 신들은 모두 먼 지방의 몽매한 선비로 학문을 해 나갈 방향을 알지 못하는 사람들이니, 오직 조정에서 교육하는 뜻을 우러러 체행하여 지방 학교에서 서로 함께 열심히 공부해야 마땅할 것입니다. 그리고 서로 이끌고 도성에 들어와 소를 올리고 궐문을 두드리는 일로 말하자면 신들의 급선무가 아님을 참으로 잘 알고 있습니다. 그런데 도성에 들어온 며칠 동안 또 여러 곳의 유생들이 사원(祠院)에 관한 일로 연달아 서로 계속해서 소를 올리는 것을 보고서도[18] 도리어 이러

**17** 오현서원(五賢書院) : 서원의 정식 명칭은 아니고 오현을 모신 서원이라는 뜻으로 일컫은 것이다. 전라남도 나주시 노안면 영평리에 소재한 서원으로 현재 명칭은 경현서원(景賢書院)이다. 1583년(선조16) 지방 유림이 김굉필(金宏弼)을 추모하기 위해 금양서원(錦陽書院)이라는 이름으로 창건하여 위패를 모셨다가 1589년 나덕준(羅德峻) 등의 발의로 정여창(鄭汝昌)·조광조(趙光祖)·이언적(李彦迪)·이황(李滉) 등 4위를 함께 배향하여 오현을 모신 서원이 되었다. 1609년(광해군1)에 김선(金璇) 등의 상소로 '경현(景賢)'이라 사액(賜額)하였고, 1693년(숙종19) 기대승(奇大升)과 김성일(金誠一)을 추가로 배향하여 모두 7위를 모시다가 대원군의 서원철폐령으로 훼철되었던 것을 1977년 전라남도 유림이 복원하였다.

**18** 그런데……보고서도 : 조선 후기 들어 서원이 점차 백성을 수탈하고 지방 관청에 피해를 끼치는 거점으로 변질되자 조정에서는 서원의 설립을 제한하기 시작하였다. 특히, 숙종 대에는 1703년(숙종29)에는 서원을 사사로이 설립하는 경우 그 지방관을 벌하고 이를 주도한 유생은 과거에 응시하지 못하도록 하는 서원 금령이 내려졌고, 1713년에는 1714년 이후로는 새로운 서원의 설립을 금지하고 사액을 내리지 않기로 결정하였다.

한 때에 다시 성상의 귀를 번거롭게 해 드리니, 성상의 심기를 어지럽혀 드린 데 대한 두려움이 더욱이 없지 않습니다. 다만 생각건대 이미 이 일은 사문(斯文)의 중요한 일이고 또 한 지방의 정론(定論)이니, 신들이 어찌 청을 그만둘 수 있겠습니까.

대개 신들이 청하는 내용이 참으로 또한 사원에 관한 일이나, 새로운 사원을 창건하게 해 달라고 청하는 것도 아니고 사액을 해 달라고 청하는 것도 아닙니다. 본도(本道)의 나주목(羅州牧) 소재지에 예부터 오현서원이 있어서 이미 사액을 받았습니다. 지금 문성공(文成公) 이이(李珥)와 문간공(文簡公) 성혼(成渾)을 아울러 배향하고자 하니, 신들이 도성에 온 것은 단지 조정에서 한번 참작해 주시어 사전(祀典)에 두 사람의 이름을 아울러 들일 수 있도록 허락해 달라고 청하는 것뿐입니다. 삼가 바라건대 밝은 성상께서는 조금이나마 살펴 주소서. 신들이 감히 다시 상세히 아뢰어 보겠습니다.

삼가 생각건대 호남(湖南) 한 지방은 예로부터 문유(文儒)의 고장이라 불리었고 나주는 또 호남의 한 도회지입니다. 고을이 크고 선비가 많은 까닭에, 주학(州學) 외에 또 서원이 있어 많은 이들이 모여 학문을 강습하는 장소로 삼아 왔는데, 서원에서 제사를 차려 받들어 봉향하는 이들은 바로 본조의 다섯 현신(賢臣)인 문경공(文敬公) 김굉필(金宏弼)·문헌공(文獻公) 정여창(鄭汝昌)·문정공(文正公) 조광조(趙光祖)·문원공(文元公) 이언적(李彦迪)·문순공(文純公) 이황(李滉)입니다. 본 고을은 다섯 현신이 태어난 고향이 아니고, 벼슬살이한 지역도 아닙니다. 그럼에도 제향하는 전례(典禮)를 반드시 이 다섯 현신으로 한 것은 진실로 그들의 도학(道學)이 동방 유자(儒者)들을 창도(倡導)하였고 또한 이미 문묘에 종사되는 반열에 들었으니, 수많은 선비들이 그들을 표준으로 세워 의당 이를 바꿀 수 없기 때문입니다. 이는 그 도학이 특히 성대함을 취한 것이요 애초 그 평소 발자취가 이 고을에 이르렀는지 여부는 따지지 않은 것이니, 무릇 이 오현(五賢)을 이어 일어나 그 도덕과 학문이 전현(前賢)에 빛나고 후학(後學)에게 모범이 되기 충분한 자는 또한 일체 아울러 배향함이 어찌 매우 마땅한 일이 아니겠습니까.

신들이 삼가 들으니, 오현의 뒤로 도덕이 순수하고 학문이 고명하기로는 진실로 문성공(文成公) 이이(李珥)보다 성대한 이가 없고 또한 문간공(文簡公) 성혼(成渾)보다 성대한 이가 없다고 합니다. 이는 신들의 사사로운 말이 아니라 실로 사림(士林)의 공론(公論)이니, 이제 이 두 현신을 오현에 뒤이어 배향하여 한 사원에서 함께 제향하는 것이 어찌 수많은 선비들만의 바람이겠습니까. 또한 국가에 있어서도 백세토록 빛나고 아름다운 일인 것입니다. 대개 사론(士論)이 합하여 정해진 지는 이미 오래이나 다만 조지(朝旨)를 받지 못하였기 때문에 오늘날의 청이 있게 된 것입니다. 두 현신의 성대한 도학을 논함에 이르러서는 성상의 총명으로 의당 통촉하지 못하신 점이 없을 것이요, 또한 학문이 미천한 신들은 그 만의 하나도 형용해 낼 수가 없습니다. 비록 그러하나 임금께 아뢰는 격식상 상세히 말하지 않을 수가 없고 신들 또한 온전히 겉으로만 경모하는 무리가 되는 지경에는 이르지 않았으니 어찌 어렴풋이 알고 있는 한두 가지 내용이나마 아뢰지 않을 수 있겠습니까.

이이는 타고난 자질이 지극히 높아 보통 사람보다 훨씬 뛰어나서 지극한 행실과 높은 식견이 이미 어린 시절에 드러났습니다. 조금 장성해서는 학문에 뜻을 두어 곧장 성현(聖賢)과 같은 사람이 되기를 스스로 기약하여, 정밀히 사고해서 오묘히 깨닫고 용맹히 전진해서 실천해 나갔으니 다른 사람들이 미칠 수 없는 점이 있었습니다. 조정에서 임금을 섬기게 되어서는 진퇴구속(進退久速)[19]을 한결같이 도의(道義)에 입각하여 행했는데, 시종일관 마음속의 간절한 바람은 반드시 세도(世道)를 바로잡아 회복시켜서 상고(上古) 시절 제왕들의 다스림을 추구하려는 것이었습니다. 선묘(宣廟)의 지우가 만년에 더욱 깊어져 바야흐로 국정에 관한 것은 이이의 의견을 따르려 하였는데 하늘이 갑작스레 이이를 빼앗아 갔으니, 이는 지사(志士)들이 지금까지도 안타까워하는 점입니다. 대개 지극히 공변되고 참으로 정성스러운 마음과 대체(大體)와 대용(大用)을 지닌 재주를 당시에 베풀 수 없었던 것 같은 경우는 시운(時運)에 관계되지 않은 것이 없으나, 그 일생 동안의 몸가짐만은 모두 후학의 모범이 되기에 충분하고 편언척자(片言隻字)도 도(道)의 요체를 발명(發明)한 것 아님이 없으니, 사도(斯道)와 사민(斯民)에 공을 세운 것이 어떠하겠습니까.

성혼(成渾)은 바로 이이와 뜻이 같고 도가 계합한 벗입니다. 일찍부터 가정의 가르침을 받아 뜻을 굳게 하여 도를 추구해서 은거하여 덕을 기르니 한 세상 사람들이 모두 다 그에게 경도되었습니다. 명성이 밝게 드러나자 정초(旌招)[20]가 연이어 이르렀는데 출처(出處)에 있어 터럭

**19** 진퇴구속(進退久速) : 사지구속(仕止久速), 행지구속(行止久速), 가부구속(可否久速) 등과 같은 말로 벼슬할 때 시의(時宜)에 맞게 처신함을 가리킨다. 《맹자》 〈공손추 상(公孫丑上)〉에 "벼슬할 만하면 벼슬하고 그만둘 만하면 그만두며, 오래 머무를 만하면 오래 머물고 빨리 떠날 만하면 빨리 떠나신 분은 공자이시다.〔可以仕則仕, 可以止則止, 可以久則久, 可以速則速, 孔子也.〕"라고 하였다.

**20** 정초(旌招) : 학덕이 높은 선비를 과거를 거치지 않고 벼슬을 내려 부르던 일을 가리킨다.

만 한 부분도 반드시 삼가서 절도가 분명하고 법도가 정연하였으니, 그가 한평생 행한 것은 선현(先賢)들의 유법(遺法) 아님이 없습니다. 이 때문에 지금 시점에서 살펴볼 수 있는 것들 모두가 학자들의 정법(定法)이 되니, 이는 일시적으로 사람들에게 이로운 혜택을 미친 자보다 그 공이 도리어 나은 점이 있는 것입니다. 대개 학문의 순수한 연원과 바른 지향점을 지니고서 이미 당시에 사도(斯道)를 자임하였고 또한 후세에 풍교(風敎)를 드리웠으니, 온축된 경세제민(經世濟民)의 학술을 세상에 다 드러내 시행하지 못한 것은 비록 식자들이 한스러워하는 바이나 사도의 광영에는 무슨 손실이 있겠습니까. 아아, 성대합니다.

신들이 기쁜 마음으로 사모하고 심복하는 뜻은 비록 매우 넘쳐 나서 쉬이 다하지 않으나 두 현신의 도덕은 본디 신들의 말로 인해 더 드러남이 있는 것이 아니니, 신들이 또한 어찌 많은 말을 하겠습니까. 요컨대 이 두 현신이 비록 앞의 다섯 현신들과는 세대가 조금 앞서고 뒤서는 차이가 있으나, 그 도학의 성대함을 논해 보면 진실로 응당 다섯 현신들에게 양보함이 없는지라 일국의 공론이 다 "마땅히 문묘(文廟)에 종향(從享)하는 반열에 있어야 한다."라고 한 지가 또한 이미 오래되었습니다. 그렇다면 이처럼 한 사원에서 아울러 배향하는 제전(祭典)은 장차 신들이 다 말하기를 기다리지 않더라도 밝은 성상께서 반드시 처리하시는 바가 있을 것인데, 신들이 이 부분에 있어 또 삼가 느끼는 바가 있습니다. 세도(世道)가 날로 추락하고 이설(異說)이 제멋대로 유행하여 마음이 함몰된 일종의 무리들이 세상에 횡행하고 있는데, 극단적으로는 나라에 해를 끼치고 집안을 망치면서도 미혹하여 돌이킬 줄 알지 못하는 데 이르니 그 습속은 진실로 미워할 만하고 그 실상은 또한 애처롭습니다. 그 연유를 궁구해 보건대 이는 자못 사학(師學)이 밝지 못하고 선비들의 지향점이 정해지지 않아 그러한 것입니다. 지금 만약 도학(道學)의 정전(正傳)을 드러내 밝혀서 사람들로 하여금 모두 살펴보고 본받을 수 있게 한다면, 나라에서 백성을 교화하고 풍속을 이루려는 방도에 혹 또한 도움이 되는 점이 없지 않을 것이니, 또 어찌 유독 한 지방 사문의 다행이고 말 뿐이겠습니까.

삼가 바라건대 밝은 성상께서는 신들이 미천하다 하여 신들의 말까지 폐하지 마시고 서둘러 두 현신을 아울러 배향하는 제전을 거행하도록 허락해 주소서. 그리하신다면 이보다 더 큰 다행이 없겠습니다. 신들은 지극히 두렵고 아뜩하며 엎드려 간절히 바라는 마음을 가눌 길이 없습니다.

## 함흥의 육현서원[21]에 사액할 것을 청하는 소 대신하여 지은 것이다.

咸興六賢書院請額疏 代述

삼가 아룁니다. 관북(關北) 한 지방은 바로 우리 성조(聖祖)께서 왕업을 일으킨 땅입니다. 본조(本朝)의 문치(文治)가 이전의 왕대(王代)보다 월등하건만 왕업을 일으킨 땅에 도리어 사문(斯文)이 진작되지 않고 있으니, 이는 진실로 신들과 수많은 선비들의 수치이며 또한 조정에서 학문을 진흥하는 방도에 혹 극진하지 못한 점이 있어 그런 것인가 염려됩니다. 대저 서원이란 선현(先賢)을 향사(享祀)하고 배우는 자들이 머물면서 열심히 공부하는 장소로 삼고 선현의 길을 좇아 나가는 데 차질이 없게 하는 곳입니다. 이는 진실로 학문을 진흥하는 한 가지 일이

21 육현서원(六賢書院) : 〈나주 오현서원에 우계와 율곡 양현을 아울러 배향할 것을 청하는 소〉의 예에서 보듯 서원의 정식 명칭이라기보다 육현을 모신 서원이라는 뜻으로 이렇게 일컬은 듯하다. 《신증동국여지승람(新增東國輿地勝覽)》 권48 〈함경도(咸鏡道) 함흥부(咸興府)〉의 기록과 민정중(閔鼎重)이 함경도 관찰사로 재임하던 기간인 1664~1667년, 본문의 '운전(雲田)' 등의 지명을 고려할 때, 여기서 육현을 모신 서원은 운전서원(雲田書院)을 가리키는 것으로 보인다. 운전서원은 함경남도 함주군 운전면 차인리에 있던 서원으로, 처음에는 함주군 선덕면에 건립되었다가 1847년(헌종13)에 운전면 차인리로 이건하였다. 1667년(현종8) 지방 유림의 공의로 창건하여 정몽주(鄭夢周)·이황(李滉)·이이(李珥)·조광조(趙光祖)·성혼(成渾)의 위패를 모셨으며, 뒤에 조헌(趙憲)·민정중·송시열(宋時烈)을 추배(追配)하였고, 1727년(영조3) '운전'이라 사액되었다. 그 뒤 홍선대원군의 서원철폐령으로 훼철되었으며 최종적으로는 향현사(鄉賢祠)라는 이름의 사당만 남은 것으로 파악된다.

니, 여기에는 반드시 조정에서 사액(賜額)하고 사전(祀典)에 올려 장려하고 감화시킨 뒤라야 그 사체(事體)가 비로소 무거워져 사문이 진작될 수 있습니다. 이것이 신들이 성조(聖朝)에 우러러 청하는 이유입니다.

신들이 삼가 생각건대 근세 서원이 흥성하여 나라 안에 두루 퍼져 거의 서로 바라다 보이는 상황인데, 본 지방만은 황량하여 다른 지방에 비길 것이 못 됩니다. 함흥과 같은 한 지방의 큰 도회지마저도 학교를 세우고 제사를 받드는 일이 궐략(闕略)되어 거행되지 못하니, 선비된 자들이 몹시 근심하고 있습니다. 그런데 시임 좌의정 신 민정중(閔鼎重)이 본 지방의 관찰사로 있을 적에 처음으로 함흥부 치소(治所) 남쪽 선덕진(宣德鎭)의 호숫가[22]에 서원을 건립하여 고려 문충공(文忠公) 정몽주(鄭夢周), 본조 문정공(文正公) 조광조(趙光祖)・문순공(文純公) 이황(李滉)・문간공(文簡公) 성혼(成渾)・문성공(文成公) 이이(李珥)를 받들어 향사하고 문열공(文烈公) 조헌(趙憲)을 배향(配享)하였습니다. 그리하여 한 지방의 학문에 뜻을 둔 선비들로 하여금 이곳에서 학문을 강습하고 살펴보고서 본받을 바가 있게 하였습니다. 그 뒤 함흥부 치소 동쪽 운전사(雲田社)[23]로 이건되었으나 받들어 향사

**22** 선덕진(宣德鎭)의 호숫가 : 지금의 광포호(廣浦湖)를 가리킨다. 함경남도 정평군과 함주군에 걸쳐 있는 우리나라 2대 자연 호수로 정평군의 주이면・정평면・광덕면과 함주군의 주지면・연포면・선덕면 등 여섯 개 면에 걸쳐 있다. 도련포(都連浦) 또는 이응포(裏應浦)라고도 불렀다.

**23** 운전사(雲田社) : '사(社)'는 고려와 조선 시대에 함경도에서만 칭해졌던 특수 행정구역 단위의 칭호로 다른 지역의 '이(里)'에 해당한다. 원(元)나라에서 50가(家)를 1사(社)로 했었는데, 이 영향을 받아 여말 선초에 함경도의 종래의 '촌(村)' 또는 '진(鎭)'이 '사'로 편제되었다. '운전'에 대해서는 229쪽 주21 참조.

하고 배향하는 의례와 학문을 권장하고 선비를 진작하는 규례는 한결같이 처음의 제도를 준행하니, 수양하는 선비들이 군집하여 머무는 장소이자 여러 고을에서 모두 향모하는 곳이 되었습니다. 북방에 서원이 생기고 나서 이 서원보다 존숭되는 곳은 없습니다.

받들어 향사하는 선현들의 성대한 도학을 논하는 것과 같은 경우에는 신들이 비록 몽매하지만 또한 당초 숭봉(崇奉)했던 뜻에 대해 참여하여 들은 적이 있습니다. 어떤 선현은 성학(聖學)이 끊어진 뒤에 떨쳐 일어나 동방 이학(理學)의 개조가 되었고, 어떤 선현은 당세를 창도하여 풍교를 후세에 드리웠고, 어떤 선현은 이학에 침잠하여 도덕이 순정하고, 어떤 선현은 조행(操行)이 돈독하고 확고하여 법도가 근엄하고, 어떤 선현은 천품이 매우 높아 도체(道體)를 환히 꿰뚫어 보았으니, 모두 우리 동방에서 당세에 저명한 현유(賢儒)이므로 그 평소 발걸음이 이 지방에 이르렀는지 이르지 않았는지는 따지지 않고 모두 수많은 선비의 표준으로 삼았다 합니다. 문열공 조헌은, 비록 그 경지의 정밀하고 깊은 수준은 앞의 다섯 선현에게 미치지 못하는 듯하나 그 학문의 연원과 충의대절(忠義大節)은 진실로 앞의 다섯 선현들의 아름다움에 짝하기에 부끄러움이 없을 만합니다. 그리고 또 일찍이 본 지방에 유배와 살았던 일이 있는 까닭에 종향(從享)하였다 합니다. 이는 위의 선현들을 향사할 적에 진실로 이미 공경하고 삼감을 다하여 조금의 구차함도 용납하지 않은 것입니다.

학문을 권장하고 선비를 진작하는 규례의 경우에는 오로지 도학을 위주로 하였고 배움에 뜻을 두고 나아가는 선비가 아니면 입학을 허락하지 않았으며 성현의 책이 아니면 읽기를 허락하지 않아서 세속에서 과거 급제를 위해서 하는 학업은 서원 안에 들이지 않았으니, 북방에

서원이 생기고 나서 이 서원보다 존숭되는 곳이 없다는 사실은 진실한 것입니다. 그러나 처음 건립한 뒤로 지금까지 세월이 흐르고 흘러 이미 1기(紀)[24]가 넘었는데도 편액(扁額)은 내려지지 않고 사전(祀典)에도 오르지 않았으니 이 어찌 한 지방 사문의 흠사(欠事)이자 조정에서 문학을 중시하는 성대한 뜻이 오히려 먼 지방에까지 다 미치지 못한 점이 있는 것이 아니겠습니까. 비록 그러하나 편액을 내리고 사전에 올리는 것이 진실로 조정의 뜻에 맞아떨어진다 하더라도 청하지 않고서 절로 얻는 경우는 없습니다. 신들이 일찍이 청한 적이 없으니 조정에서 도리어 무슨 수로 알겠습니까. 이는 신들의 책임입니다.

이에 감히 서로 이끌고서 대궐로 달려와 구중궁궐에 계신 성상께 우러러 호소하니 삼가 바라건대 성상께서는 조금이나마 살피시어 특별히 서원의 편액을 내려 주시고 사전에 올리는 것을 허락해 주소서. 그리하신다면 한 지방에 이보다 더 큰 다행이 없을 것이요 수많은 선비들에게도 이보다 더 큰 다행은 없을 것입니다. 신들은 지극히 황공하고 떨리며 엎드려 간절히 바라는 마음을 가눌 길이 없습니다.

**24** 1기(紀) : 12년을 가리킨다. 이 소에 시임 좌의정 민정중(閔鼎重)이 이 서원을 건립하였다는 언급이 있는데, 민정중이 좌의정이 된 것은 1680년(숙종6)으로 서원이 건립된 1667년(현종8)과 13년 차이가 난다.

## 관학 유생들이 박현석을 신구하는 소[25] 대신하여 지은 것이다.
館學儒生伸救朴玄石疏 代述

삼가 아뢰옵니다. 오호라, 전하께서는 어찌하여 이렇듯 전고(前古)에 없던 지나친 거조를 하십니까. 사문(斯文)의 흥쇠(興衰)와 국가의 안위에 관한 기틀이 엄연하게 단지 눈앞에 보이는 상황이니, 식자(識者)들은 통탄하고 깊이 근심하면서 차라리 아무것도 모르는 상태가 되고 싶어 하고 아래로는 여항의 어린아이나 하인배들까지도 애석해하고 탄식하면서 한심해하고 있습니다. 오호라, 이 어찌 뭇 신료와 백성들이 밝은 성상께 우러러 바라던 바이겠습니까. 신들은 도성에 거주하고 있으면서 시사(時事)가 이 지경에 이른 것을 목도하고 깊은 충정이 격발되어 약속하지 않고도 뜻이 합치된지라, 이에 감히 서로 이끌고 대궐 문에서 호소하면서 성총에 깨달음이 있기를 바라고 있습니다. 삼가 원하건대 전하께서는 조금이나마 유념하여 살펴 주소서.

신들이 삼가 보니 좨주(祭酒) 박세채(朴世采)는 산림에서 덕을 품고 있던 선비로, 성상의 지우(知遇)에 감격하여 조정에 나아오기 어려워하는 뜻을 굽히고서 자신의 안위는 돌아보지 않고 충성을 바치려는

**25** 관학(館學)……소 : 현석(玄石)은 박세채(朴世采)의 호이다. 1688년(숙종14) 박세채가 이조 판서를 제수받고 입성하여 희정당(熙政堂)에서 숙종을 만나 5건의 차자를 올렸는데, 그 가운데 동평군(東平君) 이항(李杭)에게 혜민서 제조를 제수한 것을 문제 삼은 것이 숙종의 노여움을 사게 된 것을 유생들이 신구하는 상소이다. 박세채는 숙종의 견책을 받고 출성하여 대죄하였으며, 숙종은 매우 진노하여 그 문생들이 박세채를 신구하는 소차(疏箚)도 들이지 말라고 명하였다.

절조를 분발하여 얼른 마음을 돌이켜서 조정에 나아왔습니다. 이는 그 충성을 바쳐 은혜에 보답하고자 하는 간절한 정성은 말할 필요도 없으며, 우리 전하께서 덕을 높이고 도를 즐기는 성대한 마음이 또한 한 세상에 밝게 드러난 것입니다. 그리하여 중외(中外)가 기대하면서 기쁜 마음으로 '이제부터 성상의 학문은 더욱 진전되고 조정은 날로 새로워져 백성들이 실제 혜택을 입고 시속이 크게 변할 것이니 태평한 다스림의 효과를 조만간 보게 되리라.'라고 여기지 않음이 없었는데 한번 면대하자마자 파직되어 만사가 산산조각 나고 눈 깜짝하는 사이에 상황이 크게 변할 줄은 진실로 생각지도 못하였습니다.

신들은 삼가 통탄스럽고 애석한 마음을 금할 길이 없습니다. 오호라, 하늘이 이 세상을 편안한 상태로 되돌리고자 하지 않는 것입니까. 매우 성대한 기회가 와서 장차 훌륭한 일을 할 수 있을 듯하더니 돌연 무너지고 어지러워져 이처럼 극한 지경에 이르렀단 말입니까. 삼가 생각건대 전하께서 밤 깊도록 생각해 보시면 또한 반드시 슬퍼하면서 편치 못하신 점이 있을 것입니다. 처음의 뜻을 이어 나가지 못하는 데 대한 탄식은 예로부터 비일비재하였고 충성스럽고 어진 신하가 억울하게 죄를 입는 것도 어느 시대인들 없었겠습니까. 그러나 우리 전하처럼 현자를 좋아하고 선비를 아끼고서도, 마음을 비우고 현자를 위해 자리를 비워 두는 첫 만남에서 차분하게 무릎이 맞닿을 정도로 간곡히 올린 말이 곧장 화근이 되어 전체 판국이 다 어그러진 것이 오늘날과 같은 경우는 없었습니다. 이는 더욱이 통탄스럽고 애석합니다.

아, 대신(大臣)과 근신(近臣)들이 연이어 쟁론하여도 무익할 뿐 아니라 문득 도리어 죄를 얻는 상황이니, 지금 허술하고 미천한 신들이 구구하게 우러러 호소하여 성상의 마음을 돌리기를 바라는 것은 진실로 또한 스스로를 헤아리지 못한 짓입니다. 비록 그러하나 옛사람이 말하기를 "밝은 군주는 이치로 간하여 설득할 수 있다."[26]라고 하였습니다. 신들은 비록 매우 허술하고 미천하나 신들의 말이 진실로 이치에 합당하다면 밝은 성상께서 또한 어찌 소홀히 하여 살피지 않으시겠습니까. 신들은 청컨대 먼저 박세채가 입신(立身)한 본말을 아뢰고 다음으로 금일 박세채가 진언한 본의를 언급해도 될는지요?

박세채는 대대로 벼슬한 명문가의 자손으로 젊은 나이에 도에 뜻을 두고 은거하여 학문을 쌓아 탐구하고 토론하며 실천에 옮겨 전일한 자세로 각고의 노력을 기울였으니, 그 학문의 문로(門路)가 매우 발랐고 체용(體用)이 겸비되었습니다. 덕에 나아갈 때는 먼저 널리 배우고 뒤에 요약하였고 다스림을 논할 때는 왕도를 귀하게 여기고 패도를 천하게 여겼으며, 사림이 분열된 상황에서 항상 화합하는 마음을 품었고 세도가 어그러진 상황에서 홀로 공정한 논의를 견지하였으니, 참으로 이른바 유자(儒者)들의 고표(高標)이자 국인(國人)들의 모범입니다.

그리하여 선왕 때부터 누차 예를 갖추어 불러 사헌부와 시강원의 직임을 제수하여 초빙하는 예물과 포장(褒奬)하는 교서가 진실로 빈번하였습니다. 전하께서 교화를 새롭게 하여 즉위하신 초기에는 온 조정이 박세채를 추중(推重)하여 더욱 부지런히 청하여 맞이하였고 마침내는 특별한 예우로 조정에 오게 만들었습니다. 비록 시세가 어그러진 탓에 이내 산림으로 돌아갔지만 지우(知遇)의 융숭함을 알 수 있습니

**26** 밝은……있다 : 《구당서(舊唐書)》 권89 〈적인걸열전(狄仁傑列傳)〉에 "밝은 군주는 이치로 간하여 설득할 수 있고, 충성스러운 신하는 위엄으로 두렵게 할 수 없다.〔明主可以理奪, 忠臣不可以威懼.〕"라고 하였다.

다. 6년을 산림에 있는 동안 은혜로운 예우가 끊이지 않았고 근자에 이르러서는 성상께서 결단하시어 이조 판서로 발탁해서 박세채가 고사하여도 허락하지 않으시고 반드시 조정에 나오게 하고서야 그치셨으니, 이는 예로부터 유현들이 결코 입지 못했던 지우입니다. 성조(聖朝)로부터 이러한 대우를 받은 것이 어찌 까닭이 없겠으며, 성조에서 예우함이 이러한 데에 이른 것이 또한 어찌 본 바가 없이 그런 것이겠습니까. 이에 이미 온 나라가 함께 알고 백세토록 반드시 징험할 수 있게 되었는데, 이제 충언을 올린 까닭으로 대번에 진노하여 가벼이 꺾어 버리시니 이 어찌 천하 후세가 듣게 할 수 있는 일이겠습니까.

또 전하께서 박세채가 진언한 본심을 알고자 한다면, 단지 그 종적을 살펴보면 또한 매우 쉽게 아실 수 있을 것입니다. 예로부터 신하가 진언하여 혹 군주로부터 하량(下諒)을 받지 못해 충심을 품고서도 견벌을 받은 경우, 진실로 그럴 만한 단초가 있었습니다. 군주와 관련된 말을 하면 믿음을 얻지 못하는 것이 매양 한스러운 점이었고, 신료에 관해 언급하면 사사로운 마음으로 보복한다 여기는 것이 늘 염려스러운 점이었습니다. 이 밖에 또 자신의 곧음을 자랑하여 명예를 구한다는 혐의도 있었습니다. 그 마음은 비록 실제로 그렇지 않더라도 그 종적은 혹 이런 혐의들에 가까운 듯하기도 하였으니, 마음과 종적 사이에서 진실로 또한 살핌을 받기가 쉽지 않은 점이 있습니다.

지금 박세채와 같은 이는 초야에 은둔하여 절로 그 평소의 지조가 마치 성세(聖世)에 터럭만큼이나마 의심하는 뜻이 있는 듯하였으니, 애초에 어찌 구태여 얼른 마음을 돌이켜 조정으로 올라올 것이 있겠습니까. 조정에 있는 사대부는 본래 종친과는 교유하지 않는 법이니, 교유도 하지 않거늘 무슨 보복을 하려 하겠습니까. 조정의 사대부도 이런 마당에 하물며 초야에 있는 선비이겠습니까. 또 그 성대한 명망과 덕행은 진실로 이미 당세에 추중을 받았고 후대에까지 명성을 드리우는 형편인데 또 어찌 한때의 진언에 기대어 명예를 얻으려는 계책을 삼았겠습니까. 이는 모두 매우 알기 쉬운 일이라 알기 어려울 이치가 없건마는, 전하의 명성(明聖)으로 어찌 유독 그 본심을 살피지 못하시는 것입니까.

지금 박세채가 주달한 차자는 비록 외부 사람이 알 수는 없으나, 개략적인 조항에 대해서는 신들도 들었습니다. 요컨대 성상께서 어려운 일을 하시도록 책려하고 선한 일을 아뢴 의의는 간절하며 우국 애군(憂國愛君)하는 지성(至誠)에서 나온 것 아님이 없으니, 이는 참으로 유자의 정론이자 충신의 지성입니다. 이를 통해 깨우쳐 군신 간의 계합이 더욱 융숭해지면 어찌 심히 성대한 일이 아니겠습니까. 설사 그 사이에 혹 성심에 맞지 않는 내용이 있더라도 또한 의당 여유로울 때에 차분하게 상세히 논하면서 "아무 일은 마땅히 경을 위해 경계할 것이고 아무 일은 내 일찍이 이런 일이 없다."라고 하시며, 이와 같이 풀어 주시어 탁 트여 간격이 없다면 또한 어찌 성덕을 더욱 빛내고 치도를 유신하기에 충분하지 않겠습니까. 이제부터 크게 할 일이 있으니, 치규(治規)를 강정(講定)하고 인재를 선발하여 뭇 정사를 닦아 밝히고 쌓인 폐단을 정리하며 백성을 편안하게 하고 선비를 기르며 병사를 훈련하여 국방을 튼튼히 하는 일들을 순서대로 미루어 행하여 모두 다 거행되지 않음이 없게 해야 합니다. 그런데 이러한 것들이 바로 박세채가 평소에 본디 강론하던 내용이자 오늘날에 펼쳐 베풀고자 한 것인데, 그 100분의 1, 2도 공효를 보지 못하고 세사(世事)가 이러한 지경에 이른 것이 애석합니다.

박세채가 한 말의 출처를 색출해 내라는 거조는 본디 평정심으로 처분을 내리는 도리가 아니니, 이는 유현(儒賢)에게 있어 이미 지극히 편치 못한 일입니다. 그런데 연신(筵臣)이 주대(奏對)한 뒤에 즉시 조사하라는 명을 거두고 이내 특별히 하유하는 옥음을 내리셨으니, 성상께서 후회하고 깨우치는 단서가 이에 성대해져 이 일이 거의 매듭지어지게 되었습니다. 그런데 하루가 다 가기도 전에 홀연 또 대신들이 아뢴 말로 인해 사납게 노여움을 옮기시고 엄하게 허물을 꾸짖으시어 신자 된 자로서는 차마 듣지 못할 점이 있었습니다.[27] 어제는 예우하다가 오늘은 마구 꾸짖고 아침에는 특별한 하유를 내렸다가 저녁에는 엄한 성지를 내리니 거조는 전도되고 기상은 경악스럽습니다. 아, 어찌 밝은 성상의 치세에 이렇듯 전고에 없던 지나친 거조가 있을 줄 생각이나 했겠습니까. 박세채가 어전에서 아뢴 말은 실로 성상께 숨김없이

**27** 연신(筵臣)이……있었습니다 : 박세채가 차자에서 동평군 이항을 혜민서 제조에 임명한 것의 부당함을 아뢰자 숙종은 분명 종친 간에 시기하여 말을 만들어 낸 자가 있었을 것이라고 하며 소문을 지어 낸 종친을 색출해 내라는 명을 내렸는데, 연석에서 신하들이 동평군에 관련된 말을 만들어 낸 종친을 색출해 내라는 거조가 지나침을 아뢰고 박세채를 변호하였다. 이에 숙종은 노여움을 가라앉히고 색출해 내라는 명을 거둔 다음 박세채에게 특별히 하유하여 입성토록 하였다. 그런데 그 와중에 영의정 남구만(南九萬)과 우의정 여성제(呂聖齊)가 청대하여 박세채를 변호하면서 효종 때의 인평대군(麟坪大君) 이요(李㴭)와 현종 때의 복선군(福善君) 이남(李柟)과 복창군(福昌君) 이정(李楨)의 전례를 인용하여 종친을 지나치게 우대하는 것을 경계하였다. 이에 숙종은 역적인 복선군과 복창군의 일을 동평군의 일에 끌어다 붙인 것에 다시 진노하여 남구만과 여성제를 원지에 찬배하고 박세채를 유현으로 대우하지 말 것이며 박세채가 올리는 소는 봉입하지 말라는 명을 내렸다. 《承政院日記 肅宗 14年 7月 14日》 이러한 일련의 사건들은 당시 남인 계열의 희빈(禧嬪) 장씨(張氏)에게서 원자가 태어나고 동평군 이항이 지원 세력이 되었던 당시 정황들과 연계되어 있다.

말하려는 뜻에서 나온 것이니, 초야에서 우국 애군하는 정성은 가상해 할 것이지 노여워할 것이 아닙니다.

그런데 어찌하여 대신들의 한마디 말에 노여움을 옮겨서 격분하여 문득 핍박하기를 이처럼 무례하게 하신단 말입니까. 전(傳)에 이르기를 "임금은 예로써 신하를 부린다."[28]라고 하니, 대개 신하를 부리는 도리에 있어서도 모두 무례해서는 안 되거늘, 하물며 현자를 대함에 있어서이겠습니까. 신들은 진실로 삼가 통탄스럽고 애석하여 실로 밝은 성상의 거조가 어찌하여 이러한 지경에 이르렀는지 알지 못하겠습니다. 가령 대신들의 말에 진실로 실수한 바가 있더라도 본래 이러한 일로 유현에게까지 허물이 미쳐서는 안 되는 것이 마땅합니다. 더군다나 대신의 주청은 애초 빗대려는 말[29]이 아니라 단지 전대의 일을 거울삼아 경계하려는 뜻이었으니 평정심을 가지고 천천히 궁구해 보면 그 뜻이 매우 분명할 것인데, 전하께서는 어찌 심히 노여워하여 대번에 찬배(竄配)하라는 명을 내리신단 말입니까.

남은 노여움을 가하심에 처벌이 연이어져 수일 내에 조정이 거의 비어 버리고 유현은 위축되어 대죄하면서 스스로 몸 둘 바가 없는 상황이니, 이것이 또한 어찌 그저 당사자만 난국을 만난 것이겠습니까. 신들이 삼가 우러러 생각건대 전하께서 평소 대신을 공경하고 유현을 예우하시던 성심(誠心)이 하루아침에 변하여 다시는 돌아봄이 없으시

**28** 임금은……부린다 : 《논어》 〈팔일(八佾)〉에 "임금은 신하를 예로써 부리고 신하는 임금을 충성으로써 섬긴다.〔君使臣以禮, 臣事君以忠.〕"라고 하였다.

**29** 빗대려는 말 : 남구만이 역적 복선군 이남과 복창군 이정의 일을 인용하여 동평군 이항의 일을 말한 것을 가리킨다.

니 이는 또한 성상의 마음에 즐겨 하는 일이 분명코 아니요, 단지 유현의 본심을 살피지 못하고 대신의 주청에 격분하셨기 때문일 뿐입니다. 전하께서 만약 이러한 때에 마음을 비우고 기운을 평온히 하여 그 근본을 좇아 다시 생각해 보신다면 전하의 밝고 지혜로운 성품과 인자한 덕으로 반드시 신속히 깨닫고 두려워 후회하시는 점이 있을 것입니다. 정자(程子)가 말하기를 "무릇 사람의 감정 가운데 쉽게 일어나면서 제어하기 어려운 것으로는 노여움이 가장 심하다. 그러나 단지 노여워하는 감정이 일어날 때에 급히 그 노여움을 잊어버리고서 사리의 옳고 그름을 살필 줄 안다면, 도에 있어 반 넘게 깨달은 것이다."[30]라고 하였으니, 이 어찌 밝은 성상께서 오늘날에 마땅히 체념(體念)해야 할 것이 아니겠습니까.

삼가 바라건대 전하께서는 깊이 생각하고 멀리 보시어 확연하게 깨우침으로써 따뜻한 성지를 분명하게 내리시고 통렬하게 스스로 후회하고 책망하소서. 그리고 무릇 이 일로 인해 죄를 입은 신하들은 대소를 논할 것도 없이 모두 죄를 씻어 주시고 이 일로 인해 격분하여 내리신 비망기는 경중을 논할 것도 없이 모두 환수하소서. 그리하여 유현의 마음을 편안하게 하는 데 급급하고, 다시 목이 마른 자가 물을 간절히 찾듯 정성스러운 뜻을 독실하게 하여, 특별히 남다르게 은혜로운 예우를 더욱 더하시어 교지를 내려 위로하고 소대(召對)하여 머물게 하소서. 그

**30** 무릇……것이다 : 《근사록(近思錄)》 권2 〈위학(爲學)〉에 나오는 말로 원문에는 '사리의 옳고 그름을 살필 줄 안다면〔觀理之是非〕'과 '도에 있어 반 넘게 깨달은 것이다〔於道亦思過半矣〕' 사이에 '또한 외물이 나를 유인하는 것 역시 미워할 대상이 아니라는 것을 알게 될 것이니〔亦可見外誘之不足惡〕'가 더 있다.

리하신다면 해와 달이 다시 빛을 되찾고 바람과 우레의 상을 보고 개과천선함[31]이 또한 전고에 없던 일이라 할 만할 것이니, 성덕에 있어 어찌 그저 열 배나 더욱 빛나고 말 뿐이겠습니까. 그렇게 하지 않으신다면 신들은 나라가 어느 지경에 다다를지 실로 알지 못하겠으니, 도의 흥쇠(興衰)와 나라의 안위는 다만 전하의 한 생각이 어느 쪽으로 기우느냐에서 판가름 날 따름입니다. 오호라, 그 기틀이 또한 엄연합니다.

그리고 신들의 작은 정성에 별도로 간절히 바라는 점이 있습니다. 바야흐로 학정(學政)은 오래 폐해지고 유풍(儒風)은 날로 무너져 유생들이 가르침을 받을 데가 없는 상황이라 식자들이 깊이 우려하고 있던 터였습니다. 그러던 중 현철한 스승이 이르자마자 수많은 선비들이 다투어 기뻐하며 그에게 의지하여 계발되는 바가 있기를 바랐더니, 한 차례 모시고 강론을 받지도 못하고서 대번에 이처럼 낭패스러운 상황을 맞이하게 되었습니다. 이는 신들이 더욱이 스스로 슬퍼하는 감정을 가눌 수 없는 까닭입니다. 신들이 죽음을 무릅쓰고 일제히 호소하여 청이 수락되지 않으면 감히 물러나지 않을 것이니, 다시 바라건대 전하께서는 깊이 살피시어 신들의 청을 흔쾌히 들어주소서. 그리하신다면 사문에 이보다 더 큰 다행이 없을 것이요 국사(國事)에도 이보다 더 큰 다행이 없을 것입니다.

**31** 해와……개과천선함 : 원문은 '日月之更'과 '風雷之遷'이다. 《논어》 〈자장(子張)〉에 "군자의 과실은 마치 일식이나 월식과 같아서, 과실이 있으면 사람들이 다 바라보고, 고치면 사람들이 다 우러러본다.〔君子之過也, 如日月之食焉. 過也人皆見之, 更也人皆仰之.〕"라고 하였고, 《주역》 〈익괘(益卦) 상(象)〉에 "바람과 우레가 익괘이니, 군자는 그것을 본받아 선함을 보면 따르고 허물이 있으면 고친다.〔風雷, 益. 君子以, 見善則遷, 有過則改.〕"라고 하였다. 둘 다 군자가 허물을 고치는 것을 비유한 말이다.

## 진언하려고 지은 초고 경오년(1690, 숙종16)에 지은 것이다.
擬進言藁 庚午所錄

먼저 뜻을 세워야 하니〔立志〕, 이른바 뜻을 세운다 함은 오직 천덕(天德)과 왕도(王道)에 있을 따름입니다. 천덕은 배움이 지극한 것이요 왕도는 다스림이 지극한 것입니다. 배움에는 '앎〔知〕'과 '실천〔行〕'이 있으니 앎이 지극하고 실천이 지극한 것이 바로 천덕이요, 다스림은 집안에서부터 나라에까지 이르니 집안을 바루고 나라를 바룸에 모두 그 지극함을 다하는 것이 바로 왕도입니다. 신하 된 자가 이를 배우면 재야에 처해서는 참유자가 되고 조정에 나아가서는 임금의 보좌가 되며, 군주 된 자가 이를 배우면 덕에 있어서는 성인이 되고 다스림에 있어서는 대도(大道)가 융성할 것입니다. 요(堯)·순(舜)·우(禹)·탕(湯)·문왕(文王)·무왕(武王)은 군주로서 이러한 도덕을 지닌 이들이요, 주공(周公)·공자(孔子)·안자(顔子)·증자(曾子)·자사(子思)·맹자(孟子)·정자(程子)·주자(朱子)는 신하로서 이러한 도덕을 지닌 이들입니다. 선비가 이에 뜻을 두지 않더라도 오히려 자포자기하는 것이 되거늘, 어찌 하물며 천위(天位)의 자리에 있고 성명한 자질을 몸에 지니고서 이에 뜻을 두지 않을 수 있겠습니까.

대개 사람의 본성은 본래 선하니 이른바 천덕과 왕도는 모두 본성에 갖추어져 있습니다. 터럭만큼도 외부에서 더해짐이 없기 때문에 비록 심상한 사람일지라도 진실로 이러한 사실을 알고 스스로 힘을 기울이면 또한 지극해지지 못할 수가 없거늘, 어찌 하늘이 내리신 예지(睿智)의 자질을 지니시고서도 오히려 비근한 경지를 편안히 여겨 저 고명하고 정대하며 지극한 경지에 도달하기를 기약하지 않으신단 말입니까. 더군다나 오늘날 국세가 날로 쇠란(衰亂)해져 가서 천명(天命)과 인심(人心)의 향배가 실로 심히 두려워할 만합니다. 진실로 몸소 지극한 덕을 닦고 크게 왕도정치를 행하지 않으면 실로 인심의 결속을 굳건히 하고 천명이 영속되기를 기도하여 만세토록 무너지지 않을 국가의 대업을 이루기 어려울 것이니, 더욱이 어찌 뜻을 면려하지 않을 수 있겠습니까.

도가 바른데도 사업이 극진해지지 못하는 것은 뜻을 세우지 않았기 때문입니다. 희로애락(喜怒哀樂)이 발하지 않은 상태로서 천하의 큰 근본이 되는 '중(中)'의 영역에서부터 공부를 하고 '신독(愼獨)'은 그다음 두 번째의 공부가 되니,[32] 이와 같이 한 뒤라야 마침내 천덕을 완성하고 왕도를 행할 수 있는 것입니다. 만약 세 번째나 네 번째 정도의 순위인 남을 응대하고 말하고 행동하는 외적인 영역부터 공부를 시작하면 은미한 부분에서 반드시 스스로를 속이는 폐단이 생겨 배움이라 말하기 충분치 못하고 다스림을 내기에 충분치 못할 것입니다.

**32** 희로애락(喜怒哀樂)이……되니 : 《중용장구(中庸章句)》 제1장에 "희로애락의 감정이 아직 발하지 않은 것을 중이라 하고 발하여 모두 절도에 맞는 것을 화라고 하니, 중이라는 것은 천하의 큰 근본이요 화라는 것은 천하의 공통된 도이다. 중과 화를 극진하게 하면 천지가 제자리를 잡고 만물이 제대로 길러질 것이다.〔喜怒哀樂之未發謂之中, 發而皆中節謂之和, 中也者, 天下之大本也, 和也者, 天下之達道也. 致中和, 天地位焉, 萬物育焉.〕"라고 하였고, 또 "군자는 남이 보지 않는 곳에서도 경계하고 삼가야 하며, 남이 듣지 않는 곳에서도 두려워하고 무서워해야 한다. 숨기는 것보다 더 드러나는 것은 없으며 미미한 것보다 더 나타나는 것은 없으니 이 때문에 군자는 그 홀로 있을 때를 삼가는 것이다.〔君子戒愼乎其所不睹, 恐懼乎其所不聞. 莫見乎隱, 莫顯乎微, 故君子愼其獨也.〕"라고 하였다.

성도(性道)와 본심(本心)의 지극히 순수하고 지극히 선하며 지극히 비어 있고 지극히 신령함[33]을 깊이 밝히고 기질의 치우침과 물욕의 폐해를 알아서, 항상 유정유일(惟精惟一)과 극기복례(克己復禮)의 공부[34]를 더하여 날마다 새로워지고 또 새로워지며 시종여일(始終如一)하면, 자신으로부터 하여 집안에 미치고 집안으로부터 하여 조정에 미치며 조정으로부터 하여 온 나라에 이르기까지 모두 그 바름을 얻게 되어 한 물건도 제자리를 얻지 못함이 없게 될 것입니다.

천하만사는 그 단서가 무궁하지만 큰 근본은 단지 군주의 한 마음에 달려 있을 뿐이니, 이는 신의 말이 아니라 성현들이 말씀하신 것입니다. 마음이라는 물건은 귀하거나 천하거나 성인이거나 범부이거나 할 것 없이 똑같건마는, 스스로 그 마음을 알 수 있는 사람은 또한 적습니다. 지금 사려하고 행동하고 말하고 침묵하고 기뻐하고 성내는 모든 것이 마음의 일입니다. 사람이면 또한 이런 것들이 마음의 일이라는 것을 누군들 모르겠습니까마는, 오직 참마음인지 거짓된 마음인지를 구별해 내고서 참마음이 나의 마음이 된다는 것을 알기란 진실로 쉽지

**33** 성도(性道)와……신령함 : 순수하고 선함〔純善〕은 통상 성(性)을 이야기할 때 사용되는 용어이고, 비어 있고 신령함〔虛靈〕은 통상 심(心)을 이야기할 때 사용되는 용어이다.

**34** 유정유일(惟精惟一)과 극기복례(克己復禮)의 공부 : 《서경》 〈대우모(大禹謨)〉에 "인심은 위태롭고 도심은 미약하니 정밀하게 살피고 전일하게 지켜야 진실로 그 중을 잡으리라.〔人心惟危, 道心惟微, 惟精惟一, 允執厥中.〕"라고 하였고, 《논어》 〈안연(顔淵)〉에 "자신의 사욕을 이기고 예로 돌아가는 것이 바로 인이니, 하루라도 극기복례를 할 수 있다면, 온 천하 사람들이 그 인을 허여할 것이다.〔克己復禮爲仁, 一日克己復禮, 天下歸仁焉.〕"라고 하였다.

가 않습니다. 보통 사람은 단지 혈기와 사욕을 나의 마음으로 삼아 욕망을 채우면 즐거워하고 욕망을 채우지 못하면 근심하니, 이는 마음이 혈기에 부림을 당했기 때문입니다. 이보다 나은 자는 혹 사욕이 나의 참마음이 아님을 알아차리지만, 다시 기질과 편견을 나의 마음으로 삼아 자기 견해에 맞으면 옳다 하고 자기 견해에 거슬리면 그르다 하니, 이는 마음이 기질에 부림을 당했기 때문입니다. 온 천하 사람들이 대체로 모두 사욕과 편견을 마음으로 삼으니 이런 것을 초탈하여 그 마음이 애초에 혈기나 기질의 마음이 아니라는 것을 알아차릴 수 있는 자는 예로부터 매우 드뭅니다. 그렇다면 이 마음은 무슨 마음이겠습니까? 또한 단지 일상생활 속에서 사려하고 행동하고 말하고 침묵하고 기뻐하고 성내는 마음이요 다른 마음이 아니니, 혈기와 기질의 마음과 동일하게 지각하지만 단지 참과 거짓의 차이가 있을 뿐입니다.

이른바 참이라는 것은, 공평함으로써 사랑하고 의로 결단함으로써 마땅하게 하고 절제하여 방종하지 않고 명철하여 혼매하지 않는 것들이 그 단서요, 그 혼연(渾然)한 전체(全體)는 사려가 싹트기 이전에 항시 갖추어져 있으며 찬연(燦然)한 묘용(妙用)은 사물이 접할 때에 유행되니, 이것이 이른바 인의예지의 마음입니다. 경전에서 이른 바 도심(道心)·양심(良心)·본심(本心)이라는 것들은 모두 이것을 가리켜 말한 것입니다. 본디 천지와 마찬가지로 크고 요순과 마찬가지로 선하니, 만사에 대처하고 만물을 주관하고 자신을 수양하고 집안을 바루고 나라를 다스리고 천하를 태평하게 할 수 있습니다. 정밀하게 살피고 전일하게 지켜야 하는 것입니다.-이하는 결락되었다.-

은미하거나 드러나거나 간에 한결같고 겉과 속이 막힘없이 환하게 밝았던 것은 옛날의 성제(聖帝)와 명왕(明王)들이 이와 같지 않음이 없었습니다. 비록 성명(聖明)한 자질의 임금이 아니더라도 영웅호걸의 자질을 지닌 임금만 되어도 꺼리고 숨기는 일이 없었습니다. 한(漢)나라 고조(高祖)가 역생(酈生)과 경포(黥布)를 만나 볼 적에 여자들에게 발을 씻기게 하였고,[35] 그 뒤 척희(戚姬)와 여의(如意)를 보전할 계책을 또한 주창(周昌)과 조요(趙堯) 무리와 더불어 성심을 미루어 상의하였으니,[36] 그 일은 비록 본받을 만한 것이 못 되지만 또한 활달한

**35** 한(漢)나라……하였고 : 역생(酈生)은 역이기(酈食其)이다. 역이기가 후일 한나라 고조가 되는 패공(沛公) 유방(劉邦)을 만나러 왔을 때 유방은 거만하게 침상에 걸터앉아서 두 여자를 시켜 발을 씻기게 하였다. 이에 역이기가 길게 읍만 하고 절을 하지 않으면서 "반드시 의로운 병사들을 모아 무도한 진(秦)나라를 멸망시키고자 하신다면 거만한 태도로 장자(長者)를 대해서는 안 됩니다."라고 하자 유방은 발 씻던 것을 멈추게 하고 옷을 갈아입은 다음 역이기를 맞아들여 상좌에 앉히고 사례하였다고 한다. 《史記 卷97 酈生列傳》 경포(黥布)는 원래 항우(項羽)의 부하였는데, 유방이 보낸 사자에게 설득되어 항우를 배반하고 유방에게로 왔다. 경포가 유방을 처음 알현할 때 유방은 마침 평상에 걸터앉아 발을 씻기게 하고 있었는데 그 자세 그대로 경포를 만나니 경포는 너무 화가 나서 유방에게 온 것을 후회하고 자살하려고 했다. 그런데 나와서 숙소로 와 보니 의복이며 마차, 음식, 시종들이 모두 유방의 거처에 있던 것과 같았으므로 크게 기뻐했다고 한다. 《史記 卷91 黥布列傳》

**36** 척희(戚姬)와……상의하였으니 : 척희는 유방의 첩실로, 유방의 총애를 받아 황후인 여후(呂后)의 질투를 받고 있었다. 심지어 유방은 황태자를 폐하고 척희의 아들인 조왕(趙王) 여의(如意)를 황태자로 세우려고 하다가 대신들의 만류로 그만둔 적도 있었다. 유방은 자신의 사후에 척희와 여의가 여후에게 해를 입을 것을 크게 근심하고 있었는데, 이때 어린 나이로 부새 어사(符璽御史)가 된 조요(趙堯)가 여후와 황태자와 군신들이 평소 존경하고 두려워하는 주창(周昌)을 조왕 여의의 상국(相國)으로 임명하면 척희와 여의를 보호할 수 있을 것이라고 추천하였다. 주창은 처음에는 자신을 좌천시키는 것이라고 생각하여 제의를 받아들이지 않았으나 유방의 진심과 간곡한 부탁을 듣고서는 조나라의 상국으로 자리를 옮겼다. 유방이 죽은 뒤 여후는 조왕 여의

기상을 볼 수 있습니다. 그 후 문제(文帝)가 총애한 부인의 자리를 원앙(袁盎)이 끌어내릴 수 있었고,[37] 경제(景帝)가 가희(賈姬)를 구하려고 하자 질도(郅都)가 간언할 수 있었으니,[38] 임금과 신하 사이에 애초 꺼리거나 숨기는 일이 없었음을 또한 알 수 있습니다. 이것은 오히려 상고 때의 일입니다. 송(宋)나라 인종(仁宗) 때 왕덕용(王德用)이 바친 두 딸을 인종이 받아들였는데 왕소(王素)가 전해 듣고서 물으니 인종이 또한 꺼리거나 숨기지 않고 즉시 총애하는 마음을 억누르고서 환관으로 하여금 궁 밖으로 내보내게 한 뒤에 내전에 들어간

를 세 번이나 소환했으나 그때마다 주창은 병을 핑계로 여의가 도성으로 가지 못하게 하였다. 결국 여후는 먼저 주창을 소환한 다음, 주창이 없을 때 여의를 소환하여 독살하였고 주창은 이 일로 인해 병을 핑계로 조정에서 물러나 3년 뒤에 죽었다. 《史記 卷96 張丞相列傳》

**37** 문제(文帝)가……있었고 : 문제는 신 부인(愼夫人)이라는 후첩을 몹시 총애하였는데 한번은 문제와 황후, 신 부인이 함께 상림(上林)에 행차했을 때 원앙이 황후와 나란히 앉아 있는 신 부인을 자리에서 물리치면서 "이미 황후를 세웠으면 신 부인은 첩이 되는데 첩이 어떻게 황후와 자리를 나란히 할 수 있겠습니까. 이는 후에 화란을 일으키는 단서가 됩니다."라고 간하였다. 이에 문제는 기뻐하였고 신 부인도 자신을 깨우쳐 줘서 고맙다고 하면서 금 50근을 내렸다. 《漢書 卷49 袁盎傳》

**38** 경제(景帝)가……있었으니 : 질도(郅都)가 경제를 수행하여 상림원(上林苑)에 갔을 때 경제의 총희(寵姬)인 가희(賈姬)가 변소에 들러 용변을 보았는데 마침 멧돼지가 변소를 향해 달려왔다. 경제가 질도에게 가희를 구하라고 하였으나 질도는 그 자리에서 선뜻 움직이려고 하지 않았고, 이에 경제가 친히 무기를 들고 가희를 구하려 했다. 그러자 질도가 경제 앞을 가로막으며 "희첩 한 사람을 잃으면 다시 진상하라고 하면 그뿐이니, 천하 사람들이 가희 한 사람 없어졌다고 비난하지 않을 것입니다. 그러나 폐하께서는 막중한 몸을 가볍게 움직이려고 하시니 무슨 면목으로 종묘나 태후를 대하시겠습니까."라고 간언하였다. 이에 경제가 물러나자 멧돼지도 물러갔고, 이 소식을 들은 태후가 질도에게 황금 100근을 하사하였다. 《史記 卷122 酷吏列傳》

일[39]은, 임금의 어짊과 신하의 충심을 천년토록 사람들이 칭송하고 있습니다. 근세의 일로 말할 것 같으면, 선정신(先正臣) 이이(李珥)는 매양 여색을 삼가고 기운을 기르라는 말로 누차 선묘(宣廟)께 경계하였다 합니다.

진언을 듣는 도리는, 가령 말하는 자가 아뢴 내용이 실제가 아니고 나에게 정말로 이러한 일이 없다면 진실로 마땅히 마음을 열고 곧이곧대로 말하여 명백하게 다 토로해야 합니다. 이렇게 하면 비단 말하는 자가 기뻐 복종할 뿐만 아니라 근거 없는 말도 자연스레 사그라질 것입니다. 만일 정말로 이러한 일이 있다면 또한 꺼리고 숨겨서는 안 되니 오직 실정대로 말하고서 다시 중도에 맞게 하여 폐단을 없이 하는 방도를 생각해야 합니다. 제 선왕(齊宣王)이 맹자(孟子)에게 대답하기를 "과인은 여색을 좋아한다."라고 곧이 말하였는데,[40] 이에 대해 선유(先

**39** 송(宋)나라……일 : 송나라 때 왕소(王素)가 인종(仁宗)에게 발탁되어 간원(諫院)에 있을 적에 왕덕용(王德用)이란 자가 인종에게 자신의 두 딸을 바쳤는데, 왕소가 이에 대해 논박하니 인종은 "왕덕용이 두 딸을 바친 것은 사실이지만, 이미 그들은 좌우에서 짐을 섬기고 있으니 어찌하겠는가."라고 하였다. 이에 왕소가 "신이 걱정하고 있는 것은 바로 폐하의 좌우입니다."라고 하자, 인종은 낯빛을 고치면서 즉시 궁관(宮官)에게 명하여 두 여인을 내보내게 하였다. 왕소가 "폐하께서 신의 말을 버리지 않으심을 또한 어찌 이리 대번에 하십니까?"라고 하자, 인종은 "만약 그 여인들을 보면 마음이 약해져 내보낼 수가 없을 것 같았다."라고 하였는데, 잠시 후 궁관이 들어와 여인들을 내보냈다고 하자 인종이 그제야 자리에서 일어났다. 《宋史 卷320 王素列傳》《宋名臣言行錄》

**40** 제 선왕(齊宣王)이……말하였는데 : 제 선왕이 "과인은 병통이 있으니, 여색을 좋아합니다."라고 하자 맹자가 "옛적에 태왕이 여색을 좋아하시어 그 후비를 사랑하였습니다. 《시경》에 이르기를 '고공단보(古公亶父)가 아침에 말을 달려와서 서쪽 물가를 따라 기산(岐山) 아래에 이르러 이에 강녀(姜女)와 더불어 와서 집터를 보았다.' 하였으

儒)가 "맹자는 당시 열국의 군주들 가운데 제 선왕에게 가장 정성스러웠다."라고 한 것[41]은, 이런 부분을 곧장 말한 것이 영기(英氣)가 있는 것이라 여겼기에 한 말입니다. 당시 양 혜왕(梁惠王) 같은 무리들은 이런 일을 곧장 말한 적이 없는데, 지금 관점으로 살펴보면 또한 그 누가 양 혜왕이 홀로 물욕을 초탈하여 제 선왕의 병통이 진정으로 없었던 것이라 여기겠습니까. 이와 같고 보면 병통을 말한 자가 딱히 오활한 것도 아니요 말하지 않은 자가 딱히 지혜로운 것도 아닙니다.

신하의 충군애국하는 뜻을 마땅히 어디에서 살펴야 하겠습니까? 들은 바가 있으면 반드시 아뢰는 것이 충군애국이겠습니까, 무리를 따라 입을 닫는 것이 충군애국이겠습니까. 임금의 성명한 덕을 또 어디에서 살펴야 하겠습니까? 귀에 거슬리는 말을 받아들이는 것이 성명한 덕이겠습니까, 금밀(禁密)에 관한 말을 하면 번번이 진노하는 것이 성명한 덕이겠습니까. 인정은 눈앞에 닥친 일에 대해서는 쉬이 가려지고 지나간 일에 대해서는 항상 밝으니, 지금 사책 속의 옛일을 가지고 살펴본다면 어찌 명백하지 않겠습니까. 지금의 일을 후대에서 보면 지나간 일이 됩니다. 목전의 일을 사책에 기록하면 사책 속의 일이 되는 것이니 어찌 차이가 있겠습니까.

니, 이때를 당하여 안에는 원망하는 여자가 없었으며 밖에는 홀아비가 없었습니다. 왕께서 만일 여색을 좋아하시거든 백성과 더불어 함께하신다면 왕 노릇 하심에 무슨 어려움이 있겠습니까."라고 하였다. 《孟子 梁惠王下》

**41** 선유(先儒)가……것 : 《성리대전(性理大全)》 및 《맹자잡기(孟子雜記)》 등에 남헌(南軒) 장식(張栻)의 말로 기록되어 있다.

창계집

제6권

書서

## 우재께 올림[1] 무오년(1678, 숙종4)

上尤齋 戊午

중춘(仲春)인데도 오히려 날씨가 싸늘합니다. 삼가 이러한 때 노선생의 도체(道體)의 기거(起居)는 어떠하신지요? 생각건대 원악지(遠惡地)라 불리는 바닷가 지역[2]에서 선생께서 거처하신 지 마침 4년째가 되었습니다. 음식이며 기거, 정신과 기운은 지난날 화양동(華陽洞)과 관북(關北)에서 처음 뵈었던 날과 비교해 몹시 쇠하시지는 않았는지요? 때로 사우(士友)들의 전언을 통해 삼가 소식을 듣고서, 군자가 환난에 처하는 도리가 형통함에 처하는 때와 같고, 또한 오직 천도(天道)가 심히 인자하여 비록 음기(陰氣)에 틀어 막힌 때를 당하더라도 양기(陽氣)가 민멸되지 않는 이치가 항상 있음을 알았습니다. 오직 이러한 것들이 우러러 선생을 앙모하는 저의 근심을 조금이나마 풀어 줄 수 있습니다.

제가 선생의 문하에서 가르침을 받고자 하는 소원을 이룰 수 있었던 것은 바로 당고(黨錮)[3] 이후입니다. 당시에 바야흐로 덕을 향모함이

**1** 우재(尤齋)께 올림 : 우재는 송시열(宋時烈)의 호이다. 이에 대한 송시열의 답신이 《송자대전(宋子大全)》 권112의 〈답임덕함(答林德涵)〉 서신 중 무오년(1678, 숙종4) 윤월(閏月), 즉 윤3월 3일 자로 실려 있다.

**2** 원악지(遠惡地)라……지역 : 경상도 장기(長鬐)를 가리킨다. 현재의 포항시 장기면이다.

**3** 당고(黨錮) : 자의대비(慈懿大妃)인 장렬왕후(莊烈王后) 조씨(趙氏)의 복제 문제와 관련된 2차 예송(禮訟) 패배의 여파로 1675년(숙종1)에 송시열이 삭탈관직되고 함경도 덕원(德源)과 경상도 장기(長鬐) 등지로 유배된 사실을 가리킨다.

이미 게을러서 스스로 부끄러워하고 있었는데, 선생께서 마음을 기울여 주심이 몹시도 지극하여 토론하고 문답함에 흔연하게 매우 마음이 맞았습니다. 이 뜻이 심히 성대하니 어느 날엔들 잊겠습니까. 다만 당시에 사사로운 일이 닥치는 바람에 며칠 유숙하며 오랜 기간 가르침을 받들 수 없었습니다. 그리고 그해 겨울에 곧바로 다시 온 집안이 도성을 떠나 동쪽으로 추령(楸嶺)을 넘어서 바닷가에 거처하게 된 지도 이미 4년이 되었습니다. 거처하고 있는 곳이 까마득히 멀어 비록 짧은 편지를 한 통 받들어 올리려 해도 그럴 수가 없었습니다. 옛사람이 말하기를 "말은 뜻을 다하지 못하고 글은 말을 다하지 못한다."라고 하였는데, 글과 말도 자주자주 올리지 못하는 경우야 말해 무엇하겠습니까. 이는 깊이 한스러운 점입니다.

어리석은 제가 자신의 역량을 헤아려 보지도 않고 이 학문에 뜻을 둔 세월이 또한 이미 오래되었습니다. 학문의 향방(向方)과 의리의 명목(名目)에 대해서는 거의 몽매하게 되지는 않은 듯하나, 근심스러운 점은 자못 절실하고 지극한 공력이 없어서 일용(日用) 간에 거경(居敬)과 궁리(窮理) 둘 다가 범범하게 되어 버려 두서를 갖추지 못한다는 것입니다. 이 때문에 번민하면서 항상 스스로 만족하지 못하고 있습니다. 만일 차분하게 선생을 모시고 강론하면서 날마다 선생의 덕스러운 용모를 가까이하고 덕스러운 말씀을 들을 수 있다면 거의 계발됨이 있을 것입니다. 그러나 어버이께서는 이미 연로하신 데다 바야흐로 영외(嶺外)에서 객지살이하는 중인지라 감히 멀리 나갈 수가 없습니다. 문을 닫고 들어앉은 궁벽한 산골에는 괴롭게도 저를 깨우치고 계발해 줄 곳이 없으니, 때때로 다시 스스로를 돌아보며 책을 덮고서 사사로이 절절하게 개탄만 할 따름입니다. 혹 한 말씀을 내려 주시어 깨우치고 돌아볼 수 있게 해 주신다면 그 다행스러움을 형언할 수 있겠습니까.

삼가 생각건대 선생께서 연로한데도 오랫동안 큰 환난을 입으셨으니, 진실로 세도(世道)에 불행한 일입니다. 그러나 삼가 생각건대 곤액에 빠져 있는 가운데 덕업(德業)을 연마하여 이미 응당 날로 새로워지기를 그치지 않으시고, 세변(世變)과 인정(人情)에 대해 고열(考閱)함이 의당 더욱 상세하고 익숙해지셨을 것이니, 이 어찌 더욱 오도(吾道)의 다행이 아니겠습니까. 그리고 옛사람들은 뜻을 당세에 펼치지 못하면 물러나 반드시 저술을 하여 후세에 드리움이 있었는데, 그러한 일은 대부분 곤액에 처한 시절에 이루어졌습니다. 선생의 평소 출처와 언론(言論) 같은 경우는 당세에 가득 퍼져서 굳이 별도로 저술할 것도 없이 자연스레 후세에서 고찰하고 논하기에 충분합니다만, 또한 어찌 다시 서책에 기록할 만한 여온(餘蘊)이 없으시겠습니까. 행여 이러한 때에 혹 다시 이 일에 마음을 두신다면 후학들에게 은혜를 베푸는 것이 더욱이 헤아릴 수 없을 것이니, 모르겠습니다만 어찌 생각하시는지요?

참람함이 이에 이르니, 진실로 지극히 천박하고 경솔합니다. 그러나 구구한 제가 우러러 바라는 뜻을 분명코 마땅히 굽어 살피실 것입니다. 작년에 재종제(再從弟) 수(滫)가 가첩(家牒)을 가지고 선생을 찾아간다는 말을 듣고 대략 선생의 안부를 묻는 편지를 수에게 주었는데, 들으니 병으로 지체하다가 이제야 선생께 나아간다고 합니다. 문득 호남으로 가는 인편에 이 편지를 부쳐 다시 수가 선생을 찾아가는 편에 가지고 가게 합니다. 부디 도를 위하여 더욱 몸을 보중하시어 우러러 그리워하는 저의 마음을 위로해 주십시오. 격식을 갖추지 못했습니다. 무오년(1678, 숙종4) 2월 1일 임영(林泳)은 재배(再拜)합니다.

# 우재께 올림[4] 경신년(1680, 숙종6)

## 上尤齋 庚申

삼가 생각건대 근자 천지가 개변하고 일월이 밝게 씻기어[5] 풍뢰(風雷)의 계발(啓發)을 기다릴 것도 없이[6] 동산(東山)의 궤석(几舃)[7]을 되돌

4 우재께 올림 : 이에 대한 송시열의 답신이 《송자대전》 권112의 〈답임덕함〉 서신 중 경신년(1680, 숙종6) 7월 28일 자로 실려 있다. 그중에 "6월 29일에 보내 주신 서찰을 잘 받았다."라는 내용이 있으므로 본 서찰은 경신년 6월 29일에 보낸 서찰로 보인다.

5 천지가……씻기어 : 1680년에 있었던 경신환국(庚申換局)의 상황을 비유한 것이다. 경신환국으로 남인이 조정에서 물러나고 다시 서인이 정권을 잡게 된 결과, 유배 중이던 송시열은 그해 6월에 유배가 풀려 회덕(懷德)으로 돌아왔으며 10월에 영중추부사에 제수되자 상경하여 숙종을 알현하였다. 이때 창계는 부여의 조계촌(藻溪村)에 머물고 있었는데 5월부터 정언, 부수찬, 지평 등의 직임에 연이어 제수되었고 10월에는 송시열과 함께 소대(召對)에 입시하여 〈태극도설(太極圖說)〉 등을 진강하였다.

6 풍뢰(風雷)의……없이 : 남인들의 모함을 받아 조정에서 쫓겨났던 송시열이 하늘에서 숙종에게 경계를 보여 줄 것을 기다릴 필요도 없이 조정으로 돌아왔다는 뜻이다. '풍뢰의 계발'은 하늘이 천재지변을 통해 임금의 잘못을 깨우쳐 주는 것을 가리킨다. 주(周)나라 때 성왕(成王)이 어린 나이로 즉위하자 관숙(管叔)과 채숙(蔡叔) 두 사람이 주공(周公)을 모함하여 장차 주공이 성왕을 위협할 것이라는 유언비어를 퍼뜨렸다. 이에 주공은 동도(東都)로 피해 가서 칩거하였는데, 2년 만에 관숙과 채숙은 반란을 일으켰다가 잡혀 사형을 당하였다. 그러나 그때까지도 성왕은 주공에 대한 의심을 완전히 풀지 못하였다. 마침내 하늘에서 큰 벼락과 바람이 일어 벼가 다 쓰러지고 큰 나무가 뽑히는 재변이 발생하였는데, 이에 성왕이 크게 두려워하여 장차 천변(天變)을 점치기 위해 금등(金縢)의 서함을 열었다가 우연히 주공이 무왕을 대신해 자신이 죽겠노라고 하늘에 빌었던 축문을 발견하고는 크게 뉘우치고 즉시 주공을 맞아들였다. 《書經 金縢》

7 동산(東山)의 궤석(几舃) : 재야에 있는 송시열을 비유한 말이다. '동산'은 조정에 나아오지 않고 물러나 은거하는 것을 가리킨다. 진(晉)나라 때 사안(謝安)이 벼슬길에

아오게 할 수 있었습니다. 이는 전고에 없던 기이한 일이니 사림의 다행스러움이 어떠하겠습니까. 그런데 저는 불민하여 돌아오시는 선생의 수레를 문인제자(門人弟子)들의 뒤를 따라 영접하면서 풍모를 우러러 바라보지 못하였으니, 아뜩한 저의 마음을 자못 형언할 수 없습니다. 또 사우(士友)들의 전언을 통해 삼가 거동하시는 절도가 대략 지난날에 비해 상하지 않으셨음을 들었으니, 하늘이 돕지 않으셨다면 어찌 이렇게 되실 수 있었겠습니까. 기뻐서 뛰는 저의 마음이 몹시 간절하지만, 곧장 덕스러운 모습을 받들고서 선생의 밑에서 가르침을 받지 못한 점을 더욱 한스럽게 여깁니다.

제가 영동(嶺東)에 거처할 때 작은할아버지의 묘지(墓誌) 일로 한두 차례 서신을 올리고서 삼가 답신을 받아 보니, 권면하고 어루만져 주시는 뜻이 매우 지극하였습니다. 게다가 지문(誌文)에 또한 저의 보잘것없는 이름을 드러내 주셨으니,[8] 저를 비루하다 여기지 않는 성대한

나아가기 전에 회계(會稽)의 동산에 은거하면서 계속되는 조정의 부름에도 응하지 않았는데 당시에 "안석이 조정에 나오려 하지 않으니 장차 창생들을 어이할꼬?〔安石不肯出, 將如蒼生何?〕"라는 말까지 있었다. 《晉書 卷79 謝安列傳》 안석(安石)은 사안의 자(字)이다. '궤석'은 고관대작이 신는 신발을 가리킨다. 《시경》 〈빈풍(豳風) 낭발(狼跋)〉에서 주(周)나라 성왕(成王)을 도와 정치를 대행한 주공(周公)에 대해 "붉은 신발이 점잖고 의젓하다.〔赤舃几几.〕"라고 한 데서 온 말이다.

**8** 지문(誌文)에……주셨으니 : 송시열이 지은 창계의 작은할아버지 임위(林瑋)의 묘지(墓誌)에 창계의 이름이 거론된 것을 가리킨다. 임위의 묘지문은 《송자대전》 권186에 〈징사지평임공묘지명(徵士持平林公墓誌銘)〉이라는 제목으로 실려 있다. 송시열은 지문의 말미에서 "지금 공의 조카 손자 임영 덕함이 지은 행장을 보니 실제를 들고 부언(浮言)은 덜어 내어 그 말이 진실해서 징험할 만하였다.〔今見公姪孫泳德涵狀文, 擧實刊浮, 其言質而可徵.〕"라고 하였다. 창계가 지은 임위의 행장은 《창계집》 권17에 〈숙조사헌부지평동리임공행장(叔祖司憲府持平東里林公行狀)〉이라는 제목으로 실려 있다.

뜻에 깊이 감사드립니다. 비단 감사한 마음을 잊지 못할 뿐만 아니라 답장으로 이 마음의 곡절을 아뢰는 일이 없어서는 안 되는데, 마침 거처를 옮기는 때를 당하고 곧이어 선생에 대한 구금이 더욱 엄중해져서[9] 간절히 선생을 그리는 이 마음을 3년 동안이나 펼치지 못하니, 마치 선생을 저버리는 듯한지라 지금껏 몹시 부끄럽고 두렵습니다.

구구한 저는 근년에 매양 비루한 일[10]에 몹시도 골몰하여 독서며 학문은 더욱더 성글고 황폐해지고 평소 품어 왔던 뜻은 죄다 어그러져 버린지라, 바야흐로 절절히 자책하던 중이었습니다. 그런데 뜻밖에도 작년에 다른 사람에게 천거되어 외람되이 승품(陞品)이 되고 보니, 땅을 굽어보고 하늘을 우러러봄에 근심스럽고 부끄러워 참으로 몸 둘 곳이 없었습니다. 근자에 지나치게 융숭하게 발탁된 것에 더욱 스스로

**9** 마침……엄중해져서 : '거처를 옮긴다'는 것은, 창계가 1678년(숙종4) 11월에 강원도 통천(通川)에서 충청도 부여의 조계촌(藻溪村)으로 이주한 사실을 가리킨다. '구금이 엄중해졌다'는 것은, 1679년에 있었던 일련의 사건들을 가리킨다. 1679년 3월 강화도에서 흉서(凶書)가 투서되었는데, 그 내용은 소현세자의 손자인 임성군(臨城君) 이황(李熿)이 진정한 종통이므로 임성군을 왕으로 추대해 국통을 바로 세우고 당파를 없애야 한다는 것이었다. 당시 남인 정권은 이를 서인들의 소행으로 의심하고 있었는데, 때마침 송시열의 문인인 송상민(宋尙敏)이 상소하여 장기(長鬐)에 유배 중이던 송시열의 억울함을 구명하였다. 결국 강화도 흉서 사건은 송상민의 상소와 연계되면서 송상민 등 여러 사람이 역모로 몰리게 되고 만다. 이로 인해 송상민은 국문 도중 사망하고 이외의 투서 및 상소와 관련된 여러 사람이 역률로 처단되었으며 송시열은 거제도로 이배되어 외부와의 연락이 일절 금지되었다. 《肅宗實錄 5年 3月 12日～19日, 23日, 24日, 25日, 29日》

**10** 비루한 일 : 원문은 '鄙事'로, 생계를 위해 하는 비루한 일을 가리킨다. 《논어》〈자한(子罕)〉에 공자(孔子)가 다능(多能)하다는 평을 듣고는 "내가 소싯적에 신분이 천했기 때문에 비루한 일을 잘하는 것이 많았다.〔吾少也賤, 故多能鄙事.〕"라고 하였다.

편치 못하여 지난번에 처음으로 사간원의 직책을 사양할 적에 학업이 완성되지 못하여 세상에 쓰이기 난감한 실상을 힘써 아뢰니, 성상께서는 "너의 문학에 대해서는 내가 이미 익히 알고 있다."라고 비답을 내리셨습니다. 이는 대개 천거되는 명단에 전후로 이름을 올린 것이 한두 번이 아닌 관계로 마침내 성상의 판단을 그르쳐 성상의 하교가 이러한 지경에 이른 것입니다.

그런데 이어서 수찬에 제수하는 새로운 명이 내려져 소지(召旨)가 거듭 당도하니, 상례적으로 제수하는 말단 관직에나 있던 몸으로 감히 한결같이 초야에 물러나 엎드려 있을 수는 없었습니다. 또 이미 헛된 명성이 위로 군왕에게까지 이르렀으니 스스로 한 번 성상의 하문을 받들어 오활하고 쓸모없는 저의 실상을 다 털어놓지 않는다면 끝내 관직을 벗을 수 있는 이치가 없겠는지라, 문득 감히 어리석음을 무릅쓰고 부르시는 명에 달려 나갔던 것입니다. 그런데 뜻을 구함[11]이 주밀하지 못하여 이렇듯 낭패를 당하였으니, 진실로 너무나도 두렵고 근심스러워 어떻게 할 수가 없습니다.

제가 문하께 가르침을 받은 날은 비록 적으나 삼가 저를 아끼시는 뜻이 범범하지 않음을 아는 연고로 편지를 쓰면서 저도 모르게 번만하고 외람되었습니다. 삼가 바라건대 참람하고 경솔함을 용서하시고 모자란 부분은 가르침을 내려 주십시오. 저는 지극히 간절한 마음을 이루

**11** 뜻을 구함 : 원문은 '求志'로, 은거하여 자신이 행할 도를 지켜 낸다는 뜻이다. 《논어》〈계씨(季氏)〉에 "은거하여 그 뜻을 구하고, 의를 행하며 그 도를 행하는 것을 나는 그러한 말만 들었고 그러한 사람은 보지 못하였노라.〔隱居以求其志, 行義以達其道, 吾聞其語矣, 未見其人也.〕"라고 하였다.

가눌 길이 없습니다. 도중에 천안(天安)에 들렀다가 마침 이 상사 두악(李上舍斗岳)[12]을 만났는데, 며칠 뒤에 문하께 나아가 배알할 것이라 하기에 바쁜 와중에 초초하게 써서 이 상사 편에 부쳐 올립니다. 행여 받아들여 주셔서 혹 다시 가르침을 내릴 일이 있거든, 삼가 바라건대 박 사업(朴司業)[13] 어른이나 이생 희조(李生喜朝)[14]에게 부쳐 보내심이 어떠하겠습니까? 저의 이번 길은 형세상 마땅히 도성에서 얼마간 유숙해야 할 것입니다. 하염없는 이 마음을 말로 다할 길이 없습니다.

**12** 이 상사 두악(李上舍斗岳) : 이두악(李斗岳, 1644~1687)이다. 본관은 용인(龍仁), 자는 계첨(季瞻)이다. 1669년(현종10) 진사시에 입격하여 성균관에 들어갔다. 효릉 참봉(孝陵參奉), 성균관 직강, 사간원 정언, 평강 현령(平康縣令) 등을 역임하였다.

**13** 박 사업(朴司業) : 박세채(朴世采)를 가리킨다. 《승정원일기(承政院日記)》를 참고하면, 1680년(숙종6) 5월 26일에 박세채를 성균관 사업에 단부하는 일이 처음 등장하였고 7월 11일에 집의로 옮겨 제수하였다.

**14** 이생 희조(李生喜朝) : 이희조(李喜朝, 1655~1724)이다. 본관은 연안(延安), 자는 동보(同甫), 호는 지촌(芝村), 시호는 문간(文簡)이다. 송시열(宋時烈)의 문인으로 공조 좌랑, 해주 목사(海州牧使), 대사헌 등을 역임하였다. 저서로 《지촌집(芝村集)》이 있다.

## 우재께 올림[15]

上尤齋

요즈음 기체(氣體)가 어떠하신지요? 사모하는 마음이 삼가 깊습니다. 소생은 호중(湖中)에서 돌아온 뒤로 즉시 선생께 나아가 가르침을 받고자 하였으나, 열흘이 넘도록 숙직을 하게 되어 정성스러운 이 뜻을 이루지 못하였습니다. 그러다 어제저녁에 박장(朴丈 박세채(朴世采))의 서찰을 받고서 삼가 합하(閤下)께서 조정을 떠나고자 하시는 뜻이 있음을 얼핏 들었으니, 세도(世道)를 위한 비탄을 금할 길이 없습니다. 대군자(大君子)가 조정에 나와 도를 행하거나 재야에 은거하여 도를 지키는 의리에 대해서는 진실로 말학천식(末學淺識)이 왈가왈부할 수 있는 것이 아니요, 또 합하께서 이미 조정에 계시니 조정의 체모가 극히 존엄한 터에 망녕되이 문득 촉범(觸犯)하는 것은 황공한 일임을 매우 잘 알고 있습니다. 그러나 구구한 저의 마음이 진실로 심히 절박한지라 숨기고 입을 닫을 수는 없겠기에 감히 사견(私見)을 펼쳐 보고자 합니다.

"지금의 국세는 어리석은 자와 지혜로운 자를 막론하고 모두 반드시 망하리라는 것을 알고 있다."[16]라는 이 말은 합하께서 한마디 말로 작금

**15** 우재께 올림 : 본 서찰의 내용 및 송시열의 하향 시기, 본 서찰에 대비되는 《송자대전》의 서찰을 고려할 때 본 서찰은 신유년(1681, 숙종7) 1월에서 2월 초에 작성된 것으로 보인다. 본 서찰에 대한 송시열의 답신은 《송자대전》 권112의 〈답임덕함〉 서신 중 신유년 2월 19일 자로 실려 있다.

**16** 지금의……있다 : 이 말은 송시열이 1681년(숙종7) 1월 10일에 올린 〈청근정차(請勤政箚)〉에 나오는 말이다. 《송자대전》 권16에 실려 있다.

의 상황을 다 표현하신 것입니다. 그러나 다행히도 지난날 남인들의 손에 나라가 결딴나지는 않아 옛 신하들이 다 모이고 대로(大老 송시열(宋時烈))께서도 다시 조정에 돌아오셨으니, 하늘의 뜻이 또한 우연은 아닌 듯합니다. 더군다나 근자에 합하께서 명을 받아 국사를 담당하게 되신 것 또한 지난해에 고식적으로 잡아 두던 때와는 비길 수가 없으니, 온 세상 사람들의 바람이 이에 더욱 간절해졌습니다. 만일 이러한 기회를 그냥 지나친다면 국사는 다시 어찌해 볼 가망이 없을 것이니, 어찌 통탄스럽지 않겠습니까, 어찌 통탄스럽지 않겠습니까. 합하께서는 여러 임금으로부터 망극한 은혜를 받고 만백성이 우러러 길러 주기를 바라는 여망을 짊어지신 몸으로 어찌 이러한 때에 차마 결연히 떠나가신단 말입니까. 예로부터 성현 군자들은 반드시 당세의 사도(斯道)와 사민(斯民)들에 대한 책무를 자임하였거늘, 하물며 합하와 같이 나라의 원로가 되어 만고에 없던 은혜를 입은 분의 경우야 말해 무엇하겠습니까. 분명코 조국이 끝내 멸망을 면치 못하게 된다면, 천하 후세의 의론이 다른 사람을 책망하는 것이 아니라 반드시 합하께서 오늘날 대번에 조정을 떠나신 것에 책임을 돌릴까 염려스럽습니다.

합하께서 오늘날 취하셔야 할 의리는 오직 마땅히 성심을 다해 국사를 돌보는 것이니, 반드시 용납되지 않은 뒤에야 바야흐로 떠나는 것에 대해 말하실 수 있을 따름입니다. 합하께서 전후로 진언하신 것이 비록 이미 많습니다만, 조정의 기강을 바루고 민폐를 제거하고 내수외양(內修外攘)하는 계책에 대해서는 외려 미처 남김없이 다 말하지 못하신 점이 있는 듯합니다. 그리고 주상께서는 합하를 존경하여 믿으시고 여러 공들은 합하를 높이 우러러 터럭만큼도 서로 용납지 못할 뜻이 있음을 보인 적이 없으니, 이와 같이 대번에 조정을 떠나시는 것이 어찌 어질고 현명한 이의 본심이겠습니까. 또 애당초 다시 위태로운 나라에 들어오지 않았다면[17] 그만이겠거니와 이미 들어오고서 미처 한두 가지 혜택도 베풀지 못하고 총총히 곧장 물러나는 것은 더욱이 어떤 점이 합당한지 알지 못하겠습니다. 또 전날에 자전(慈殿)께서 하교하여 합하께서 떠나는 것을 만류하신 것[18]은 실로 전대에 없던 일이니, 신하 된 자로서 한 번 이러한 지경을 만났고 보면 진실로 이미 황공무지(惶恐無地)할 것입니다. 그런데 만에 하나 지금 떠났다가 혹 다시 이러한 일이 있으면 또 장차 어찌 대처하시렵니까? 이는 더욱이 유념하셔야 마땅할 것입니다.

합하께서는 대번에 떠나기를 구하지 말고 초야에 묻혀 있는 당세의 인재들을 급히 모으며 뭇사람의 생각을 널리 모으십시오. 그리고 쌓인 폐단의 본말을 궁구하고 이어 나갈 것과 개혁해야 할 것의 절목(節目)을 의논하여 체제를 정립해서 순서대로 시행하십시오. 그리하여 국세를 중흥하고 민생을 다시금 안정시켜 위급한 일이 발생하더라도 결단코 우려할 만한 일이 없게 하십시오. 그러한 연후에 나이가 연로하다는 것을 들어 몸을 이끌고 재야로 돌아오셔야만 비로소 위로는 특별한

**17** 위태로운……않았다면 : 《논어》 〈태백(泰伯)〉에 "위태로운 나라에는 들어가지 말고, 어지러운 나라에는 살지 말아야 한다. 천하에 도가 있으면 자신을 드러내어 벼슬을 하고, 도가 없으면 숨어야 한다.〔危邦不入, 亂邦不居. 天下有道則見, 無道則隱.〕"라고 하였다.

**18** 전날에……것 : 당시 송시열이 정재숭(鄭載嵩)과의 일 등으로 인해 조정에서 물러나려고 하였는데, 1680년(숙종6) 12월 23일에 왕대비인 명성왕후(明聖王后) 김씨(金氏)가 친히 언문으로 하교하여 송시열을 만류한 일을 가리킨다. 송시열은 이 하교를 받고 황공하여 다시 도성으로 들어왔다. 왕대비의 언문하교는 《숙종실록》 6년 12월 23일 자에 실려 있으며, 정재숭과 관련된 사건의 전말은 62쪽 주49에 상세하게 보인다.

지우에 보답하고 아래로는 뭇사람의 바람에 색책(塞責)하며 또한 후세의 비평하는 이들이 합하에게 책임을 돌리는 일을 면하실 수 있을 것입니다. 소생의 망녕된 생각으로는 이만한 대책이 없습니다. 불행히도 중간에 혹 여의치 못한 일이 생기더라도 자신이 해야 할 일에서 할 수 있는 방법을 다하였다면[19] 거취를 정할 때에 또한 할 말이 있을 것이니, 모르겠습니다만 어찌 생각하시는지요? 광망하고 경솔함이 이에 이르니 송구함을 가눌 길이 없습니다. 바라건대 합하께서는 그 뜻을 살피고 그 죄는 너그러이 용서해 주시며 사람이 못났다 하여 말까지 폐하지는 말아 주소서. 그리하신다면 세도(世道)에 있어 이보다 더 큰 다행이 없겠습니다. 격식을 갖추지 못했습니다.

**19** 자신이……다하였다면 : 송(宋)나라 때 범중엄(范仲淹)의 신도비명에 "그 윗사람을 섬기고 사람들을 대함에 있어 한결같이 스스로 바른 도를 지켜 이해를 따져서 나아가거나 버리지 않았으며, 그 하는 바가 있을 때에는 반드시 그 방법을 다하면서 말하기를 '하기를 나로부터 할 것은 마땅히 이와 같이 해야 하니, 성공함과 성공하지 못함은 나에게 달려 있지 않은 것이다. 비록 성현이라 할지라도 성공을 기필할 수 없으니 내 어찌 구차하게 하겠는가.'라고 하였다.〔其事上遇人, 一以自信, 不擇利害爲趨捨. 其有所爲, 必盡其方曰, 爲之自我者當如是, 其成與否, 有不在我者. 雖聖賢, 不能必, 吾豈苟哉?〕"라고 한 말을 인용한 것이다.《小學 善行》《文忠集 卷20 資政殿學士戶部侍郎文正范公神道碑銘》

## 우재께 답함[20] 신유년(1681, 숙종7)

答尤齋 辛酉

봄에 제가 초초하게 적어 보낸 문후 서신 한 통이 오히려 문하께서 답서를 쓰게 하는 번거로움을 일으킬 것이라고는 생각지도 못했는데, 방금 뜻밖에 삼가 보내 주신 답서를 받아 보니 말씀이 정중할 뿐만이 아니었습니다. 제 마음의 감격을 어찌 이루 다하겠습니까. 다만 기체(氣體)와 기거(起居)가 오랫동안 편치 못하심을 삼가 알았으니, 우러러 걱정하는 지극한 마음을 가눌 길이 없습니다. 아마도 빈고(貧苦)한 새 우거(寓居)가 보양하고 조섭하는 데 방해가 되어 그런 것이 아니겠습니까. 삼가 바라건대 사도(斯道)와 당세(當世)를 위하여 더욱더 몸을 보중하시어 구구한 저의 바람에 부응해 주십시오.

하교해 주신 정성스러운 말씀은 삼가 잘 알았습니다. 미욱한 저를 비루하다 여기지 않고 시종일관 이끌어 주신 성대한 마음에 깊이 감격하였습니다. 다만 하교하신 말씀을 자세히 살펴보니 시국의 우환을 가지고 책망하신 듯한데, 소생이 그러한 책임을 감당할 만한 적임자가 아님을 어찌 헤아리지 못하셨겠습니까. 이는 필시 소생이 외람되이 차지한 직함이 바로 옛사람들이 이른 바 '도를 행하는 직임'이기 때문일 것입니다. 소생은 매양 시위소찬(尸位素餐)하면서 나라를 좀먹는 것을

**20** 우재께 답함 : 본 서찰에 앞선 송시열의 원래 서찰이 《송자대전》 권112의 〈답임덕함〉 서신 중 신유년(1681, 숙종7) 5월 15일 자로 실려 있다. 다만 《송자대전》의 해당 편지에 부기된 별지는 267쪽에 나오는 창계의 〈우재께 답함〉 서찰과 호응한다.

두려워하였고 근자에는 또 편키 어려운 형세가 있어 지금은 이미 교외 마을로 물러나 칩거하고 있는 상황이니, 이제부터는 이러한 뜻에 대해 응당 다시는 참여하여 들을 수 없을 것입니다. 그러나 하교하신 말씀에 이른 바 "천리와 인욕에 대해서 마땅히 먼저 스스로 알아차려야 한다."[21] 라는 것은 조정에 있거나 재야에 있거나를 막론하고 모두 명심해야 마땅한 말씀이니, 감히 주야로 사색하여 가르쳐 주신 지극한 뜻을 받들지 않을 수 있겠습니까. '천리'와 '인욕' 이 네 글자에 대해 평소 강론하지 않은 것은 아니지만 매사 일이 닥치면 멍하니 천리와 인욕의 분계를 살피지 못하고 왕왕 천리라고 생각하고서 한 것이 혹 인욕으로 흘러들어 가 버리고 말았으니, 이는 심히 두려워할 만합니다. 어이하겠습니까, 어이하겠습니까. 소생이 우거하고 있는 교외 마을이 마침 박 집의(朴執義 박세채(朴世采)) 어른의 거처와 멀지 않으니, 이 뒤에 마땅히 보내 주신 편지의 뜻으로 하교하신 것처럼 전하여 아뢰겠습니다.[22] 나머지 소회는 황공하여 갖추어 말씀드리지 못합니다.

**21** 천리와……한다 : 《송자대전》 권112 〈답임덕함〉 서신 중 신유년(1681, 숙종7) 5월 15일 자 서신에서 송시열이 다음과 같이 말하였다. "제가 생각하건대, 성학의 요지는 단지 응당 천리와 인욕의 분계에서 알아차려서 이로써 성상의 마음을 계발시켜야 하는 것이니, 마땅히 먼저 스스로 알아차려서 이 마음속에서 흑백을 분별하듯 명확하게 한다면 일은 모두 마땅하게 될 것이고 인심을 위무할 수 있을 것이며 하늘의 뜻도 이를 통해 그 노여움을 돌이킬 수 있을 것입니다.〔愚謂聖學之要, 只當於天理人欲分界處理會, 以此啓沃者, 當先自理會, 使於方寸之中, 如辨白黑, 則事皆得宜, 人心可慰, 天意亦因而回怒矣.〕"

**22** 보내 주신……아뢰겠습니다 : 《송자대전》 권112 〈답임덕함〉 서신 중 신유년 5월 15일 자에서 송시열이 천리와 인욕의 분계점을 먼저 이해해야 한다는 자신의 말을 "박세채에게 가서 물어보면 분명 그렇지 않다고 말하지는 않을 것입니다.〔須以此問於玄石丈, 必不以爲不然也.〕"라고 한 것을 가리킨다.

## 우재께 답함[23]

答尤齋

근자에 하인이 지나다 들른 편에 삼가 보내 주신 서찰을 받고서 감사하고 위안이 되어 제 마음을 가눌 길이 없었습니다. 요즈음 무더운 날씨에 삼가 기체와 기거는 다시 어떠하신지요? 구구한 저는 삼가 선생을 그리워하고 있습니다. 저는 거듭된 상화(喪禍)[24]에도 죽지 못하고 여태껏 잔약한 목숨을 보존하고 있습니다만, 몸에 고질병을 앓고 있어 온갖 일을 내팽개쳐 둔 터라 우러러 말씀드릴 만한 것이 없습니다. 그저 스스로 서글퍼할 따름입니다. 보내 주신 별지의 조목들은 삼가 잘 알아들었습니다만, 어리석은 후학이 외람되이 하문을 받들고 보니

**23** 우재께 답함 : 본 서찰의 별지에 대한 송시열의 질문 별지가 《송자대전》 권112의 〈답임덕함〉 서신 중 신유년(1681, 숙종7) 5월 15일자 다음에 첨부되어 있으나, 이는 《송자대전》 편차의 잘못이거나 《송자대전》에서는 별지를 신유년 서찰과는 별도의 것으로 편차한 것으로 보인다. 창계의 본 서찰의 내용에 양친상(兩親喪)을 당한 이후임을 나타내는 표현이 있고 '보내 주신 별지'라는 표현도 있으므로 창계와 송시열 사이에 별지가 오고 간 것은 분명 창계가 부친상을 당한 갑자년(1684) 이후가 되어야 하며, 본 서찰에 병으로 소명을 사양하고 있다는 내용으로 미루어 볼 때는 정황상 병인년(1685) 무렵이 되어야 할 것이다. 또한 《송자대전》에서는 편차가 '신유년 5월 15일 서찰-별지-병인년 5월 13일 서찰' 순으로 되어 있는데, 송시열의 병인년 서찰에 창계가 본 서찰의 별지에서 답한 내용에 대한 견해가 거론되고 있다. 이러한 사실을 종합할 때 창계의 본 서찰의 작성 시기는 '무더운 날씨'라는 표현으로 보아 빠르면 4월이 될 것이고 늦으면 병인년 5월 13일 이전이 될 것이다.

**24** 거듭된 상화(喪禍) : 계해년(1683, 숙종9)에 모친상을 당하고 연이어 갑자년(1684)에 부친상을 당한 것을 가리킨다.

진실로 몹시 황송하고 감격스러워 어찌할 바를 모르겠습니다. 즉시 문하께 달려 나아가 가르쳐 주신 내용을 되물어 보아야 마땅할 것이나, 임금께서 부르시는 명도 병으로 사양하고 있으면서 감히 다른 곳에 가 볼 수는 없겠기에, 문득 글월로 우러러 아뢰어 마치 범범한 서신 왕복인 양하니 지극히 송구스럽고 위축되는 저의 마음을 더욱 이루 다할 수 없습니다. 병이 조금 차도가 있어서 집 밖을 출입하는 데 혐의가 없게 된다면, 감히 제 힘으로 한번 문하께 나아가 가르침을 받지 않겠습니까. 궁벽한 거처에 인편이 모자라 사례하는 서찰을 또 더디 보내니 더욱 몹시 삼가 탄식합니다. 나머지 말은 남겨 두며, 삼가 격식을 갖추지 못했습니다.

## 별지 別紙

《근사록(近思錄)》의 주석에 "잘못하여 거듭 나왔다."라고 한 조항[25]

25 근사록(近思錄)의……조항 : 《근사록》 권3 〈치지(致知)〉의 21번째 단락인 "의리에 의심스러운 것이 있으면 옛 견해를 깨끗이 씻어 버려……마음속에 깨달아 아는 것이 있으면……오래되면 저절로 진전됨을 깨달을 것이다.〔義理有疑則濯去舊見……心中有所開……久則自覺進也.〕"에 붙어 있는 주석을 가리킨다. 이에 대해 섭씨(葉氏)가 단 주석의 대략적인 내용은 다음과 같다. "이 단락과 윤돈(尹焞)이 학문하는 방법을 물은 단락, 즉 '윤돈이 처음 이르러 학문하는 방법을 묻자……〔焞初到, 問爲學之方……〕' 단락이 천주본(泉州本)에는 모두 권말에 붙어 있고, 구본(舊本)에는 이 단락이 21번째에, 윤돈이 물은 단락이 33번째에 편차되어 있다. 이 두 단락은 치지(致知)를 총론한 것이므로 권말에 있어서 안 된다는 것은 의심의 여지가 없다. 다만 구본은 이 단락에 '심중유소개(心中有所開)' 이하 내용을 전혀 기재하지 않았다. 이는 아마도 뒤에 이 몇 말씀을 더 첨가하려 하다가 잘못하여 거듭 나온 것인 듯하다. 거듭 나왔다는 말은

에 대해서는 지난번에 이미 면전에서 가르침을 받았습니다.[26] 비록 대의(大意)는 대략 알았으나 섭씨(葉氏)의 본주(本註)는 명확하지 못하고 징험할 만한 사적(事蹟)도 없는지라 오히려 석연치 못한 점이 있었습니다. 그런데 뒤에 또 《주자대전(朱子大全)》의 서찰 한 조목[27]을 적어 보내 주셨으니, 증거가 명백하여 다시 의심할 만한 점이 없었습니다. 이 조항은 비록 정밀한 의리가 연관된 부분은 아니나 오늘날의 시점에서 추론하여 밝히기란 매우 어려운 일입니다. 이는 대개 《근사록》을 간행하던 당시 우연히 교감이 잘못되었던 것은 실로 의도한 바가 아니었고 구본(舊本)과 천주본(泉州本)은 지금 모두 볼

《근사록석의(近思錄釋疑)》에 따르면 천주본에서 이 단락들을 권말에 붙인 것을 가리킨 것이라고 하였다. 이 단락은 이미 독서하는 방법을 오로지 논하였으니, 21번째에 있는 것은 마땅하지 않다. 아마도 당시에 이것을 윤돈이 물은 내용의 뒤에 옮겨 놓으려 하였으므로 이것을 함께 기록한 듯하다. 이제 감히 함부로 고칠 수가 없어 우선 구본을 따르면서 '심중유소개(心中有所開)'의 몇 말씀을 첨가하여 넣는다."

**26** 근사록(近思錄)의……받았습니다 : 이에 대한 자세한 내용이 《송자대전》 권130 〈근사록오본변증(近思錄誤本辨證)〉에 실려 있다. 섭씨(葉氏)의 본주 내용에 대한 송시열의 이견과 추론이 기재되어 있는데, 그 말미에 "내가 여러 사람에게 물어보았으나 아직 아는 자가 없었다. 그리하여 내 생각을 이상과 같이 말하여 임 전적 덕함에게 보이니, 그의 생각도 나와 부합하였다.〔徧問人, 而亦未有知者. 妄以意爲說如右, 以示林典籍德涵氏, 則所見相符矣.〕"라는 말이 있다.

**27** 주자대전(朱子大全)의……조목 : 이에 대한 자세한 내용이 《송자대전》 권130 〈근사록오본변증〉에 다음과 같이 실려 있다. "그 뒤에 《주자대전》의 〈왕이직에게 답한 편지〉에서 '《근사록》 소본은 교감을 잘못하여 착오가 있게 되었다. 그 후 별도로 한 본을 간행하였는데, 권말에 첨가했던 부분은 이미 권 중반부로 들어갔고 중첩되는 몇 자도 삭제하였다.'라고 한 말을 보았다. 여기에 근거하면 내 견해가 우연히 틀리지 않은 것이다.〔後見《朱子大全》〈答汪易直書〉云: 《近思》小本失於契勘, 致有差誤. 後來別刊得一本, 卷尾所增, 已附入卷中, 仍削去重出數字矣. 據此則鄙見偶然不悖矣.〕"

수가 없는 상황에서 섭씨의 본주 외에는 달리 추론할 만한 자료가 없기 때문입니다. 그런데 다행히 《주자대전》의 이 조목이 적실하게 근거할 만하니, 몹시도 호한(浩瀚)한 문자들 가운데에서 짧은 서찰을 잃지 않아서, 이로써 문하의 말씀을 징험하고 다른 사람의 의심을 풀게 되었습니다. 후학들에게 혜택을 끼침이 또 어찌 적겠습니까.

《남헌집(南軒集)》에 주의(奏議)를 수록하지 않은 뜻에 대해서는 진실로 식견이 얕은 후학이 감히 알 수 있는 바가 아니나, 문하께서는 주자가 호계수(胡季隨)에게 답한 편지의 내용이 주자의 본심이라는 가르침을 주셨습니다.[28] 이는 진실로 그러한 듯합니다. 이미 세속

**28** 남헌집(南軒集)에……주셨습니다 : 주희(朱熹)가 쓴 〈장남헌문집서(張南軒文集序)〉의 말미를 보면, 다음과 같은 내용이 있다. "조정에서 시사를 논한 것 및 주·군에 있으면서 민간에 이로운 일과 병폐가 되는 일에 대해 조목조목 아뢴 것들은 성상께서 대부분 마음을 기울여 받아들이셨고 또한 자못 시행된 것이 있었다. 이 때문에 또한 문집에 수록하지 않는다. 다만 경연구의장(經筵口義章)만을 취하여 표문의 뒤에다가 부기해서 장경부가 우리 임금을 요·순처럼 만들려 했고 스승으로부터 전수받은 학문에 부끄러움이 없었다는 사실의 단서를 독자들이 알게 하려 한다.〔其立朝論事及在州郡條奏民間利病, 則上意多鄕納之, 亦有頗施行者, 以故亦不著. 獨取其經筵口義一章, 附于表奏之后, 使敬夫所以堯舜吾君而不愧其父師之傳者, 讀者有以識其端云.〕" 이 부분에 대해 송시열은 창계에게 다음과 같이 물었다. "오직 《주자대전》의 〈장남헌문집서〉에 '조정에서 시사를 논한 것은 자못 시행된 것이 있으므로 수록하지 않는다.'라고 하였는데, 이 말에 대해 매번 의심이 없을 수 없었습니다. 자고로 세상에 시행된 일들은 으레 세상에 전해지고, 시행되지 못한 것들은 대부분 민멸되어 볼 수가 없는 것입니다. 주자께서 호계수에게 답한 편지에 이르기를 '장남헌의 주의 및 주고받았던 편지들 가운데 시사를 논한 부분은 그 논의가 적나라하고 통렬하니 지금 감히 수록하지 않습니다. 혹 세속에서 좋고 나쁘게 비평하는 것들이 조금 잠잠해지면 그제야 세상에 낼 수 있을 것입니다.'라고 하였는데, 이것이 아마도 선생의 본심일 것입니다. 그런데 무슨 연고로

에서 시비할 우환을 염려하여 감히 문집에 편입시키지 않았으니, 주자께서 서문에서 그저 "시행된 것이 있다."라고만 말씀하신 것은 또한 함축하고 드러내지 않는 뜻인 듯합니다. 어찌 생각하시는지요, 어찌 생각하시는지요? 그리고 주의가 비록 황제에게 올린 글이라고는 하지만, 삼가 생각건대 당시 송(宋)나라 조정에서도 반드시 그 내용을 모두 알고 있지는 않았을 것입니다. 주자의 〈경자응조봉사(庚子應詔封事)〉[29] 같은 경우도 후성(後省)[30]에 내려 준 이후에야 비

이에 서문에서는 이처럼 에두르셨단 말입니까? 또 주의 문자가 이미 황제께 진어한 문자이고 보면 조정에서도 모두 이미 그 내용을 알았을 터, 비록 간행하여 세상에 알리지 않은들 이로울 게 무엇이겠습니까. 이는 아마도 일이 기밀에 관련되면 요즘처럼 조보에 내지 않은 것이겠지요? 이 부분에 대해서는 감히 알지 못할 점이 있습니다. 감히 여쭙습니다. 또 〈장남헌문집서〉에 이르기를 '경연구의장을 표문의 뒤에다가 부기한다.'라고 하였는데, 지금 세상에 유행하는 장남헌의 문집에는 경연구의장이 보이지 않습니다. 아마도 향본에 오탈이 있어 그런 것이겠지요? 그쪽에 만일 당판(唐板) 《주자대전》이 있다면 살펴보고 알려 주시면 다행이겠습니다.〔惟《大全》〈張南軒文集序〉所謂'立朝論事, 有頗施行者, 故不載', 此說每不能無疑. 自古施行之事, 例傳於世, 而不見施行者, 蓋多沈沒不見矣. 其答胡季隨書有云, 奏議文字及往還書, 論時事處, 確實痛切, 今却未敢編入. 或世俗好惡稍衰, 乃可出之, 此似是先生實情, 何故乃於序文, 回互如此耶? 且奏議旣是進御文字, 則朝廷皆已知之矣. 雖不刊布, 有何所益? 豈事關機密, 則如今之不出朝報耶? 此有所不敢知者. 敢稟. 又〈文集序〉云, 筵口義一章, 附于表奏之後, 而今見行文集, 無見焉. 豈鄕本有所脫誤而然歟? 彼中如有華板《大全》, 考示爲幸.〕"

**29** 경자응조봉사(庚子應詔封事) : 주희가 51세 되던 1180년 4월에 효종(孝宗)에게 올린 봉사이다. 각종 문제와 폐해에 대한 의견을 적어 올리라는 조칙에 남강 군사(南康軍事)의 신분으로 응하여 올린 것으로, 군비 증가의 주요 요인을 적시하고 이에 대한 민폐 및 그 대책을 다각도로 제시하였으며 모든 일의 근본인 군주의 마음을 바르게 함으로써 기강을 세워야 한다는 의견을 피력하였다.

**30** 후성(後省) : 송나라 태종(太宗) 순화(淳化) 5년(994) 이후로는 입내내시성(入內

로소 "이제부터 미천한 몸의 종적을 더욱 감히 스스로 보존하지 못하게 되었다."[31]라고 하였으니, 내려보낸 경우가 아니면 곧바로 누설되는 데 이르지는 않은 듯합니다. 일찍이 구양수(歐陽脩)의 문집을 보니 시사를 논한 글이 또한 많았으나, 조정에서 공적으로 이야기되던 것은 아니었습니다. 송나라 고사(故事)에 대해서는 비록 상세히 알지 못하나, 기밀에 관련된 것은 비단 오늘날 조보(朝報)에 내지 않는 것과 같을 뿐만은 아닌 듯한데, 모르겠습니다만 어찌 생각하시는지요? 다만 장남헌(張南軒 장식(張栻))의 주의(奏議)가 이 때문에 마침내 세상에 크게 유행되지 못하였으니, 지금 비록 연경(燕京)의 저자에서 구하려 해도 절대 구할 수가 없다 합니다. 이는 진실로 천추의 한입니다. 그러나 또한 어찌 문집을 간행하던 당시에 이렇게 될 줄 헤아릴 수 있었겠습니까. 당판(唐板) 《주자대전》은 아직 보지를 못하였습니다.

《통감강목(通鑑綱目)》의 범례에 승려들을 내쫓고 사관(寺觀)을 훼철하고 불골(佛骨)을 맞이한 따위와 같은 일들을 모두 적었으니, 명제(明帝)가 서역과 교류를 튼 것은 진실로 마땅히 특필(特筆)해야

內侍省)의 별칭이었고, 신종(神宗) 원풍(元豐) 8년(1085) 이후로는 문하성(門下省)과 중서성(中書省)의 외성(外省)의 별칭이었다. 이 경우는 후자를 가리킨다.

**31** 이제부터……되었다 : 《주자대전》 권26 〈여강동진수서(與江東陳帥書)〉에서 "지금 들으니 이미 후성에 내려 주었다 합니다. 이는 밝으신 주상께서 진실로 넉넉하게 용납하신 것입니다만, 이 소가 알려지면 미천한 이 몸의 종적은 이로부터 더욱 외롭고 위태로워질 것입니다.〔今聞已降付後省矣, 是明主固優容之. 但此章宣露, 賤迹自是愈孤危矣.〕"라고 한 것을 가리킨다.

할 사안입니다. 그런데도 단지 분주(分註)에만 대략적인 내용이 보이는 것은 아마 그 날짜를 고찰할 수가 없어 정확한 연도에 붙이기가 어려워 그런 것이 아니겠습니까? 여기 궁벽한 골짝에는 서적이 없어서 《전사(全史)》와 《자치통감(資治通鑑)》을 살펴보려 해도 그럴 수가 없으니 또한 반드시 그러한지는 징험할 길이 없습니다. 모르겠습니다만 어찌 생각하시는지요?[32]

《통감강목》의 헌제(獻帝) 2년 조에서 이미 "조조(曹操)가 순욱(荀彧)을 시중(侍中) 광록대부(光祿大夫)로 삼았다."라고 적고서 순유(荀攸)·곽가(郭嘉)와 더불어 아울러 적었으니, 순욱이 조조의 사람이 된 것이 이미 드러난 것입니다. 순욱의 죽음에 대해서는 또 조조의 일 아래에 적었는데, 거기서 '참군사(參軍事)'라고 한 것은 바로 조조의 군사에 참여한 것이니 순욱의 죄를 또한 알 수 있습니다. 모르겠습니다만 어찌 생각하시는지요?[33]

**32** 통감강목(通鑑綱目)의……생각하시는지요 : 이 부분에 대한 송시열의 질문은 다음과 같다. "《통감강목》에서 한나라 명제가 천축국과 교류를 튼 사실을 대문(大文)으로 적지 않았고 단지 분주에서만 대략적인 내용이 보이는데, 어떤 의도이겠습니까? 알려주십시오.〔《綱目》, 漢明帝肇通天竺事, 不爲大書, 只於分註略見之, 其意安在? 示之.〕" 《통감강목》에서 한나라 명제가 서역과 교류를 튼 사실을 언급하고 있는 분주는 남북조(南北朝) 시대를 다룬 권25 하권의 '3월에 북위가 승도들을 죽이고 불서와 불상을 훼손했다.〔三月, 魏誅沙門, 毁佛書佛像.〕' 조와 당(唐)나라를 다룬 권39 상권의 '여름에 승도들을 내쫓았다.〔夏, 沙汰僧道.〕' 조 두 군데에 있다. 모두 명제가 서역에 부처라는 신이 있다는 말을 듣고서 사신을 파견해 불교와 불교 서적 등을 구했다는 내용이다. 즉 송시열은, 한나라 명제 때부터 불교가 중국에 들어왔으므로 마땅히 대문으로 특필하여 그 죄를 드러내야 할 텐데 그렇게 하지 않은 이유가 무엇이냐고 물은 것이다.

형가(荊軻)와 장량(張良)의 일은 서로 같지 않으니, 《통감강목》의 포폄은 진실로 의심할 만한 것이 없습니다. 보내 주신 서찰에

**33** 통감강목의 헌제(獻帝)……생각하시는지요 : 이 부분에 대한 송시열의 질문은 다음과 같다. "《통감강목》에서 순욱의 죽음을 '조조가 손권을 공격하여 유수에 이르렀다.'라고 한 부분 아래에다 적었는데, 주자께서 다른 사람에게 보낸 편지에 '순욱의 죄가 절로 드러났다.'라고 하셨으니, 그 까닭을 잘 모르겠습니다.〔《綱目》書荀彧死, 繫於曹操擊孫權至濡須之下, 而朱子與人書以爲彧之罪自見, 未詳其所以然也.〕" 순욱의 죽음이 기록된 《통감강목》의 정확한 원문은 '겨울 10월에 조조가 손권을 공격하여 유수에 이르렀는데, 시중 광록대부 참군사 순욱이 자살하였다.〔冬十月, 曹操擊孫權, 至濡須, 侍中光祿大夫參軍事荀彧自殺.〕'이다. 주희가 다른 사람에게 보낸 편지란 〈답우연지(答尤延之)〉를 가리킨다. 이 부분에 대한 송시열의 의문은 《송자대전》 부록 권16의 박광일(朴光一)이 기록한 어록에 상세한데, 이에 따르면 송시열은 "이미 한(漢)나라 시중 광록대부라고 썼으니 순욱의 죄는 저절로 드러난 셈인데, 어찌 손권을 공격하여 유수에 당도한 기사 밑에 기록한 다음에야 순욱의 죄가 드러난단 말인가. 이것을 가지고 남에게 꽤 많이 물어보았으나 한 사람도 해답하는 이가 없으므로 마음이 매우 답답하다."라고 하였다. 이 과정에서 송시열은 창계에게도 질문을 한 것이다. 창계의 답을 접한 송시열은 《송자대전》 권112의 〈답임덕함〉 서신 중 병인년(1686, 숙종12) 5월 13일 자 서신을 통해 "별지에서 가르쳐 주신 내용은 정성스럽고 상세하였는데, 그 가운데 '순욱의 일은 조조의 일로 인하여 그 죄가 드러났다.'라고 하신 부분은 더욱이 이치에 맞으니 시원스레 탁 트이는 이 마음을 가눌 길이 없습니다. 우리들이 오랫동안 이 세상에 살면서 참으로 한 마리 좀벌레 같은 신세가 되어 버렸고 이러한 일에 있어서는 또한 곁에 든든한 벗이 없어 멍하니 방과해 버렸던 터라 매양 몹시 부끄러웠습니다. 어이하면 고명하신 집사를 가까이 모시고 조석으로 강마하여 의문점들을 제거할 수 있겠습니까?〔別紙開諭諄悉, 而其中, 荀彧事, 因操事, 以著其罪云者, 尤得理致, 無任開豁. 吾儕久生斯世, 眞作一蠹, 而於此等事, 亦以旁無强輔, 蒙然放過, 每切皇愧. 安得密邇高居, 朝夕講劘, 以祛疑晦耶?〕"라고 하여 창계의 의견에 크게 동조하였다. 여기에서 "조조(曹操)가……적었으니"라고 한 것은 《통감강목》 헌제(獻帝) 2년 조에 "조조가 순욱을 시중 상서로 삼고 순유를 군사, 곽가를 좨주로 삼았다.〔曹操以荀彧爲侍中尙書, 令荀攸爲軍師, 郭嘉爲祭酒.〕"라고 한 것을 가리킨다.

이른 바 "식객으로 길러 준 은혜를 품었고 속임수를 써서 바르지 않았다."라고 하신 것은 이미 형가에 대한 확정된 판결문을 내리신 것입니다. 예양(豫讓)의 일을 엄격하게 따져서 말해 보자면 예양은 지백(智伯)을 위해 목숨을 바쳤으니 또한 의기(意氣)가 발동한 데서 나온 행동인 듯합니다. 그러나 그 충의(忠義)와 고심(苦心)에 대해서는 《통감강목》에서 허여하였고 《소학(小學)》에서 기록하였으니, 어찌 형가와 같은 시정잡배가 부리는 기용(氣勇)에 비할 바이겠습니까. 모르겠습니다만 어찌 생각하시는지요?[34]

이상 몇 조목에 대해 이미 하문을 받았으니 감히 하나하나 답변

**34** 형가(荊軻)와……생각하시는지요 : 이 부분에 대한 송시열의 질문은 다음과 같다. "형가가 비수를 품고 진 시황을 살해하려고 한 일과 장량이 철퇴로 진 시황을 살해하려고 한 일은 그 일이 비록 서로 같지만, 《통감강목》에서는 형가는 도적이라고 적었고 장량에 대해서는 포창을 해 주었습니다. 아마도 장량은 자신의 모국인 한(韓)나라 군부의 원수를 갚기 위해 일을 벌였고 형가는 연(燕)나라 태자 단(丹)이 자신을 식객으로 길러 준 은혜를 품고 일을 벌였기 때문이겠지요? 진나라가 이미 종국(宗國)인 주나라를 멸하였고 보면 이는 사람마다 주벌할 수 있는 난신적자이겠으나, 형가는 바르지 않게 모의하여 속임수를 행하였으니 적을 토벌하는 도리가 아니기 때문이겠지요? 이 일을 예양의 일과 비교해 보면 어떠합니까? 의견을 듣고자 합니다.〔荊軻匕首, 張良鐵椎, 其事相同, 而《綱目》於軻則書以盜, 而於良則施褒袞. 豈良則爲君父報仇, 軻則懷豢養之恩故耶? 秦旣滅宗周, 則是亂賊之人得而誅之者也. 然軻謀不正而行詐, 非所以討賊之道故耶? 此與豫讓事如何? 願聞其說.〕" 예양(豫讓)은 춘추전국 시대 진(晉)나라의 대부였던 지백(智伯)의 부하였다. 지백이 조 양자(趙襄子)에게 패하여 죽음을 당하자 주인의 원수를 갚기 위하여 일부러 죄수가 되어 측간 벽을 바르는 일을 하면서 조 양자를 암살할 기회를 노렸으나 실패하였고 숯을 삼켜 벙어리가 되고 옻을 칠하여 문둥이로 변장한 다음 다리 밑에 숨어서 기다리며 재차 조 양자를 죽이려 하였으나 실패하고 죽음을 당하였다. 《史記 卷86 豫讓列傳》

하여 아뢰지 않을 수가 없었습니다. 그러나 자못 거자(擧子)가 시험 조목에 따라 대답하는 것과 다름없으니 특별히 계발될 만한 새로운 뜻은 없습니다. 삼가 생각건대 살펴보고서 응당 한번 웃으실 터이니, 지극히 부끄럽고 송구한 마음을 가눌 길이 없습니다. 또 생각건대 평소 거칠었던 공부가 근자에는 더욱 황폐해져 스스로 의문을 해결하지 못하고 그저 하교하신 말씀만 욕되게 하니, 이는 더욱 두렵습니다. 편지지를 대하여 땀만 흘리면서 무슨 말을 해야 할지 모르겠습니다.

## 우재께 답함 병인년(1686, 숙종12)

答尤齋 丙寅

여름 사이에 삼가 보내 주신 답서를 받아 보니 장려하여 인도하고 마음을 열어 받아들여 주시어 덕스러운 뜻이 성대하였습니다. 제가 비록 몽매하지만 어찌 감격할 줄을 모르겠습니까. 그러나 병들고 곤궁하여 사람 된 도리를 차리지 못하는 처지이다 보니 비단 선생을 찾아뵈려는 소원을 한번 이루지 못했을 뿐만 아니라 또한 다시 기부(記府)의 문안[35]도 통할 길이 없었습니다. 그리하여 매양 미약한 정성을 품고서 그저 몹시 부끄러워하고 우러르던 중이었는데 뜻밖에 이번에 또 삼가 특별히 안부를 물어 주시는 서찰을 받게 되었습니다. 서찰을 통해 삼가 근래 겨울 추위에도 도체(道體)가 강녕하시고 하늘의 복을 더욱 받으셨음을 알게 되었으니, 정성스러운 제 마음에 기쁘고 경사스러움을 이루 다할 수 없습니다. '사비(辭卑)'의 가르침은 실로 잃어버린 길을 계도해 주신 것이나 '고촉(高躅)'의 칭찬은 영화로움이 화곤(華袞)보다 더하니,[36] 스스로 생각건대 용렬하고 미천한 말학(末學)이 예

35 기부(記府)의 문안 : 정승 반열의 사람에게 문안 편지를 올리는 것을 말한다. '기부'는 의정부의 별칭이다.

36 사비(辭卑)의……더하니 : 본 서찰에 대응되는 송시열의 서찰이 《송자대전》에 남아 있지 않아 자세한 내용은 알 수 없다. 다만 '사비의 가르침'이란 본 서찰에 '낮은 관직은 사양하고 존귀한 관직은 받는다는 혐의〔辭受卑尊之嫌〕'라는 언급이 있는 것으로 보아, 이 부분에 대해 송시열이 조언을 남긴 것으로 생각된다. '고촉(高躅)의 칭찬'도 자세한 내용은 알 수 없으나, 고촉이 숭고한 품행이나 은거 등을 가리키는 점을 생각해

(禮)와 교제(交際)를 빠뜨리고서 당세의 달존(達尊)이자 대로(大老)이신 선생의 문하에서 어찌 이러한 칭찬을 얻었단 말입니까. 감사하고 다행스러운 데 이어 황송하고 부끄러워 자못 무슨 말을 올려야 할지 모르겠습니다.

저의 구구한 거취는 본디 말할 만한 것이 없습니다만, 부모님을 여의고 홀로 남은, 잔약하고 병든 몸으로 다시는 세상에 대한 생각이 없는 데다 지금에 와서는 또 전후로 '낮은 관직은 사양하고 높은 관직은 받으려 한다'는 혐의가 있으니 또한 작은 일이 아닙니다. 오직 굳게 재야로 물러나 지내며 다시는 세상과 더불어 서로 간섭(干涉)하지 않으면서 여생을 마칠 것을 생각하고 있습니다만, 혼매하고 유약한 자질의 몸이 범사(凡事)에서 굳건히 지켜 내지 못하니 앞으로의 일 또한 어찌 스스로 보장할 수 있겠습니까. 끝내는 낭패를 당하여 명현(名賢)께서 알아주시고 돌아봐 주신 것만 욕되게 할까 두려우니 이에 마음이 편치 않습니다.

조정의 의론이 분열되어 세상에 완인(完人)이 없다는 것은 진실로 하교하신 말씀과 같습니다. 개탄스러운 마음을 어찌 이길 수 있겠습니까. 이 몸은 보잘것없어 먼 지방에 자취를 감추고 있는데도 여전히 밖에서 일어나는 논의들이 저를 지목한다는 말이 들리니 참으로 이른바 면하기 어렵다는 경우[37]입니다. 어이하겠습니까, 어이하겠습니까.

볼 때 송시열이 창계의 처신에 대해 칭찬을 한 것으로 보인다. '영화로움이 화곤보다 더하다'는 표현은 《춘추곡량전(春秋穀梁傳)》의 서문에서 춘추의 필법에 대해 "한 글자의 칭찬이 화곤을 받는 것보다도 영광스러웠고, 한마디의 폄하가 시장에서 맞는 회초리보다도 욕스러웠다.〔一字之褒, 寵逾華衮之贈. 一言之貶, 辱過市朝之撻.〕"라고 한 데서 온 것이다. 화곤은 고대 왕공귀족의 복장으로, 지극한 영예를 뜻한다.

그러나 한 개인이 면하기도 하고 면하지 못하기도 하는 것은 본디 작은 일이라 깊이 우려할 만한 것이 아니겠으나, 세도와 인심이 날로 더욱 불미해져서 그 해악이 장차 나라를 망치는 데 이른 뒤에야 그치는 것은 가장 우려스러운 점입니다. 매번 이러한 우환을 생각할 적에는 밤에도 잠들지를 못합니다. 몽매한 후생도 오히려 이와 같은데, 삼가 생각건대 대로(大老) 선생께서는 세상을 걱정하는 마음이 절절하고 나라를 체념(體念)하는 정성이 깊으니 반드시 배나 더 간절하고 통절하시리라 여깁니다. 삼가 모르겠습니다만 산중의 거처에서 고요한 밤에 이러한 걱정 근심을 더욱이 어찌 견뎌 내시는지요?

오활하고 어리석은 저의 얕은 마음에는 진실로 이 화란(禍亂)을 조금이라도 그치게 할 수 있다면 홀연히 이 몸을 돌보지 않고 조정으로 달려 나가고 싶지만, 스스로를 헤아려 보고 분수를 따져 봄에 어찌할 수 있는 것이 없습니다. 오직 삼가 생각건대 조정을 융화시킬 방도와 변화시킬 기틀은 오히려 하집사(下執事)께 달린 점이 있다고 여깁니다. 어째서이겠습니까? 오늘날의 분열상은 비단 조정의 의론뿐만이 아니라 사림의 의론이 근본이 됩니다. 진실로 사태를 수습하고자 한다면 또한 조정에 있는 사람이 해결할 수 있는 문제가 아니니, 지금 하집사께 우러러 바라지 않고서 누구에게 바라겠습니까. 구구한 제가 망녕되고 참람하게 삼가 생각건대, 마땅히 노선생(老先生)부터 원대한 자세로 멀리 내다보고 분연한 자세로 용맹스럽게 추진하여 자신에게 달

**37** 면하기 어렵다는 경우 : 《논어》 〈옹야(雍也)〉에 공자가 세상의 현실을 개탄하면서 "축관인 타의 말재주와 송나라의 조와 같은 미모를 갖고 있지 않으면, 지금 세상에서 환난을 면하기 어렵다.〔不有祝鮀之佞, 而有宋朝之美, 難乎免於今之世矣.〕"라고 하였다.

려 있는 일 중에서 오랜 시간 쌓인 의구심에서 생겼거나 한때의 격노에서 나온 것들이 혹여 한 터럭만큼이라도 분수를 다하지 않은 점이 있다면, 깊이 성찰하여 분명하게 말씀하시되 털어 내고 탁 터서 조금의 얽매임도 없게 하십시오. 그리고 남에게 달려 있는 일 중에서 정리(情理)에 있어 용서할 만한 점이 있고 견식에 있어 이해하지 못한 점이 있는 것은 긍휼히 생각하여 상세하게 깨우쳐 주시되 측은하게 여기고 넉넉하게 포용하며 오직 자신의 성의를 다하여 혹은 불러서 설파하고 혹은 서찰로 이해시키십시오. 그리하여 사림의 근본이 되는 곳이 일조(一朝)에 얼음 녹듯 풀리게 된다면 말류(末流)의 일은 오히려 다시 수습할 수 있을 것입니다.[38] 모르겠습니다만 어찌 생각하시는지요, 어찌 생각하시는지요?

대개 그 사이에 어찌 존비(尊卑)의 구분과 득실(得失)의 분수가 없겠습니까마는, 참으로 일문(一門) 안의 일[39]과 같으니 오직 화합을 아름답게 여길 것이요 따지고 견주는 것을 귀하게 여겨서는 안 됩니다. 이처럼 해결하는 것은 비단 세교(世敎)에 보탬이 있을 뿐만 아니라 하집사의 성대한 덕에도 더욱 빛남이 있을 듯하니, 모르겠습니다만 어찌 생각하시는지요? 저는 참으로 이렇듯 두문불출하고 있는지라 실로 다른 사람에게 이러한 일에 대해 입을 연 적이 없습니다. 그러나 삼가 전후로 저를 알아주시고 어여삐 여겨 주신 성대한 마음에 감격하

**38** 그리하여……것입니다 : 전후 문맥으로 볼 때, 사림의 근본이 되는 송시열과 윤증(尹拯)이 화해한다면 나머지 분열된 사림의 의론은 자연히 수습될 것이라는 뜻인 듯하다.

**39** 일문(一門) 안의 일 : 이러한 언급으로 볼 때 창계가 송시열에게 요구하고 있는 문제는 윤증과의 회니시비(懷尼是非)를 가리키는 듯하다.

여 감히 터럭만큼도 스스로를 하집사와 소원한 사람이라 여기지 않았습니다. 그리하여 문득 하교하신 말씀으로 인하여 미루어 언급함이 여기에 이른 것입니다. 말은 비록 딱 맞지 않으나 반드시 이 어리석은 정성을 헤아려 주시리라 생각합니다. 제 말을 쓰지 못하겠거든 그냥 버려두시고 다른 사람에게 알려지지 않도록 하는 것이 또한 구구한 제가 우러러 믿으며 깊이 바라는 점입니다. 어찌 생각하시는지요, 어찌 생각하시는지요?

보내 주신 서찰 가운데 "돌아보니 멍하게 한갓 시간만 허비하였다."라는 말씀은 더욱 지극히 감탄스럽고 우러르는 마음을 이길 수 없게 합니다. 대저 이른 나이부터 스승을 얻어 일생 동안 산림(山林)과 경적(經籍) 속에서 지내 오셨으면서도 지금 오히려 이러한 탄식을 하시니 보통의 마음으로 살펴보면 진실로 지나친 겸사이지 사실은 아닌 듯합니다. 그러나 천하의 의리는 무궁한지라 예로부터 성현들도 모두 스스로 만족하는 뜻을 지닌 적이 없었으니 금일의 이 탄식은 반드시 진정으로 절절하게 느끼어 개탄하는 부분이 있는 것입니다. 한스럽게도 이 몽매하고 비루한 몸이 하집사의 말씀을 직접 듣지 못하니 그저 심히 감탄하고 우러르기만 할 뿐입니다.

이곳에서 근자에 연평(延平 이통(李侗))의 글을 보았는데 그 논변하고 연구한 것들이 근본 종지(宗旨) 아님이 없었으니, 진실로 정자(程子)와 주자(朱子) 사이의 도학을 연결해 주는 관문이자 교량이었습니다. 생각건대 그 청통화락(淸通和樂)하고 쇄락영철(灑落瑩澈)한 기상은 모두 여기에서 온 것이니, 아침저녁으로 보고 생각할 적에 완상하고 사색하기가 매우 좋습니다. 그러나 오히려 의심나고 모르는 부분이 많아 이해할 수가 없고 보니, 문하 앞에서 책을 잡고 의심나는 대로 여쭙지 못하는 점이 더욱 한스럽습니다. 보내 주신 서찰을 받은 지도 이미 며칠이 지난지라 답서를 보낼 인편이 없어 정히 근심하고 있었더니, 마침 고을 수령 쪽에서 하집사가 계신 쪽으로 가는 인편이 있다는 말을 듣고 바쁜 가운데 초초하게 이렇게 쓰느라 제 마음을 다 적지 못하였습니다. 나아가 배알하지 못하는 동안 오직 도체(道體)가 신명의 도우심으로 더욱 복되시기를 빕니다.

보내 주신 서찰의 말단에 적어 보여 주신 《주자대전(朱子大全)》의 시 한 구절[40]은 이전에는 유의해서 본 적이 없었는데, 이제 하교하

**40** 주자대전(朱子大全)의……구절 : 언급된 시는 《주자대전》 권8의 〈삼가 운대의 벽 사이에서 비각 낭중 반곡 부장이 쓴 시를 읽어 보니 미천한 나의 이름을 언급해 주신지라 지난날을 추억하며 흐르는 눈물을 금할 수 없어 문득 원운에 차운하여 함께 유람하는 이들에게 올리니 생각건대 또한 나의 이 탄식을 함께할 것이다〔伏讀雲臺壁間 秘閣郎中盤谷傅丈題詩 齒及賤名 追懷曩昔 不勝感涕 輒次元韻呈諸同游 計亦同此嘆也〕〉를 가리킨다. 시는 다음과 같다. “손잡고 이끌던 당시 외람되이 망년지교 맺었으니 일찍이 하구에서 홀로 앞서기를 청하였네. 하얀 절벽에 검은 구름 같은 묵 글씨 새겨짐을 기쁘게 보니 멍하니 후학이 선현을 욕되게 한 것은 아닌지 의심되네. 신선처럼 노니시던 공은 지금 어드메에 계시는고? 쇠잔히 병든 나는 오랫동안 스스로를 가엾어 하네. 그저 세월 모르는 텅 빈 산만 남았으니 하늘에 기댄 시린 나무 푸르기만 하여라.〔提攜當日忝忘年, 曾向瑕丘獨請前. 喜看玄雲生素壁, 恍疑後學厠先賢. 公游汗漫今何許? 我病摧頹久自憐. 只有空山無歲月, 倚天寒木但蒼然.〕” 또한 이 시에는 다음과 같은 자주(自註)가 달려 있다. “이날 경인과 경초 두 형이 와서 묏자리를 보고 또한 산중에서 묵었는데 삼가 아울러 이 시를 적어 올리니 더욱 몹시 비통스러울 따름이다.〔是日, 景仁景初二兄行視卜宅, 亦宿山間, 謹幷錄呈, 尤劇悲愴耳.〕” 주희의 시에서 말한 반곡 부장은 부자득(傅自得, 1116~1183)을 가리킨다. 부자득은 맹주(孟州) 제원(濟源) 사람으로 자가 안도(安道)이다. 운대는 주희가 초당을 짓고 독서하기도 했던 운곡(雲谷)을 가리킨다. 복건성(福建省) 건양현(建陽縣) 서북쪽 70리 지점에 있으며 무이산(武夷山)과 접해 있다.

심으로 인하여 비로소 고찰해 보게 되었습니다. 부공(傅公)의 묘는 무이(武夷)에 있고 부공의 두 아들이 바야흐로 장례를 치르려 하니 '하구(瑕丘)'를 인용한 것은 진실로 지극히 적절합니다.[41] 그러나 '청전(請前)' 두 글자를 반드시 《예기(禮記)》 주소(註疏)의 본뜻에 입각해서 봐야 한다면, 비단 징험할 수 있는 사적이 없을 뿐만 아니라[42]

주희는 운곡노인(雲谷老人)이라는 호를 가지고 있기도 하다. 자주에서 말한 경인은 부자득의 맏아들인 부백수(傅伯壽, 1138~1223)이고 경초는 둘째 아들인 부백성(傅伯成, 1143~1226)이다. 창계의 서찰 내용으로 볼 때, 이 시의 두 번째 구절인 '일찍이 하구에서 홀로 앞서기를 청하였네.'가 논의의 대상이 된 듯하다. 하구에서 홀로 앞서기를 청하였다는 것은 《예기(禮記)》 〈단궁 상(檀弓上)〉에 나오는 공숙문자(公叔文子)와 거백옥(蘧伯玉)의 고사가 관련된 것이다. 고사는 다음과 같다. "공숙문자가 하구에 오를 적에 거백옥이 공숙문자를 따랐다. 공숙문자가 '좋구나, 이 언덕이여. 죽으면 나는 이곳에 묻히고 싶구나.'라고 하자, 거백옥이 '그대께서 좋아하시니 제가 앞서기를 청합니다.'라고 하였다.〔公叔文子升於瑕丘, 蘧伯玉從. 文子曰: 樂哉, 斯丘也! 死則我欲葬焉. 蘧伯玉曰: 吾子樂之, 則瑗請前.〕" 이에 대해 《예기》의 주소(註疏)에서는 거백옥이 앞서기를 청했다는 말을 두고 '공숙문자가 다른 사람의 양전에 해를 끼치고자 하는 것을 풍자한 것〔刺其欲害人良田〕'이라고 하였으며, 《예기대전(禮記大全)》에서는 "거백옥이 앞서기를 청한 것은 대개 처음에 공숙문자의 뒤를 따라갔다가 공숙문자의 말을 듣고서는 장차 다른 사람의 땅을 빼앗아 자신이 죽은 뒤 장지로 삼으려는 계획을 미워하여 곧 기롱하여 말하기를 '그대께서 이곳을 좋아하시니 나는 그대보다 앞서 떠나기를 청합니다.'라고 하여 그 일이 발생하는 것을 듣고 싶어 하지 않음을 보인 것이니, 풍유를 잘하는 자라고 이를 만하다.〔伯玉之請前, 蓋始從行於文子之後, 及聞文子之言, 而惡其將欲奪人之地, 自爲身後計, 遂譏之曰: 吾子樂此, 則我請前行以去子矣. 示不欲與聞其事也. 可謂長於風喩者矣.〕"라고 하였다. 이러한 점들을 토대로 하면, 송시열은 거백옥이 앞서기를 청한 말은 좋은 뜻으로 한 말이 아니라 공숙문자를 기롱한 말이므로 주희가 부자득을 풍자하는 뜻이 있는 것은 아닌지에 대해 창계에게 물은 것으로 보인다.

**41** 하구(瑕丘)를……적절합니다 : 하구 자체만으로는 장지(葬地)의 의미로 쓰이는 경우가 많으므로 이렇게 말한 것이다.

또한 글의 기상에 있어서도 온당치 않을 듯합니다. 대개 부공을 안장한 땅은 반드시 남의 땅을 빼앗아 들어간 것은 아닐 것이고, 또 과거 암벽에 적었던 시를 어루만지며 생각에 젖어 비통해하는 때를 당하여 어찌 시에 기롱과 풍자를 담을 뜻을 지닐 수 있겠습니까. 거백옥(蘧伯玉)의 이 말은 본디 절로 혼연(渾然)하니, 주자의 이 시 역시 단지 단장취의(斷章取義)하여 종유(從游)했던 일을 나타내는 고사로 사용한 것일는지요? 명확한 견해가 없던 터라 감히 단언할 수가 없으니 삼가 다시 가르침을 내려 주시기 바랍니다.

그리고 제가 이즈음에서 또 삼가 황송스러운 점이 있습니다. 전후로 연이어 하문을 받은 것은, 비록 이러한 등속의 자잘한 문구에 대해서는 옛날의 선배대유(先輩大儒)들도 혹 당시의 후진(後進)에게 하문한 일이 있는 줄을 알지마는 또한 어찌 저처럼 보잘것없는 사람이 감히 감당할 수 있는 것이겠습니까. 또 일찍이 한 번도 분비(憤悱)[43]하는 자세를 보여 드린 적이 없는데 번번이 외람되게 하문을 받으니 이는 더욱 송구스러운 일인지라 어찌할 바를 모르겠습니다. 오직 의심나는 것에 대해 많이 질문하여 저에게서 하집사께로 가는 것은 많고 하집사에게서 저에게로 오는 것은 적게 해야지만 혹 제

**42** 비단……아니라 : 《예기》의 주소에 나와 있는 해설과 부자득의 행동을 연결할 수 있는 사적이 없다는 말이다.

**43** 분비(憤悱) : 누군가가 가르쳐 주기에 앞서 자신이 먼저 학문을 갈구하여 분발하는 것을 가리킨다. 《논어》 〈술이(述而)〉에 "마음속으로 통하려고 노력하지 않으면 열어 주지 않으며, 애태우지 않으면 말해 주지 않되, 한 귀퉁이를 들어 주었는데 이것을 가지고 남은 세 귀퉁이를 반증하지 못하면 다시 더 일러 주지 않아야 한다.〔不憤不啓, 不悱不發, 擧一隅, 不以三隅反, 則不復也.〕"라고 하였다.

마음이 조금이나마 편안할 수 있을 것입니다. 그러나 갑작스럽게 대충대충 보고서 질문하는 숫자나 채워서 여쭙는 것은 또한 스스로 성심을 다하는 태도가 아닌지라 또한 우선은 그렇게 하지 못하니 지극히 두려운 마음이 더욱 절절합니다. 어이하겠습니까, 어이하겠습니까.

## 정관재께 올림[44] 병오년(1666, 현종7)

上靜觀齋 丙午

한 해도 저문지라 추위가 날로 매서워지고 있는데 삼가 모르겠습니다만 기체후가 어떠하신지요? 생각건대 신명의 도움으로 덕스러운 체후가 더욱 청아하고 편안하시리라 여깁니다. 시생(侍生)은 질병과 상고(喪故)[45]로 서책을 덮어 둔 지도 반년이 넘었습니다. 세월은 쉬이 흘러가고 한 해는 또 저무니 어찌 두려운 마음이 들지 않겠습니까.

근간에는 《대학(大學)》 한 책을 독파하려 하고 있는데, 이 책은 또한 예전에 자못 익숙하게 읽어 의심할 만한 것이 없었습니다. 그런데 이제 와서 보니 의심할 만한 것이 한두 가지가 아닙니다. 정밀하게 읽지 않은 것이 아니고 세밀하게 생각하지 않은 것이 아닌데도 이와 같으니, 이상해할 만합니다. 만일 선생을 가까이에서 모시면서 책을 쥐고 글자를 짚어 가며 시정(是正)을 구할 수 있다면 수십 권의 책을 읽는 것보다도 나을 줄을 잘 알고 있습니다만, 병을 앓고 있는 몸으로 한창 뜸 치료를 받는 중인지라 찬 바람을 쐴 수가 없습니다. 이 때문에 저의 정성스러운 뜻을 이룰 수가 없으니 이런 상황이 제 마음을 몹시도 근심스럽게 만듭니다.

**44** 정관재께 올림 : 정관재(靜觀齋)는 이단상(李端相)의 호이다. 본 서찰에 대한 이단상의 답서가 《정관재집(靜觀齋集)》 권13에 〈답임덕함(答林德涵)〉 서신 중 병오년(1666, 현종7) 날짜로 실려 있다.

**45** 상고(喪故) : 1666년(현종7) 6월에 조모상을 당했던 것을 가리킨다.

한두 사람의 학도가 직접 선생을 모시고 배우게 되었다고 들은 듯한데 그 가운데 과연 도리를 깨달아 이해한 자가 있습니까? 세속을 벗어나려는 지향을 가지고서 오로지 사장(詞章)과 기송(記誦)을 업으로 삼지 않으려는 자가 있습니까? 또한 절실히 위기지학(爲己之學)을 하여 돈독하게 실천해 나가는 자가 있습니까? 매번 생각할 때마다 이 몸이 선생 문하의 말석에라도 나아갈 길이 없음을 더욱 한스러워합니다.

## 정관재께 답함[46] 정미년(1667, 현종8)

答靜觀齋 丁未

일전에 삼가 보내 주신 답서를 받고 바야흐로 제 마음에 위안이 되던 중이었는데 뜻밖에 또 보내 주신 서찰을 받게 되니 삼가 감사한 마음이 그지없습니다. 요즈음 차가운 날씨에 삼가 고요하게 지내시는 중의 체후가 건승하시리라 생각됩니다. 지난번에 앓던, 차가운 날씨로 인한 이증(痢症)은 지금 이미 쾌차하셨습니까? 염려하는 마음이 진실로 깊습니다.

서찰에 적어 보여 주신 주자(朱子)의 설 한 부분은 참으로 저간의 의혹을 설파하는 것이니 삼가 다행스럽습니다. 다만 《논어집주(論語集註)》의 소주(小註)에 인용된 주자의 설과 《주자어류(朱子語類)》에 기록된 내용이 매우 상세한데 이와 같은 내용은 한 부분도 없고 유독 이 한 설만 그러하니, 지금 마땅히 상호 참조하여 맞추어 보아서 반드시 서찰에서 적어 보여 주신 설과 같은 뒤라야 따를 수 있을 것입니다. 그렇지 않다면 소주에 인용된 주자의 설과 《주자어류》에 기록된 내용이 서찰에 적어 보여 주신 내용과 더불어 한가지로 주자의 설이니 쉽사리 어느 한쪽을 버리고 어느 한쪽을 취하기는 어려울 듯합니다.[47]

**46** 정관재께 답함 : 본 서찰에 거론하고 있는 내용으로 미루어 볼 때, 본 서찰에 이단상(李端相)이 답으로 보낸 서찰은 《정관재집(靜觀齋集)》 권13의 〈여임덕함(與林德涵)〉 중 두 번째 서찰로 보인다.

**47** 다만……듯합니다 : 이 서찰에 앞서는 이단상의 원래 서찰이 《정관재집》에 없어서 자세한 내용은 알 수 없으나, 이 서찰에 대한 답서 격인 《정관재집》 권13 〈여임덕함〉

대저 '교언영색(巧言令色)'을 그 말을 좋게 하고 그 얼굴색을 선하게 한다는 뜻으로 보고, '인(仁)'을 본심(本心)의 덕으로 보아 '선의인(鮮矣仁)'을 본심의 덕이 절대 없다는 뜻으로 보는 것은 《논어집주》와 문세가 서로 합치되고 말뜻이 원만하니, 자신을 검속하고 남을 살피는 데 이 구절을 사용하는 것이 불가할 것이 없습니다. 그러나 '교언영색'을 말을 좋게 하고 얼굴색을 선하게 하는 자의 뜻으로 보고, '인'을 인자(仁者)라고 보아 '선의인'을 인자가 절대 없다는 뜻으로 보는 것은 《논어집주》와 문세가 합치되지 않고 말뜻이 한쪽으로 치우치니, 단지 남을 관찰하기 위해 한 말이 됩니다. 이리 되면 스스로를 돌아보고 경계하고 성찰하는 뜻이 적은 듯하니, 이에 대해서는 지난번에 이미 선생의 수긍을 받았습니다. 그러나 초학자의 몽매한 견해에 어찌 착오가 없을 줄을 알겠습니까. 이에 대해서는 지금 우선 놓아두고 논하지 않고 단지 주자께서 하신 말씀만 가지고 밝혀 보겠습니다. 주자의 말씀에 "단지 마음이 있을 때가 바로 '인(仁)'이니, 만약 교언영색하면 마음이 있지 않은 것이다. 이를 일러 어찌 인이라 하겠는가."[48]라고 하였고, 또 말씀하기를 "교언영색은 남을 기쁘게 하고자 하는 것이니 그 본심의 덕을 잃은 것이다."[49]라고

중 두 번째 서찰과 본 서찰의 내용에 근거할 때, 양자간에 《논어》 〈학이(學而)〉의 '巧言令色, 鮮矣仁.'이라는 구절에 대한 토론이 있었고 이단상이 이에 대한 주희의 해설 중 《논어집주(論語集註)》나 《주자어류》에 실린 설의 내용과는 다른 주희의 설을 제시한 듯하다. 《정관재집》 권13 〈여임덕함〉 중 두 번째 서찰의 내용으로 미루어 볼 때는 《논어혹문(論語或問)》의 설인 듯하다.

**48** 단지……하겠는가 : 《주자어류(朱子語類)》 권20에 나오는 말이다.

**49** 교언영색은……것이다 : 《주자대전(朱子大全)》 권45 〈답우사붕태중(答虞士朋太中)〉에 나오는 말이다.

하였습니다. 그리고 또 "인은 절대 없는 지경에까지는 이르지 않을 듯합니다."라는 질문에 대해 "사람들이 대부분 오히려 약간의 '인(仁)'이 있다고 해석해서 곧 여기에 정체되어 천착을 그치지 못하고 있으나 자세하게 살펴보면 교언영색은 마음이 모두 바깥으로 외물을 좇아가서 대체는 '인(仁)'이 없게 되는 것이니 비록 약간의 '인'이 있다 한들 또한 무엇을 이루겠는가."[50]라고 하고 또 말씀하기를 "교언영색하는 사람은 온통 사욕으로 차 있는지라 허다한 것들을 곧 전혀 보지 못하니 어찌 '인'에 있어서만 그러하겠는가. '의(義)'와 '예(禮)'와 '지(智)'에 있어서도 전혀 보지 못한다."[51]라고 하였습니다.-이하 수십 자가 결락되었다.-

선생께서 적어 보여 주신 설이 옳다면 《논어집주》 소주의 주자설과 《주자어류》가 모두 그른 것이요, 《논어집주》 소주의 주자설과 《주자어류》에 오류가 없다면 적어 보여 주신 설은 반드시 확정된 주자의 의론이 아닐 것이니, 《논어언해》를 따를지 말지는 이 두 가지에서 결판날 것입니다.[52] 다만 《논어집주》는 대경대법(大經大法)이니 반드시 《논어집주》에서 뜻을 통하기 어려운 뒤에야 다른 설들을 상고할 수 있습니다. 이 때문에 소주 가운데에 또한 운봉 호씨(雲峯胡氏)의 유악(柔惡)의 설과 허동양(許東陽)의 관인(觀人)의 말이 있어[53] 《논어언

**50** 인은……이루겠는가 : 《주자어류(朱子語類)》 권20에 나오는 문답이다.

**51** 교언영색하는……못한다 : 《주자어류》 권20에 나오는 말이다.

**52** 논어언해를……것입니다 : 《논어언해》에는 "言을 巧히 ᄒᆞ며 色을 令히 호ᄆᆞᆯ 이 仁호ᄆᆞᆯ이 鮮ᄒᆞ니라."라고 하여, 모두 '교언영색(巧言令色)'과 '인(仁)'을 '교언영색하는 자'와 '인자'라고 보았다.

**53** 운봉 호씨(雲峯胡氏)의……있어 : 《논어집주》의 소주에 있는 운봉 호씨의 설은 "위 장의 '윗사람을 범하기 좋아하는 자는 난을 일으킨다.'라는 것은 강악이고 이 장의

해》처럼 풀이할 수 있으나 이전에는 일찍이 믿고 따르지 않았던 것입니다. 또 두 설은 비록 《논어집주》에 따라 풀이하더라도 절로 서로 심하게 어긋나지는 않으니, 본의(本意)를 설파했다고 해서는 안 되겠지만 언외(言外)의 뜻을 발명한 것이라 말하는 것은 또한 안 될 것이 없겠습니다. 이 밖에 또한 자못 질정할 만한 것이 있습니다만, 근간에 앓고 있는 병이 때때로 도져 이제껏 편안한 날이 없는 상황입니다. 그리하여 모든 것을 방치해 둔 지 이미 오래라 기억할 수가 없기에 단지 적어 보여 주신 내용만을 취하여 논변하여 답합니다. 종이가 다하여 단지 이렇게만 씁니다.

교언영색은 유악이니 성현께서 깊이 미워하셨다.〔上章好犯上作亂是剛惡, 此是柔惡, 聖賢深惡焉.〕"이고, 허동양(許東陽)의 설은 "이 장의 대의는 성인이 남을 살피는 것인 듯하다. 그러나 일찍이 배우는 자들을 경계하지 않음이 없었으니 그 말이 매우 엄함을 살펴보건대 대개 배우는 자들을 경계하는 뜻이 많은 것이다.〔此章大意, 似聖人觀人. 然未嘗不警省學者, 觀其辭甚嚴, 蓋警省學者之意爲多.〕"이다.

# 정관재께 올림[54]

上靜觀齋

근자에 삼가 보내 주신 서찰을 받고서도 여태 지체하며 답서를 올리지 않았으니, 삼가 한스럽고도 죄스럽습니다. 요즈음 추위가 심한데 고요히 지내는 중의 체후가 신명의 도움을 받고 계신지요? 삼가 지극히 향모(向慕)하는 마음이 간절합니다. 시생이 앓던 병은 지금 일단 악화되는 것은 면했습니다. 일간에 박장(朴丈 박세채(朴世采))의 집과 가까운 현강(玄江)[55]에 집을 세낸 친척이 있어 시생 또한 현강에 와서 함께 거처하며 때때로 박장께 학문을 여쭙고 있으니 매우 다행스러운 일입니다. 다만 거주하는 곳이 냉락(冷落)하여 병자가 오래 머물기에는 마땅치 않은 듯합니다.

**54** 정관재께 올림 : 본 서찰의 내용으로 미루어 볼 때, 본 서찰에 대응되는 이단상의 원래 서찰은 《정관재집(靜觀齋集)》 권13의 〈여임덕함(與林德涵)〉 중 두 번째 서찰로 보인다. 그리고 《정관재집》 별집(別集) 〈습유(拾遺)〉에 있는 〈여임덕함〉 중 정미년(1667, 현종8) 서찰 역시 내용상 본 서찰에 앞서는 것인데, 《정관재집》 권13의 〈여임덕함〉의 편린 또는 그 얼마 후의 별도 서찰일 것이다. 또한 이단상의 원래 서찰에 앞서 창계가 보낸 서찰은 본 서찰의 앞에 있는 정미년 서찰이므로, 시기적으로 볼 때 본 서찰의 작성 시기 역시 이들 서찰과 머지않을 것으로 보인다. 한편 《정관재집》 별집 〈습유〉의 〈답임덕함(答林德涵)〉 첫 번째 서찰은 "비문에 관한 일은 보여 주신 제일의의 설이 극히 옳습니다, 극히 옳습니다.〔碑文事, 所示第一義之說, 極是極是.〕"라는 말이 있는 것으로 볼 때, 본 서찰에 대한 답서로 보인다.

**55** 현강(玄江) : 지금의 마포 서강(西江)으로 현석촌(玄石村)으로 불렸다. 현석과 현강은 박세채의 호이기도 하다.

하교하여 보여 주신 여러 설은 삼가 모두 잘 알았습니다. 이른바 자신의 견해를 고수하는 것은 학문을 하고 경전을 해석할 때의 병통이 된다 말씀하신 것[56]에 이르러서는 감히 스스로 반성하고 면려를 더하지 않을 수 있겠습니까. 다만 '교언영색(巧言令色)'에 관한 설은 비록 《논어혹문(論語或問)》의 내용을 적어 보여 주셨으나 끝내 시원스럽지 못한 점이 있습니다. 대저 저의 소견은 이전 편지에서 아뢴 것과 차이가 없습니다. 지금 《논어혹문》의 내용을 보니 주자께서 범씨(范氏)의 설[57]을 공박하신 것은, 실로 '선(鮮)'의 의미를 '소(少)'의 의미로 보아 성인의 말씀의 은근하고 은미한 본체를 살피지 못했기 때문이지 '인(仁)'을 '마음의 덕〔心德〕'으로 본 것을 공박하신 것은 아닌 듯합니다.[58]

**56** 자신의……것 : 《정관재집》 권13의 〈여임덕함〉 중 두 번째 서찰에 "반드시 자기 견해를 주장하여 시종일관 버리지 않으려 하는 것은 또한 경전을 해석하고 학문을 할 때의 한 가지 병통이니 살피지 않아서는 안 된다.〔必欲主張已見, 終始不捨, 則亦一說經爲學之病, 不可不察耳.〕"라고 한 것을 가리킨다.

**57** 범씨(范氏)의 설 : 주희(朱熹)가 저술한 《논맹정의(論孟精義)》에 실려 있다. 그 설은 다음과 같다. "말을 좋게 하고 얼굴빛을 잘 꾸미고 크게 간악한 마음을 품는 자는 요・순이 두려워하시어 환도와 유묘를 이에 비유하였으니, 마땅히 불인이라고 할 따름이다. 그러나 드물다고 말한 것은 때때로 인한 것이니, 무릇 교언영색하는 사람은 또한 이익을 위할 따름이지만 그 마음이 반드시 불인하지는 않다. 군주가 이들을 가까이 하면 반드시 천하를 어지럽히니 때때로 인하다고 하여 가벼이 해서는 안 된다.〔巧言令色孔壬, 堯舜畏之, 以比驩兜有苗, 則宜曰不仁而已. 然而曰鮮者, 則有時而仁也. 夫巧言令色之人, 亦爲利而已, 其心未必不仁也. 人君邇之, 必敗亂天下, 其無以鮮而易之也.〕" 범씨는 범조우(范祖禹)를 가리킨다.

**58** 논어혹문의……듯합니다 : 《논어혹문》의 해당 부분은 다음과 같다. "성인의 뜻은 이른바 '선의인(鮮矣仁)'이라는 것에 대해 대체로 이와 같은 사람은 인한 자가 적다고 말한 것이지 이와 같은 사람은 인이 적다고 말한 것은 아니다. 지금 '때때로 인하다.'라고

"인한 자가 적다.〔少有仁者〕"라는 주자의 말씀은 비록 선생의 주장에 대한 증거로 삼을 만한 듯하나, 비단 그 설이 현재의 《논어집주(論語集註)》와 상반될 뿐만 아니라 주자의 그 말씀만 가지고 살펴보면 유독 그 해석 하나만 그와 같을 뿐 그 뒤로는 '사람' 또는 '마음'의 의미로 분별해서 보려는 뜻이 없으니, 주자의 그 말씀을 선생의 주장에 대한 근거로 삼을 수는 없을 듯합니다. 이와 같고 보면 주자께서 《논어집주》에서 범씨의 설을 뺀 것은 범씨가 '인'을 가리켜 '마음의 덕'이라 했기 때문이 아니요 지금 제가 말한 것 역시 주자께서 공박한 내용은 아니니, 모르겠습니다만 과연 그러할는지요? 이는 다만 언해에 대한 의문일 뿐 대의에 있어서는 선생과 저의 의견이 크게 상반되지 않는데 구태

말하고 또 '그 마음이 반드시 불인하지는 않다.'라고 말하는 것은 잘못이다. 대저 사람의 마음은 본래 인하니, 비록 혹 손상이 생기기는 하지만 어찌 다소를 가지고 논할 수 있겠는가. 또 '때때로'라고 말하였으니 다시 인이 마음에 달려 있지 않고 때에 달린 것이 되고, 또 '이익을 위하지만 그 마음이 반드시 불인하지는 않다.'라고 말하였으니 어찌 그 마음이 이익을 위하면서 오히려 인을 얻는 자가 있단 말인가. 이는 모두 '선(鮮)'이 '소(少)'의 의미라는 데 이끌려서 성인의 말씀의 은근하고 은미한 본체에 대해서는 살피지 못한 것이다. 이 때문에 왜곡되게 말하여 실착한 것이니, 정자의 말씀을 살펴보면 그 득실을 알 수 있다.〔聖人之意, 所謂鮮矣仁者, 蓋曰如是之人少有仁者云耳, 非謂如是之人其仁少也. 今曰有時而仁, 又曰其心未必不仁, 則失之矣. 夫人心本皆仁, 雖或賊之, 而豈可以多少論哉? 且曰有時, 則又不在乎心而在乎時矣, 又曰爲利而其心未必不仁, 則豈有其心爲利而猶得爲仁者耶? 是皆牽於鮮之爲少, 而不察乎聖言婉微之體. 是以曲爲之說而失之, 觀程夫子之言, 則可以見其得失.〕" 이단상(李端相)이 《정관재집》 권13의 〈여임덕함(與林德涵)〉 중 두 번째 서찰에서 이 구문을 제시한 것은 주희가 여기에서 '이와 같은 사람', '인한 자'라는 말을 한 것을 보면 '교언영색(巧言令色)'과 '선의인(鮮矣仁)'의 '인(仁)'은 역시 '교언영색하는 자'와 '인자(仁者)'의 의미로 봐야 한다는 의도였으나, 창계는 이를 범씨가 성인의 뜻을 제대로 파악하지 못한 것을 공박하면서 나온 말일 뿐이지 '인'을 '마음의 덕'으로 본 것 자체를 공박한 것은 아니라고 반박한 것이다.

여 꼬치꼬치 억지로 변론하는 것은 구차하게 부화뇌동하는 것이 선생을 공경하는 자세가 아니기 때문입니다.

비문(碑文)[59]은 여러 차례 송독해 보고서 한 통을 써서 남겨 두었으니, 그 원본을 완전하게 하려는 것입니다. 이 일의 사정에 대해서는 지난해 선생을 모시고 가르침을 받을 때 들었으나 지금에 와서 생각해 보건대 끝내 짓지 않는 것이 마땅합니다. 비록 청허(淸虛)와 편양(鞭羊)의 비문을 지었던 일로 이해를 구한다지만 어찌 꼭 세교(世交)를 폐하지 못할 것이 있겠습니까. 비록 비문을 태워 버릴 수는 없으나 글을 지어 그 사람을 칭송하는 것은 사람들마다 마땅치 않아 할 듯하

**59** 비문(碑文) : 서찰의 문맥으로 볼 때, 승려인 풍담 의심(楓潭義諶, 1592～1665)의 비문을 가리키는 것으로 보인다. 풍담 의심은 서산대사(西山大師)인 청허 휴정(淸虛休靜, 1520～1604)과 편양 언기(鞭羊彦機, 1581～1654)로 이어지는 법맥을 전수받은 인물이다. 각안(覺岸)이 지은 《동사열전(東師列傳)》을 보면, 이단상이 금강산 백화암(白華庵)의 풍담의 비명을 짓고 이단상의 부친 이명한(李明漢)이 편양의 비명을 지었으며 이단상의 조부 이정귀(李廷龜)가 청허의 비명을 지었으니 이씨 3대가 서산 3대와 인연이 깊고 정의가 두터움을 짐작할 수 있다고 기록하고 있다. 또한 《정관재집》 속집 권9 〈부록(附錄) 유사속(遺事續)〉에 "금강산의 승려 일여와 삼묘가 와서 그 스승인 풍담 의심의 비문을 구하였으니, 대개 의심의 스승은 언기이고 언기의 스승은 휴정인데 두 승려의 비문 모두 월사공과 백주공이 지었기 때문에 선생의 글을 받아 세호를 완전하게 하려 한 것이었다. 선생이 굳게 사양할 수 없어, 이에 한 문공이 마 소감의 비문에 적은 글을 인용하여 말을 만들고 비문이 완성되자 일여 등에게 주었다. 두 승려가 비문을 높이 받들어 당 위의 궤안에 두고 마당 아래에서 합장 재배하니, 선생이 차탄하며 말하기를 '승려들이 스승을 공경함이 이와 같다.'라고 하였다.〔金剛僧一如三藐來乞其師義諶號楓潭者碑文, 蓋義諶之師曰彦機, 彦機之師曰休靜, 兩釋碑文皆月沙、白洲公所撰, 故欲受先生文, 以完世好. 先生未能堅辭, 乃引韓文公馬少監而爲說, 文成付一如輩. 兩僧擎置其文于堂上几案, 自庭下合掌再拜, 先生喟然曰, 僧輩於師門, 乃能致敬如此云.〕" 라는 기록이 있다.

니, 주자께서 사관(寺觀)에 대한 글은 짓지 않으셨던 사실을 가지고 살펴보면 판가름할 수 있을 것입니다. 그 비문 또한 마음에 의심이 없을 수 없으니 시생의 좁은 식견으로는 그저 짓지 않는 것이 상책이라 생각합니다.

지금 감히 의심나는 바를 조목조목 여쭙지 못하나 이 또한 궁리(窮理)와 격물(格物)의 한 단서이니, 삼가 바라건대 가르침을 내리시어 둔하고 꽉 막힌 저의 의심을 없애 주십시오. 나머지 말들은 봄 날씨가 따뜻해져 서실(書室)이 완성되어 만사를 떨치고 나가 쌓인 의문을 타파할 때를 기다리겠습니다. 격식을 갖추지 못했습니다.

## 정관재께 올림[60] 무신년(1668, 현종9)

上靜觀齋 戊申

선생을 이별한 지도 어느덧 몇 해가 지났습니다. 그러나 앙모하는 정성이 어찌 조금이라도 해이해졌겠습니까. 삼가 요즈음 서늘한 가을 날씨에 기거하는 체후가 신명의 도움으로 만복하시리라 생각합니다. 구구한 저의 향모하는 마음을 말로 다할 수 없습니다. 시생이 입경(入京)한 지도 이미 한 달이 지났으니 의당 즉시 달려가 배알하고서 지도해 주시는 말씀을 받들어야 할 것인데, 여태껏 지체하여 이에 이르렀으니 이는 또한 시생이 불민한 죄인지라 항상 자책할 따름입니다.

근자에 바야흐로 도성 서쪽에 집을 세내 문을 닫아걸고 은둔하고 있노라니 적막한 가운데 다시 바깥일이 없는지라, 지난날 스스로 학문이라 일컬었던 것이 죄다 허망하게 바깥을 향하여 원래 착실하게 근저에서부터 공부를 해 나간 점이 없었다는 것[61]을 단박에 알았습니다. 이에 숙연히 스스로 두려워하면서 자신을 돌이킬 것을 생각하여 지난

**60** 정관재께 올림 : 《정관재집》 별집(別集) 〈습유(拾遺)〉의 〈답임덕함(答林德涵)〉 네 번째 서찰에 "지금 보내 주신 서찰을 받아 보니, 곧장 《소학》에서 깨우쳐 나간다는 말이 있었습니다.〔今承來示, 有直從《小學》理會之語.〕"라는 말이 있는 것으로 볼 때, 〈답임덕함〉 네 번째 서찰이 본 서찰에 대한 답서로 보인다.

**61** 착실하게……것 : 원문은 '着實跟脚'이다. '跟脚'은 '脚跟'으로도 쓰며 발꿈치를 가리키는 것으로 기초, 기본, 근저를 뜻한다. 이는 주희의 《회암집(晦菴集)》 권55 〈답진초종(答陳超宗)〉에 "진실하게 공부를 하는 사람은 단지 이 한 생각 사이에 곧 착실하게 근저에서부터 해 나간다.〔眞實做工夫底人, 只此一念之間, 便著實從脚跟下做將去.〕"라는 말을 줄여 쓴 표현이다.

날 말로만 했던 공부는 모두 벗어던지고 곧장 《소학(小學)》에서 깨우쳐 나가서 혹여 소인이 되는 지경에는 이르지 않기를 바랐습니다. 이런 생각도 처음에는 자못 각별하더니 요즘은 다시 전처럼 산만해집니다. 이는 대개 천성이 흐리멍덩하고 나약하여 자립할 수 없는 탓이요 또한 사우(師友)들의 곁을 떠나 홀로 지내느라 보고 느낄 대상이 없어서입니다. 이 때문에 더욱 선생께로 달려가 누추한 처소라도 하나 얻어 거처하면서 조석으로 선생을 모시고 공부하고자 하나 그럴 수 없게 저를 잡아끄는 일들이 없지 않으니 어이하겠습니까. 탄식하고 슬퍼하던 나머지 이렇게까지 마음을 쏟아냈으니, 몹시 지루하고 번만하며 공손하지 못했습니다. 이번 달 말쯤 《소학》을 마칠 수 있을 것이니 도성에 머무르든 머무르지 않든 간에 응당 한번 찾아뵙겠습니다. 우선은 편지로 문안을 대신합니다. 격식을 갖추지 못했습니다.

## 정관재께 답함 기유년(1669, 현종10)

答靜觀齋 己酉

시생이 불민하여 선생의 환후가 가볍지 않으심을 지난겨울에 알고서도 한번 찾아뵙고 문후드리지 못한 데다가 또 한 통의 서찰이라도 보내 선생을 모시는 사람에게 삼가 선생의 병환을 묻지도 못하였습니다. 그렇게 머뭇머뭇 지체하다 끝내 또 해를 넘기고 말았으니 항상 답답하고 위축되어 감히 스스로 편할 수 없었습니다. 그러던 중 얼마 전에 우체(郵遞) 편을 통해 보내 주신 서찰을 받았으니 더욱이 감사하여 어찌할 바를 모르겠습니다. 보내 주신 서찰을 인하여 조섭하는 체후가 여전히 미편하심을 삼가 알았으니 우러러 염려하는 제 마음을 실로 말로 다하기 어렵습니다. 다만 병세가 이미 없어졌으니 체후가 응당 점차 편안해지실 것입니다. 또 생각건대 은혜로운 소명을 받고 해를 넘겼는데 계속해서 새로운 명이 내려오는 상황이니,[62] 앞으로의 진퇴에 대해 참으로 응당 이미 세워 놓으신 계획이 있을 것입니다. 그러나 혹 이로 인해 마음이 어지럽게 되지 않으리라고 기필할 수 없으니, 또한 염려스럽습니다, 또한 염려스럽습니다.

시생은 겨울 막바지에 파산(坡山)[63]에 가서 한 달을 머무르다가 돌아

**62** 은혜로운……상황이니 : 《정관재집(靜觀齋集)》의 〈연보(年譜)〉에, 이단상(李端相)이 1668년(현종9) 10월에 교리와 응교에 제수되어 힘써 사양하였으나 허락되지 않았고 1669년에도 계속하여 1월에 동부승지, 2월에 병조 참지, 3월에 부제학 등에 임명되었으나 계속 사양하였다고 되어 있다.

**63** 파산(坡山) : 박세채(朴世采)의 거주지인 파주(坡州)를 가리킨다.

왔습니다. 전날에 공부를 해 둔 것이 없어서 비록 사우(師友)를 얻었으나 질정할 만한 것이 없었고, 단지 겨울 동안 읽었던 《소학(小學)》 한 책에 대해서만 여쭙고 토론하였습니다. 그러나 또한 그저 훈고(訓詁)나 더듬어 찾았을 뿐이니 어찌 깊이 유익할 수 있었겠습니까. 일찍이 삼가 스스로 생각해 보건대 곤액[64]을 만나 별달리 할 만한 한사(閑事)가 없으니, 응당 밤낮으로 힘써 학문하기를 보통 사람보다 백배나 더하여 일생의 사업으로 삼아야 할 것인데, 기질이 극히 경박하고 나약하며 가장 큰 문제는 오랫동안 유지해 나가는 것을 견디지 못하는 것인지라 조그마한 과업도 태만히 하고 소홀히 하여 방치해 두는 때가 많았습니다. 더군다나 몸과 마음의 허물과 후회를 또 어찌 이루 다 말할 수 있겠습니까. 또 큰 병이 심중에 쌓여 정신과 기력이 흡사 노쇠한 사람과도 같은지라 혹 때로 혼미함을 떨쳐 내려는 의지가 있어도 끝내 행위에 드러낼 수가 없으니, 용렬한 사람이 됨을 면치 못할까 종내 두렵습니다. 어이하겠습니까, 어이하겠습니까.

날씨가 조금 따뜻해지면 한번 선생께 나아가 며칠 동안 가르침을 받들고자 합니다만, 이것이 어찌 가르침을 받드는 것이겠습니까. 그저 선생께 나아가 우러러 배알하여, 막히고 답답했던 제 마음을 위안하고자 하는 것일 뿐입니다. 인편이 없는 탓에 이 서찰만을 위해 따로 사람을 보내 답서를 올릴 수 없기에 문득 이렇게 적어 관동(館洞)[65]에 보내니, 어느 때나 선생의 안하(案下)에 당도할지 모르겠습니다.

**64** 곤액 : 창계가 1664년(현종5) 7월에 조부상을, 1666년 6월에 조모상을 당한 것을 가리키는 듯하다.

**65** 관동(館洞) : 성균관(成均館)이 있는 현재의 명륜동(明倫洞)을 가리키는 말로, 이정귀(李廷龜)의 조부 이석형(李石亨) 때부터 연안 이씨(延安李氏)의 세거지였다. 이들을 따로 관동파(館洞派)라고 부르기도 한다.

## 현강께 올림 경술년(1670, 현종11)

上玄江 庚戌

올 때에 하직 인사를 드릴 수 없었으니[66] 서글프고 아쉬운 외에 죄스럽고 한스러운 마음 또한 깊습니다. 삼가 모르겠습니다만 요즈음 기력은 어떠하신지요? 시생은 어버이를 모시고 있으면서 대체로 편안하게 지내고 있습니다. 근자에 일찍이 스스로 생각해 보건대 발길을 아주 돌려 고고히 은거하지도 못해 놓고서 이미 과장(科場) 사이로 발걸음을 들여놓았습니다. 이로운지 해로운지, 순리인지 역리인지 여부는 따질 것 없이 그저 초심에 돌이켜 구해 보건대 몹시 부끄러워할 만한지라, 반드시 몇 배의 면려를 더하여 독실히 공부하고 힘써 행해서 소인이 되는 지경에 이르지 않기를 바라나 구습(舊習)에 얽매여 있어 헤치고 나오기가 몹시 어렵습니다. 시험 삼아 하루 동안 했던 일들을 스스로 성찰해 보니 죄다 기질과 물욕이 주장한 것들이었습니다. 이처럼 구태의연하고서 장차 어떤 사람이 되겠습니까.

그러나 이 일은 단지 자신의 한 마음을 잡아 지키느냐 놓아 버리느냐에 달려 있는 것이라 오직 묵묵히 공부하여 오랜 시일이 지난 뒤에 어떻게 되는지 보아야 한다는 것을 근래에 자못 깨닫고 있습니다. 시름겹게 근심하고 후회하는 것은 절로 병통이 될 뿐입니다. 그러므로 마음속이 자못 느긋하고 편안하여 절박한 병통이 없으나 또 한결같이 이와

**66** 올……없었으니 : 1670년(현종11)에 창계는 도성으로 와서 별시(別試) 초시(初試)에 수석으로 입격하였으나 회시(會試)에 낙방하여 다시 북관(北關)으로 되돌아갔다.

같기만 하면 혹 유유범범한 지경에 떨어질까 두렵습니다.

근자에 바야흐로 《논어(論語)》를 보고 구구절절 기뻐할 만한 내용임을 알았으나 매양 진도에 구애되어 만족스럽고 충분하게 음미한 뒤에 그치지 못하였으니 분명 오랫동안 유익함을 누리기는 어려울 것입니다. 이는 염려할 만합니다. 또 일찍이 사서(史書)를 보지 않아 세변(世變)에 대해 전혀 이해가 없으니 근심스러워할 만합니다. 이 때문에 한편으로 《자치통감강목(資治通鑑綱目)》을 보고 있습니다만, 저에게는 판단할 기준이 없는지라 외우고 암송하는 데 불과할 따름입니다. 그러나 쉬이 알 수 있는 대의(大義)는 감히 알지 않아서는 안 되겠습니다.

이장(李丈)의 유고(遺稿)[67]는 이미 보셨습니까? 시생도 문집을 교정하는 데 미력이나마 대강 바치고자 하나 하늘 끝 아득히 먼 지방에 있어 그저 마음만 쏟을 뿐이니, 돌아가신 분을 생각하면 되레 슬퍼할 만합니다. 근자에 종유하는 문하생들은 얼마나 되며 또 학문에 정진하는 자가 있습니까? 선생의 곁을 떠난 지도 이미 많은 시간이 흘렀으니 편지지를 대하고서 더욱더 그립습니다. 인편이 본디 바쁜 데다가 마침 화급한 일이 있어 대략적으로 어지럽게 쓰다 보니 말에 두서가 없는지라 삼가 더욱 황공합니다. 삼가 도를 위해 자중자애하여 제 마음을 위로해 주시기를 빕니다.

**67** 이장(李丈)의 유고(遺稿) : 1669년(현종10)에 졸한 이단상(李端相)의 문집을 가리킨다. 《정관재집(靜觀齋集)》의 서문과 발문 등에 의하면, 이단상의 유고는 이단상의 사후에 곧바로 정리에 착수하여 박세채(朴世采)가 문인인 창계 임영(林泳)과 함께 산정하였다.

## 현강께 답함[68] 신해년(1671, 현종12)

答玄江 辛亥

요즈음 겨울 날씨가 지나치게 따뜻한데 삼가 모르겠습니다만 도체(道體)가 어떠하신지요? 구구한 저는 선생을 앙모하고 있습니다. 저는 함흥(咸興)에 들어온 지 한 달이 넘도록 인사(人事)로 번잡한 상황입니다. 선생께서 바야흐로 평양(平壤)에 체류 중이시라 들었는데, 이는 불과 며칠 일정이면 다녀올 수 있는 거리인데도 끝내 또한 직접 찾아뵙지 못하였으니, 선생에 대한 저의 그리움이 어느 날엔들 잊히겠습니까. 어제 다른 사람의 집에서 선생의 윤자(胤子)[69]를 만나 또 방금 근방을 경유하신 것을 알게 되었으나 불민한 저는 끝내 때가 늦어 미치지 못하였으니 더욱더 한스럽고 서글픕니다.

지난번 과거(科擧)의 일[70]은 참으로 우연히 얻은 것인지라 본디 기뻐할 만한 것이 없습니다만, 그래도 다행스러운 것은 어버이의 마음을

**68** 현강께 답함 : 《남계집(南溪集)》 권31 〈답임덕함(答林德涵)〉 임자년(1672, 현종13) 서찰에 "또 우리 유가의 독서하는 순서와 같은 경우 그대의 박식함으로 어찌 환하게 눈에 보이듯 알지 못하겠습니까.〔且如吾家讀書次第, 以賢者之博識, 豈不暸然在目也?〕"라는 말이 있는 것으로 보아, 박세채의 임자년 서찰이 본 서찰에 대한 답서인 것으로 보인다.

**69** 선생의 윤자(胤子) : 박세채의 맏아들인 박태은(朴泰殷, 1650~1696)을 가리킨다. 자는 조능(祖能), 호는 극재(克齋)로 수운 판관(水運判官)을 역임하였다. 1649년(인조27)생인 창계와는 한 살 차이이다.

**70** 지난번 과거(科擧)의 일 : 창계가 1671년(현종12) 겨울에 정시(庭試)에 급제한 것을 가리킨다.

조금이나마 기쁘게 해 드리고 과거 공부를 그만둘 수 있게 되었다는 점입니다. 이후의 화복(禍福)이며 비난과 칭찬은 진실로 이미 치지도외(置之度外)하였으나 시속(時俗)을 아주 떠나 깊이 은거하지 못하고서 이미 험한 길에 발걸음을 들여놓았으니, 명철보신(明哲保身)의 지극한 뜻이 아님을 스스로 알겠습니다. 이에 이르러 또 헤아리고 분별하는 마음이 생기니 어찌 뒤늦은 계책이 아니겠습니까. 오직 마땅히 초심(初心)을 배나 더 면려하여 제가 크게 하고자 했던 바를 추구하여 무릇 세상의 영욕(榮辱)과 저를 좋아하고 원망하는 평판에 대해서는 일절 마음을 움직이지 않아서 평소 선생께서 저를 가르쳐 주신 성대한 뜻에 조금이나마 답하기를 바라지만 말처럼 되지 못할까 그저 두렵습니다.

그러나 이는 평상시 이야기하던 것과는 의취가 자별합니다. 만약 통렬하게 이끌어 주셔서 독서하는 순서와 이치를 궁구하는 요체와 몸을 신칙하는 대방(大方)에 대해 아울러 모두 하나하나 상세하게 말해 주어 하루아침에 개연히 분발한 저의 이 마음으로 하여금 끝내 계속하여 감발하게 해 주신다면 제가 비록 범용(凡庸)하고 비루한 사람이지만 어찌 반드시 좋은 방향으로 옮겨 가지 못하리라 장담하겠습니까. 그리고 경적(經籍)을 살펴봄에 있어 어찌 자잘하게 조금이나마 얻는 것이 없겠습니까. 지금 질박하고 성실하게 공부를 해 나가려 하고 보니, 곧 공부를 착수할 곳이 없다는 것을 느끼겠는지라 일전에 제가 본 것이 절실하지 못했음을 비로소 알겠으니, 지금 가르쳐 주시는 한 말씀을 반드시 듣고자 합니다. 시기(時氣)가 고르지 못하고 변보(邊報) 또한 자못 편안하지 못하니[71] 나라의 근심을 이미 이루 다 말하기

**71** 시기(時氣)가……못하니 : 이 무렵 경술년(1670, 현종11)에 시작되어 신해년(1671)까지 계속된 경신대기근으로 수많은 사람이 아사(餓死)한 데다 다시 역병이 크

어렵습니다. 그러니 뒷날 선생께 가르침을 받는 자리에 달려 나가는 것도 시일을 기필할 수는 없겠습니다. 우러러 탄식하는 저의 정성스러운 마음을 실로 스스로 그치지 못하겠습니다. 날이 밝으면 마땅히 북행(北行) 길에 올라야 하는지라 밤중에 어지럽게 대략 쓰다 보니 말이 뜻을 다 드러내지 못하였습니다. 죄스럽고 한스럽습니다, 죄스럽고 한스럽습니다.

게 돌고 지진과 해일 등의 기상 이변이 많이 일어나는 등 변고가 잦았으므로 시기가 알맞지 못하다고 한 듯하다. '변보'는 정확히 어떤 사건을 가리키는지 미상이다.

## 현강께 답함[72] 임자년(1672, 현종13)

答玄江 壬子

어제 관서(關西)의 우체 편에 삼가 보내 주신 서찰을 받고서 참으로 무더운 이때에 도체(道體)가 만안(萬安)하심을 알았습니다. 구구한 제 마음에 위안이 되고 감사함을 어찌 형언하겠습니까. 서찰에서 정성스럽게 말씀해 주신 내용들은 매우 통절(痛切)하였습니다. 수십 차례 자세히 읽고 묵묵히 생각해 보고서, 그 말에 묘미가 있고 그 가르침에 다함이 없으며 저를 매우 깊이 책려해 준 것이자 참으로 두터이 돌보고 아껴 주신 것임을 더욱 알았습니다. 저로 하여금 격앙되는 마음이 분연히 일고 실추되는 데 대한 두려움이 숙연히 일어나게 합니다. 용렬하고 망녕된 제가 선생의 말씀에 깨달음을 얻는 점이 많으니 지극히 다행스럽습니다, 지극히 다행스럽습니다. 대저 출처(出處)의 의리는 현명한 사람도 오히려 어렵게 여기는 것이거늘 하물며 우매하고 졸렬한 제가 또 어찌 이러한 의리에 참여하기 충분하겠습니까.

그러나 저 자신의 거취와 은현(隱現)에 대한 입장에서는 또한 일찍이 생각한 바가 있습니다. 대개 저는 하늘로부터 부여받은 성품이 범용(凡庸)하고 비루하니 실로 무슨 일을 할 만한 재능이 없고, 중간에 또 일찍이 망녕되이 옛 학문을 추구하여 바야흐로 그 경지를 엿보고자 하였으나 미치지 못한 점이 있습니다. 그러니 마음을 오롯이 하여 아래

**72** 현강께 답함 : 본 서찰의 내용을 미루어 볼 때, 《남계집(南溪集)》 권31 〈답임덕함(答林德涵)〉 임자년(1672, 현종13) 서찰에 대한 답서로 보인다.

로 사람의 일을 배우는 하학(下學)의 공부를 하여 날로 달로 정진해야 할 것이요, 마땅히 가벼이 세상에 나아가 세사에 응하지 않아야 함이 진실로 이미 분명합니다. 또 더군다나 외롭고 위태로운 처지로 험하고 어려운 길에 나섬에 그 처신이 또 지극히 어려운 경우이겠습니까.

제가 이러한 뜻을 대략 앎에도 오히려 또 어리석음을 무릅쓰고 무리 지어 과시(科試)를 보아 반드시 한 번의 급제를 외람되이 절취(竊取)한 뒤에야 그만둔 것은 대개 또한 할 말이 있습니다. 당초에는 참으로 어버이의 명에 다그침을 받아 억지로 과장에 나아감을 면치 못했던 것이요, 뒤에는 또 생각건대 이미 어버이를 효성으로 봉양할 길이 달리 없는지라 한 번 급제하여 늙으신 어버이의 지극한 소망에 부응하는 일을 진실로 차마 하지 않을 수 없었던 것입니다. 또 옛적의 대현(大賢)들도 진실로 처음에는 과거로 발신하고서 향후에는 나아가고 물러남을 모두 예(禮)와 의(義)에 맞게 하여 순정하게 우리 유가의 바른 법이 된 사람이 또한 한둘이 아닙니다. 그 자취가 갖추어져 있어서 역력히 본받을 만하니, 지금 과거에 응하는 것은 정리와 의리에 있어 심히 큰 허물은 없을 듯합니다. 그 때문에 마침내 편안히 여기고 후회하지 않았으니, 대개 두 차례 응거(應擧)하여 우연하게 드디어 급제할 수 있었습니다.

지난날의 마음의 자취가 단지 이와 같으니, 차후로는 오직 사우(師友)를 가까이하고 도의를 강마함으로써 몸을 수양하여 허물을 바로잡고 사물을 관찰하여 이치를 살펴서 처음에 뜻했던 목표들을 추구하고자 합니다. 환로(宦路)에서의 영예며 이록(利祿)은 본디 감히 한 터럭만큼도 구하려는 뜻을 품지 않았으니, 설령 구하지 않았는데 절로 저에게 온다 해도 마땅히 재능과 학식과 시세를 스스로 헤아려서 할 만한 상황이 된 연후에 바야흐로 가서 명을 받을 것이요, 끝내 과장(科場)에 발걸음을 들여놓았다는 이유로 문득 스스로를 낮고 가볍게 여겨서 아무렇게나 진퇴하는 일은 하지 않을 것입니다.

가문의 기대와 어버이를 봉양할 계책과 같은 것[73]은 또한 감히 돌아보지 않은 것이 아니나, 중하게 여기는 바가 이미 앞서 말씀드린 바에 있고 그 뜻이 또 절로 서로 어긋나지 않는 점이 있기에 감히 가문의 기대와 어버이를 봉양할 계책으로써 일생의 출처를 결단하지 않은 것입니다. 어버이의 뜻 또한 굳이 구차하게 가문의 기대와 어버이를 봉양할 계책에 나아가게 하려 하는 데 이르지는 않으니, 저에게는 큰 다행입니다. 근자에 친구들 사이에서 저를 위해 모의하는 논의가 자못 많으나 모두 구구한 저의 본심에 평소 스스로 기약하던 것들이 아니었습니다. 이 때문에 하나도 제 마음에 들인 것이 없으나, 그 사이에 "한갓 나라에서 실시한 과거의 급제를 절취하여 어버이를 기쁘게 하는 사사로운 계책으로 삼고 다시는 책명위질(策名委質)[74]의 의리가 편치 못하게 되는 점은 생각하지 않는다."라는 말이 있으니, 이 말은 진실로 경계하고 성찰할 만합니다. 다만 오늘날 물러나 은거하여 스스로를 수양하려는 것은 참으로 후일에 나라에서 저를 부릴 때를 대비하고자 함인지

**73** 가문의……것 : 본 서찰에 대응되는 원래의 서찰인 《남계집(南溪集)》 권31 〈답임덕함(答林德涵)〉 임자년(1672, 현종13) 서찰에 "모르겠습니다만 그대는 향후 가문의 기대와 어버이를 봉양할 계책에 있어 어버이께 허락을 받아 탈연히 구애되는 바가 없을 수 있겠습니까?〔不識賢者其於向後門戶之望奉養之計, 乃能得之於家庭, 而脫然無所礙耶?〕"라고 하였으므로 이른 말이다.

**74** 책명위질(策名委質) : 《춘추좌씨전(春秋左氏傳)》 희공(僖公) 23년 조의 '책명위질'에 대한 주석에 "이름을 신하의 명부에 올리고 무릎을 꿇고서 임금으로 섬기는 것이다."라고 하였고, 부주(附註)에 "질(質)은 몸이니, 몸을 바쳐 임금으로 섬긴다는 말이다."라고 하였다.

라, 몸을 깨끗이 하여 세상을 등지고 아주 떠나가는 무리가 세상을 잊고서 인륜을 어지럽히는 경우와는 같지 않으니, 그 책명위질의 의리에 있어 다시 해로운 점은 보이지 않습니다. 이 외에 저에 대해 하는 갖가지 말들에 대해서는 더욱이 제 뜻에 분명하게 의심이 없으므로 단지 초심을 굳게 지키고자 할 따름이요 감히 문득 다른 생각을 하지 못하겠습니다.

지금 보내 오신 편지에서 또 주자(朱子)의 상조(常調)의 설[75]을 인용하여 저의 어긋남을 지적하셨습니다. 어리석은 제가 실로 척연(惕然)히 놀라고 두려워하여, 애초 생각이 신중하지 못했던 것이 아닌가 혹 의심되어 반복해서 생각해 보니 한 가지 생각이 떠올랐습니다. 주자의 상조의 설은 이곳에 그 내용을 찾아볼 수 있는 서책이 없는 관계로 과연 무슨 일 때문에 주자께서 그런 말씀을 하셨는지는 모르겠습니다만, 어렴풋이 기억하건대 이는 정자(程子)께서 봉록(俸祿)을 청하시지 않은 것을 논하신 말씀인 듯합니다.[76] 이와 같다면 주자의 이 말씀은 과거에

**75** 주자(朱子)의 상조(常調)의 설 : 《남계집(南溪集)》 권31 〈답임덕함(答林德涵)〉 임자년(1672, 현종13) 서찰에 "출처와 군신에 있어서의 처신에 이르러서는 예로부터 어렵게 여겼으니, 회암 선생 또한 일찍이 '과거에 응하여 관직을 얻은 자는 곧 마땅히 상조로 자처하여야 한다.'라고 하셨습니다.〔至於出處君臣之際, 自古以爲難, 晦菴先生亦嘗謂應擧得官者, 便當以常調自處.〕"라고 한 것을 가리킨다. '상조'는 '평상적인 조용(調用)'이라는 뜻으로 나라의 상규(常規)의 적용을 받아 임용되는 것을 말한다. 즉 주희의 이 말은 나라의 제도인 과거에 응시하여 관직에 나아갔으면 마땅히 나라의 상규를 적용받는 관리의 신분으로 처신해야 한다는 뜻이다.

**76** 정자(程子)께서……듯합니다 : 《회암집(晦菴集)》 권58 〈답등위로(答鄧衛老)〉에서 등위로가 "이천 선생께서 강연에 계실 적에 일찍이 봉록을 청하지 않았고 또 봉작(封爵)을 구하지도 않으셨습니다. 제 생각에는 이처럼 과거에 응시해 관직을 얻었으면

응시하여 관직을 얻은 자는 조정의 체례(體例)에 있어 곧 마땅히 상조로 자처해야 한다는 말씀이지, 그 뜻도 펼 수 없고 그 지킴도 온전히 할 수 없으면서 한결같이 분주히 달려 나가는 것이 공손한 것이라는 말씀은 아닙니다. 이에 대해서는 해당 본문을 보지 못하였으므로 감히 단정하여 말할 수는 없으나, 주자께서 자처하신 행위들만 살펴봐도 절로 알 수 있는 것입니다. 주자께서 일찍이 스스로 말씀하기를 "본디 제생(諸生)의 신분으로 과거에 응시하여 녹을 구하였다."[77]라고 하였는데, 평소 관직을 사양하고 받을 적에 오직 의리만을 따지셨지 과거에 응시했다는 이유로 자신을 낮추고 굽히신 적은 거의 없었습니다. 다만 드넓게 넘치는 은혜를 만나고 합당하게 은례(恩例)를 얻었을 때에는 감히 산야(山野)

곧 단지 마땅히 상조로 처신해야 하는 것이니, 비록 봉작이나 음직을 청해도 된다고 봅니다.〔伊川在講筵, 不曾請俸, 又不求封敍. 綱謂若是應擧得官, 便只當以常調自處, 雖陳乞封蔭可也.〕"라고 한 것에 대해 주희가 "본디 과거에 응시해 관직을 얻었으면 마땅히 단지 상조로 자처해야 한다는 것은, 이는 지금 보통 사람들을 가지고 말하면 이렇게 하는 것이 괜찮겠지만, 조정에서 선비를 대우하는 것은 도리어 마땅히 이와 같이 해서는 안 됩니다. 이 때문에 이천 선생께서도 말씀하기 어려웠던 것입니다. 이천 선생께서도 이런 문제에 대해 '단지 이에 대한 설명은 매우 길다고 말할 수 있을 뿐이다.'라고 하였으니, 이는 '요컨대 마땅히 과거법을 모조리 개혁해야지 바르게 된다.'라고 생각하신 것입니다.〔本以應擧得官, 則當只以常調自處, 此自今常人言之, 如此可也. 然朝廷待士却不當如此, 伊川先生所以難言之也. 但云其說甚長, 則是其意以爲要當從科擧法都改變了, 乃爲正耳.〕"라고 한 것을 가리킨다.

**77** 본디……구하였다 : 《회암집(晦菴集)》 권22 〈신건녕부장(申建寧府狀)〉에 "저는 본디 제생의 신분으로 과거에 응시하여 녹을 구하려고 소흥 17년에 과거 응시에 필요한 증빙 서류를 청하여 예부의 과거 시험을 보아 외람되이 합격자 명단의 말단에 들게 되었습니다.〔熹本以諸生應擧干祿, 於紹興十七年, 請到文解, 得試禮部, 叨預奏名, 濫綴末第.〕"라고 한 것을 가리킨다.

의 사람으로 자처하시지 않고 곧 무리를 따라 은택을 청하셨으니,[78] 이것이 상조의 설과 부합되지 않음이 없습니다. 지금 저처럼 범용한 사람은 진실로 망녕되이 옛 현인의 일을 끌어다가 증좌로 삼기 어렵습니다만, 이것을 버려두고 또 장차 어디에서 준칙(準則)을 취하겠습니까.

근자에 유자(儒者)가 임금을 섬기고 도를 지키는 법도에 대해 살펴보니, 허다하고 번쇄한 곡절은 전혀 없었고, 자신의 학문이 넉넉하면 벼슬하고 넉넉하지 않으면 벼슬하지 않으며 군주와 도가 합치되면 복종하고 그렇지 않으면 떠나가는 데 불과할 따름이었습니다. 이 말이 지극히 쉬우나 행하기는 심히 어렵습니다. 그러나 단지 이 길을 따른다면 어찌 잘못됨이 있겠습니까. 몸이 산림에 있다 하여 문득 예를 다함을 소홀히 하거나 이름이 등과(登科) 명단에 들었다 하여 마침내 시속

**78** 다만……청하셨으니 : 주희(朱熹)의 소장(疏狀)의 내용을 활용한 것이다. 해당 소는《회암집(晦菴集)》권22〈사면비각수찬장(辭免秘閣修撰狀)〉으로 거기에 "또 더군다나 저는 본디 빈천한 몸으로 과거에 응시하여 녹을 구하였으니, 어찌 감히 문득 군신의 의리를 망각하고서 망녕되이 고고하게 산림으로 자처할 생각을 했겠습니까. 전후로 누차 은혜로운 명령을 사양한 것은 실로 스스로 헤아려 볼 때 비루한 몸이라 성상께 받은 은혜에 우러러 걸맞을 수가 없기 때문이었습니다. 중간에 절동의 재변을 구제했던 일과 같은 경우는 그나마 저의 미력을 면려하여 바칠 만하였으므로 즉시 명을 받들어 갔고 일찍이 한결같이 사양하거나 직무에서 벗어나기를 청한 적이 없었습니다. 그 후 절차에 따라 드넓게 넘치는 은혜를 만나고 합당하게 은례를 얻었을 때에는 저 또한 무리를 따라 은택을 청하였으니, 이러한 점들에서 또한 제가 감히 실정을 숨기고 가식적으로 행동하여 윗사람을 기망하여 명예를 구하려 하지 않았다는 것을 충분히 알 수 있습니다.〔又況熹本以賤貧, 應擧干祿, 豈敢輒忘君臣之義, 妄意山林之高? 前後所以累辭恩命, 實緣自度卑鄙, 無以仰稱所蒙. 至如中間東浙救菑之役, 稍可勉效驅馳, 卽便承命以行, 未嘗一辭丐免. 其後節次該遇霈恩, 合得恩例, 熹亦隨衆陳乞, 此亦足以見其非敢矯情飾詐, 而罔上以要名矣.〕"라고 하였다.

(時俗)을 따르기를 달게 여겨서는 안 되는 것이니, 만일 장차 이 두 갈래의 길을 만들어 각기 한쪽을 고집한다면 그 정도(正道)를 잃지 않을 자가 드물 것입니다. 어리석은 생각이 여기에 미치니, 모르겠습니다만 과연 그러할는지요? 그러나 이는 단지 대체적인 규모와 의의일 뿐이고 그 사이의 미세한 사리(事理)는 또 마음 가는 대로 곧장 행하기가 어려우니, 진실로 쉬이 말할 수가 없습니다.

대개 산림에 있는 선비는 조정에서 예로써 대우하기 때문에 산림에 있는 선비가 예로써 자처하는 것을 다른 사람들도 괴이하게 여기지 않습니다. 그러나 등과 명단에 들어 있는 사람은 조정에서 예로써 대우하지 않으므로 등과 명단에 든 사람이 조금이라도 예로써 자처하고자 하면 뭇사람이 나무라고 의아해하여 이미 그 고초를 이길 수가 없게 됩니다. 비록 이러한 이유를 가지고 문득 자신이 지켜 오던 도리를 잃어서는 안 되겠으나, 또한 모름지기 조금이나마 예로 자처하지 않았다는 형적(形跡)을 보존하여 스스로 견책을 면하는 것이 마땅한 행동이 될 것입니다. 그러나 이 부분은 실로 재량하기가 어렵습니다.

지금 면신례(免新禮)[79]와 같은 경우는, 면신례를 행하려니 지금 우선은 벼슬에 종사할 뜻이 없는 터에 대번에 입사(入仕)할 때 처음 행하는 예를 행하는 것이 불가하고, 행하지 않으려니 지금 몸이 멀리 외방에 있는데도 오히려 핍박당하는 고통을 면하지 못하는 터에 후일 도성

**79** 면신례(免新禮) : 조선 시대 벼슬을 처음 시작하는 관원이 선배 관원들에게 성의를 표시하는 의식으로, 보통 주연(酒宴)을 열어 대접하였다. 이 기간 동안 선배 관원들은 인격적인 모독을 가하고 신임 관원을 곤경에 빠뜨렸으며 심지어 체벌까지 행하였다. 조정에서는 여러 번 이를 금지하는 조처를 취하였으나 근절되지 않았다.

에 들어가면 핍박이 분명 배나 더할 것이니, 비단 고초가 한량없을 뿐 아니라 거듭 낙인이 찍힐까 두렵습니다. 이 일을 장차 어이하겠습니까. 성 안에 있으면 이러한 등속의 일에 있어 난처한 점이 실로 많을 것이니, 조그마한 벽처(僻處)를 찾아 몸을 편안히 하고 의리를 다하는 장소로 삼고자 하나 또 쉬이 얻을 수가 없습니다. 그 전에 소소하게 출입하는 것은 생각건대 반드시 면할 수는 없을 듯하니 어이하겠습니까, 어이하겠습니까. 삼가 바라건대 다시 이러한 등속의 미세한 부분에 대해 곡진히 헤아려 주시어 우매한 제가 처신함에 있어 문하의 큰 수치가 되지 않도록 해 주신다면, 이는 시종여일한 큰 은혜일 것입니다. 저는 애타게 앙모하는 마음을 이길 수가 없습니다.

강학하는 방법에 대해서는 또 절실한 가르침을 받았으니 더욱이 다행스럽습니다.[80] 당시에 질문을 할 적에도 부박(浮薄)함을 스스로 알고

80 강학하는……다행스럽습니다 : 본 서찰에 앞서 창계는 신해년(1671, 현종12)에 박세채에게 보낸 서찰에서 독서의 순서 등을 포함한 학문의 방법을 물은 바 있다. '강학하는 방법에 대한 가르침'이란 박세채가 창계의 질문에 대해 《남계집(南溪集)》 권31 〈답임덕함(答林德涵)〉 임자년(1672) 서찰에서 "또 우리 유가의 독서하는 순서와 같은 경우 그대의 박식함으로 어찌 환하게 눈에 보이듯 알지 못하겠습니까. 그럼에도 가장 중요한 부분에서 곧장 온 힘을 다해 공부하려 하지 않고 매양 대수롭지 않은 부분에 대해 어찌하면 좋을지 질문을 하고 있습니다. 그 병통의 근원을 따져 보건대 단지 실다운 마음을 확립하지 않고 실다운 공부를 더하지 않은 때문인 듯합니다. 이는 일전에 사책을 보려던 생각과 별반 차이가 없는 것이니, 하물며 저 요점을 알아 요약되게 지키고 깊이 체인하여 실제로 행하여 종신토록 궁극의 진리를 향해 진보해 나가는 일대사를 바랄 수 있겠습니까.〔且如吾家讀書次第, 以賢者之博識, 豈不暸然在目也? 然而不肯於第一法門上直下十分底工夫, 而每從歇後處, 乃有如何之問者, 原其病根, 恐只是實心未立、實功未加故耳. 其視異時看史意思相去幾希, 況可望夫知要守約, 深體實踐, 以能終身究竟向上一大事耶?〕"라고 한 것을 가리킨다.

있었는데, 과연 날카로운 책망을 받들게 되었으니 두렵고 감복하는 마음을 이길 수 없습니다. 매양 생각건대 이러한 일에 있어 만약 실다운 마음과 실다운 공부가 없다면 출처(出處)를 이야기하는 것이 죄다 한만(閑漫)한 이야기가 될 것입니다. 나가서 벼슬자리에 있더라도 반드시 해내는 바가 없을 것이요 물러나 초야에 있더라도 또 스스로 즐기는 바가 없을 것이니, 또한 무슨 취할 점이 있겠습니까. 항상 스스로 떨치고 분발하여 구태를 일소할 것을 생각하지만 일상 속에서 끝내 구태의연함을 면하지 못하니 매우 부끄럽고 괴롭습니다. 이는 진실로 정성이 부족하고 뜻이 유약하여 그러한 것이요, 또한 집에 머무른 날이 오래되어 붕우(朋友)에게서 보고 듣는 바가 없는 탓입니다. 이 때문에 날로 나태하고 그만두는 지경에 이르고 있으니 덕스러운 선생을 향모하는 이 마음을 더욱이 다 형언하기 어렵습니다. 가을 윤달에 응당 호남으로 갈 것이니 도성을 경유할 수 있을 것입니다. 그러나 찾아뵙는 것을 기약하기는 어려우니 우러러 서글퍼하는 이 마음을 어이하겠습니까. 진실로 멀리서 바라건대 도를 위하여 자중자애하소서.

# 현강께 올림 갑인년(1674, 현종15)

## 上玄江 甲寅

저희 집안이 불행하여 병든 처가 결국 그저께 죽었으니[81] 비통하고 괴로운 마음을 어찌 말로 할 수 있겠습니까. 《예기(禮記)》에 의거하면, 처상(妻喪)에 대한 상복은 본디 장기(杖期)[82]로 하는 것이고, 부모가 살아 계셔서 부장기(不杖期)[83]로 하는 것은 오직 적자(適子)만 그렇게 하는 것이니, 지금 마땅히 장기를 정복(正服)으로 삼아야 할 것입니다. 다만 상주를 세우는 조항에 "무릇 상을 당했을 때 아버지가 살아 계시면 아버지가 상주가 된다."라는 글이 있고, 그 주석에 "명사(命士)의 신분으로[84] 아버지와 자식이 거처를 달리하는 경우를 제외하고 거처를 함께 하는 경우는 비록 맏아들 외의 아들이라 하더라도 아버지가 상주가 된다."라고 하였으니, 이 조항의 구분이 가장 정밀하여 근거한 바가 있는 듯합니다.

그러나 온 집안사람들의 논의가 모두 부장기로 하는 것이 옳다 하니 모르겠습니다만 어찌해야 할는지요? 이것은 상례(喪禮)의 큰 절목인

**81** 병든……죽었으니 : 1674년(현종15) 2월에 창계의 부인 창녕 조씨(昌寧曺氏)가 사망한 것을 가리킨다.

**82** 장기(杖期) : 상례(喪禮)에서 상장(喪杖)을 짚고 자최(齊衰)를 1년 동안 입는 것을 말한다.

**83** 부장기(不杖期) : 상례에서 상장을 짚지 않고 자최를 1년 동안 입는 것을 말한다.

**84** 명사(命士)의 신분으로 : 《예기(禮記)》의 주석에는 '명사 신분 이상'으로 되어 있다. '명사'는 나라로부터 명급(命級)을 받은 선비를 가리킨다.

데도 평상시 예설에 대한 공부를 더욱 빠뜨렸던 터라 일이 닥쳤을 때 의혹스러움을 면치 못하고 삼가 이렇게 여쭙습니다. 하교해 주시기를 삼가 바랍니다. 몹시 비통스럽고 번란(煩亂)하여 격식을 갖추지 못했습니다.

## 현강께 답함
答玄江

어제 심부름꾼이 돌아온 편에 삼가 하교해 주시는 서찰을 받았는데, 방금 또 특별히 사람을 시켜 보내 주신 서찰을 받으니 구구한 저의 마음에 위안이 되고 감사하여 더욱 절절히 슬프고 감격스럽습니다. 말씀해 주신 상례 예절에 대해서는, 미욱한 저를 지도해 주신 지극한 성의에 깊이 감사드립니다.

삼가 생각건대 처상(妻喪)의 상복에는 상장(喪杖)이 있는 것이 비록 정복(正服)이지만, 무릇 상을 당했을 때 아버지가 상주가 되는 것은 또한 대절(大節)에 관계되는 것이니, 상호 참작하여 따져 보아서 정확한 부분을 구하지 않을 수 없습니다. 지금 《예기(禮記)》 주석의 설을 상세히 살펴보니, 이미 명사(命士)의 신분으로 아버지와 자식이 거처를 달리하는 경우에는 마땅히 상장을 짚는 경우로 보았고, 그 아래 글에서 곧 말하기를 "거처를 함께하는 경우 마땅히 상장을 짚지 않는다."라고 하였습니다. 그 주된 뜻을 살펴보건대 거처를 달리하느냐 함께 하느냐가 요지인 듯한데, 명사는 옛 법에 반드시 거처를 달리하였으니,[85] 여기에서 말한 명사가 거처를 달리하게 된 원인인 듯합니다.

그러나 지금 이미 어버이의 곁에서 함께 거처하고 있으면서 스스로 일명(一命)의 등급[86]을 지니게 되었다고 하여 마침내 거처를 달리하는

**85** 명사는……달리하였으니 : 《예기》 〈내칙(內則)〉에 "명사로부터 그 이상의 계급은 아버지와 자식이 모두 거처를 달리한다.〔由命士以上, 父子皆異宮.〕"라고 하였다.

예로 자처한다면, 이는 집안의 일은 존장자에게 통솔을 받는 의리[87]가 없는 것인 듯합니다. 이로 인하여 반복해서 묻고 헤아려서 부장기(不杖期)로 결정하고자 하는데, 모르겠습니다만 과연 크게 위배되는 점이 없겠습니까?

《예기》의 뜻은 본디 대부분 명급(命級)에 중점을 두었으나, 모두 예수(禮數)를 올리고 내리는 것과 넉넉히 하고 줄이는 절도를 상세히 하였고 기타 거처를 함께하느냐 달리하느냐를 가지고 구별을 지은 것 역시 한둘이 아닙니다. 이 때문에 부장기를 정복으로 삼으려 합니다. 곧 성복할 것이므로 미처 다시 여쭈어서 정하지 못하니, 삼가 더욱 의심스럽고 답답합니다. 몹시 비통스럽고 번란(煩亂)하여 격식을 갖추지 못했습니다.

**86** 일명(一命)의 등급 : 고대에 명사에게 주는 명급(命級)의 등급은 일명부터 구명(九命)까지 아홉 단계가 있었는데, 일명은 가장 낮은 등급이다.

**87** 집안의……의리 : 《예기》 〈내칙〉의 "자식과 며느리는 사사로운 재화가 없고 사사로이 기르는 가축이 없으며 사사로이 사용하는 기물이 없으니, 감히 사사로이 빌려 올 수도 없고 사사로이 빌려 줄 수도 없다.〔子婦無私貨, 無私畜, 無私器, 不敢私假, 不敢私與.〕"라고 한 부분에 대한 정현(鄭玄)의 주석에 "집안의 일은 존장자에게 통솔을 받는 것이다.〔家事統於尊也.〕"라고 하였다.

## 현강께 답함 을묘년(1675, 숙종1)
### 答玄江 乙卯

초옥(草屋)에서 외로운 등불 아래 깊은 밤 정답게 이야기를 나누었으니 의연(依然)한 그 정경을 어찌 잊을 수 있겠습니까. 시사(時事)는 더욱 흉흉해져 우리네 인생의 모이고 흩어짐과 편안하고 위태로움을 기약할 수 없거늘 백 리 되는 거리에서 충분히 종유하지 못하였으니, 이는 후일 서로 그리워할 때에 후회가 될 듯합니다. 어이하겠습니까, 어이하겠습니까.

제 조카가 돌아온 편에 삼가 문하께서 보내신 서찰을 받고서 봄추위에 고요히 지내시는 체후가 편안하고 좋으시다는 것을 알았습니다. 구구한 제가 위안이 되고 다행스러운 외에, 보내 주신 서찰의 내용을 자세히 읽어 보니 깊이 염려해 주시는 후의를 지극히 입은 것이었습니다. 삼가 마음속에 간직하겠습니다. 우장(尤丈 송시열(宋時烈))께서는 이미 처분을 받아 고개를 넘게 될 것이니, 오늘 새벽에 의금부 도사가 즉시 출발하여 갔습니다.[88] 삼가 헤아려 보건대 우장의 엄정(嚴程)[89]이

**88** 오늘……갔습니다 : 본 서찰은 서두에 '봄추위'라는 표현이 있는 것으로 보아, 1월에서 3월 사이에 쓰였을 것인데, 말미에는 또 '동쪽으로 이거(移居)할 계책'이라는 말이 있다. 〈연보〉에 의하면 1675년(숙종1) 2월에 창계가 영동(嶺東)으로 들어가 거처할 지역을 물색하였다고 되어 있으므로, 본 서찰은 2월 이전에 쓰인 것이다. 그리고 1675년 1월에 송시열이 예송논쟁의 여파로 함경도 덕원(德源)으로 유배 가는 것이 결정되었으니, 여기서 고개를 넘는다는 것은 송시열의 덕원 유배 길을 지칭하는 것이며, 본 서찰의 작성 시기 역시 1675년 1월로 좁혀 유추할 수 있다. 또한 새벽에 의금부 도사가 출발하여

마땅히 상유(上游)[90]를 경유할 것인지라, 저 또한 길옆에 나아가 배알하려고 생각했으나 갈 길이 바빠 제대로 말을 나누지 못할 듯하고 또 생각건대 화를 끼치는 것에 가까울 듯하여 그렇게 하지 않기로 결정하였습니다. 사세가 혹 느슨해지면 후일의 만남을 오히려 기약할 수 있을 것이니, 오직 이것만을 기원할 뿐입니다.

근자의 일에 대한 곡절은 동보(同甫 이희조(李喜朝))의 서찰에 하나하나 언급되었을 것이라 생각합니다. 대개 일변(日變)이 있은 이래로 성상께서 자못 시국을 진정시키고자 하였으나 시의(時議)는 더욱 의심과 두려움을 품어 매우 촉급하게 주장을 하여 마침내 이러한 일을 만들어 냈으니, 이는 더욱이 두려워할 만한 일입니다. 성상께서 뜻을 결정하는 사이에 위태로운 조치 아닌 것이 없으니, 한 생각이 이에 미침에 모골이 송연해집니다. 밤에 자리에 앉아 비분강개한 마음이 들어 아뢸 만한 말이 없으니, 이 마음은 강물이 넘실넘실 흘러가듯 동쪽으로 내달려감을 더욱 느낍니다.[91] 우리들이 이러한 때를 당하여 만약 구차하게라도 성명(性命)을 보전하여 사사로이 서로 강학(講學)하면서 세상의 환란을 범하지 않고 끝내 자신의 뜻을 다할 수 있다면, 가장 뛰어난

갔다는 말이 있는데, 《승정원일기》 숙종(肅宗)조의 기사를 참고하면, 송시열에 대한 원찬(遠竄)은 1675년 1월 12일에 최종 결정되었고 이어서 13일에 의금부에서 송시열을 덕원에 원찬하는 일을 시행한 것에 대해 곧바로 보고하였다. 따라서 이 서찰은 이상의 여러 정황들을 고려할 때 1675년 1월 13일에 작성된 것으로 추측할 수 있다.

**89** 엄정(嚴程) : 기한이 정해져 있어서 매우 촉급하게 떠나는 여정을 말한다.

**90** 상유(上游) : 한강의 상류를 가리키는 듯하다.

**91** 강물이……느낍니다 : 이 무렵 창계는 강원도로 이거(移居)할 계획을 가지고 있었으므로, 혼란한 시국을 피해 동쪽으로 빨리 떠나고 싶다는 마음을 표현한 것인 듯하다.

묘책이자 복록(福祿)이라 할 수 있을 것입니다.

그러나 안팎의 상황을 둘러보건대 이 몸은 마치 격랑 속에 물이 새는 배 안에 있는 것과 같으니, 이러한 행운을 어찌 감히 바라겠습니까. 오직 마땅히 자연의 조화와 이치를 따라 충(忠)과 신(信)에 의지하고 의(義)와 천명(天命)에 편안하여 평소 도를 배우던 초심에 부끄럽지 않으면 또한 충분할 것입니다. 시절이 마침 그러하니 말해 무엇하겠습니까. 지극한 가르침을 새로이 받고서 또 위태로운 말을 하는 것은 이 마음을 스스로 그칠 수 없기 때문이니, 삼가 바라건대 일람하신 후 즉시 태워 주십시오.

구푼(九分)은 지금 십푼(十分)이 되었으니, 세간에 어찌 끝내 알지 못할 사람이 있겠습니까. 그러나 사람들이 깨닫는 데 선후가 있을 따름입니다. 그러나 여기에서 문하의 마음을 쓰심이 공평하고 인자하여 터럭만큼도 억누르고 강제하려는 뜻이 없음을 더욱 알 수 있으니 이는 또한 후생의 준칙이 될 수 있습니다. 늦게 깨닫는 것이 어찌 큰 병통이겠습니까.[92] 문하의 거취에 대해서는 대략 열흘에서 보름 정도만 살펴보면 또한 알 수 있는 점이 있을 듯합니다. 저희 집안이 동쪽으로 이거(移居)할 계책은 또한 내달 초에 결정하려고 합니다. 이러한 때에 부평초처럼 흩어지는 것을 또 어찌 평일의 이산(離散)에 견주겠습니까. 목을 빼고서 바라보며 그리워하노라니 실로 서글픈 감회를 이길 수

**92** 구푼(九分)은……병통이겠습니까 : 본 서찰에 대응되는 박세채의 서찰을 확인할 수 없고 전후 사정도 없어서 정확히 어떤 일을 가리키는지 알 수 없다. 다만 당시의 정국과 앞뒤 문맥을 살펴볼 때, 정국을 잘못되게 몰고 간 어떤 인물의 좋지 못한 점이 이제 완전히 드러나게 되었는데 박세채가 그 인물을 박절하게 대하지 않고 인후하게 대한 것을 말한 것이 아닌가 추측된다.

없습니다. 부디 신명께서 문하의 체후를 돌보시어 후학을 다행스럽게 해 주시기를 빌 뿐입니다. 격식을 갖추지 못했습니다.

## 현강께 올림[93] 정사년(1677, 숙종3)
上玄江 丁巳

원성(原城)으로 이주하신다는 말을 듣고부터,[94] 거처를 정하신 후의 상세한 소식을 더욱 빨리 듣고자 하였으나 아득하여 들을 수가 없었습니다. 동보(同甫 이희조(李喜朝))가 서찰을 보내 와 제가 문하께 올린 서찰을 전달했다고 하였는데, 또한 저에게 답서를 보내실 인편이 없을 것이라 생각되었습니다.

그런데 어제 통천군(通川郡)의 우체 편에 문득 5월 4일에 보내 주신 답서를 받고서, 거처를 짓고 밭을 갈며 한가한 가운데 도를 강마하심에 족히 즐거워할 만한 점이 있음을 알게 되었습니다. 구구한 저는 위안이 되고 마음이 놓인 나머지 서쪽을 바라보며 큰 탄식이 나옴을 더욱이 이길 수가 없습니다. 또 간절하게 내려 주신 가르침을 받으니, 치우친 저의 견해를 바로잡아 정도(正道)에 합하게 하고자 하시는 뜻이 몹시도 성대하고 성대하였습니다. 스스로 생각건대 제가 어리석고 나약하

**93** 현강께 올림 : 상호 내용을 고려할 때 이 서찰은 박세채의 《남계집(南溪集)》 권31에 실려 있는 〈답임덕함(答林德涵)〉 정사년(1677, 숙종3) 서찰에 대한 답서이다. 또한 창계의 본 서찰에 대한 박세채의 답서는 《남계집》 권31에 실려 있는 〈답임덕함〉 무오년(1678) 6월 2일 자 서찰이다.

**94** 원성(原城)으로……듣고부터 : 원성은 강원도 원주(原州)를 가리킨다. 김간(金榦)의 《후재집(厚齋集)》 권44에 실려 있는 〈문순공남계선생행장(文純公南溪先生行狀)〉에 따르면, 박세채는 무오년(1678) 1월에 원주의 장산(長山)으로 이주하였다. 본 서찰은 그 한 해 전인 정사년(1677)의 서찰이지만 서찰의 내용으로 볼 때 이미 이때부터 박세채의 원주 이거가 진행되고 있었던 것으로 보인다.

며 병폐(病廢)한 몸으로 산과 바다 사이에 칩거하고 있는데도 천리나 먼 거리에서 서찰을 보내 주시어 강학(講學)의 단서를 스스로 일으키게 하시니, 진실로 기대하고 허여함이 지극히 중하지 않다면 어찌 이러한 데에 미칠 수 있겠습니까. 그 감격스러움은 실로 형언하기 어렵습니다. 그러니 감히 한두 가지를 조목별로 답변하여 지극한 가르침을 끝내 받들지 않을 수 있겠습니까.

제가 지난번에 논의할 때 진실로 세상의 학자들이 대부분 문구(文句) 사이에 얽매이고 막혀서 자득(自得)의 실제가 없음을 병통으로 여겼으니, 그 말이 진실로 치우치고 완비되지 못한 듯합니다.[95] 그러나

**95** 제가……듯합니다 : 해당 서찰이 남아 있지 않아 자세한 것은 알 수 없으나 창계와 박세채가 논의했던 내용의 대략은 《남계집(南溪集)》 권31에 실려 있는 〈답임덕함(答林德涵)〉 정사년(1677, 숙종3) 서찰을 통해 유추할 수 있다. 해당 내용은 다음과 같다. "일찍이 그대의 뜻을 살펴보니, 자못 근세 학자들이 문의 사이에 얽매이고 막히는 것을 크게 유익하지 않은 것으로 여기고 있었습니다. 또 반드시 자득한 공력이 있은 연후에 바야흐로 학문을 한다고 칭할 수 있다 하였으니, 이는 모두 명백하고 통쾌하며 시절의 병폐를 절실하게 맞춘 것으로 자못 사람으로 하여금 부끄럽고 경복하게 합니다. 그러나 이미 문의에 얽매이고 막히는 것을 병통으로 여겼으니 그대가 이미 분명 의리의 관건이 되는 부분을 연구하여 발현함이 있는 것이고, 자득함이 없는 것을 병통으로 여겼으니 그대가 이미 분명코 침잠해서 공부를 쌓고, 깊고 넉넉히 완미하여 그 자연을 좇아 터득한 것입니다. 이는 속인들이 자기 개인의 견해를 자득으로 인식하는 행태가 아닙니다. 또 생각건대 그대는 견식이 높고 학업이 넓어 동류배들보다 매우 뛰어나니, 그대가 이러한 말을 하는 것은 또한 반드시 그 시종의 폐단을 염려하여 절충하려는 것입니다. 이는 참으로 내가 그대의 가르침을 끝내 받들기를 원하면서 감히 스스로 그만두지 못하는 까닭입니다. 그러나 일찍이 듣건대 선유가 말하기를 '사에서 터득하지 못하고서 그 뜻을 통할 수 있는 자는 있지 않다.'라고 하고, 또 말하기를 '사람이 학문을 할 때 먼저 기준을 세워 놓는 것은 금기이다.'라고 하였습니다. 진실로 그 의미를 가지고 미루어 보건대 먼저 문의에 종사하고서 자득에 미치지 못하는 자는 또한 그 경우대로 절로

그 뜻은 다시 말씀드릴 만한 점이 있으니, 대개 저의 뜻은 애초에 또한 학자들이 마땅히 문구 공부를 버려두고 곧장 언의(言意)의 바깥에서 자득해야 한다고 말한 것이 아니라, 마땅히 글을 통하여 뜻을 구해서 이치를 얻고 마음을 밝혀야지 그저 얽매이고 막힐 뿐이어서는 안 된다는 말이었습니다. 어찌 감히 문구에 종사하는 것을 일체 허물과 부끄러움이라 논단하겠습니까. 말세에 도가 쇠미하여 선비들이 학문을 알지 못하는지라, 문구에 마음을 두려고 하는 자도 이미 많이 볼 수 없고, 마음을 두려는 자도 그저 천근하고 지엽적인 부분에 얽매여서 마침내는 말을 통해 이치에 도달하는 실제 공부가 없으니, 이 도가 끝내 밝아질 수 있는 때가 없을까 두려웠으므로 폐단을 염려한 말이 부득불 이와 같았던 것입니다.

지금 초학(初學)에서부터 덕을 완성함에 이르기까지, 한 권의 책을 읽을 때마다 먼저 자구(字句)의 훈석을 통해 말하고 있는 내용의 의미가 어떤 것인지를 파악하고서, 곧 익숙하게 완미하고 자세하게 사고하

차제와 규모가 있는 것이니 일체를 허물과 부끄러움이라 논단하기는 어렵습니다. 그렇지 않다면 그대의 말은 자유가 쇄소응대를 말단의 일로 논단하고 초려 오징(吳澄)이 훈고와 강설을 공박한 것에 가깝지 않겠습니까. 다만 그 귀결점과 수립처를 궁구한다면 응당 끝내 그대가 말한 것에 있을 따름입니다.〔曾覵盛意, 頗以近世學者拘滯文義之間爲未大益. 又謂必有自得之功, 然後方稱爲學, 此皆明白痛快切中時病, 殆令人媿服也. 然旣病其拘滯文義則, 已必有以研究發越乎義理肯綮處, 病其無所自得則, 已必潛積優游以聽其自然而得之, 非俗人所以認獨見爲自得者. 且念德涵識高業廣, 敻絶輩流, 其有是言, 亦必慮其始終之弊而有以衷之. 此正不佞所願卒承其教而不敢自已者也. 然嘗聞之, 先儒之言曰"未有不得於辭而能通其義者", 又曰"人之爲學, 忌先立標準". 苟以義類而推之, 其先從事於文義, 而未及乎自得者, 亦自有次第規模, 難可一切律之以疵吝. 不然, 不幾於子游之論灑掃應對、草廬之攻訓詁講說乎? 但究其歸趣樹立, 則爲當終在於此耳.〕"

여 의리의 귀착점을 자득하기를 힘써야 하니,[96] 이는 그저 문구에 얽매이는 공부와는 의미가 전혀 다릅니다. 이른바 자득한다는 것에 대해서는 비록 대번에 논의하기 어려우나, 요컨대 반드시 이러한 과정을 거친 이후에야 점차적으로 이를 수 있는 것입니다. 이는 입심(立心)하여 공부를 시작할 때부터 곧 마땅히 힘을 써야 할 데를 알아서 공력을 쌓아 나가야 하는 것입니다. 그런데 만약 지금 종사하는 것은 단지 장구(章句)를 따지는 것이면서 그 종국의 귀숙처를 논하면서는 저편에 있고 이편에 있지 않으려 한다면,[97] 이러한 이치는 없습니다. 이전에 저의 견해가 실로 이와 같았으므로, 담론하는 사이에 말한 것 역시 이와 같았던 것입니다. 이는 참으로 말을 말미암아 뜻을 통하는 일이니, 기준을 세워 놓고서 연연해하는 것과는 진실로 같지 않습니다.[98] 다만 안으로 스스로를 점검해 보건대 실로 또한 저의 행실이 스스로 그 말을 가리지 못하니, 자신을 돌이켜 스스로 면려해야 한다고 가르쳐

**96** 한 권의……하니 : 이러한 창계의 언급은 주희(朱熹)의 독서법을 염두에 둔 것이다. 《성리대전(性理大全)》 권53에 "독서할 때에는 모름지기 마음을 비우고 생각을 고요히 하여 문의에 의거하고 문맥을 헤아려서 이 문구의 의미가 어떤 일을 말하고 있는 것인지 파악해야 한다.〔讀書, 須且虛心靜慮, 依傍文義, 推尋句脈, 看定此句指意是說何事.〕"라고 하였다.

**97** 그 종국의……한다면 : '저편'은 심오한 의리를 가리키고 '이편'은 장구를 따지는 것을 가리킨다. 즉 실제 하는 일은 장구를 따지는 일이면서 심오하고 고원한 경지에 종착점을 두려 한다는 뜻이다.

**98** 이는……않습니다 : 박세채가 서찰에서 '말에서 터득하지 못하고서 그 뜻을 통할 수 있는 자는 있지 않다.〔未有不得於辭而能通其義者.〕'와 '사람이 학문을 할 때 먼저 기준을 세워 놓는 것은 금기이다.〔人之爲學, 忌先立標準.〕'라는 선유(先儒)의 말을 인용하여 창계를 비판했기 때문에 한 말이다. 자세한 내용은 324쪽 주95 참조.

주신 뜻이 심히 친절하고 합당합니다. 제가 이에 어찌 감히 면려할 줄을 알지 못하겠습니까.

제가 지난번에 했던 논의가 오씨(吳氏)가 훈고(訓詁)와 강설(講說)을 공박했던 것에 가깝다고 말씀하신 것[99]에 이르러서는, 제가 의도한 바를 깊이 살피지 않으신 듯하니, 다시 재량해 주시기 바랍니다. 오씨의 설은 오로지 문학(問學)을 공박한 것이고, 저의 뜻은 참으로 문학에 마음을 다하여 실제로 터득하고 헛되이 갖추는 일은 하지 않으려 한 것이니, 비단 근사(近似)하지 않을 뿐만 아니라 실로 상반되는 것입니다. 모르겠습니다만 어찌 생각하시는지요?

강마(講磨)하는 공부에 대해 논하신 말씀[100]은 인용한 의리가 매우

**99** 제가……것 : 오씨(吳氏)는 원(元)나라 때의 성리학자인 초려(草廬) 오징(吳澄)을 가리킨다. 박세채의 언급은 325쪽 주97에 상세하다. '초려 오징이 훈고와 강설을 공박했다'는 것은 《심경부주(心經附註)》에 "성인의 학문을 소중히 여기는 까닭은 하늘이 나에게 주신 것을 온전히 할 수 있기 때문일 뿐이니, 하늘이 나에게 주었다는 것은 바로 덕성이다. 이것이 '인의예지'의 근본이 되며 형질과 혈기의 주재가 되니, 이것을 버려두고 다른 것을 구한다면 그 배운다는 것이 무엇을 배우는 것이겠는가. 설령 행실이 사마광(司馬光)과 같고 재주가 제갈량과 같더라도 또한 익히면서도 밝게 드러내지 못하고 행하면서도 깨닫지 못하는 지경이 됨을 면치 못하며, 또한 자품과 기국이 보통 사람보다 뛰어난 데 지나지 않으니, 성학에 있어 터득한 것이 있다고는 말할 수 없다. 하물며 북계 진씨와 쌍봉 요씨처럼 훈고가 정밀하고 강설이 치밀한 데에 그친다면, 저 기송사장하는 속학과의 거리가 어찌 가깝지 않겠는가. 성학이 송나라 때에 크게 밝아졌는데도 그 뒤를 이은 자가 이와 같으니, 한탄스러울 따름이다.〔夫所貴乎聖人之學, 以能全天之所以與我者爾. 天之與我, 德性是也. 是爲仁義禮智之根株, 是爲形質血氣之主宰, 舍此而他求, 所學何學哉? 假而行如司馬文正公, 才如諸葛忠武侯, 亦不免爲習不著行不察, 亦不過爲資器之超於人, 而謂有得於聖學則未也. 況止於訓詁之精講說之密, 如北溪之陳雙峯之饒, 則與彼記誦詞章之俗學, 相去何能以寸哉? 聖學大明於宋代, 而踵其後者如此, 可嘆已.〕"라고 한 말을 가리킨다.

높고 깨우쳐 이끌어 주심이 지극하니 더욱 삼가 탄복하게 됩니다. 대개 저는 평소에 '정밀한 의리는 모름지기 스스로 구하여 얻어야 하는 것이니, 만약 스스로 힘쓰지 않고 남과 토론하여 얻으려고 한다면 응당 깊이

**100** 강마(講靡)하는……말씀 :《남계집(南溪集)》권31〈답임덕함(答林德涵)〉정사년(1677, 숙종3) 서찰에서 "주자께서는 강학하는 방도에 있어, 사사로운 강학에 있어서는 사서에 침잠하고 여러 경전을 연역하시되 글자의 훈석과 구절의 뜻을 찾아내어 거의 성현이 남긴 뜻을 분명히 이해하고 은연중에 계합하셨습니다. 그리고 남들과 강학함에 있어서는 처음에 연평 선생을 좇아 자세히 묻고 정밀히 사고하고 다음으로 남헌을 만나 학문을 강구하고 서신을 왕복하였으며 석자중(石子重), 하숙경(何叔京), 임택지(林擇之), 채계통(蔡季通)의 무리에 이르기까지 시종일관 그만두지 않으셨으니, 이는 모두 천명과 인심의 깊은 뜻을 발명하여 조금도 빠뜨린 부분이 없는 것입니다. 육예의 뜻을 밝히고 현자들의 견해를 모아, 논정하여 전주로 저술하여 만세 도학의 연원을 드리운 것을 살펴보건대 이것을 버려두고 다른 것을 구할 수는 없습니다. 모르겠습니다만 덕함은 어찌 생각하는지요? 그리고 족하께서는 한가로운 가운데 고요함을 지키면서 독서하고 궁리하여 선현들의 규범에 스스로 힘쓸 것이니, 실로 멀리 떨어져 있는 구구한 이 몸이 감히 짐작할 수 있는 경지가 아닙니다. 그러니 우선 남들과의 강학이라는 측면에서 말해 보겠습니다.……무릇 의리에 대해 한결같이 자신의 견해로 재단하고서 이어 고집하고 힘써 지키며 말하기를 '학문을 함에 있어 실제로 터득하는 공부는 응당 이와 같아야 한다.'라고 한다면, 내 생각에는 힘을 더욱 많이 쓸수록 터득하는 것 모두가 반드시 옳지는 않을 것이요, 끝내 또한 덕을 진전시키고 업을 넓혀 그 정밀함을 지극히 하고 그 큰 뜻을 다하여 우리의 일대사를 마칠 수 없게 될 듯하니, 어찌 생각하십니까, 어찌 생각하십니까?〔其於講學之方, 在己則沈潛四子, 紬繹諸經, 字探其訓, 句索其旨, 庶幾融會默契乎聖賢之遺意. 而在人則始從延平, 審問精思, 次訪南軒, 講究往復, 以及石何林蔡之徒, 終始不置. 蓋皆有以發揮於天命人心之蘊奧, 無一滲漏. 觀其所以闡六藝之旨, 合群賢之見, 定著傳註, 以垂萬世道學之淵源者, 舍是而無它塗也. 不識德涵以爲如何? 抑足下居閑守靜, 讀書窮理, 能自用力於先師規範, 則實非區區遠跡所敢窺測者. 姑以在人者言之.……凡厥義理, 一裁以己見, 繼以固執而力守之曰, 爲學實得工夫當如是也, 愚恐用力愈多, 而其所得者未必皆是, 卒亦無以進德廣業, 極其精而盡其大, 究竟吾人一大事也. 如何如何?〕"라고 한 것을 가리킨다.

얻을 이치가 없다. 또 세상에 도를 아는 군자가 있을지는 모르겠거니와, 만약 탐구도 마치지 못한 견해를 가지고 서로 더불어 논변한다면 또한 끝내 큰 이익이 없을 듯하다. 차라리 고서(古書)에 침잠하여 스스로 구하는 것이 혹 도리어 직절한 듯하다.'라고 항상 생각하였습니다. 이 때문에 일찍이 여기에 뜻을 두고서, 후일 대략적이나마 정견(定見)이 생긴 뒤에 문하께 나아가 질정하고 혹 나보다 나은 벗과 다시 서로 증험해 보더라도 늦지 않을 것이라 여겼습니다. 자잘한 의문점들 같은 경우는 또한 지금 곧 질의할만한 것이 있습니다만, 처음에는 그것들을 기억하고 있는 듯하였더니 마침내 적어 두는 것을 게을리하여 이러구러 오랜 시간을 그냥 흘려보내는 사이 혹 다시 잊어버렸으며, 잊어버리지 않은 것들은 또한 항목이 번다하여 잠깐 사이에 다 정리하기 어려운 탓에 서신을 왕복하면서 질의하는 일을 오랫동안 하지 못하였습니다.

근자에 또 스스로 생각해보건대, 10여 년 이래로 문학(問學)을 한다고 했으면서도 실제로는 처음에 가졌던 뜻의 만분의 일에도 부응할만한 것이 조금도 없는 것은, 그 병통이 진실로 스스로 힘쓰지 않은 데 있으니 지금 참으로 마땅히 면려를 더해야 할 것이요, 남에게 구하는 것 또한 너무 부족하여 그러한 것이 아니겠습니까. 바야흐로 절절하게 두려운 마음으로 문변(問辨)의 공부에 힘을 다하려 생각하고 있었는데 보내 주신 하교의 말씀이 또 이와 같이 깊고 친절하니 삼가 말씀을 따르겠습니다.

전에 사서(四書)와 《근사록(近思錄)》을 읽어 보니 그 사이에 의심나고 알지 못할 부분이 참으로 많았습니다. 그러나 그런 부분들을 기록해 둔 것이 없으니 지금 두루 다 질정하기 어렵습니다. 마땅히 후일 반복하여 익힐 때를 기다렸다가 책에 따라 기록하여 문하께 아뢸 수 있도록

할 것입니다. 그리고 지금 《시경(詩經)》을 읽으면서 〈위풍(衛風)〉에 이르렀는데 그 사이에 또한 자잘하게 의심스러운 부분들이 있습니다. 지금은 인편이 몹시 바빠 적어 여쭐 겨를이 없습니다만 이후에는 감히 그만두지 못할 것입니다. 하문하신 두 조항은 삼가 별지(別紙)를 통해 답을 올리니 바라건대 다시 가르침을 내려 주십시오. 삼가 헤아려 보건대 하문하신 의도는 진실로 그 병폐를 드러내어 치료하고자 한 것이니 지극히 우러르는 마음을 가눌 길이 없습니다. 그쪽 사우(士友)들의 강론 중에서도 들을 만한 것이 있을 것이니, 또한 혹 인편을 통해 부쳐 보여 주시어 저로 하여금 의문을 일으켜 깊이 사색하게 해 주신다면 큰 다행이겠습니다.

근자 서책을 전일하게 보지 못하는 구구한 저의 병통은 실로 지치고 병든 상태가 지루하게 계속되고 있는 것이 그 원인입니다. 이 밖에도 집안일과 세속의 잡다한 일들로 인한 번다함이 없지는 않으나 종내 지치고 병든 상태가 끼치는 깊은 해로움만은 못합니다. 그러나 뜻이 독실하고 견고한 사람으로 하여금 이처럼 병이 들고 잡다한 일이 많은 상태에 있게 했다면 반드시 저처럼 퇴폐(頹廢)한 지경에는 이르지 않았을 것입니다. 이는 뜻이 독실하지 못한 폐해가 또 지치고 병든 것보다 중한 것입니다. 스스로 생각건대 혼매하고 비루한 자질을 가진 저는 뜻을 세움이 견고하지 못한 데다 질병이 또 이어서 뒤흔들고 꺾어 놓으니, 비록 도를 바라는 미약한 정성을 품고는 있으나 끝내 크게 힘을 떨쳐 저의 바람을 성취할 수는 없을 듯합니다. 그리고 때마침 말세의 습속이 날로 무너져 가는 시절을 만나 문견(聞見)으로 아는 사람이나 종유하여 아는 사람들 중에 또한 우뚝이 사도(斯道)에 대한 책임을 맡을 것을 기약할 만한 사람이 없는 듯합니다. 그러니 문하께 우러러 바라는 것이 어찌 다함이 있겠습니까.

삼가 살펴보건대 근세의 사제(師弟) 사이나 붕우 사이에 서로 규계(規戒)해 주는 의리가 얕고, 중년 이후로 명망과 실제가 조금 존귀해지면 또다시 서로들 떠받들어서 절차탁마하는 일이 더욱 적어지며, 때때로 언론(言論)과 행사(行事)에 대해 이견을 조금 보이는 데 불과할 따름입니다. 이는 함께 배우고 도에 나아가는 의리[101]를 다하는 것이 아닙니다. 삼가 생각한 바가 있으니 한번 아뢰어 보고자 합니다. 지금 감히 알지 못하겠습니다만, 미발(未發)과 이발(已發)의 즈음에 이 마음이 환하게 어둡지 않아서 아득히 자각하지 못하는 때가 없으십니까? 그리고 서책을 놓고 한가로이 앉아 있는 때와 사물이 번갈아 내 앞에 이르는 사이에 이 이치가 명료하게 항상 존재하여 망연(茫然)히 의거할 바가 없는 때가 없으십니까? 이러한 것으로 스스로를 징험해 보면 곧 조예(造詣)의 깊이를 헤아릴 수 있으니, 만약 이미 환하고 명료하다면 좋은 것이요, 만약 혹 그렇지 않다면 말과 행동으로 드러난 것들이 또한 어찌 홀로 성현의 높은 기상에 다 부합될 수 있겠습니까.

이연평(李延平 이통(李侗))이 주자를 평하기를 "처음에는 도리에 얽매였는데 지금은 점차 일용(日用) 사이에서 융석(融釋)해 내고 있다."[102]

101 함께……의리 : 《논어》 〈자한(子罕)〉에 "더불어 함께 배울 수는 있어도 함께 도에 나아갈 수는 없으며, 함께 도에 나아갈 수는 있어도 함께 설 수는 없으며, 함께 설 수는 있어도 함께 권도를 행할 수는 없다.〔可與共學, 未可與適道, 可與適道, 未可與立, 可與立, 未可與權.〕"라고 한 데서 온 말이다.

102 처음에는……있다 : 처음에는 고원한 데에서 이치를 찾았으나 나중에는 평이한 일상에서 이치를 추구했다는 말이다. 연평(延平) 이통(李侗)이 친구인 나박문(羅博文)에게 보낸 서찰에서 주희를 평한 말로 《성리대전(性理大全)》 권41에 수록되어 있다.

라고 하였고, 주자가 남헌(南軒) 장식(張栻)에게 이르기를 "종전에는 다소간 안배(按排)를 해 버려서 안착할 곳이 없더니 지금은 마치 물이 불어나면 배가 자연히 뜨는 것과 같은 상태가 되었음을 알겠습니다."[103] 라고 하였습니다. 주 부자(朱夫子)의 공부를 살펴보건대, 비록 전후로 공부가 설익고 무르익은 차이는 있으나 그 보존한 바와 견식(見識)한 바는 진실로 모두 탁월하지 않은 적이 없으니, 백세 뒤의 사람이 또한 범연하게 골몰함이 없는 기상을 상상해 볼 수 있습니다. 주자가 그와 같을 수 있었던 까닭을 따져 보건대, 또한 이 마음이 항상 환하게 밝고 이 이치가 항상 명료했던 데 불과할 따름입니다. 저는 평생 그러한 경지에 도달하려고 해도 실로 단 하루도 그러한 경지에 도달할 수가 없습니다. 이 때문에 문득 주 부자의 경지에 도달하는 일을 문하께서 이루기를 바라니 모르겠습니다만 어찌 생각하시는지요?

그러나 이 일은 또한 다른 단서가 없고, 단지 거경 궁리(居敬窮理)에 더욱 공력을 다하는 데 달려 있을 따름입니다. 거경 공부는 단지 뜻을 더하는 데 달려 있을 따름이니, 제가 감히 아뢸 바가 아닙니다. 그러나 궁리에 이르러서는 그 요체는 익숙하게 송독하고서 정밀하게 사고하는 데에 있고, 그 궁극은 자득하고서 관통하는 데에서 기필되니, 이러한 뜻을 다시금 깊이 유념하지 않아서는 안 될 듯합니다. 만약 단지 책에서 본 바를 종이 위에 적어 내거나 반드시 계고(稽考)에 의지하고 나서야 이해하는 것은, 끝내 익숙히 송독하고서 정밀히 사고하였을 때 자득

**103** 종전에는……알겠습니다 : 전에는 인위적으로 이치에 맞으려고 하여 안정됨이 없었는데 지금은 공부가 성숙하여 자연스럽게 이치에 맞게 되었다는 말이다. 《회암집(晦菴集)》 권32 〈답장경부(答張敬夫)〉 세 번째 서찰에 보인다.

의 맛이 깊고 관통의 기틀이 용이한 것만 못할 듯합니다. 모르겠습니다만 어찌 생각하시는지요, 어찌 생각하시는지요?

이상의 내용은 바로 거리낌 없이 제 마음을 다 쏟아 낸 말이니 다른 사람이 본다면 분명 크게 놀랄 것이요, 오직 문하만이 이 뜻을 헤아리실 것입니다. 그러나 또한 참람하고 망녕된 말을 한 것이라 몹시 두렵습니다. 이후로 왕복하는 서찰은 참으로 응당 다른 사람들에게 보여서는 안 될 것이요, 더욱 놀랄 만한 내용이 담긴 서찰은 즉시 없애 버리시고 도로 꾸짖어 주신다면 몹시 다행이겠습니다. 군(郡)에 빠른 인편이 있다는 말을 듣고 황급히 이렇게 씁니다. 격식을 갖추지 못했습니다.

### 별지 別紙

하문하신 《대학(大學)》의 '명덕(明德)'[104]에 대해서는, 일찍이 다음과 같이 생각하였습니다. '명덕'이란 단지 이 '심(心)'이니, 대개 '명(明)'이라는 말은 광명(光明)하여 어둡지 않다는 뜻으로, 이것을 가지고 '심'을 설명하는 것이 가장 들어맞습니다. '성(性)'이 모든 이치가 찬연(粲然)한 것과 '정(情)'이 감동(感動)하는 바에 따라도 어긋남이 없는 것 같은 것은 비록 모두 '명(明)'이라고 말할 수 있지만, 기실 '심'이 '명'하기 때문에 모든 이치가 이에 찬연할 수 있고 감동하는 바에 따라 발하는 것도 자연히 어긋나지 않을 수 있는 것입니다. 그러므로 '명덕'은 단지

**104** 하문하신 대학(大學)의 명덕(明德) : 《남계집(南溪集)》 권31 〈답임덕함(答林德涵)〉 정사년(1677, 숙종3) 서찰에서 "명덕은 심과 성과 정 중에 어느 곳에 주로 속하는가?〔明德是於心性情, 何所主屬?〕"라고 물은 것을 가리킨다.

이 '심'을 가리켜 명명한 것입니다. 그러나 '심'을 가리켰고 보면, '성'과 '정'이 또한 그 가운데 있는 것이니, 이는 '성'과 '정'을 겸하여 가리키는 데 뜻이 있는 것이 아니라, '심'이 '성'과 '정'을 통솔하기 때문에〔心統性情〕 '심'을 가리키면 '성'과 '정'은 자연히 가리키는 가운데에 함께 있는 것입니다. 뜻으로 미루어 헤아려 보건대 참으로 이와 같습니다.

그리고 《대학장구(大學章句)》의 풀이가 더욱 절로 분명합니다. 대개 "사람이 하늘에서 얻은 것으로 허령하고 어둡지 않다.〔人之所得於天而虛靈不昧〕"라는 것은 바로 '명덕' 두 글자의 뜻을 풀이한 것이니, '허령하고 어둡지 않다'는 것이 '심'이 아니고 무엇이겠습니까. 그 아래에 '뭇 이치를 갖추고 있다〔具衆理〕'와 '만사에 응한다〔應萬事〕'는 것은 또 이 '심'의 체(體)와 용(用)을 말하여 '심'이 '성'과 '정'을 통솔하는 뜻을 발명한 것이니, 또한 '심'을 가지고 말한 것이지 '성'이나 '정'을 말한 문장이 아닙니다. 대개 '허령하고 어둡지 않다〔虛靈不昧〕' 부분 아래와 '뭇 이치를 갖추고 있다〔具衆理〕' 부분 위에 '이(以)' 한 글자를 두었으니, 바로 허령하고 어둡지 않은 이것이 곧 뭇 이치를 갖추고 만사에 응할 수 있는 것임을 알 수 있습니다. 그리고 그 사이에 번갈아 가며 주장하는 바가 있는 것을 용납하지 않는다는 것도 알 수 있습니다. 다만 《대학장구》의 집주(輯註)를 언뜻 보면 아주 분명하지는 않아서 도리어 혼란스러운 듯합니다. 이 때문에 10년 전에 이 부분을 읽을 때 또한 일찍이 의심을 두어 상세하게 궁구하였으니, 당시에 견해가 이와 같았고 지금 말씀드린 것 또한 단지 예전의 견해일 뿐입니다. 모르겠습니다만 과연 맞게 본 것입니까? 삼가 다시 가르침을 내려 주시기 바랍니다.

이른바 집주의 내용이 분명하지 못한 부분에 대해서는 예전에도 일찍이 뜻으로 분석해 보았습니다만 맞는지 모르겠기에 별도로 여쭙니다.

제1조

주자께서 "여차여차한 것을 '심(心)'이라 하고 여차여차한 것을 '명덕(明德)'이라 한다."라고 설명하여, '심'과 '명덕'이 도리어 각기 하나의 물건인 듯하니, 이는 분명하지가 않습니다. 그러나 '성(性)'과 '명(命)'은 단지 하나의 이치인데, 또한 "여차여차한 것을 '성'이라 하고 여차여차한 것은 '명'이라 한다."라고 하셨으니, 지금 '심'과 '명덕'이 각기 하나의 물건이라 의심하는 것은 지나친 것입니다.[105] 활간(活看)[106]하는 것이 옳습니다. 만약 주자께서 '성'과 '명'과 '심'과 '명덕'을

**105** 주자께서……것입니다 : 《대학장구》 제1장의 소주(小註)에 나오는 부분이다. 주희는 "하늘이 사람과 사물에 부여한 것을 '명'이라 하고, 사람과 사물이 이것을 받은 것을 '성'이라 하고, 일신에 주재하는 것을 '심'이라 하고, 하늘로부터 얻어서 광명정대한 것을 '명덕'이라 한다.〔天之賦於人物者謂之命, 人與物受之者謂之性, 主於一身者謂之心, 有得於天而光明正大者謂之明德.〕"라고 해설하였다. 또한 혹자가 "'명덕'은 '심'입니까, '성'입니까?"라고 묻자 "'심'과 '성'은 절로 구분이 있으니, 허령한 것이 '심'이고 진실한 것이 '성'이다. '성'은 바로 저 이치이고, '심'은 바로 '성'을 담고 실어서 베풀고 운용하는 것이다. '심'은 오행 중에 불에 속하니, 광명이 발동하는 물건이기 때문에 허다한 도리를 갖추는 것이다.〔心與性自有分別, 靈底是心, 實底是性. 性便是那理, 心便是盛貯該載敷施發用底. 心屬火, 緣他是箇光明發動底物, 所以具得許多道理.〕"라고 하였다. 다만 혹자의 질문에 대한 대답 부분은 《대학장구》의 소주에서는 하나의 대답으로 나오지만, 《주자어류(朱子語類)》에서는 '심'이 오행 중에 불에 속한다고 한 부분은 다른 질문에 대한 답으로 분리되어 있다.

**106** 활간(活看) : 글을 볼 때 문구(文句)에 얽매이지 않고 전체의 뜻을 널리 보아 본의를 파악함을 가리킨다.

모두 한 번에 나열하여 아울러 설명하셨다 하여 마침내 네 가지 모두가 구분이 없는 것이라고 한다면 이 또한 지나친 것이니, 진실로 응당 활간해야 할 것이요 모름지기 말로써 뜻을 손상해서는 안 될 것입니다. 모르겠습니다만 어찌 생각하시는지요?

제2조

혹자가 "'명덕'은 '심'입니까 '성'입니까?"라고 묻자 주자께서 '심'이라고 곧바로 답하지 않으셨으니, 이는 분명하지 않은 듯합니다. 그러나 이미 "허령한 것이 '심'이다."라고 하셨으니 '허령하고 어둡지 않다〔虛靈不昧〕'는 것은 바로 '심'을 말한 것임을 알 수 있고 이미 "'심'은 광명이 발동하는 물건이므로 허다한 뭇 이치를 갖추는 것이다."라고 하셨으니, '뭇 이치를 갖추고 있다〔具衆理〕'는 것이 또한 단지 이 '심'이라는 것을 알 수 있습니다.

그러니 이는 본디 분명하지 않았던 적이 없는 것입니다. 주자께서 '심'이라고 곧바로 답하지 않으신 것은 다시 의도가 있는 듯합니다. 혹자가 "'심'입니까, '성'입니까?"라고 물은 데 대해 '심'이라고 곧바로 답한다면, 듣는 자가 혹 '성'이 그 가운데 있는 것을 알지 못할 것입니다. 이 때문에 단지 '심'과 '성'의 체단(體段)에 대해 상세하게 말해 주어 듣는 자가 절로 소견이 있게 한 것이요, 그 주장하여 말한 것들[107]은 또 절로 어지럽힐 수 없는 점이 있습니다. 그리고 선각(先覺)께서 남을 가르치실 때 실체(實體)를 가리켜 보이고 그저 개념 선상

**107** 주장하여 말한 것들 : '심(心)', '성(性)' 등의 개념에 대해 각각 주장을 세워 말한 것을 가리킨다.

에서 분별하지 않은 뜻을 여기에서 또한 볼 수 있습니다. 모르겠습니다만 어찌 생각하시는지요?

제3조

집주에서 설명한 내용에 의거해 보건대, 《대학장구》에서 '명덕'을 해설한 세 구절[108]은 각각 주장하는 바가 있는 듯합니다. 다만 이는 대강(大綱)을 말한 것입니다. 또 이미 집주에서 "이 이치가 그 속에 고루 갖추어져 있는 것이 바로 '성'이다."라고 하였으니,[109] 이른바 '뭇 이치를 갖추고 있다〔具衆理〕'는 부분과는 말뜻이 또한 같지 않습니다. 아주 미세한 부분에서 곧 주객의 위치를 다투는 부분입니다.[110] 모르겠습니다만 어찌 생각하시는지요?

집주의 내용이 분명하지 못한 부분을 제가 뜻으로 이와 같이 해설하였으니, 아울러 가르침을 청합니다. 이 밖에 황씨(黃氏)의 설[111]은 분명하게 잘못 풀이한 것이고 다른 것은 의심할 만한 착오

**108** 세 구절 : '허령하고 어둡지 않다〔虛靈不昧〕'와 '뭇 이치를 갖추고 있다〔具衆理〕'와 '만사에 응한다〔應萬事〕'를 가리킨다.

**109** 또……하였으니 : 《대학장구》 제1장의 소주(小註) 가운데 "허령하고 어둡지 않은 것이 바로 '심'이고, 이 이치가 그 속에 고루 갖추어져 있어 조금의 모자람이나 빠짐도 없는 것이 바로 '성'이고, 감응에 따라 동하는 것이 바로 '정'이다.〔虛靈不昧便是心, 此理具足於中, 無少欠闕, 便是性, 隨感而動便是情.〕"라고 한 부분을 가리킨다.

**110** 아주……부분입니다 : 창계는 이치 그 자체로서의 '성(性)'과 이치가 갖추어져 있는 '성'을 담아 내는 그릇으로서의 '심(心)'이라는 선상에서 '이 이치가 그 속에 고루 갖추어져 있다〔此理具足於中〕'와 '뭇 이치를 갖추고 있다〔具衆理〕'는 미세한 말뜻의 차이가 있다고 본 것이다.

가 없으니, 또한 모르겠습니다만 과연 그러하겠습니까?

대저 '명덕'이 '심'이라는 것은, 개념으로 추론하여 《대학장구》에 질정하고 집주를 참고해 보매 삼가 의심할 만한 점이 없다고 생각됩니다. 다만 모름지기 다시 일용(日用) 간에 생각하고 보고 듣고 말하고 행동하는 사이에서 어떤 것이 '명덕'인지를 낱낱이 알아야 바야흐로 실제적인 앎일 것이요, 또한 그저 이단(異端)인 불가(佛家)의 이른바 '식심(識心)'처럼 그저 실체가 아닌 그림자만 인식하여 이 사이에 크게 할 일이 있다는 것을 대략 알면서도 바야흐로 공부를 아주 엉성하게 하는 병통을 앓아서는 안 될 것입니다. 모르겠습니다만 어찌 생각하시는지요?

《중용(中庸)》의 '수도지교(修道之敎)'를 '예악형정(禮樂刑政)'에 해당시킨 것에 대해 하문하신 것은, 주자의 뜻이 매우 정밀하니 의심할 만한 점이 없을 듯합니다.[112] 계곡(谿谷 장유(張維))이 '계구근독(戒懼謹

**111** 황씨(黃氏)의 설 : 《대학장구》 제1장의 소주에 있는 것으로 "허령하고 어둡지 않은 것은 '명'이고, 뭇 이치를 갖추고 있고 만사에 응하는 것은 '덕'이다. 뭇 이치를 갖추고 있음은 덕의 전체로 발하지 않은 상태이고, 만사에 응함은 덕의 대용으로 이미 발한 상태이니, 만사에 응함은 바로 뭇 이치를 갖추고 있는 것의 작용 행위이다. 발하지 않으면 밝아서 어둡지 않고, 이미 발하였으면 품절하여 어긋나지 않는 것이 이른바 '명덕'이다.〔虛靈不昧, 明也; 具衆理應萬事, 德也. 具衆理者, 德之全體未發者也; 應萬事者, 德之大用已發者也, 所以應萬事者卽其具衆理者之所爲也. 未發則炯然不昧, 已發則品節不差, 所謂明德也.〕"라고 하였다.

**112** 중용(中庸)의……듯합니다 : 《중용장구(中庸章句)》 제1장 "하늘이 명하신 것을 '성'이라 이르고 성을 따름을 '도'라 이르고 도를 품절해 놓음을 '교'라 이른다.〔天命之謂

獨)'을 '수도지교'에 해당시키고자 한 것[113]은, 문맥을 미루어 파악한 것은 치밀하다 하겠으나, 그 뜻이 그렇지 않다는 것을 삼가 알겠습니다. 대개 '교(敎)'라는 것은 성인께서 이 도를 닦아 밝히시어 천하 만물로 하여금 각기 마땅히 가야 할 길을 가게 한 것입니다. 그렇다면 무릇 성인께서 수기치인(修己治人)하고 만물을 다스리는〔理物〕 법에 관계된 것은 그 정밀함과 거침, 근본과 말엽을 논할 것 없이 모두가 '교'인데, 오직 '예악형정'이 도를 닦아 밝혀 천하 만물로 하여금 마땅히 가야할 길을 가게 하는 의의를 거의 다하므로 주자가 이것을 '수도지교'에 해당시킨 것입니다. 그러면서도 '예악형정' 네 가지 외에 오히려 말할 만한 것이 있을까 염려하여, 곧바로 "예악형정이 이것이다."라고 말하지 않고 "예악형정과 같은 등속이 이것이다."라고 하였으니, 이는 실로 '교' 자가 포괄하는 대상이 지극히 큼을 안 것입니다. '계구근독'과 같은 것은 바로 그중에서도 강요(綱要)를 골라내어 요약되게 잡아 지키는 요법(要法)

性, 率性之謂道, 修道之謂教.〕"에 대해 주자가 "'수'는 품절함이다. 성과 도가 비록 같지만 기품이 혹 다르기 때문에 과불급의 차이가 없지 못하다. 이에 성인께서 사람과 물건이 마땅히 행해야 할 것을 인하여 품절하여 천하에 법이 되게 하시니, 이것을 일러 '교'라 한다. 예악형정과 같은 등속이 이것이다.〔修, 品節之也. 性道雖同, 而氣稟或異, 故不能無過不及之差. 聖人因人物之所當行者而品節之, 以爲法於天下, 則謂之教, 若禮樂刑政之屬是也.〕"라고 하였는데, 이에 대해 박세채가 "수도지교에 대해 계구근독을 버려두고 예악형정으로 해당시켰으니, 끝내 의심할 만한 점이 없겠습니까?〔修道之敎, 舍戒懼謹獨而當以禮樂刑政, 終無可疑否?〕"라고 질문하였다.

**113** 계곡(谿谷)이……것 : 《계곡만필(谿谷漫筆)》 권1 〈《중용장구(中庸章句)》 가운데 세 가지 의심스러운 것〔中庸章句中有疑者三〕〉에 이 내용이 나와 있다. 장유(張維)는 이 글에서 주희가 《중용》 본문에 나오는 '계구근독(戒懼謹獨)'과 '치중화(致中和)' 등 우리 몸에 절실한 가르침을 치지도외한 채, 멀리 '예악형정(禮樂刑政)'을 끌어다 거론하여 '교(敎)'로 삼은 것을 의문시하였다.

입니다. 이것을 '수도지교'에 해당시키는 것은, 정밀한 것은 거론하고 거친 것은 버리며 근본은 거론하고 말엽은 버리는 것이니, 그 뜻이 어찌 협소하지 않겠습니까. 만일 '수도(修道)'에 있어 중요한 일을 논하여 '계구근독'을 거기에 해당시킨다면 옳겠지만, '수도지교'를 일러 곧 단지 이 '계구근독'이라고 한다면, 구비되지 못함이 많을 것입니다. 그리고 그 폐해가 혹 '예악'을 거친 부분이라고 여겨 정밀하고 요약된 공부에만 종사하려 하는 데 이를 것이니, 작은 착오가 아닙니다.

삼가 생각건대 계곡은 한 장 안에서의 문맥을 미루어 파악하는 데만 전력하고 '도(道)'와 '교'의 전체(全體)가 매우 넓다는 것은 생각하지 않았기 때문에 이러한 견해를 낸 것입니다. 그러나 지금 문맥으로 파악해 보더라도 이와 같지는 않습니다. 대개《중용장구》첫머리의 세 구는 천하의 도리를 들어 한마디 말로 다한 것이요, 그 아래 문장[114]은 바로 그 중요한 부분에 나아가 발명(發明)하고 미루어 넓힌 것일 뿐이니, 아래 문장을 인하여 위 문장을 역으로 헤아려 마침내 "또한 단지 '계구근독'을 말한 것일 뿐이다."라고 해서는 안 됩니다. 어리석은 생각이 여기에 미치니 또한 다시 다른 뜻이 있을까 두렵습니다. 삼가 바라건대 상세히 가르쳐 주십시오.

이어서 기억하건대 계곡에게 다시 하나의 설이 있으니, 계곡은

**114** 그 아래 문장 : "도라는 것은 잠시도 떠날 수 없는 것이니, 떠날 수 있으면 도가 아니다. 그러므로 군자는 그 보지 않는 바에도 경계하고 삼가며 그 듣지 않는 바에도 두려워하는 것이다.〔道也者, 不可須臾離也, 可離, 非道也. 是故君子戒愼乎其所不睹, 恐懼乎其所不聞.〕"를 가리킨다.《中庸章句 第1章》

《중용장구》 제4장의 '사람들이 먹고 마시지 않는 이가 없건마는…… 〔人莫不飮食……〕'라는 부분이 마땅히 제5장 아래에 있어야 한다고 하였습니다. 이곳에는 《계곡집(谿谷集)》이 없어 어떻게 설명하였는지 기억하지 못하겠습니다.[115] 어리석은 제 생각으로 헤아려 보건대 이 뜻이 도리어 매우 타당한 듯하고, 의리에 있어서도 《중용장구》와 매한가지요, 글에 있어서는 더욱이 정밀하고 순합니다. 계곡이 그 글을 짓던 때에 미처 질정하지 못한 것이 애석합니다. 모르겠지만 어찌 생각하시는지요? 또한 가르침을 청합니다.

**115** 이어서……못하겠습니다 : 이 부분에 대한 곡절은 창계의 본 서찰에 대한 박세채의 답서인 《남계집(南溪集)》 권31 〈답임덕함(答林德涵)〉 무오년(1678, 숙종4) 6월 2일 서찰 말미에 나와 있다. 박세채는 답장을 통해 "이른바 계곡이 '사람들이 먹고 마시지 않는 이가 없건마는……' 부분을 제5장에 두어야 한다고 했다는 것은 《계곡집》의 해당 본문을 상세히 고찰해 보니, 끝내 그러한 부분은 없었습니다. 아마도 그대가 주자께서 한 구를 한 장으로 삼은 것에 대해 계곡이 의심한 부분을 잘못 기억하여 이와 같이 말한 듯합니다. 아니면 혹 다른 곳에 고찰할 만한 내용이 있습니까?〔所謂谿谷以人莫不飮食置諸第五章者, 詳考本文, 終無所有. 恐明者誤記一句爲章之疑, 而以爲如此. 抑或他有可考否耶?〕"라고 하였다. 즉 창계가 《계곡집》의 해당 부분을 잘못 기억했다는 것이다. 해당 부분은 《계곡만필(谿谷漫筆)》 권1 〈《중용장구(中庸章句)》 가운데 세 가지 의심스러운 것〔中庸章句中有疑者三〕〉 중 세 번째 의심으로, 계곡은 주희가 《중용장구》에서 "도가 행해지지 않을 것이다.〔道其不行矣夫〕"라는 한 구를 하나의 장으로 설정하여 제5장으로 만든 것을 의심하였다.

# 현강께 답함

答玄江

《대학(大學)》의 '명덕(明德)'[116]에 대해 지난번에 하문하기를 "명덕은

116 대학(大學)의 명덕(明德) : 본 서찰에 대한 박세채의 답서는 《남계집(南溪集)》 권31 〈답임덕함(答林德涵)〉 무오년(1678, 숙종4) 6월 2일 서찰이다. 본 서찰의 '명덕' 부분에 대한 이해를 위해서는 박세채의 답서에 있는 별지(別紙) 부분을 함께 참고해야 하는데, 창계의 문제 제기와 대응되는 해당 부분은 다음과 같다. "사람의 '심'은 진실로 광명(光明)한 물체이니, 선유들이 '심' 하나만을 가지고 말한 부분에서는 또한 대부분이 두 글자로 귀속시켰습니다. 그러나 만약 곧바로 '심'이라는 한 단어를 가지고 '명덕'의 뜻을 다 덮어 버린다면, 비록 그 단어가 점유한 지위에 있어서는 실체를 얻을 수 있겠지만, 명칭이며 함의의 경계에 있어서는 오히려 명쾌하지 못할 듯합니다. 어째서이겠습니까? 제 생각에 '심'의 '명덕'에 대한 관계는 '성정'의 '중화'에 대한 것과 '이'가 '태극'에 갖는 관계에 비유할 수 있으니, 이는 다시 '인심'상에 나아가 별도로 거론하면서도 겸하여 갖추어서 그 본체의 공용이 미치는 바를 형용한 것일 뿐입니다. 그러므로 주자도 〈경연강의(經筵講義)〉의 주석에서 단지 '「명덕」은 사람이 하늘로부터 얻은 것으로 지극히 밝아서 어둡지 않은 것이다.'라고만 말씀하였고, 《주자어류(朱子語類)》의 설들도 대부분 이와 비슷합니다. 만일 이를 말미암아 그 뜻을 통틀어 밝히고자 할진댄 맹자의 이른바 '본심'이 거의 가까울 것이니, 요컨대 또한 오로지 '심'으로만 말했을 경우 혼동의 병폐가 있는 것과 같은 데에는 이르지 않을 것입니다. 성현께서 입언하여 물체를 명명하신 뜻은 자못 우연이 아니니, 모르겠습니다만 고명하신 현자의 견해로는 어찌 생각하는지요? 또 이른바 '만사에 응한다.'라고 하는 것에 대한 저의 설명은 본디 통틀어서 말하는 방식으로 추론한 것입니다. 다만 지금 일상 중에 생각하는 사이에서 징험해 보니, 정(靜)한 경우는 극히 적고 동(動)하는 경우는 항상 많은데, 그 지각하고 운용하고 시비를 가려 취사하는 것이 모두 이 '심'이라는 물체가 실로 또한 유동하고 광명하여 접촉하는 곳마다 트이고 환한 것입니다. 이로써 미루어 보건대 비록 대용과 달도의 행하는 바가 본디 이와 같다 하더라도 반드시 '뭇 이치를 갖추고 있다.'와 '만사에 응한

'심(心)'과 '성(性)'과 '정(情)' 중에 어느 곳에 주로 속하는가?"라고 하였습니다. 그러므로 "'심'을 가리키면 '성'과 '정'이 절로 그 가운데에 있다."라고 대답하였으니, 이 부분에 대해서는 이미 수긍해 주셨습니다. 그런데 만약 이 '심'은 어떤 '심'인지 물으셨다면 진실로 마땅히 '본심(本心)'이라고 대답했을 것입니다. 대개 "'명덕'은 '심'을 설명한 것이고 '성'과 '정'이 절로 그 가운데 있다."라는 것은 바로 제가 지난번 답변을 올릴 때의 주된 뜻입니다. 이에 대해서는 이미 수긍해 주셨으니, 지금 논란하는 문제의 곡절은 다른 데서 구할 것도 없이 절로 곡진하고 널리 통창해질 것입니다. 제가 가리키는 '심'이 '본심'이자 '인의지심(仁義之心)'이라는 것과 같은 경우에는, 당시에 다만 다 말하지 못한 것일 뿐입니다.

대저 "사람이 하늘에서 얻은 것으로 허령하고 어둡지 않아서 뭇 이치를 다 갖추고 있고 만사에 응할 수 있다."라고 할 때 그 대상이 '본심'이

다.'를 겸하여 '명덕'을 훈석하는 것이 도리어 그 이치를 깊이 얻은 것이 되지 않겠습니까.……말씀하신 집주의 3조항의 동이점에 대해서는 또한 단지 그것만 가지고 말했느냐, 통틀어서 말했느냐의 차이일 뿐인 듯합니다.〔人之有心, 固是光明底物事, 先儒於單言心處, 亦多以此二字歸之. 然若直以心之一言, 盡蔽明德之旨, 則雖於所占地位, 能得其實體, 而恐猶未析於名義分際也. 何者? 愚意心之於明德, 譬之性情之於中和, 理之於太極, 此所以更就人心上別擧而兼該之, 以狀其體段功用之所及焉耳. 故朱子於〈講義〉註中, 只曰明德者, 人之所得乎天, 至明而不昧者, 《語類》諸說亦多相倣. 苟欲由此而統明其旨者, 唯孟子所謂本心庶幾近之, 要亦不至如專以心言者有滾同之病矣. 聖賢立言命物之義, 殊非偶然. 未知於高見以爲如何? 且所謂應萬事云者, 鄙說固以統言之例推之. 但今驗之日用思慮之間, 靜底絶少而動底常多, 其所以知覺運用是非而取舍之者, 皆爲此箇物事實亦流動光明, 觸處洞然. 以此推之, 雖曰大用達道之所行, 本自如此, 抑無乃必兼具衆理應萬事而訓明德者, 反爲深得其理耶?……所喩輯註三條其有異同者, 恐亦只是單言統言之別耳.〕"

자 '인의지심'이라는 것은 말하지 않아도 알 수 있는 것이요, 또 하문하신 뜻이 애초 여기에 있지 않았기 때문에 또한 말할 일이 없다고 여겨서 말하지 않았던 것입니다. 그런데 보내 주신 가르침에서 몹시 힘써 미루어 설명하시니, 지난번의 생각은 아주 경솔하고 말은 매우 소략했던 병통을 이에 알게 되었습니다.

다만 '명덕'은 반드시 '뭇 이치를 갖추고 있다〔具衆理〕'와 '만사에 응한다〔應萬事〕'를 겸비해서 말해야 본지(本旨)를 얻는 것이라고 하신 말씀에 이르러서는, 동(動)하는 경우가 많고 정(靜)한 경우가 적다고 말하기를 기다린 이후에야 그것이 그렇다는 것을 알 수 있는 것이 아닙니다. 설령 동하는 경우가 적고 정한 경우가 많더라도 어찌 '체(體)'와 '용(用)'을 겸하여 말하지 않을 수 있겠습니까. 또 '뭇 이치를 갖추고 있다'와 '만사에 응한다'는 바로 이 '덕'의 '체'와 '용'이 본래 완전함을 평이하게 말한 것이니, 두 가지 가운데 한쪽으로 무게를 싣는 뜻이 애초에 없습니다. 본디 '뭇 이치를 갖추고 있다'는 것만 가지고 '명덕'으로 삼지 않았으니, 어찌 동하는 경우가 많기를 기다린 이후에 비로소 '명덕'의 안에서 '만사에 응한다'를 겸하여 말할 수 있겠습니까. 단지 '성(性)'과 '정(情)'이 절로 그 가운데 있다는 뜻만 상세하게 살피면 이렇듯 의심하는 부분이 자연히 없어질 것인데, 이처럼 간곡하게 하교하시니 실로 이해할 수가 없습니다. 아마도 제가 거칠고 엉성한 탓에 문하께서 말씀해 주신 정밀한 뜻의 소재(所在)를 충분히 엿보지 못해서이겠지요? 이는 또 두려워할 만한 점입니다.

그러나 만약 단지 저의 견해에 의거하여 논한다면, 이는 별도로 다른 뜻을 구할 것이 없습니다. 그저 지난번에 답변을 올렸을 때의 주된 뜻을 가지고 미루어 보면 절로 응당 뜻이 관통할 것입니다. 대개 제가 이미 "'명덕'은 단지 '심'을 설명한 것이다."라고 하였으니, 당초 명명(命名)할 때에 단적으로 가리킨 부분을 이 한 마디 말에서 알 수가 있고, 또 제가 이미 "'성'과 '정'이 절로 그 가운데 있다."라고 하였으니, 이 '심'의 온전함이 하나의 '체'와 하나의 '용' 사이에서 곧 절로 '성'과 '정'을 통솔하므로 '심'을 가리키면 '성'과 '정'이 가리키는 가운데에 자연히 함께 있다는 것을 또 알 수 있습니다. 저의 이러한 뜻은 이른바 "'심'과 '성'과 '정'을 포괄하여 말한 것이다."라는 설과 거의 구분이 없습니다. 다만 포괄하여 말한 것이라는 설은 주객을 구분하지 않고서 혼동하여 말한 것이고, 저의 이 설은 시종일관 모두 '심'을 가리켜 말한 것이라 비록 '성'과 '정'이 포괄되어 그 가운데 있으나 종내 '심'을 주장하는 위치에 놓은 것이니, 오직 이 점이 포괄하여 말한 것이라는 설과의 차이점입니다. 이와 같다면 '명덕'의 '체'와 '용'의 온전함은 안배하지 않더라도 절로 갖추어지지 않음이 없다는 것을 이로 인하여 알 수 있으니, 또한 어찌 동정(動靜)의 다소를 살펴서 인식하기를 기다린 이후에 반드시 '뭇 이치를 갖추고 있다'와 '만사에 응한다'를 겸하여 말하는 것이 이치를 얻은 것임을 알겠습니까. 이것이 제가 문하께서 보내 주신 가르침에 대해 의구심이 없을 수 없는 까닭입니다.

대저 《대학장구(大學章句)》에서 '명덕'을 해석한 것이 절로 지극히 명백하고 완비되었으니 진실로 마음을 비우고 익숙히 완미할 수 있다면 그 개념에 담긴 뜻을 얻는 것이 의당 심히 어려울 것은 없을 듯합니다. 대개 주자의 본뜻은 비록 한때에 구비되고 한 곳에 겸비된다는 뜻이나 이미 글로 서술하게 되면 선후와 피차의 구분이 혹 없지 않기 때문에 학자들이 고찰하고 논의하는 즈음에 그 실체를 얻기가 쉽지 않았고, 또 비록 주자께서 본디 한 물건만을 이야기한 것이지만 그에 대한 서술이 각 부분마다 다르고 그 면모도 조금씩 차이가 있다 보니 학자들이 서술된 말에 따라 주장을 세움에 있어 또 혹 정말로 한 물건이라는 사실에 대해 분명할 수가 없었던 것입니다. 제가 지난날 무릇 책 하나를 읽을 적에 먼저 구절과 글자의 뜻을 찾아내어 거기에서 말하고 있는 뜻이 어떠한 것인지를 살펴서 확정한 뒤에 익숙히 암송하고 깊이 음미하여 내 마음에 돌이켜 구하여 그 실체를 자득할 것을 매양 생각했던 것은 대개 앞서의 것들을 병폐로 여겼기 때문입니다. 이는 비록 지난번에 '자득'을 주장했던 여파인 듯하지만[117] 삼가 반드시 이와 같이 한 뒤에야 사물마다 걸리는 우환이 없을 듯합니다. 그러므로 감히 다시 문하께 질정드립니다. 모르겠습니다만 어찌 생각하시는지요?

《중용(中庸)》의 '교(敎)' 자에 대한 설[118]은 삼가 보내 주신 가르침의

**117** 지난번에……듯하지만 : 《창계집》 권6 〈현강께 올림〉 정사년(1677, 숙종3) 서찰에 창계가 '자득'에 관한 자신의 견해를 진술한 부분이 있다. 창계 자신이 늘상 '자득'을 주장한 여파로 여기서도 자득을 이야기하게 되었다는 뜻이다.

**118** 중용(中庸)의……설 : 본 서찰의 《중용》 부분에 대한 이해를 위해서는 박세채의 답서에 있는 별지(別紙) 부분을 함께 참고해야 한다. 또한 《중용》 부분에 대한 상호 서신을 매개로 하여 박세채와 창계 간에 오간 서찰의 순서를 편차해 볼 수 있는데, 이 편차에 따른 상호 서찰의 내용도 함께 참고해야 한다. 우선 서찰의 편차는 다음과 같다. '① 《남계집(南溪集)》 권31 〈답임덕함(答林德涵)〉 정사년(1677) 서찰 → ② 《창계집》 권6 〈현강께 올림〉 정사년 서찰 → ③ 《창계집》 권7 〈현강께 올림〉 무오년(1678) 서찰 → ④ 《남계집》 권31 〈답임덕함〉 무오년 6월 2일 서찰 → ⑤ 본 서찰' 서찰의 편차를 고려하면 간지가 기재되어 있지 않은 본 서찰은 무오년 6월 이후에 작성된 것이라 볼 수 있다. 또한 《중용》 부분에 대한 창계의 문제 제기와 대응되는 《남계집》 권31 〈답임덕함〉 무오년 6월 2일 서찰의 해당 부분은 다음과 같다. "장유(張維)공이, '계구근독'이 '수도지교'가 된다고 논한 것에 대해서는, 또한 제가 일찍이 고찰해 보았습니다. 대개 '계구근독'을 '수도지교'에 해당하는 것으로 삼으면 《중용》 편수의 첫 조목에서부터

주된 뜻을 상세히 살펴보았습니다. 보내 주신 가르침에 "'계구근독(戒

직절하게 연결되고 또 공부를 착수할 곳이 있게 되는 것이니, 누군들 명백하고 친절하다 말하지 않겠습니까. 그러나 자세히 살펴보건대 '도'와 '교' 두 가지는 하나같이 다 '천명지성'에 근본하고, '성' 가운데에는 오직 '인의예지' 네 가지가 있을 뿐입니다. 더군다나 이른바 '교'는 또 사람과 사물의 '성'에서부터 미루어 벌여 나가서 천하 만세에 드리우는 것이니, '계구근독'이 비록 배우는 자의 중요한 일이라고는 하지만 《중용》 편수에서 '성'과 '도'와 '교'에 대해 통서(統緖)를 세워 말한 본의가 결단코 아닙니다. 그리하여 삼가 이러한 이유들로 장공의 설과 같지는 않을 것임을 알고 있었습니다. 그런데 최여화 석정(崔汝和錫鼎)이 주자의 〈명당실기〉에 '《중용》을 읽다가 「수도지교」를 논하면서 「계구근독」을 시작점으로 삼은 것을 본 뒤에야 경을 잡아 지키는 근본을 얻었다.〔及讀中庸, 見其所論修道之教而必以戒愼恐懼爲始, 然後得夫所以持敬之本.〕'라는 부분을 인용하여 '장공의 설에 수긍하게 되는 부분'이라고 하는 말을 듣게 되었습니다. 그리하여 급히 그 글을 취하여 읽어 보니, 본래 그대로 '교'라는 하나의 길을 말미암아 말한 것이지 애당초 《중용장구》와 모순되는 것이 아니었습니다. 지금 덕함이 논한 두 서찰을 받아 보니 모두 의의가 있는데, 뒤에 보낸 서찰에서는 또 '교'와 '학'에서부터 분석한 것이 더욱 긴절하니 참으로 이미 근래의 학설에 빠지지 않은 것입니다. 다만 그 말단에 '교'는 '학'과 더불어 합치된다는 설은 누구에게서 나온 말인지는 모르겠으나 그 설에 대한 그대의 비판에 오히려 명쾌함이 부족하니 나로 하여금 울적하게 만듭니다. 이로 인하여 다시 논해 보겠습니다. 《중용》 한 편은 대저 도를 밝히기 위한 글입니다. 때문에 비록 편수의 첫 조목에서 '성'과 '도'와 '교' 세 가지를 우선 말하여 천지 만물의 근본을 삼았으나, '도란 떠날 수 없는 것이다.'라는 부분 아래에서부터는 전적으로 '솔성지도'에 나아가 말하였고 '계구근독' 두 마디는 또 군자가 함양하고 성찰하는 방도에 나아가 말하고서 미루어 '천지가 제자리를 편안히 하고 만물이 잘 생육되는' 묘에 이르렀으니 '솔성'의 뜻 아닌 것이 없습니다. 만약 '교' 또한 여기에서 벗어나지 않는다고 말한다면 《중용장구》의 뜻과 같아지는 것이니 진실로 괜찮겠지만, 반드시 이 두 마디를 가지고 '수도지교'로 옮겨 나아가 '예악형정'의 등속이 이것이라는 훈석을 아울러 바꾸고자 한다면, 말은 통한다 하더라도 명도(明道) 정호(程顥)의 이른바 '이것을 따라 닦아서 각기 그 분수를 얻는다.'라는 설과 상반될 뿐만이 아닌 듯합니다. 그리고 《중용》 편 안의 '중화'와 '비은'과 '성명'의 뜻에 있어 과연 무엇이 가깝고 무엇이 멀겠습니까. 보내 주신 내용의 대의는 어지럽지 않고 곡진한 설명도 매우 많으나 또한 여기에는 미치지 못한 듯합니다. 감히

懼謹獨)'이 비록 배우는 자의 중요한 일이라고는 하지만 《중용》 편수에서 '성(性)'과 '도(道)'와 '교'에 대해 통서(統緖)를 세워 말한 본의가 결단코 아니다."라는 말씀은 제가 처음에 말씀드린 "만일 '수도(修道)'에 있어 중요한 일을 논하여 '계구근독'을 거기에 해당시킨다면 옳겠지만, '수도지교(修道之教)'를 일러 곧 단지 이 '계근공구(戒謹恐懼)'라고 한다면, 포괄하지 못하는 것이 많을 것입니다."라는 것과 그 뜻이 다행히 약속하지 않고도 합치되었습니다. 다만 그 사이에 "'성' 가운데에는 오직 '인의예지(仁義禮智)' 네 가지가 있을 뿐이다."라는 것과 "더군다나 이른바 '교'는 또 사람과 사물에서부터 미루어 나간 것이다."라는 말씀은 말이 딱 들어맞지 않은 듯하고 미미하게 어폐가 있으니 의심할 만합니다. 대개 '예악형정(禮樂刑政)'은 진실로 '인의예지'가 남을 다스리고 사물을 다스리는 사이에 드러난 것이요, '계구근독'은 또한 이 '인의예지'의 일을 체인하는 것 아님이 없으니, '성' 가운데에 오직 '인의

우러러 아뢰니 덕함께서는 재량해 보십시오.〔張公所論戒懼謹獨爲脩道之教者, 亦嘗考之, 蓋自篇首一條, 直截承當, 又有功夫下落處, 孰不曰明白而親切耶? 然詳道教二者一皆本於天命之性, 性中惟有仁義禮知四者耳. 況所謂教, 又從人物性上推之, 擺布得來, 以垂於天下萬世, 戒懼謹獨, 雖曰學者之要務, 決非性道教所以統說之本義, 竊以是知其不然也. 及聞崔汝和引〈名堂室記〉以爲左袒張公之地, 亟取其書而讀之, 依舊是因由教一路而言, 初非所以矛盾於章句者. 今承德涵所論二段, 皆有意義, 後者又從教學上分析愈切, 固已不泥於近說矣. 第其末段教與學合之論, 未知出於誰氏, 而賢者所砭猶欠明快, 使人馳鬱. 因復論之. 《中庸》一篇, 大抵爲明道之書. 故雖於首一條先言性道教三者, 以爲天地萬物之本, 而自道不可離以下, 專就率性之道說, 戒懼謹獨二節, 又就君子涵養省察之方而言, 推以至於位育之妙, 亡非率性之意者. 若謂之教亦不外乎此, 如章句之旨, 固可矣, 必欲以是二節移就脩道之教, 而竝易禮樂刑政之訓, 則假說得行, 恐不但與明道所謂循此而脩之, 各得其分之說相背. 其於篇內中和費隱誠明之義, 是果孰邇而孰遠也? 來喩大義不紊, 曲折儘多, 似亦不及於此. 敢以仰浼, 唯德涵裁之.〕"

예지'가 있다는 뜻으로 '계구근독'은 '교'가 아니라는 사실을 증명하고자 하는 것은 정히 그 말이 딱 들어맞지 않을 듯합니다. 또 "더군다나 이른바 '교'는 또 사람과 사물에서부터 미루어 나간 것이다."라고 하였으니, 이 말은 도리어 '성'과 '도'가 애초에 사람과 사물을 통틀어 말한 것이 아니라 이른바 '교'라는 것에서부터 비로소 사람과 사물에서 미루어 나가게 된다는 뜻이 되는 듯합니다. 이는 단지 말씀을 하다가 생긴 작은 흠결인 듯하니, 만약 문하의 이 두 해설을 통합해서 말하여 예컨대 "그러나 상세히 살펴보건대 이른바 '교'라는 것이 바로 '성'과 '도'의 온전한 체(體)를 품절(品節)하여 천하 만세의 사람과 사물이 공통적으로 행할 법이 되는 것이다."라고 한다면, 더욱 명백해져서 병폐가 없을 듯합니다. 모르겠습니다만 어찌 생각하시는지요?

요컨대 이 설 또한 한 가지 뜻을 발명한 것일 뿐이니, 《중용장구(中庸章句)》에서 반드시 '예악형정'으로 '교' 자의 본뜻을 풀이한 것과 같은 경우는 '교'와 '학(學)'의 분별에 그 뜻이 있는 것이지 또한 이 설에 그 뜻이 있는 것이 아닙니다. 대개 '예악형정'은 바로 '교'이며, '계구근독'은 '학'이지 '교'가 아닙니다. 그런데 장유(張維)의 논의에서는 '계구근독'으로 '예악형정'을 대신하고자 하였으니, 이는 곧장 '학'을 '교'로 삼은 것인지라 그 주장이 불가하다는 것은 여기에서 결판날 따름입니다. 이는 제가 뒤에 보낸 서찰에서 논설한 뜻[119]으로, 이미 여기에서 참으로 '예악형정'을 '계구근독'으로 바꿀 수 없다는 것을 알 수 있으니 다른 데서 구하지 않더라도 절로 명백해지는 것입니다. 그러나 가르치

**119** 뒤에……뜻 : 《창계집》 권7 〈현강께 올림〉 무오년(1678, 숙종4) 서찰의 별지에서 창계가 '교(敎)'와 '학(學)'에 대해 논설한 것을 가리킨다.

는 자가 가르치는 바와 배우는 자가 배우는 바는 본래 이 하나의 '도'이기 때문에 《중용》 편수(篇首)에서 이미 '수도지교'라고 말하고서 그 아래에서 곧장 '도는 떠날 수 없다〔道不可離〕'의 실제를 가리켜 말하였습니다. 그리고 다시 배우는 자가 '교'를 말미암아 들어가는 일인 '계구근독'으로 이었으니,[120] '교'와 '학'은 또 애초에 두 가지 도리가 없다는 것을 알 수 있습니다. 최여화(崔汝和)가 증거로 삼은 〈명당실기(名堂室記)〉[121]도 이러한 뜻으로 통할 수 있으니, 그 대의를 알 수 있습니다.

대개 '학'은 바로 '교'를 말미암아 들어가는 일이니, 그 대의를 논할진댄 '계구근독'을 '수도지교'의 시작으로 삼더라도 진실로 불가할 것이 없습니다. 그러나 본문을 해석하는 데 이르러서는 마땅히 그 본문의 바른 뜻을 따라 분별해서 말해야 하기 때문에 《중용장구》에서 '교'를 '예악형정의 등속'으로 삼은 것입니다. 그리고 '계구근독' 이하에 대해서는 《중용혹문(中庸或問)》에서 "'교'를 말미암아 들어가는 것이니 그 시작은 마땅히 이와 같아야 한다."라고 하였으니[122] 대개 이것이 바른 해석이요, 〈명당실기〉에서 통틀어 말한 것은 바로 큰 강령(綱領)일 뿐입니다. 그런데 지금 〈명당실기〉의 글을 증거로 삼아 마침내 주자께

120 다시……이었으니 : 《중용혹문(中庸或問)》을 보면, 혹자가 《중용》에서 이미 "도는 잠시도 떠날 수 없는 것이므로 계신공구해야 한다."라고 말해 놓고 다시 '신독(愼獨)'을 말한 이유에 대해 묻자 주희가 "이는 '솔성지도'를 논함을 인하여 '교'를 말미암아 들어가는 것을 밝힌 것이니, 그 시작은 마땅히 이와 같아야 한다.〔此因論率性之道, 以明由教而入者, 其始當如此.〕"라고 하였다.

121 최여화(崔汝和)가……명당실기(名堂室記) : 346쪽 주118 참조. 여화는 최석정(崔錫鼎)의 자이다.

122 중용혹문(中庸或問)에서……하였으니 : 위의 주120 참조.

서 '교'를 '예악형정'으로 훈석하신 것을 의심하고서 장유의 설에 승복하고자 하는 것은, 또한 깊이 살피지 못한 것입니다. 그리고 〈명당실기〉의 글이 정말로 《중용》에 대한 바른 해석이 될 수 있다면 이 기문(記文)은 바로 주 부자(朱夫子)께서 중년에 쓰신 글인데 어찌 마침내 《중용장구》에 이러한 뜻을 쓰지 않으셨겠습니까.

최여화가 〈명당실기〉를 인용한 것은 대개 장유의 설에 대한 증거로 삼으려 한 것이지만, 어리석은 제가 살펴보건대 또한 〈명당실기〉의 글은 주 부자의 나머지 깊은 뜻을 발명할 수 있는 글입니다. 어째서이겠습니까? 무릇 장유공이, 주자가 '교'를 '예악형정'으로 풀이한 것에 의심을 일으킨 까닭은, 이와 같이 하면 '교' 자가 아래 문장과 서로 연결되지 못하고 '계근공구'는 '교' 바깥의 일이라고 하는 것 같은 점이 있다고 여겼기 때문입니다. 그러나 만약 《중용장구》와 《중용혹문》을 깊이 살폈다면 진실로 이러한 의심은 없었을 것입니다. 이제 다시 이 〈명당실기〉의 글로 살펴보건대 비록 바른 해석은 아니지만 또 '계근공구'가 바로 '교'를 말미암는 일임을 알 수 있으니, 애당초 '교' 자의 뜻이 아래 문장과 서로 연결되지 못하는 것이 아니었음이 더욱 명백합니다. 그러니 어찌 주 부자의 나머지 깊은 뜻을 발명하기에 충분치 않겠습니까. 보내 주신 가르침에서 이 한 부분에 대해 분변하신 것이 대체로 매우 정당하니, 제가 지금 추론한 말들은 단지 보내 주신 가르침의 주소(註疏)가 될 뿐입니다. 그러나 반드시 '교'와 '학'의 빈주(賓主)의 구분을 위주로 하여 추론하고 궁구해야 그 곡절을 다할 수 있을 것이니, 이 뜻을 다시 상세히 살펴야 할 것입니다. 또 모르겠습니다만 어찌 생각하시는지요?

제가 뒤의 서찰 말단에서 말한 '교'는 '학'과 더불어 합치된다는 설에 대해 논한 것은 스스로 해설한 것일 뿐입니다. 대개 이미 '교'와 '학'의 구분을 가지고 이 해석에 대한 가부를 결판 지었으니, 다시 혹자가 '「명(明)」으로 말미암아 「성(誠)」해지는 것이 「교」이다〔自明誠之教〕'가 곧장 배우는 자의 일이 되는 것[123]을 보고서는 여기에서의 '교' 자 또한 '계구근독'으로 해석해야 한다고 의심할 듯하므로 문득 스스로 해설하여 먼저 그 의혹을 깨부순 것입니다. 그러니 저의 말은 진실로 명쾌함이 부족하지만 그 뜻은 또한 대략 알 수 있는 것입니다. 다만 보내 주신 가르침에 '인하여 다시 논해 보겠다〔因復論之〕' 부분 이하로는 도리어 의심할 만한 내용들이 많으니, 감히 다시 한두 가지 논해 보겠습니다.

**123** 명(明)으로……것 : 《중용장구(中庸章句)》 제21장에 "성으로 말미암아 밝아짐을 성이라 이르고 명으로 말미암아 성해짐을 교라 이르니, 성하면 밝아지고 밝아지면 성해진다.〔自誠明謂之性, 自明誠謂之教, 誠則明矣, 明則誠矣.〕"라고 하였는데, 이 중 '명으로 말미암아 성해짐을 교라 이른다' 부분에 대해 주희가 "먼저 선을 밝게 안 뒤에 그 선을 성실히 하는 것은 '교'를 말미암아 들어가는 현인의 '학'이니, 사람의 도이다.〔先明乎善而後, 能實其善者, 賢人之學由教而入者也, 人道也.〕"라고 한 것을 가리킨다. 한편, 《중용》에서의 '교' 자에 대한 이러한 선상의 논의는 주희 당시로부터 이미 보인다. 《주자어류(朱子語類)》에 "'수도지위교' 한 구를 요즘 사람들은 뒷부분의 '자명성위지교'와 합하여 '자수'의 측면에서 논의하고 있다. 대개 '천명지위성(天命之謂性)'의 '성'과 '자성명위지성(自誠明謂之性)'의 '성', 그리고 '수도지위교'의 '교'와 '자명성위지교'의 '교'는 각기 절로 다른 것이다. '성명지성'은 '요・순이 성대로 하였다' 할 때의 '성'이고, '명성지교'는 '교'를 말미암아 들어가는 것이다.〔修道之謂教一句, 如今人要合後面自明誠謂之教, 卻說作自修. 蓋天命謂性之性與自誠明之性修道謂教之教與自明誠之教各自不同. 誠明之性, 堯舜性之之性, 明誠之教, 由教而入者也.〕"라고 하였다. 이러한 구분 및 동이점에 대한 논의는 조선 시대 문집들 및 《홍재전서(弘齋全書)》의 〈경사강의(經史講義)〉 등에도 보이는데, 모두 조선 후기에 집중되어 있다.

대개 "《중용》이라는 책은 도를 밝히는 데 주안점이 있기 때문에 비록 편수의 첫 조항에서 먼저 '성'과 '도'와 '교' 세 가지를 말하였으나 '도는 떠날 수 없다.〔道不可離〕' 이하부터는 전적으로 '도'에 나아가 말하였다."라고 하셨습니다. 이와 같다면 편수의 첫 조항에서 이에 유독 세 가지를 통틀어 말해 놓고서 그 아래 부분에서는 다시 '성'과 '교'는 받아서 연결하지 않고 유독 중간의 '도' 한 글자만 뽑아 내 설명한 것입니다. 정말로 이와 같다면 위아래의 글 뜻이 도리어 상관되지 못하니 장유의 의심이 타당합니다. 또 "'계구근독'은 미루어서 '천지가 제자리를 편안히 하고 만물이 잘 생육되는〔位育〕' 데에 이르니 '솔성(率性)'의 뜻 아닌 것이 없다."라고 하였는데, 이는 더욱이 그렇지 않습니다. 대개 '솔성'이라는 것은 '도'가 스스로 '성'을 따름을 말한 것일 뿐, 사람이 따른다는 말이 아닙니다. 이것을 가지고 '도'라고 하는 것은 괜찮겠지만 이것을 가지고 인사(人事)를 닦아 행해야 할 부분이라고 말하는 것은 불가합니다. 대저 '계구근독'부터 '천지가 제자리를 편안히 하고 만물이 잘 생육된다'에 이르기까지 진실로 모두 인사를 닦아 행하는 공부이니, 어찌 '솔성'이라고 말할 수 있겠습니까.

삼가 저의 어리석은 생각으로 헤아려 보건대, 편수의 '수도지교' 아래는 비록 '성인이 「도」를 품절(品節)하여 「교」를 세우는 일'에 근거하여 말하지는 않았으나, 곧바로 '도는 떠날 수 없다'는 한 구절로 위의 문장의 '수도(修道)'의 '도'에 긴밀히 연결하였고 그 아래에 또 곧장 배우는 자가 '교'를 말미암는 일을 말하였습니다. 그러니 이른바 '도'란 단지 하늘이 명한 '성', 그 '성'을 따르는 '도', 그 '도'를 성인이 품절해 놓은 '도'이니 진실로 위의 문장에 연관되는 것입니다. 그리고 그 아래에서 '교'를 말미암는 것에 대해 말한 것이 위의 문장의 '교'를 세우는 것과 차이가 나는 것[124]은 단지 말한 측면의 차이일 뿐입니다. 만약 '성'과 '도'와 '교'의 큰 구분이라는 점에서 말을 한다면 이 또한 '수도'의 가운데에 있는 것이요 '솔성'을 이르는 것이 아닙니다. 그 말은 비록 빈주(賓主)의 구분이 있으나 애초에 '교' 자의 뜻을 받아서 연결하지 않은 적이 없고, '교'를 세우는 것과 '교'를 말미암는 것이 비록 '교'와 '학', 빈(賓)과 주(主)의 구별이 있으나, '학'이 지극한 경지에 나아가면 '교'는 나로부터 세워지는 것입니다. 이 때문에 '천지가 제자리를 편안히 하고 만물이 잘 생육된다' 부분 아래의 《중용장구》의 해석에서 또 "'수도지교'가 그 가운데 있다."라고 하였으니, 이 부분에 오면 또 빈주의 구별이 없는 것입니다.-만약 '계구근독'과 '천지가 제자리를 편안히 하고 만물이 잘 생육된다'를 모두 '솔성'의 뜻이라 한다면 문하께서 이른 바 "'교' 또한 여기에서 벗어나지 않는다."라는 것은 또한 이해하기 어렵습니다.-

대개 《중용》에서 만약 '수도지교' 아래에 곧장 성인이 '교'를 세우는 일을 가지고 미루어서 말했다면, 배우는 자가 '교'를 말미암아 배워서 '교'를 세우는 데에 이르는 실제 공부를 다시 볼 수 없었을 것입니다. 성현의 말씀은 또한 빈틈이 없는 것이니, 지금 반드시 '계구근독'을

**124** 아래에서……것 : 《중용》 첫 조항의 '수도지교(修道之教)'의 '교'는 주희의 해석에 따르면 '성인이, 사람과 물건이 마땅히 행해야 할 것을 인하여 품절해서 천하의 법이 되게 한 것'이다. 즉 여기에서의 '교'는 성인이 사람과 사물을 위해 사람과 사물이 따라야 할 '교'를 세운 일이 된다. 그리고 그 아래 문장의 '계신공구(戒愼恐懼)'와 '신독(愼獨)'은 성인이 품절해 놓은 '도'를 떠나지 않기 위한 방법이니 '교'를 말미암는 일이 된다. 즉, 위에서는 '교'를 세우는 일을 말하고서 아래에서는 '교'를 말미암는 것에 대해 말하여 위와 아래가 서로 다른 층차가 되어 버리는 것처럼 보이는 것을 두고 창계가 논의를 전개한 것이다.

가지고 '예악형정'이라고 훈석한 부분을 바꾸고자 하는 것은 그 의리(義理)가 어떠한지는 논할 것도 없이 옛사람의 글을 또한 이미 활간(活看)하지 못한 것입니다.

보내 주신 가르침에서 이 장의 대의를 발명하신 것 중에 의심할 만한 사항은 위에서 아뢴 바와 같습니다. 그리고 '교'는 '학'과 더불어 합치된다는 설을 공박한 부분의 결어(結語)에서 또 "'중화(中和)'와 '비은(費隱)'과 '성명(誠明)'의 뜻에 있어 과연 무엇이 가깝고 무엇이 멀겠는가?"라고 하시니, 말뜻이 자못 분명하지가 않습니다. 이 부분은 모름지기 한 번 풀이해 의논하여 '이와 같으면 가깝게 되고 이와 같으면 멀게 된다'는 뜻을 분명하게 말씀해 주셔야 거의 제가 반복해서 고찰해 의논하여 문하의 가르침을 받들 수 있게 될 것입니다. 또 중간에 "'성'과 '도'와 '교'를 천지만물의 근본으로 삼는다."라고 쓰신 것 또한 온당치 못한 듯합니다. 비록 대의가 담긴 부분은 아니지만 또한 마땅히 다시 상세하게 살피셔야 할 듯합니다.

대저 의리를 강론하는 것은 대강대강 해서는 안 되니, 이와 같이 하면 피차간에 서로 순응해서 끝내 유익함이 없을 것입니다. 그러므로 감히 구차하게 흘려 넘기지 못하는 것이니, 제 견해가 정말로 옳다는 것이 아니라, 오직 이와 같이 해야 제 견해가 옳은지 그른지 질정할 수 있고 또한 혹 서로 도움 되는 부분도 없지 않을 것입니다. 이 때문에 감히 다 말씀드리는 것이니, 삼가 바라건대 저의 성심(誠心)을 헤아려 제 견해에서 그릇된 부분에 대해 더욱 모름지기 통렬하게 지적하심으로써 실제로 계발되는 점이 있게 해 주시는 것이 어떠하신지요, 어떠하신지요?

변변찮은 생각으로 보내 주신 가르침에서 해 주신 말씀을 수정했으면 하는 부분이 있으니, 참람한 일인 듯합니다. 그러나 반드시 제 견해가 미치는 바를 형용하고자 하여 부득불 이와 같이 하였을 뿐입니다. 또 장남헌(張南軒 장식(張栻))은 호오봉(胡五峯 호굉(胡宏))의 문인으로 호오봉이 이미 완성한 책에 대해 산삭하고 고친 말이 많으니,[125] 지금 서찰을 왕복하는 즈음에 모름지기 이와 같이 하여야 또한 제가 문하를 존모하여 섬기는 뜻에 해가 되지 않을 듯합니다. 모르겠습니다만 어떠하신지요, 어떠하신지요?

**125** 장남헌(張南軒)은……많으니 : 호굉(胡宏)이 저술한 《지언(知言)》을 장식(張栻)이 산삭하고 고친 것을 말한다.

## 현강께 답함
答玄江

전에 문하께 받은 장문의 서찰과 별지에 대해서는 미적거리다가 오랫동안 답서를 보내지 못하고 말았습니다. 그리하여 이번 걸음에 소매 속에 서찰을 넣고 문하께 나아가 직접 대면하여 최종적인 가르침을 청하려 하였습니다. 그런데 지금 이미 가지 못하게 되어 버린지라 전후로 문하께 받은 두 통의 서찰과 중간에 제가 올렸던 서찰을 우선 꺼내어 한번 읽어 보니, 제가 보낸 서찰에 문하께서 처음 보내 주신 서찰[126]의 뜻을 오히려 다 이해하지 못하고 쓴 부분이 많았습니다. 그리고 뒤에 보내 주신 서찰에서 내려 주신 가르침에 또한 저의 본뜻을 다 이해하지 못하신 부분이 있는 듯한지라 문득 다시 어지러이 조항별로 나열하여 우러러 아뢰니다. 다만 마음속에 담아 두었던 생각을 글로 옮기는 순간 곧 뜻이 딱 들어맞지 못하고 흐릿하게 되어 버림을 알겠고, 또 이번 인편은 내일 아침 일찍 출발할 것인지라 지체될까 몹시 두려워 하루라는 급박한 시간 내에 쓰느라 제 뜻을 다하지 못하였으니, 오직 밝은 식견으로 언구(言句)의 바깥에서 미루어 보아 주시는 데 달려 있을 따름입니다.

처음 보내 주신 서찰에서 욕되게도 저와 더불어 강론하고 논평하신 내용이 세 단락이니, 그 첫 번째는 바로 학자가 문의(文義)에 얽매이는 병폐에 관한 것이고, 그 두 번째는 학자에게 자득하는 공부가 없음을

**126** 처음 보내 주신 서찰 : 《남계집(南溪集)》 권31 〈답임덕함(答林德涵)〉 정사년(1677, 숙종3) 서찰을 가리킨다. 324쪽 주95와 328쪽 주100 참조.

병폐로 여기는 것에 관한 것입니다. 이것들은 모두 지난날 저의 보잘것없는 의론이자 보내 주신 가르침에서는 그렇지 않다고 여기신 것들입니다. 그 세 번째는 주자(朱子)의 공부 방법에 대해 논하는 것을 말미암아 드디어 강학하는 방도에까지 미치고 마침내는 사우(師友) 간에 강마(講磨)해야 한다는 뜻에 중점을 둔 것이니, 이것은 제가 그렇게 하지 못하고 있음을 깊이 공박하신 것입니다.

제가 지난번 서찰[127]에서 대략 이미 반복하여 "학자가 마땅히 책을 통하여 도를 구해야 하지만 혹 책 속의 문구(文句)에 얽매여 도를 터득하지 못한다면 병폐가 될 만하니, 애초에 도는 책을 버리고 자득할 수 있는 것이라고 말한 것은 아닙니다."라고 하였으니, 이 뜻에 대해서는 이미 수긍을 해 주셨습니다. 다만 한스러운 점은 저의 말이 엉성하고 그릇되어 전하고자 하는 뜻을 제대로 전달하지 못해서 문하께서 잘못 보시게 만든 부분이 있다는 것입니다. 비록 대의가 담긴 부분은 아니지만 다시 변석(辨析)하지 않을 수 없습니다. 우선 지금 서찰을 왕복하면서 논의하는 것 가운데 학자가 처음 공부에 착수하는 부분과 가장 연관되는 이 한 단락에 나아가 다시 상세히 말해 보겠습니다.

대저 학문하는 방도에 대해서는 성현들께서 말씀하신 것들이 문로(門路)가 많으나, 요점을 든다면 거경(居敬)과 궁리(窮理)일 따름입니다. 거경의 방법은 그 일이 지극히 요약되니 많은 말을 할 것이 없고, 또 지금 서찰에서 언급한 사안이 아니니 우선 논하지 않아도 되겠습니다. 오직 궁리라는 한 가지 일을 가지고 말해 보면, 이치가 비록 만물(萬物)에 산재(散在)하나 그 이치를 궁구하는 것은 오직 이 하나의

**127** 지난번 서찰 : 《창계집》 권6 〈현강께 올림〉 정사년(1677, 숙종3) 서찰을 가리킨다.

마음일 뿐입니다. 그러므로 마음이 텅 비어 고요하면 이치를 살핌에 쉬이 밝아지고, 마음이 생각을 다할 수 있으면 궁구하지 못할 이치가 없게 됩니다. 예컨대 나예장(羅豫章 나종언(羅從彦))은 마음이 지극히 고요해진 뒤에 《춘추(春秋)》를 보고 이연평(李延平 이통(李侗))은 잠심(潛心)하여 미발(未發) 했을 때의 기상을 체인해서 숱한 일과 숱한 이치를 통섭(統攝)하여 관통했으니, 이는 모두 마음이 고요해져서 이치가 밝아진 효험입니다.

생각을 지극히 하여 이치를 궁구하는 것과 같은 경우에 이르러서는, 《서경(書經)》 〈홍범(洪範)〉에 이미 "생각이 지혜로운 것이 성스러움을 만든다."라는 밝은 가르침[128]이 있습니다. 그리고 가까운 일로 말해 보면 우리 동방의 화담(花潭) 서경덕(徐敬德) 같은 이는 심사(心思)만으로 사물의 이치를 궁구하였으니, 비록 그가 터득한 것들은 정수(精粹)하지 못한 것이 많으나 요컨대 또한 이치는 생각을 통해 얻을 수 있음을 알 수 있습니다. 그러나 일찍이 삼가 생각건대 이것은 바로 양지(養知)하는 데 있어서의 하나의 도움이요 궁리하는 데 있어서의 하나의 방법이니, 만약 오로지 이것만 가지고 도를 구하는 문로로 삼는다면 의거하기는 어렵고 어긋나기는 쉬울 것입니다. 오직 성현들이 남기신 이 전적(典

**128** 서경(書經)……가르침 : 《서경》 〈홍범〉에 "두 번째 오사는 첫 번째는 모습이고, 두 번째는 말이고, 세 번째는 보는 것이고, 네 번째는 듣는 것이고, 다섯 번째는 생각하는 것이다. 모습은 공손하고, 말은 순종하고, 보는 것은 밝고, 듣는 것은 귀밝고, 생각하는 것은 지혜롭다. 공손함은 엄숙함을 만들고, 순종함은 다스림을 만들고, 밝음은 지혜를 만들고, 귀밝음은 헤아림을 만들고, 지혜로움은 성스러움을 만든다.〔二五事, 一曰貌, 二曰言, 三曰視, 四曰聽, 五曰思. 貌曰恭, 言曰從, 視曰明, 聽曰聰, 思曰睿. 恭作肅, 從作乂, 明 作哲, 聰作謀, 睿作聖.〕"라고 하였다.

籍)들이 바로 뭇 이치가 모인 바로서 발명(發明)하여 가리켜 보인 것이 또한 매우 지극히 구비되었으니, 학자가 이것을 말미암아 이치를 궁구한다면 어찌 반 정도의 힘만 덜 수 있을 뿐이겠습니까.

대개 이치는 진실로 천지 사이에 절로 존재하는 것이니 애당초 성현의 전적에서 언급되기를 기다려 비로소 존재하는 것이 아니고, 사람의 마음은 절로 허령(虛靈)하니 본래 또한 모두 이 이치를 알 수 있습니다. 그러나 상지(上智)의 인물이 아닌 이상 또한 어느 누가 성현의 전적을 말미암지 않고 그 이치를 스스로 알 수 있겠습니까. 다른 경전은 논할 것도 없이 단지 《대학(大學)》을 가지고 말해 보겠습니다. 학자가 이 책을 말미암지 않고 스스로 이 마음이 본래 밝다는 것을 알고자 한다면 어찌 어려운 일이 아니겠습니까. 그리고 이 마음이 본래 밝음을 아는 것이 이미 어렵고 보면, 본래 밝은 이 마음이 무엇 때문에 밝지 못한 것이며 이미 밝지 못하다면 또 어떻게 다시 밝아지게 할 수 있는지를 알고자 하는 것이 어찌 더욱 어려운 일이 아니겠습니까. 단지 《대학》의 가장 첫 구절을 들었는데도 이미 이와 같거늘, 더군다나 그 전체적인 규모와 절목(節目) 및 은미한 곡절과 취지에 대해 만약 《대학》을 말미암지 않고 스스로 알고자 한다면, 비록 종신토록 애써 찾는다 하더라도 쉬이 얻지 못할 것입니다. 이는 성현들께서 교훈을 남기신 공(功)이 만고토록 조화에 참여하는 까닭이니, 학자들이 힘써야 일이 반드시 책을 통해 도를 구하는 것에 있음이 또한 명백합니다.

비록 그러하나, 어느 학자가 성현의 전적을 보지 않겠습니까마는 성현들께서 드러내 밝히신 이치에 대해 그 지극한 경지를 깊이 깨달아 마음속에 환히 밝히고 사업(事業) 사이에 드러낼 수 있었던 자는 고금을 통틀어 많지가 않습니다. 삼가 그 병폐를 궁구해 보건대 진실로 단서가 하나가 아니니, 그들이 뜻을 세운 초기부터 이미 논의할 만한 점이 많습니다. 그리고 또 책을 통해 도를 구하는 공부의 측면에서 말해 보면, 대부분 문구 사이에 얽매여 다시 성현께서 당초에 가리켜 보이신 실체를 미루어 밝히지 못하였기 때문에 종국에는 그 학문이 얕고 정체되어 큰 유익이 없었던 듯합니다. 이른바 큰 유익이라는 것은 예컨대 《대학》을 읽은 후에, '명덕(明德)'이라는 것이 보고 듣고 먹고 숨 쉬는 사이와 행동하고 응대하는 즈음에 항상 밝게 유행하여 무릇 그 강령과 조목의 전체가 일거에 빈틈없이 갖추어짐을 깨닫고, 고금의 수많은 말과 숱한 일과 숱한 사물이 다 이 범위 안에 있어서 각각 귀속됨이 있어 서로 침범하여 어지럽힐 수 없음을 깨닫는 것일 뿐입니다. 이른바 먼저 《대학》을 읽어서 규모를 정한다는 것[129]은 요컨대 마땅히 이와 같아야 할 것입니다.

그다음으로 《논어(論語)》와 《맹자(孟子)》와 같은 경우도 "《논어》를 분명하게 터득하는 것이 바로 공자(孔子)가 되는 것이고 《맹자》를 분명하게 터득하는 것이 바로 맹자가 되는 것이다."[130]라는 말이 사람을

129 먼저……것 : 《주자어류(朱子語類)》 권14에 "먼저 《대학》을 읽어서 그 규모를 정하고 다음으로 《논어》를 읽어서 그 근본을 세우고 다음으로 《맹자》를 읽어서 그 발명한 것을 살피고 다음으로 《중용》을 읽어서 옛사람의 미묘한 부분을 구해야 한다. 〔先讀大學, 以定其規模, 次讀《論語》, 以立其根本, 次讀《孟子》, 以觀其發越, 次讀《中庸》, 以求古人之微妙處.〕"라고 하였다.

130 논어를……것이다 : 《주자어류》 권19에 "어떤 사람이 말하기를 '《논어》를 이해하는 것이 바로 공자가 되는 것이고 《맹자》를 이해하는 것이 바로 맹자가 되는 것이다.'라고 하였는데, 자세하게 살펴보면 또한 이 말과 같다. 대개 《논어》의 말들을 참으로 궁구하여 그 미세하고 상세함을 다하여 투철하지 않음이 없기를 마치 공자의 가슴속을 뚫고 지나가듯이 하여 공자의 속마음을 다 알게 된다면 이 어찌 공자가 아니겠느냐.

속이는 말이 아니요, 바로 반드시 그렇게 이루어지는 일이라는 것을 모름지기 알아야 합니다. 그리하여 한 장 한 장 깊이 궁구하고서 그 뜻과 작용이 반드시 그러하여 의심할 만한 점이 없음을 알아 마침내 관통하고 융석(融釋)하여 한 물건으로 만들어 낸[131] 연후라야 비로소 《논어》와 《맹자》를 읽은 사람이라 할 수 있을 것입니다. 다른 책들도 모두 그렇지만, 이와 같이 투철하게 한 책 두 책을 읽는다면 하나의 규칙이 이미 정해진 것이라 다른 책을 읽을 때 비록 이와 같지 않으려고 해도 그렇게 될 수 없을 것입니다.

오직 이와 같은 연후라야 《시경(詩經)》을 읽으매 하나의 격조와 가치를 진전시킬 수 있고 《서경(詩經)》을 읽으매 정사(政事)에 통달할 수 있으며,[132] 아래로 사서(史書)를 볼 때는 곧 치란흥망(治亂興亡)의

《맹자》의 말들을 참으로 궁구하여 투철하게 해서 하나도 다하지 않음이 없기를 마치 맹자의 가슴속을 뚫고 지나가듯이 하여 맹자의 속마음을 다 알게 된다면 이 어찌 맹자가 아니겠느냐.〔人有言, 理會得《論語》, 便是孔子, 理會得《七篇》, 便是孟子. 子細看, 亦是如此. 蓋《論語》中言語, 眞能窮究, 極其纖悉, 無不透徹, 如從孔子肚裏穿過, 孔子肝肺盡知了, 豈不是孔子? 《七篇》中言語, 眞能窮究, 透徹無一不盡, 如從孟子肚裏穿過, 孟子肝肺盡知了, 豈不是孟子?〕"라고 한 것을 가리킨다.

**131** 한……낸 : 원문은 '打成一物'이다. 이는 문맥상 선가(禪家)에서 유래하여 송대 성리학자들도 차용하여 쓴 '타성일편(打成一片)'과 동일한 말로 보인다. '타성일편'은 모든 망상을 벗어던지고 수천 가지로 차별되는 사물이 하나로 융합되어 피차(彼此)와 주객(主客)의 구분이 사라짐을 뜻한다. 성리학적 용어로는 '활연관통(豁然貫通)'과 일맥상통한다.

**132** 시경(詩經)을……있으며 : 《근사록(近思錄)》 권3에 "학자는 《시경》을 보지 않으면 안 되니, 《시경》을 보면 사람으로 하여금 하나의 격조와 가치를 진전하게 한다.〔學者不可以不看《詩》, 看《詩》便使人長一格價.〕"라고 하였다. '정사에 통달할 수 있다'는 것도 본래는 《논어》 〈자로(子路)〉에 "《시경》 3백 편을 외우면서도 정사를 맡아 제대로

기틀을 알아서 실제에 적용할 수가 있습니다. 이른바 큰 유익이라는 것에 대해서는 비록 감히 말을 다하지 못하지만 큰 얼개는 마땅히 이와 같습니다. 이와 같이 하는 것은 궁리의 학문을 하는 것이요 이와 같이 하지 않는 것은 단지 문자나 고찰하고 비교하는 것이니, 궁리를 위주로 하면 구절마다 의논하고 글자마다 사색하여 모든 것이 이 이치를 밝히는 데로 귀결될 것이요, 만약 궁리를 위주로 하지 않고 단지 문구에 얽매이면 비록 다시 더욱 부지런히 고찰하고 더욱 정밀히 안배하더라도 도에 이르는 것이 또한 멀 것입니다. 대개 주자 문하의 제자(諸子)들부터 이미 혹 이러한 병통을 면하지 못하였기 때문에, 주자의 행장(行狀)에 "만년에 제생들이 문의(文義)에 얽매인 것을 보고 비로소 자못 본체를 가리켜 보이셨다."라는 말이 있었던 것이니, 책을 통해 의리를 구하는 일을 잘하기 어려운 지가 또한 이미 오래되었습니다.

그러나 또한 문의를 버려두고 별도로 본체를 구할 수는 없으니, 본체는 단지 문의 사이에 있을 뿐입니다. 그럼에도 학자들이 단지 문의에 얽매여서 본체의 실제에 깊이 도달하지 못하는 것이 근심스러웠기에 제가 평소에 번번이 문구(文句)에 얽매이는 것을 근세 학자들의 병폐

다스리지 못하고 사신이 되어 사방으로 나가서 마음대로 외교 임무를 수행하지 못한다면 아무리 시를 많이 외우고 있은들 어디에 쓰겠는가.〔誦《詩》三百, 授之以政, 不達, 使於四方, 不能專對, 雖多, 亦奚以哉?〕"라고 한 것에 대해 《근사록》 권3에 "모름지기 《시경》을 읽기 전에는 정사에 통달하지 못하고 단독으로 대응하지 못하다가 《시경》을 읽은 뒤에는 곧 정사에 통달하고 사방에 사신으로 가서 단독으로 대응할 수 있어야 비로소 《시경》을 읽은 것이다.〔須是未讀《詩》時, 不達於政, 不能專對, 旣讀《詩》後, 便達於政, 能專對四方, 始是讀《詩》.〕"라고 하여 《시경》을 두고 쓰이는 말인데, 여기에서는 창계가 시서(詩書)에서 《서경》에 대응되는 용어로 활용한 것이다.

로 삼았던 것입니다. 저의 뜻은 단지 이와 같았고 전날에 보내 드린 답서 또한 단지 이러한 뜻이었습니다. 그런데도 지금 이처럼 더 자세하게 말씀드리는 것은, 보내 주신 서찰의 가르침을 보건대 이미 제가 말한 이 문제들을 초학(初學)의 병통이라 하셔 놓고 다시 한두 사람을 지적해서 말한 것이라 의심하시니[133] 모두 저의 본뜻이 아니기에 근본을 좇아 또 이와 같이 말한 것입니다. 저의 말은 진실로 범범한 의론이지만 그 뜻은 또한 절실하지 않다고 말할 수 없을 것입니다. 대개 이 길은 발심하여 공부한 초기부터 즉시 마땅히 먼저 판별해야 하는 것입

**133** 이미……의심하시니 :《남계집(南溪集)》 권31 〈답임덕함(答林德涵)〉 무오년(1678, 숙종4) 6월 2일 서찰에 "문의(文義)에 얽매이는 것과 같은 것은 바로 초학(初學)의 공통된 병통이니, 비단 그대만 근심하는 것이 아니라 부족한 이 사람 역시도 근심하는 사항입니다. 비록 먼저는 작은 것부터 하고 나중에는 큰 것을 하게 되는 것은 이치와 형세상 없을 수 없는 일입니다만, 나의 힘이 미칠 수 있는 바를 따라 문득 종유하는 사람에게 경계하여 일러 주면서 그 사람이 요점을 알고 요약됨을 지키는 공부를 추구하기를 바라지 않은 적이 없습니다. 종사하는 일은 단지 장구를 따지는 데에 있으면서 종국의 귀숙처는 또한 심오한 이치를 깨닫는 것을 위주로 하려 한다는 그대의 말은, 헤아려 보건대 이 경우는 초학의 부류가 아닌 경우가 있으니, 실제로는 바로 이름은 성학을 한다고 하면서 끝내는 천박한 유자가 됨을 면치 못하는 것입니다. 모르겠습니다만 세상에 그러한 사람이 있습니까? 가령 있다 해도 이는 단지 그 사람이 학문을 제대로 잘하지 못한 것일 뿐이니, 어찌 굳이 덕함이 도를 자임하는 사람이 하는 근심을 하면서 반드시 성대한 논의의 효시가 될 것이 있겠습니까. 다만 연계하여 지적하는 자가 있는 듯한데 뒤에 보내는 서찰에서 곧 아끼지 말고 은밀하게 알려 주십시오.〔若所拘滯者乃始學之通病, 非惟明者悶之, 鄙人亦悶之. 雖其先小後大, 理勢之所不能無, 然未嘗不隨吾力之可及, 而輒相戒告於從游之人, 庶幾以冀乎知要守約之功也. 其所從事, 只在於考較章句, 而畢竟歸宿, 亦欲以彼爲主者, 計此有非始學之類, 實乃名爲聖學而卒未免於賤儒, 未知世有其人否? 假令有之, 是特其人之不善學耳, 何足爲德涵任道之憂而必作盛論嚆矢乎? 第似有所關係指斥者, 後便無惜密示之也.〕"라고 한 것을 가리킨다.

니다. 그런데 만약 지금 종사하는 것은 단지 이 문자의 영역에 얽매이는 것이면서 그 종국의 귀숙처에 이르러서는 이에 환히 밝히고 통달하기를 마치 저 선각자들이 했던 것처럼 하고자 한다면, 처음과 끝 그리고 근본과 말엽이 도리어 서로 단절되는 일이 되는 것입니다. 일전에 보내 주신 서찰의 뜻에서는 학자들이 장구에 우선 얽매이는 것이 심각한 병통은 아니라고 하면서 종국의 귀숙처는 여기에 그치지 않고자 하신 듯하니,[134] 저의 부족한 생각으로는 그렇지 않은 점이 있는 듯하므로 진실로 다시 분변하지 않을 수 없었습니다. 그러나 또한 감히 스스로 반드시 옳다고 하는 것은 아닙니다.

'자득(自得)'에 대한 설은 전에 보내 드린 서찰에서 조목별로 제대로 아뢰지 못하여 참으로 그 소략함을 부끄러워하고 있었는데, 다시 가르침[135]을 받게 되니 또 얼마나 다행인지요. 이는 바로 '자득'의 뜻을 온전

**134** 일전에……듯하니 : 일전의 서찰이란 《남계집(南溪集)》 권31 〈답임덕함(答林德涵)〉 정사년(1677, 숙종3) 서찰을 가리키는 듯하다. 이 서찰에서 박세채는 "문의에 종사하고서 자득에 미치지 못하는 자는 또한 그 경우대로 절로 차제와 규모가 있는 것이니 일체를 허물과 부끄러움이라 논단하기는 어렵다."라는 뜻을 보였다. 324쪽 주95 참조.

**135** 가르침 : 《남계집(南溪集)》 권31 〈답임덕함(答林德涵)〉 무오년(1678) 6월 2일 서찰에 "자득에 대한 설은 보내 주신 서찰의 말과 시편에서 모두 그 단서를 드러냈으나, 분명하게 가리켜 보여 주지는 않으셨으므로 감히 다시 말해 보겠습니다. 요즘 사람들은 으레 문견을 말미암지 않고 자신이 스스로 깨우치는 것을 가리켜 자득이라고 합니다. 비단 요즘 사람들만 그렇게 말하는 것이 아니라 옛날의 대현으로 이락과 광한의 여러 선생 같은 이들도 오히려 또 이러한 말을 반복하여 그치지 않았습니다. 유독 주자께서만은 《맹자집주》 〈이루 하(離婁下)〉 14장에서 이미 '묵묵히 알고 마음으로 통달하여 자연히 자기 몸에 얻어지는 것'이라고 훈석하였으며 이어서 장하(章下)의 주에 정자의 설을 별도로 기록하여 바른 뜻이 유래된 바를 밝히셨습니다. 이를 말미암아 논해 보면 선비의 학문은 요컨대 마땅히 진덕수업(進德修業)의 도로써 마음을 침잠시키고 사려를 쌓아

히 체인하신 것인데 그 말씀이 이처럼 친절하고 의미가 있으니 아마도

우유함영(優遊涵泳)하고 오랫동안 충분히 익혀서 자연히 얻어짐을 기다리기를 마치 물이 불어나면 배가 가고 기가 지극해지면 사물이 자라는 것과 같이 해야 바야흐로 어긋나지 않을 수 있습니다. 이는 스스로 자신의 총명함을 믿고 억지로 힘써 찾으면서 자기 뜻으로 얻기를 힘쓰는 것과 비교해 볼 때 다시 그 진위를 분변하지 않더라도 자득이라 하는 것에 있어서 서로 간의 거리가 먼 것입니다.……지금 정사년(1677, 숙종3)에 보내주신 서찰의 가르침을 상세히 보건대, 또 '정밀한 의리는 모름지기 스스로 구하여 얻어야 하며, 또한 후일에 붕우들에게 질정해 보고자 한다.'라고 하니, 이러한 말을 자세히 살펴보건대 비단 뜻을 잡고 있는 바에 병폐가 없을 뿐 아니라 실로 학문을 잘하는 큰 단서인지라 자못 지극히 기쁘고 마음이 놓입니다. 대저 스스로 구한다는 것은 성인의 경전을 따르고 사우에게 도움을 받되 그 긴요한 공부에 이르러서는 전적으로 나의 심력을 사용하여 익혀 가면서 게으르지 않음을 말하는 것이고, 자득이라는 것은 옛날의 배울 만한 것들도 배우지 않고 지금 물어볼 만한데도 물어보지 않고서 오직 자신의 총명과 생각에만 기대고는 이어서 스스로를 믿으며 의심하지 않음을 말하는 것이니, 그 공사와 광협의 구분이 연나라와 월나라의 거리처럼 멀 뿐만이 아닙니다.……〔自得之說, 書辭詩章俱發其端, 而未蒙明示, 敢復陳之. 今人例指不由聞見, 己自理會得到者, 曰自得. 非惟今人言之, 古之大賢如伊洛廣漢諸先生者, 猶且反覆不已. 獨朱子於《孟子集註》, 旣已嘿識心通, 自然而得之於己爲訓, 而繼以程子一說別錄於章下, 以明其正義之所從述. 因此論之, 士之爲學, 要當以進脩之道, 潛心積慮, 優游厭飫, 以俟其自然而得之, 如水到而船行, 氣至而物長, 方可不差. 其視自恃聰明, 强探力索, 務以己意而得之, 又不辨其眞僞, 而謂之自得者, 其相去遠矣.……今詳來諭, 又謂義之精者, 須是自求得之, 亦欲他日有以相訂於朋友, 審其然者, 非惟所操無病, 實爲善學之大端, 殊覺忻釋之至. 夫自求者, 謂遵聖經資師友, 而至其喫緊工夫, 專用吾之心力, 循習而不怠. 自得者, 謂不師於古, 不詢於今, 而惟己之聰明意見是靠, 繼以自信而不疑. 其公私廣狹之分, 不啻燕越.……〕"라고 한 것을 가리킨다. 박세채의 서찰 원문 중에 '書辭詩章'은 《서경》과 《시경》으로 볼 수도 있겠으나, 양자 간의 서찰에서 자득을 논한 부분에 《서경》과 《시경》을 언급한 것은 전혀 없다. 앞에서는 인용하지 않았지만 박세채의 서찰 가운데 창계로부터 두 편의 시를 받은 데 대해 감사하는 언급이 있는데, 《창계집》 권1에 〈지평봉증현강(砥平奉贈玄江)〉과 〈부차전운봉증현강(復次前韻奉贈玄江)〉이 실려 있으며 이 시들의 주제가 바로 자득과 학문에 관한 것이다. 따라서 '書辭詩章'은 '서찰의 말과 시편'으로 보는 것이 타당하다.

성대하신 덕으로 이미 이러한 경지에 넉넉히 들어가신 것이겠지요. 자못 천근하고 용렬한 제가 감히 엿볼 수 있는 바가 아닙니다. '자득'의 개념 같은 경우, 제가 십수 년 전 처음으로 《주자대전(朱子大全)》을 봤을 때에 '자득'의 뜻에 대해 논한 것[136]을 보고서, '자(自)'는 바로 '자연(自然)'의 '자'이지 '독자(獨自)'의 '자'가 아니라고 생각했으니, 그 분변에 대해서는 이미 대략 알고 있습니다. 그리고 일전에 "반드시 자득한 공부가 있어야 바야흐로 학문을 한다고 칭할 수 있다."라고 한 저의 말을 들어 보이신 것과 같은 경우,[137] 당시에 저의 말뜻이 과연 어디에 있었는지 기억하지는 못하겠으나 지금 상황에서 미루어 보건대 도리어 '스스로 구하여 얻는다'는 제 말의 뜻이 당초 제가 알고 있던 '자득'의 개념과 저도 모르는 사이 서로 배치(背馳)되어 버렸을 뿐입니다. 제가 반드시 스스로 구하여 얻고자 하는 것은 대개 또한 제가 스스로 체험한 바를 가지고 미루어 낸 것이니, 비록 '자득'의 뜻과는 깊은 연관이 없으나 생각건대 또한 문하께 한번 가르침을 받지 않을 수가 없겠습니다.

제가 10세 때에 부형(父兄)의 가르침을 따라 삼가 《대학혹문(大學或

136 자득의 뜻에……것 : 《주자대전(朱子大全)》 권39 〈답가국재(答柯國材)〉에 "또 자득이라고 하는 것은 자연히 얻어지는 것이니 어찌 억지로 구할 수 있겠습니까. 요즘 사람들은 대부분 '독자'의 '자'로 인식하기 때문에 다른 사람의 설을 편안히 받아들이지 못하고 반드시 자기 견해를 내려고 하는 것입니다.〔且謂之自得, 則是自然而得, 豈可彊求也哉? 今人多是認作獨自之自, 故不安於他人之說, 而必己出耳.〕"라고 한 것을 가리킨다.

137 일전에……경우 : 《남계집(南溪集)》 권31 〈답임덕함(答林德涵)〉 정사년(1677, 숙종3) 서찰을 가리킨다. 324쪽 주95 참조.

問)》을 보면서 격물치지(格物致知)에 대한 설을 보고는 비록 그 뜻은 상세히 알지 못하였으나 홀로 마음으로 기뻐하였습니다. 그리고 소주(小註)에 "하나의 먼지가 일어나고 가라앉을 때와 한 번의 숨을 내쉬고 들이쉴 때 모두 궁구할 만한 이치가 있다."라는 설[138]에 이르러서는 기쁨이 더욱 지극해졌습니다. 당시에 비록 어떤 것이 이치인지를 미루어 알지는 못하였으나, 하나의 먼지에도 이치가 있다면 한 사물도 이치가 없는 사물은 없으며 한 번의 숨에도 이치가 있다면 한때라도 이치가 없는 때가 없다는 것을 홀로 깨닫고서, 이치를 모두 궁구하려는 생각이 깊어졌습니다. 11세 때에는 《서경(書經)》을 읽다가 기삼백(朞三百)의 주석[139]에 이르러 제 생각으로 2, 3일 동안 미루어 궁구하여 보니, 비록 천도(天度)의 분수(分數)가 넘치거나 모자라는 사이[140]에서 모든 이치를 다 가리켜 낼 수는 없었으나 천체와 일월이 운행할 때의 빠르고

**138** 소주(小註)에……설 : 격암 조씨(格菴趙氏)의 설을 가리킨다.

**139** 기삼백(朞三百)의 주석 : 《서경》 〈우서(虞書) 요전(堯典)〉에 "아, 너희 희씨와 화씨야. 1년은 366일이니, 윤달을 사용하여야 사시를 정하고 해를 이루어 진실로 백관을 다스려서 모든 공적이 다 넓혀질 것이다.〔汝羲暨和. 朞, 三百有六旬有六日, 以閏月, 定四時成歲, 允釐百工, 庶績咸熙.〕"라고 한 부분에 대한 주석으로, 천도(天度)와 역수(曆數)에 대해 주희(朱熹) 당대의 천문학적 지식을 활용하여 상세한 주석을 달았다. 후대에도 이 부분은 천문 역법과 관련하여 지속적인 탐구 과제가 되었다.

**140** 천도(天度)의……사이 : 《서경》 〈우서 요전〉의 '기삼백'에 대한 주석에서 "해가 하늘과 만날 적에는 5일과 940분의 235일이 더 많은데 이것을 기영이라 하고, 달이 해와 만날 적에는 5일과 940분의 592일이 적은데 이것을 삭허라 하니, 기영과 삭허를 합쳐서 윤달이 생긴다.〔日與天會, 而多五日九百四十分日之二百三十五者, 爲氣盈. 月與日會, 而少五日九百四十分日之五百九十二者, 爲朔虛. 合氣盈朔虛而閏生焉.〕"라고 한 것을 가리킨다.

더딤과 기삭(氣朔) 및 영허(盈虛),[141] 그리고 반드시 윤달을 두어야만 해가 이루어지는 이치[142]와 같은 것은 마치 눈으로 보는 것 같아졌습니다. 만약 여기에서부터 공부를 쌓아서 이치를 궁구했더라면 반드시 발명(發明)하는 바가 있었을 것입니다. 그러나 다만 기질이 범용하고 나약한 탓에 과거 급제를 위해 하는 세속적인 학업의 속박을 스스로

**141** 천체와……영허(盈虛) : '빠르고 더딤'이란 《서경》 〈우서 요전〉의 '기삼백'에 대한 주석에서 "천체는 땅을 왼쪽으로 한 바퀴 돌되 항상 하루에 한 바퀴를 돌고 1도를 지나치게 되니, 해는 하늘에 걸려 있는데 이보다 다소 늦다. 그러므로 해의 운행은 하루에 또한 땅을 한 바퀴 돌되 하늘에 있어 1도를 미치지 못하게 된다. 365일과 940분의 235일을 쌓아 하늘과 만나니, 이는 1년 동안 해가 운행하는 수이다. 달은 하늘에 걸려 있는데 더욱 느려서 하루에 항상 하늘보다 13도와 19분의 7도를 미치지 못한다.〔繞地左旋, 常一日一周而過一度, 日麗天而少遲. 故日行, 一日亦繞地一周, 而在天爲不及一度. 積三百六十五日九百四十分日之二百三十五, 而與天會, 是一歲日行之數也. 月麗天而尤遲, 一日常不及天十三度十九分度之七.〕"라고 한 것을 가리킨다. '기삭(氣朔) 및 영허(盈虛)'는 368쪽 주140 참조.

**142** 반드시……이치 : 《서경》 〈우서 요전〉의 '기삼백'에 대한 주석에서 "3년에 윤달을 두지 않으면 봄의 한 달이 여름으로 들어가서 철이 점점 정해지지 못하고 자월(子月)의 한 달이 축월(丑月)로 들어가서 해가 점점 이루어지지 못한다. 이렇게 쌓인 것이 오래되어 세 번 윤달을 잃게 되면 봄이 다 여름으로 들어가서 철이 전혀 정해지지 못하고, 열두 번 윤달을 잃으면 자월이 모두 축월로 들어가서 해가 전혀 이루어지지 못한다. 이렇게 되면 그 명칭과 실제가 괴리되고 추위와 더위가 뒤집어져서 농상의 모든 일이 다 때를 잃게 된다. 그러므로 반드시 남는 날을 가지고 윤달을 그 사이에 둔 뒤에야 사시가 어그러지지 않고 세공이 이루어지니, 이로써 진실로 백관을 다스려서 모든 공적이 다 넓혀지게 되는 것이다.〔三年而不置閏, 則春之一月入于夏, 而時漸不定矣, 子之一月入于丑, 而歲漸不成矣. 積之之久, 至於三失閏, 則春皆入夏, 而時全不定矣, 十二失閏, 子皆入丑, 歲全不成矣. 其名實乖戾, 寒暑反易, 農桑庶務, 皆失其時. 故必以此餘日, 置閏月於其間, 然後四時不差而歲功得成, 以此信治百官而衆功皆廣也.〕"라고 한 것을 가리킨다.

떨쳐 버리지 못했고 중간에 읽었던 경전들도 모두 입으로 외고 귀로 듣기나 하였을 뿐인지라, 또한 반 정도의 깨우침과 얼마 안 되나마 선한 생각이 없지 않았으나 전혀 일을 성취하지 못하였습니다.

18세 때에 비로소 《주자대전》을 보고서 어렴풋이 의혹스러운 가운데에서도 더욱더 감격하여 마침내 스스로 몇 달 동안 한뜻으로 잠심해서 완미하여 심성정의(心性情意)의 개념과 인의예지(仁義禮智)의 의미에서부터 학문의 첩경과 사업의 본말에 이르기까지 무릇 책에 실려 있는 것들을 모두 다 마음으로 미루어 징험하여 밤낮으로 구하였습니다. 그러면서 혹 앞에서는 통하다가 뒤에서는 합치되지 않으면 앞뒤로 차이나는 설을 합하여 그 지취를 철저히 궁구하였고, 혹 말에서는 얻었으나 그 실제는 얻지 못하면 몸과 마음과 사물 사이에서 돌이켜 구하여 반드시 눈으로 심상한 사물을 보는 것처럼 마음속에서 분명히 이해할 것을 기약하였습니다. 이와 같이 몇 달 동안 공부하자 그 요점을 묵묵히 이해한 것이 서책으로 몇 권 남짓 분량이었습니다.

제가 인식한 의리가 비록 반드시 옳지는 않겠지만 모두 마음속에 있고 눈앞에 있어서 이른바 고원하고 미묘한 의리일지라도 실로 고원하고 미묘하다는 것도 느끼지 못하고서 모두 날마다 그 의리들을 가까이에서 접하였습니다. 그리하여 바야흐로 마음속에 갖추어진 이치를 주의 집중해서 생각해 낼 것도 없이, 여기에 나아가 구할 수 있었습니다. 그리고 《주자대전》에서 학문을 논하면서 모두 《대학》을 우선하였기에 마침내 《대학》을 취하여 해를 넘기며 읽고서 다시 《주자어류(朱子語類)》를 취하여 고찰해서 그 지취를 발명하고 그 상세함을 다하니, 1년 사이에 견식이 조금 정밀하고 합당해진 듯하였습니다. 그리하여 이어서 정자(程子)의 글과 《성리대전(性理大全)》을 보고 동방 제현들이 이치를 논한 글에까지 미치니, 의거하여 시비를 따질 만한 것이 있는 듯하였습니다.

이상은 대개 모두 20세 전의 일이니, 대체로 모두 스스로 구하여 이룬 것들입니다. 이로부터 이후로는 비록 일찍이 사우(師友)들을 통해 얻은 문견(聞見)이 있었으나 질병과 우환으로 스스로 구하는 공부가 이전의 수준에 크게 미치지 못하였습니다. 이 때문에 무릇 그 의지와 견식이 전에 비해 갑작스레 진전될 수 없었으니, 이로 인하여 학문을 하는 것은 오로지 스스로 심력을 쓰는 데 달려 있음을 알게 되었습니다. 그러나 사우들과 어울려 강학하는 것이 바로 자신의 힘을 더 면려하는 것이니 이 뜻을 또 어찌 소홀히 할 수 있겠습니까. 비록 하늘로부터 부여받은 자질이 다른 사람보다 크게 뛰어난 점이 있는 옛적의 성현이라 하더라도 오히려 사우를 기다려 공부를 성취하였거늘, 하물며 후학이 어찌 독학으로 공부를 성취할 수 있겠습니까. 다시 저의 일을 가지고 말해 보면, 근년에 제가 어리석고 거칠었던 것은 진실로 스스로 힘을 쓰지 않았기 때문입니다. 그 사이에 사우들과 어울려 강학한 시간도 10년 세월 동안 한 달 남짓도 못 되니, 이는 비단 일폭십한(一曝十寒)[143]일 뿐만이 아닙니다. 그리고 구태를 인습하며 해이해져서 이런 극한 지경에까지 이른 것 또한 반드시 이 일과 연관되지 않는다고 할 수 없습니다.

비록 그러하나 지난번에 이른 바 스스로 구하는 것에 중점을 둔다는

**143** 일폭십한(一曝十寒) : 《맹자》 〈고자 상(告子上)〉에 "비록 천하에 쉽게 자라는 물건이 있더라도 하루만 볕을 쬐고 열흘을 차게 한다면 생장할 수 있는 것이 없다.〔雖有天下易生之物也, 一日暴之, 十日寒之, 未有能生者也.〕"라고 하였다.

것은 또한 단지 하나의 뜻을 발명한 것일 뿐입니다. 만약 단정하여 이것을 전체의 정법(定法)으로 삼는다면 어찌 매우 편중되고 크게 그릇된 것이 아니겠습니까. 옛사람들이 사우 간에 강마하면서 보익(輔益)했던 즐거움을 마음으로 진실로 부러워하며 사모하는 것이, 때를 얻어 도를 행한 자의 사업에 대해 가지는 감정보다 더함을 매양 느낍니다. 지금 이 세상에서 그런 경우를 친히 보고자 하는 마음이 매우 절실하고 지극하니, 단지 유익한 바를 헤아려서 이러한 생각을 가진 것이 아닙니다. 그러나 집안에서 노친을 모시면서 가사를 주관하는 일을 다른 사람에게 맡기기 어려워 침묵하며 집에 있으면서 구차하게 세월만 보내고 있으니, 이것이 어찌 저의 본마음이겠습니까. 경솔한 뜻이 여기에 미치니 또한 너무도 지엽적입니다. 모르겠습니다만 어찌 생각하시는지요, 어찌 생각하시는지요?

지은이 **임영(林泳)**

1649년(인조27)~1696년(숙종22). 조선 후기의 문신, 학자이다. 본관은 나주(羅州), 자는 덕함(德涵), 호는 창계(滄溪)이다. 이단상(李端相), 박세채(朴世采)의 문인이다. 1666년(현종7) 사마시에 급제하였고, 1671년 문과에 급제하였다. 호당(湖堂)에 선발되어 사가독서(賜暇讀書)하였다. 이후 이조 정랑·홍문관 부제학·사헌부 대사헌·전라도 관찰사 등을 역임하고 공조 참판에까지 이르렀다. 천인성명설(天人性命說)을 깊이 연구하였고 경사(經史)에 정통하였다. 기호학파의 일원이지만 이기론(理氣論)에 있어서는 이황(李滉)과 이이(李珥)의 학설을 절충하여 독자적인 이기심성설(理氣心性說)을 전개하였다. 나주의 창계서원(滄溪書院), 함평의 수산사(水山祠)에 제향되었다.

옮긴이 **이승현(李承炫)**

성균관대학교 대학원에서 박사과정을 수료하였으며, 한국고전번역원 고전번역교육원 연수과정을 졸업하였다. 한국고전번역원 연구원으로 재직하며 《승정원일기》 번역 및 《한국문집총간편람》, 《한국문집총간해제》 등의 편찬에 참여하였고, 현재 성균관대학교 대동문화연구원에서 권역별거점연구소협동번역사업에 참여하고 있다. 번역서로 《동천유고》, 《고산유고 4》, 《역주 당송팔대가문초 구양수 3》(이상 공역), 교점서로 《교감표점 승정원일기 인조 41》, 논문으로 〈초의 의순의 시문학 연구〉, 〈기리총화 연구〉, 〈김시습의 장량찬의 이면〉 등이 있다.

창계집 2
임영 지음 | 이승현 옮김

2016년 10월 30일 초판 1쇄 발행

발행인 이명학 | 발행처 한국고전번역원
등록 2008. 3. 12. 제300-2008-22호
주소 (03000) 서울시 종로구 비봉길 1
전화 02-6263-0464 | 팩스 02-6339-0724 | 홈페이지 www.itkc.or.kr

번역 이승현
자문 임정기 | 연구총괄 박재영 | 연구기획 장희성

책임편집 강옥순 | 편집진행 한문희 · 박정열
편집교정 김상순 · 유정님 | 조판 정효진 | 제작 김형석
디자인 씨디자인 | 인쇄 대한정보인쇄(주)



값 20,000원
ISBN 978-89-284-0385-1 94810
978-89-284-0338-7 (세트)
* 이 책은 2016년도 교육부 고전번역사업비로 출간한 것임.